“十四五”时期国家重点出版物出版专项规划项目

教育部人文社会科学重点研究基地重大项目

汪高鑫 主编

中国经史关系通史

魏晋南北朝隋唐卷

李传印 吴海兰 著

海峡出版发行集团
THE STRAITS PUBLISHING & DISTRIBUTING GROUP
福建人民出版社

图书在版编目（CIP）数据

中国经史关系通史．魏晋南北朝隋唐卷 / 李传印，吴海兰著．--福州：福建人民出版社，2022.9
ISBN 978-7-211-08319-0

Ⅰ.①中… Ⅱ.①李… ②吴… Ⅲ.①经学—关系—史学—中国—魏晋南北朝时代—隋唐时代 Ⅳ.①Z126.27 ②K092

中国版本图书馆 CIP 数据核字（2022）第 069408 号

中国经史关系通史·魏晋南北朝隋唐卷

ZHONGGUO JINGSHI GUANXI TONGSHI · WEIJIN NANBEICHAO SUITANG JUAN

作　　者：李传印　吴海兰
责任编辑：田成海
出版发行：福建人民出版社　　**电　　话**：0591-87533169(发行部)
网　　址：http：//www.fjpph.com　　**电子邮箱**：fjpph7211@126.com
地　　址：福州市东水路 76 号　　**邮政编码**：350001
印　　刷：深圳市彩美印刷有限公司
地　　址：深圳市龙岗区坪地街道高桥社区盛佳道 2 号东维丰新材料厂区 2＃厂房
开　　本：700 毫米×1000 毫米　1/16
印　　张：26.75
字　　数：411 千字
版　　次：2022 年 9 月第 1 版　　2022 年 9 月第 1 次印刷
书　　号：ISBN 978-7-211-08319-0
定　　价：96.00 元

总　　序

经史关系属于中国经史之学发展史上的一个重要问题，从史学角度而言，它属于中国史学思想史研究的范围。在中国几千年的史学发展过程中，经学作为官方意识形态，对于史学有着长期而深远的影响。这种影响的具体表现，一是史学具有明显的宗经倾向。从司马迁的“折中于夫子”“考信于六艺”，到刘勰的“宗经征圣”，再到章学诚的本于“《春秋》之义”，传统史学的发展，宗经思想是一贯到底的。二是史学随着经学思潮的变化而变化。自汉代经学兴起以后，两千多年来经学一直处于不断的流变过程中，两汉经学、魏晋玄学、宋明理学、清代朴学，便是经学流变过程中呈现出的主要时代形态；史学也相应地出现了两汉崇经、魏晋玄化、宋明义理化和清代重考证的不同思想方法倾向。三是史学重视探讨经史关系。在中国学术发展史上，很多学者都参与了对于经史关系的探讨，其中王通的“三经亦史”、王阳明的“五经亦史”、李贽的“六经皆史”、龚自珍的“六经者，周史之宗子”诸说都有较大的影响。而从史学角度对经史关系作出最为系统而深入的探讨的，当属史评家章学诚，他从经世致用的史学目的论，肯定了六经的史学属性。与此同时，中国经学在发展过程中，也受到了史学的影响。史学对于经学的影响，集中体现在以史证经上。所谓以史证经，即将史学纳入经学范围，用史学去说明或证明经学的观点。司马迁在《太史公自序》中引用孔子的话说：“我欲载之空言，不如见之于行事之深切著明也。”这里说的是孔子何以作《春秋》之史，其实也揭示了中国经学何以要以史为证的原因。经学家们正是通过历史史实的引述，才使得他们的经学观点得以建立在历史事实的基础之上，进而使他们的经学观点更具有说服力。由此来看，一部中国经史关系史，其实就是一部以经解史与以史证经的历史。

早在十年前，我已经开始关注中国经史关系史这个问题，并陆续发表了一些这方面的论文。2011 年，吴怀祺先生主编的六卷本《中国史学思想通论》出版，其中的《经史关系论卷》便是由我撰写的。该书作为史学界探讨经史关系问题的第一部专著，主要是就中国经史关系的一些基本理论问题进行了阐述。就在当年，我申请的教育部重点研究基地重大项目“经史流变探源”获得立项。此后数年，我和我的团队以此项目为基础，对中国经史关系史进行了系统探讨，并于 2016 年完成了课题结项工作。2017 年，我在“经史流变探源”结项成果的基础上，进行了较大的修改，以“中国经史关系史”为书名，由黄山书社正式出版，并成为“十二五”国家重点出版物出版规划项目。在这个过程中，我一直想写作一部多卷本的中国经史关系通史，希望更加系统、深入地对中国经史关系史作出探讨。这个想法得到了福建人民出版社的大力支持。经过学术团队的共同努力，这部汇聚了我和我的团队多年心血，多达 160 余万字的四卷本《中国经史关系通史》总算撰写完成了。

作为团队合作的产物，本书具体执笔人分工如下：

《先秦两汉卷》由汪高鑫、马新月撰写，《魏晋南北朝隋唐卷》由李传印、吴海兰撰写，《宋元明卷》由汪高鑫、邓锐、李德峰撰写，《清代民国卷》由王记录、李玉莉撰写。全书由我拟定初纲、进行统稿。

多卷本《中国经史关系通史》的完成，首先是团队精诚合作的结果。自古以来众人修史多属不易，我的学识和组织能力都有限，如果没有团队同仁的大力支持，要想完成撰写任务是难以想象的。我们在撰写过程中，一切从提高书稿质量的态度出发，积极、坦诚地交换意见，反复进行认真修改，从而有了最终的成果。其次要非常感谢福建人民出版社领导的持续关心，各位编辑同志的密切配合，他们付出的辛勤劳动，是书稿得以完成的重要保证。

本书难免还存在着各种不足甚至错误，祈请学界同仁批评指正，以便我们对这一问题作出进一步的研究。

汪高鑫　谨识

2020 年 10 月 10 日

本卷作者简介

李传印，男，安徽太湖人，1964 年生，历史学博士。华中科技大学人文学院教授，主要从事史学理论及史学史、魏晋南北朝史、中国传统文化的教学和研究。在《史学理论研究》《史学史研究》《史学月刊》《光明日报》《学术研究》等报刊发表学术论文六十余篇，著有《魏晋南北朝时期史学与政治的关系》等著作十余部。

吴海兰，女，湖北麻城人，1976 年生，历史学博士。厦门大学人文学院历史系副教授、硕士研究生导师，主要从事中国史学史、经学史、历史文献学相关领域的教学和科研工作。在《史学理论研究》《史学史研究》《南开学报》《中国文化研究》《中国高校社会科学》《朱子学刊》《汉籍与汉学》等刊物发表学术论文近三十篇，著有《黄宗羲的经学与史学》《中国史学思想通史·隋唐卷》（合著）等。

目 录

绪　论

在当今中国古代断代史体系构建中，一般都把魏晋南北朝和隋唐分为两个不同的历史时期，这种历史分期当然有其合理性。但是，也有一些学者把魏晋南北朝和隋唐作为一个整体的历史长时段看待，如白寿彝先生认为魏晋南北朝隋唐是门阀地主占主导地位的历史时代，[1] 武汉大学编辑出版的《魏晋南北朝隋唐史资料》，自 1979 年至今已连续出版 32 辑，该学术刊物也是把魏晋南北朝隋唐作为一个整体历史时期，而不是分割为两个时代。陈寅恪先生《隋唐制度渊源略论稿》从制度层面把魏晋南北朝隋唐作为一个贯通的历史整体，魏晋南北朝是隋唐制度之源，隋唐是魏晋南北朝制度之流，二者密不可分。陈寅恪先生说：

> 隋唐之制度虽极广博纷复，然究析其因素，不出三源：一曰（北）魏、（北）齐，二曰梁、陈，三曰（西）魏、周。所谓（北）魏、（北）齐之源者，凡江左承袭汉、魏、西晋之礼乐政刑典章文物，自东晋至南齐其间所发展变迁，而为北魏孝文帝及其子孙摹仿采用，传至北齐成一大结集者是也。其在旧史往往以“汉魏”制度目之，实则其流变所及，不止限于汉魏，而东晋南朝前半期俱包括在内。旧史又或以“山东”目之者，则以山东之地指北齐言，凡北齐承袭元魏所采用东晋南朝前半期之文物制度皆属于此范围也。又西晋永嘉之乱，中原魏晋以降之文化转移保存于凉州一隅，至北魏

[1] 白寿彝先生把中国古代史划分为世家地主（秦汉）、门阀地主（魏晋南北朝隋唐）、品官地主（宋元）和官绅地主（明清）占主导地位的四个历史时期。参阅白寿彝主编：《中国通史纲要》，上海人民出版社 1980 年版，第 16—25 页。

取凉州，而河西文化遂输入于魏。其后北魏孝文、宣武两代所制定之典章制度遂深受其影响，故此（北）魏、（北）齐之源其中亦有河西之一支派，斯则前人所未深措意，而今日不可不详论者也。所谓梁陈之源者，凡梁代继承创作陈氏因袭无改之制度，迄杨隋统一中国吸收采用，而传之于李唐者，易言之，即南朝后半期内其文物制度之变迁发展乃王肃等输入之所不及，故魏孝文及其子孙未能采用，而北齐之一大结集中遂无此因素者也。旧史所称之“梁制”实可兼该陈制，盖陈之继梁，其典章制度多因仍不改，其事旧史言之详矣。所谓（西）魏、周之源者，凡西魏、北周之创作有异于山东及江左之旧制，或阴为六镇鲜卑之野俗，或远承魏、（西）晋之遗风，若就地域言之，乃关陇区内保存之旧时汉族文化，所适应鲜卑六镇势力之环境，而产生之混合品。所有旧史中关陇之新创设及依托周官诸制度皆属此类，其影响及于隋唐制度者，实较微末。故在三源之中，此（西）魏、周之源远不如其他二源之重要。然后世史家以隋唐继承（西）魏、周之遗业，遂不能辨析名实真伪，往往于李唐之法制误认为（西）魏、周之遗物，如府兵制即其一例也。[1]

陈寅恪先生用通变的历史眼光，从纵向考察魏晋南北朝隋唐时期制度上的因革损益，释解了许多历史问题认识上的迷雾，对隋唐礼乐政刑典章文物的来源做了深入辨析，其学术贡献一直为学界称许。

如果从中国古代经史关系发展的角度看，魏晋南北朝隋唐更应该作为一个整体历史时期。魏晋南北朝时期，经学不断从玄学和佛学中汲取营养，儒学、佛学和道家融会互通，隋唐时期为适应大一统的政治需要，统治者重新确立了儒学的正统地位，倡导儒、释、道三教并重，逐步实现了从汉学到宋学的承接转变；而史学也在魏晋南北朝时期的多途发展的基础上，至隋唐时期实现了转折和创新。[2] 魏晋南北朝隋唐时期，经学的变化与史学的发展呈现出相互影响、相互促进、共同发展的局面。

[1] 陈寅恪：《隋唐制度渊源略论稿·叙论》，生活·读书·新知三联书店 2001 年版，第 3—4 页。

[2] 参阅瞿林东：《中国史学史纲》，第三章《史学的多途发展——魏晋南北朝史学》和第四章《史学在发展中的转折与创新——隋唐五代史学》，北京出版社 1999 年版。

一、分立、综合和统一：魏晋南北朝隋唐经学在转折中创新

学术界有一种较为普遍的认识就是，魏晋南北朝时期儒学相较于汉唐一前一后两个历史时期来说呈现衰微之势，儒家维系世道人心的功能有所弱化。学人们对这种认识虽然见仁见智，各持其说，但我们清楚地看到，魏晋南北朝时期儒学一统天下的局面被打破，人们热衷于谈玄论道，玄风日盛，一些名士自相标榜，崇尚自然，超然物外，率真任诞，风流自赏，饮酒、服药、清谈和纵情山水成为这个时期人们普遍崇尚的生活方式。阮籍、嵇康等人对于名教虚伪性的揭露及其“越名教而任自然”的主张，在一定程度上促进了思想的解放和精神的自由，但也产生了很多负面影响。魏晋名士消极颓废的生活态度，“口谈浮虚，不遵礼法，尸禄耽宠，仕不事事”[1]，以至于放浪形骸，裸裎秽迹，扭曲了传统的价值观念，也破坏了正常的社会秩序和公序良俗，对社会发展产生了不良影响，这种看似富有激情其实又杂乱无章的生活方式，引起了当时一些士人的忧虑。针对这一现实，裴頠撰《崇有论》，对贵无论的片面性及其所导致的不良影响进行批判。他指出：贵无论者“立言藉其虚无，谓之玄妙；处官不亲所司，谓之雅远；奉身散其廉操，谓之旷达”，导致“砥砺之风，弥以陵迟，放者因斯，或悖吉凶之礼，而忽容止之表；渎弃长幼之序，混漫贵贱之级。其甚者至于裸裎，言笑忘宜”，[2] 造成了社会上浮虚、惰怠、贪鄙、放荡的腐朽风气。裴頠撰《崇有论》的目的就是为了“崇济先典，扶明大业，有益于时”，论证名教和封建等级秩序的合理性，以儒家“仁顺”“恭俭”“忠信”“敬让”来匡救浮华纵欲的时弊。经裴頠“崇有”，郭象“独化于玄冥之境”的论证，逐步调和儒家名教与道家自然的矛盾，认为“名教即是自然”，再次肯定了儒家名教存在的合理性，儒家名教又回归到维系世道人心的正道上。

隋朝建立以后，为了收拾人心，隋文帝推崇儒学，置立庠序，招纳学者，延集学徒，倡导读经，大力复兴文教，出现了“齐、鲁、赵、魏，

[1]《晋书》卷三十五《裴頠传》，中华书局1974年版，第1044页。

[2]《晋书》卷三十五《裴頠传》，中华书局1974年版，第1045页。

学者尤多，负笈追师，不远千里，讲诵之声，道路不绝”[1]的学术盛况。隋文帝还命令州县搜罗本地“究政教之本，达礼乐之源”[2]的儒生，不限多少，举荐入朝。一时天下儒士，不管是何师门、家门，纷纷进京入朝，“四海九州强学待问之士靡不毕集焉”[3]，尚儒之风兴盛。

唐太宗李世民通过组织对儒家典籍的整理，倡导并支持儒学的发展，使唐代成为六经注疏学大发展的时代，后世的十三经注疏中有九部出自唐代。但是由于唐太宗过于看重儒家学说的意识形态功能，因而唐初儒家典籍的整理主要是为了编纂出适合现实政治需要的统一的儒学教科书，仅仅实现了儒学在形式上的繁荣。自孔颖达编纂《五经正义》后，“名综一家，实采众说”，虽然弥合了魏晋南北朝时期儒学的分歧和争议，但又在一定程度上束缚了儒学的手脚，窒息了儒学发展的生机和活力，儒学沦为一种僵化烦琐的理论体系和思维方式。唐朝中期以后，和汉代一样，儒学成为文人学士通往仕途的敲门砖，出现了韩愈在《寄卢仝》诗中所说“《春秋》三传束高阁，独抱遗经穷终始。往年弄笔嘲同异，怪辞惊众谤不已”的局面。

大一统政治局面下的唐朝儒学僵化的现实状况，引起了人们的普遍忧虑，在官方儒学日趋封闭和僵化的时候，一些学者开始摒弃传统，直面人生，抒发己见，为儒学的发展另辟新径。刘知幾在《史通》中大胆地疑古惑经，啖助撰《春秋集传》，陆淳撰《春秋集传纂例》，创立“新《春秋》学”。史徵著《周易口诀义》，韩愈、李翱合撰《论语笔解》，努力摆脱传统的束缚，摒弃今古文的门户之见，直接从经文中阐释圣人之意，提出许多新颖独到的见解，开启了儒学新变之门。

在中国古代社会中，作为儒学内核的经学与政局的变化、皇朝兴衰密切相关，经学传承演变的学术理路是儒学现实存在状况的鲜明标识。皮锡瑞分别用经学的昌明时代、极盛时代、中衰时代、分立时代和统一时代概括经学自西汉经魏晋南北朝到隋唐时期的发展演变过程，这种概括虽然还有可以商议之处，但基本上勾画出了自汉至唐经学发展的大势。

[1]《隋书》卷七十五《儒林传·序》，中华书局1973年版，第1706页。
[2]《隋书》卷二《高祖下》，中华书局1973年版，第51页。
[3]《隋书》卷七十五《儒林传·序》，中华书局1973年版，第1706页。

随着汉帝国的崩解，汉代经学也因时代变化进行自我更新。在魏晋南北朝时期，经学以一种新的学术范式存在，呈现出经学发展的多元化特征。综观从汉学到宋学的转变过程，魏晋南北朝时期经学无疑是这些变化的发端。无论从哪个角度看，相对于汉代经学而言，魏晋南北朝时期经学的思维方式、话语系统、思想主题和治学方法都有明显变化。如果站在汉代经学角度看，魏晋南北朝时期的经学好像“衰落”了，经学的崇高地位受到挑战，人们的崇经意识也有所淡化。如果转换一个视角，站在中国古代思想史和学术发展史的角度看，魏晋南北朝时期经学并不是真正“衰落”，而是经学发展的学术范式和学术内容与汉代经学有所不同而已。

魏晋南北朝时期经学的这种新变化，最主要地体现在两个方面：一是经学的玄学化，一是经学的佛学化。通过经学的玄学化和佛学化，儒家经学从玄学和佛学中吸取了丰富的思想养料，充实了儒家思想体系，儒学从思维方式、理论范畴到学术传承方式等各个方面都有了新的内涵，呈现出儒、释、道三教相互融摄的合流趋向。

永嘉之乱以后，东晋和南朝各代偏居江南，北方匈奴、鲜卑、羯、氐、羌等少数民族进入中原地区建立政权，出现了长达200多年的南朝和北朝的政治分裂和军事对峙。南朝各代的经学大量吸收玄学和佛家的思想因素，经学玄学化和佛学化倾向明显，呈现出“简约”特征。而北朝经学直接承接汉代经学，宗师郑玄，不尚玄虚之说，呈现出“深芜”的特征，南朝经学和北朝经学在经义阐发和治学风格等方面存在明显的差异。

公元589年，隋灭陈，结束了近400年的分裂局面，国家重归大一统。在政治大一统的局面下，南朝与北朝分立的经学开始出现综合趋势。南北朝时期因政治分隔而出现南学与北学的分立，对儒家经典的注疏及其内涵的解释相左异见，这对于隋朝维护国家大一统是不利的。隋文帝亲自倡导组织并参加一些经学讨论会，让儒士们互相提出问题，展开辩论，解决疑难，统一异说。刘焯、刘炫的经学渊于北学，又入于南学。他们在对于五经进行注疏时，旁征博引，是北学风格，但又宗师杜预，留意费甝《尚书义疏》，并援《老子》释《孝经》，是南学风格。刘焯、刘炫二人以北学为本，吸收了南学的精华，折中调和了南学和北学的分歧，集以往经学之大成，与陆德明《经典释文》一起，为唐初经学统一和总结打下了学术基础。《隋书·儒林传·序》说：

南北所治，章句好尚，互有不同。江左《周易》则王辅嗣，《尚书》则孔安国，《左传》则杜元凯。河、洛《左传》则服子慎，《尚书》《周易》则郑康成。《诗》则并主于毛公，《礼》则同遵于郑氏。大抵南人约简，得其英华，北学深芜，穷其枝叶。考其终始，要其会归，其立身成名，殊方同致矣。……炀帝即位，复开庠序，国子郡县之学，盛于开皇之初。征辟儒生，远近毕至，使相与讲论得失于东都之下，纳言定其差次，一以闻奏焉。于时旧儒多已凋亡，二刘拔萃出类，学通南北，博极今古，后生钻仰，莫之能测。所制诸经义疏，搢绅咸师宗之。[1]

“二刘”即指刘焯、刘炫，他们“学通南北，博极古今”，经过他们的努力，经学由分立开始走向综合。皮锡瑞《经学历史》第七章《经学统一时代》中说：

学术随世运为转移，亦不尽随世运为转移。隋平陈而天下统一，南北之学亦归统一，此随世运为转移者也。天下统一，南并于北，而经学统一，北学反并于南，此不随世运为转移者也。……经学统一之后，有南学，无北学。南学北学，以所学之宗主分之，非以其人之居址分之也。[2]

皮锡瑞关于经学统一以后有南学、无北学之说尚可商议，但他对于隋朝统一中国以后，南北经学有综合贯通的历史发展趋势，到唐朝实现经学统一的认识却为学界接受和认同。

对于陆德明《经典释文》以南学统一北学的现象，皮锡瑞分析说：“北人笃守汉学，本近质朴；而南人善谈名理，增饰华词，表里可观，雅俗共赏。故虽以亡国之余，足以转移一时风气，使北人舍旧而从之。”[3]概而言之，《经典释文》是经学统一时代的先声，其经学思想反映了以南

[1] 《隋书》卷七十五《儒林传·序》，中华书局1973年版，第1705—1707页。
[2] 皮锡瑞撰：《经学历史》，周予同注本，中华书局1959年版，第194页。
[3] 皮锡瑞撰：《经学历史》，周予同注本，中华书局1959年版，第193—196页。

学为主，北学并入南学，逐步走向一统的时代特色。

唐朝初年，颜师古受命对五经进行文字校定和统一，他搜罗五经的各种抄本，参照《说文》《字林》《玉篇》等字书以及前代《石经》拓本等，相互比较，确定各部经书的楷书标准文字。颜师古用了大约三年时间，将五经文字校定完毕，编成《五经定本》并作为官方的定本经书，供全国明经之士研习。有了官修的经学教材，诸经实现了文字的完全统一，不再有因文字不同而解释各异的弊病，选才取士有了权衡的标准。贞观七年（633）十一月，唐王朝正式将颜师古新校定的五经颁布天下，完成了经学统一的基础性工作。

五经文字虽然校定统一，但汉魏六朝以来，经学多门，章句繁杂，不仅造成思想上的混乱和理论上的歧异，对维护国家的统一也不利。为了改变这种局面，使经学符合唐王朝统治者的意志，有利于唐王朝的封建统治，对五经进行统一的解释既是一项重要的政治任务，也是一项急迫的学术文化事业。《旧唐书》卷一百八十九《儒学传·序》载：

> 太宗又以经籍去圣久远，文字多讹谬，诏前中书侍郎颜师古考定五经，颁于天下，命学者习焉。又以儒学多门，章句繁杂，诏国子祭酒孔颖达与诸儒撰定五经义疏，凡一百七十卷，名曰《五经正义》，令天下传习。

孔颖达与马嘉运、颜师古[1]等人秉承唐太宗“博采广纳，兼容并蓄”的意见，采取了“融贯诸家，择善而从”的原则，参酌南北经义之歧见，

---

[1] 孔颖达《五经正义》各序，在列举修撰人的姓名时无一提到颜师古。《旧唐书》《新唐书》中的《颜师古传》亦未提到颜师古参与修撰《五经正义》，《新唐书·艺文志》于《周易正义》之外的各经《正义》并不著颜师古之名。但《贞观政要·崇儒学》《旧唐书·孔颖达传》和《新唐书·孔颖达传》等文献中，都有颜师古参与《五经正义》修撰的记载，如：“太宗又以文学多门，章句繁杂，诏师古与国子祭酒孔颖达等诸儒，撰定五经疏义，凡一百八十卷，名《五经正义》，付国学施行”。“与颜师古、司马才章、王恭、王琰等诸儒受诏撰定五经义训，凡一百八十卷，名曰《五经正义》”。“初，颖达与颜师古、司马才章、王恭、王琰受诏撰五经义训凡百余篇，号《义赞》，诏改为《正义》云”。这些记载载明了《五经正义》的主要编撰者，可证明颜师古实际参加了《五经正义》的撰著，并且从排名的次序看，他是和孔颖达并列的主持撰写工作的学者。

以南学为主，兼融北学，于贞观十四年（640）撰成《五经义赞》。唐太宗甚是高兴，下诏褒奖："卿等博综古今，义理该洽，考前儒之异说，符圣人之幽旨，实为不朽。"[1] 唐太宗对《五经义赞》的书名并不满意，下诏改为《五经正义》，并将它交付国子监，作为试用教材。后经唐高宗时期长孙无忌、于志宁、张行成等人再三修改，永徽四年（653）完成《五经正义》最后定本，并由唐高宗下诏"颁孔颖达《五经正义》于天下，每年明经令依此考试"[2]。如果说颜师古的《五经定本》的颁定是唐代经学统一的第一步，孔颖达《五经正义》的最后定本颁行则标志着经学南北统一和经学总结的完成。

孔颖达《五经正义》对五经经义做统一疏解，实现了汉魏以来经学的总结和统一。但是，《五经正义》以"注宜从经，疏不破注"的解经原则，使汉魏以来五经阐释中出现的错讹舛误得不到有效纠正，却在唐代官私学校里被读书人奉为圭臬，抑制了经学发展应有的活力，逐渐成为限制读书人思考的桎梏，经学发展趋于僵化。面对经学发展隐含的新危机，刘知幾以史家特有的敏感和觉悟率先疑古惑经，王元感、啖助、赵匡、陆淳等经学家接力而起，对汉魏以来五经的疏义提出批评，倡导以经为本，舍传求经，为宋朝新经学开启了方便之门。

安史之乱是唐朝历史的转折点，这种转折不仅表现在政治上，也反映在学术和思想上。司马迁说"拨乱世反之正，莫近于《春秋》"，[3] 在经学家和史学家们看来，《春秋》具有救世道、挽人心的功能。面对安史之乱后的纷乱世道，新《春秋》学应时代之需登上了学术舞台，学者们希望借《春秋》尊王之义，重新整理纷乱的政治秩序和社会秩序。《五经正义》虽然统一了经学，事实上也统一了思想，经学的发展不可避免地走向低谷。唐代宗大历年间以后，终于开始出现一批跳出官学的藩篱，敢于抒发己见的学派，新《春秋》学派的出现和韩愈开创的儒学新风就是儒学（经学）新变的结果。

---

[1]《旧唐书》卷七十三《孔颖达传》，中华书局 1975 年版，第 2602—2603 页。

[2]《旧唐书》卷四《高宗纪》，中华书局 1975 年版，第 71 页。

[3]《史记》卷一百三十《太史公自序》，中华书局 1959 年版，第 3297 页。

二、经学对于史学的思想统摄与史学对于经学的精神依附

汉唐之间经史关系变化的过程虽然复杂漫长，但这种变化呈现出渐进性、全方位、多层次、宽领域的特点。从《汉书·艺文志》史附于经到《隋书·经籍志》史与经并立，史学著作在文献目录分类上经史分途，史学逐渐升格并居于子学之前，完成了经、史、子、集序列在学术层面上的固化和定格。正是有了学术层面上的固化和定格，史学离经自立并成为与经学并立的学科门类才得以巩固和发展，保证了史学走上独立发展的学术轨道。

史学在文献目录上的自立，是史学在魏晋南北朝时期多途发展的结果。史学的意义和历史撰述的价值日渐被人们认识和重视，在一定程度上摆脱经学的控制，彰显史学自身的价值。经史关系的这些变化，《隋书·经籍志》进行了较全面的总结。但是，我们也应该注意到，史学离经自立主要在于文献目录方面。如果从史学的理论基础和史学价值取向看，魏晋南北朝隋唐时期经学对史学仍然具有统摄地位，史学仍然要依经附圣。在一定意义上说，魏晋南北朝隋唐时期史学亦经亦史，半经半史，以经为体，以史为用，充溢着较浓厚的经学趣味，较充分地体现了经学对于史学的思想统摄和史学对于经学的精神依附。隋唐时期，玄学之风日趋消退，在统治者大力提倡儒学的背景下，随着儒学影响力和控制力的日渐回归，史学的灵魂被儒家经学牢牢占据。中唐以后，“新《春秋》学”兴起，在“文以载道”响亮的口号鼓舞下，史学在一定意义上已成为经学宣教的重要工具。

刘勰撰《文心雕龙》，虽然对魏晋时期种种曲笔作史的行为提出严厉批评，既谴责班固遗亲攘美、征贿鬻笔，又批评袁山松《后汉书》、张莹《后汉南记》偏颇驳杂，倡导史家在撰史过程中要做到“文疑则阙”，“析理居正”，尽可能撰写信史，并将“良史之直笔”定为“万代一准”。但是，刘勰明确主张经学是史学的最高原则，经上位，史下位，撰作史书要“依经以树则”，“附圣以居宗”。而且刘勰认为史家撰史最主要的目的不在于保存历史事实，也不在于客观认知历史，而在于求治和求善。通过历史撰述，“表征盛衰，殷鉴兴废；使一代之制，共日月而长存；王霸

之迹，并天地而久大”[1]。史家撰史要通过属辞比事，寓褒贬于历史叙事之中。刘勰这种以经统史、史归于经的思想主张，反映了刘勰的史学思想具有明显的经学取向，其史学的内在精神仍然笼罩在经学的阴影之下。

柳虬也肯定了直书的史学传统，但他认为，由于史官“密为记注，徒闻后世，无益当时”，影响了直书作用的发挥，这也是曲笔产生的一个制度性根源，为了让史家坚持直书，避免曲笔，更好地发挥史学的鉴戒作用，柳虬提出了“史官记事者，请皆当朝显言其状，然后付之史阁”的建议。[2] 但是，柳虬倡导的直笔撰史，并不是要保存历史事实，也不是要客观记述历史发展过程，更不是要科学客观地认识历史，而是试图通过记注为当代人呈现善恶的标准，为现世社会提供道德示范，为当下政治提供可资鉴戒的政治实例。在为后世保存历史的真相与为当世提供政治鉴戒和道德示范两种选择中，柳虬毫不犹豫地选择了后者，极力主张史家通过历史撰述直接参与当代的政教风化，记功过，表兴衰，以为当世鉴戒，弘扬道义，为社会树立道德典范和伦理标杆。柳虬的这些主张与传统经学要求完全一致，经学味道浓厚。

经过隋唐之际的动荡和变乱，唐朝实现了全国大一统，建立起了一个统一的多民族封建国家。要维护大一统局面，既需要政治上的大一统，也需要思想和文化上的大一统。在经学方面，孔颖达编纂《五经正义》，融会南学和北学，实现对前代经学的总结和统一，并通过经学的统一和总结，牢笼人心，夯实封建统治的思想基础。

在史学方面，为了维护政治大一统和天下一家的政治局面，唐初集中人力和物力撰修前代史。武德五年（622）唐高祖根据令狐德棻的建议，诏修梁、陈、魏、齐、周、隋六代史，唐高祖提出史学应该起到“裁成义类，惩恶劝善，多识前古，贻鉴将来”[3] 的作用。唐太宗在贞观十年（636）也勉励史臣们说：“朕睹前代史书，彰善瘅恶，足为将来

[1] 刘勰著：《文心雕龙》卷四《史传》，祖保泉解说本，安徽教育出版社1993年版，第307页。

[2]《周书》卷三十八《柳虬传》，中华书局1971年版，第681页。

[3]《旧唐书》卷七十三《令狐德棻传》，中华书局1975年版，第2597页。

之戒。秦始皇奢淫无度，志存隐恶，焚书坑儒，用缄谈者之口。隋炀帝虽好文儒，尤疾学者，前世史籍，竟无所成，数代之事，殆将泯绝。朕意则不然，将欲览前王之得失，为在身之龟镜。公辈以数年之间，勒成五代之史，深副朕怀，极可嘉尚。”[1] 唐太宗是个有较强史学意识的统治者，对于史学很重视，但他需要的史学是能够“彰善瘅恶，足为将来之戒”的史学，“彰善瘅恶”正是《春秋》经学的核心观念。

刘知幾撰著《史通》，主张直书，反对曲笔。乍一看，刘知幾高举的是史学独立大旗。但细读《史通》，我们也会发现，刘知幾是一位正统意识十分浓厚的史学家，弘扬圣人之道，宣扬纲常名理，是其一切学术活动的核心。刘知幾虽然倡导直书，反对曲笔作史，但他在《史通·曲笔》篇中说：“肇有人伦，是称家国。父父子子，君君臣臣，亲疏既辨，等差有别。盖‘子为父隐，直在其中’，《论语》之顺也；略外别内，掩恶扬善，《春秋》之义也。自兹已降，率由旧章。史氏有事涉君亲，必言多隐讳，虽直道不足，而名教存焉。”显然，刘知幾一方面称赞直书，倡导实录，表彰南、董，反对曲笔撰史，但一方面又极力为弘扬名教的曲笔进行辩解。历史撰述只要符合《春秋》之义，敬敷名教，恪守纲常，即使是曲笔撰史，也合情合理，不仅不必过分谴责，而且还要给予必要包容。所以，刘知幾说：“臣子所书，君父是党，虽事乖正直，而理合名教。”[2]

作为一位名教观念浓厚的史学批评家，刘知幾对于晋代“越名教而任自然”的名士言行风度必然持反对态度，以一个名教守望者的身份，用正统的眼光观察唐初史臣撰修《晋书》时广泛取材于《语林》《世说》《幽明录》《搜神记》等“杂书”，这在刘知幾的眼中就是离经叛道。从某种意义上说，刘知幾在《史通·采撰》篇中对《晋书》的批评，其本质并不是否定前代“杂书”的价值，而是认为新撰《晋书》最紧要的任务是恪守儒宗，弘扬名教，而《晋书》所取材的《语林》《世说》《幽明录》

---

[1] 王钦若等：《册府元龟》卷五百五十四《国史部·恩奖》，周勋初等校订本，凤凰出版社 2006 年版，第 6348 页。

[2] 刘知幾：《史通》卷十四《惑经》，浦起龙通释本，上海古籍出版社 2009 年版，第 377 页。

《搜神记》等“杂书”恰恰模糊善恶，有违名教。刘知幾这种儒家卫道者心性，清代浦起龙在注释《史通》过程中即已指出：“自迩释其书且数过，乃始悟其为人也，虽口不谈道，而实种道学之胚胎。故其为言也虽貌似拂经，而实操经物之绳墨。”浦起龙反复申明：“知知幾之人者，可与知《史通》之书。”[1]

对于阮籍这样的名士，如果站在玄学家立场上看，无疑是“越名教而任自然”的典型，是一位真名士。而刘知幾站在儒家的立场上，依礼观之，据名教察之，阮籍就成了一个“不修名教”的狂狷之徒。刘知幾在《史通·暗惑》篇中说：

> 夫人才虽下愚，识虽不肖，始亡天属，必致其哀。但有苴绖未几，悲荒遽辍，如谓本无戚容，则未之有也。况嗣宗当圣善将殁，闵凶所钟，合门惶恐，举族悲咤。居里巷者犹停舂相之音，在邻伍者尚申匍匐之救，而为其子者方对局求决，举杯酣畅。但当此际，曾无感恻，则心同木石，志如枭獍者，安有既临泉穴，始知摧恸者乎？求诸人情，事必不尔。又孝子之丧亲也，朝夕孺慕，盐酪不尝，斯可至于癯瘠矣。如甘旨在念，则筋肉内宽；醉饱自得，则饥肤外博。况乎溺情犹酒，不改平素，虽复时一呕恸，岂能柴毁骨立乎？盖彼阮生者，不修名教，居丧过失，而说者遂言其无礼如彼。又以其志操本异，才识甚高，而谈者遂言其至性如此。惟毁及誉，皆无取焉。[2]

刘知幾谴责阮籍在母丧时的表现是“心同木石，志如枭獍”，言下之意就是阮籍虽为人子，却是一个“枭獍”，即禽兽之类，贬斥至极。

正因为没有严格按照纲常名理的要求选取材料，从而使一些真实、鲜活的历史记述进入《晋书》，使《晋书》少了些酸腐味，多了些历史鲜

[1] 刘知幾：《史通》附录《新唐书刘知幾本传》，浦起龙通释本，上海古籍出版社2009年版，第572页。

[2] 刘知幾：《史通》卷二十《暗惑》，浦起龙通释本，上海古籍出版社2009年版，第550页。

活感；少了些伪善，多了些真情实感，这正是《晋书》的优点。但是，刘知幾对历史撰述的要求不在于真实、鲜活，而在于以史载道，敬敷名教，弘扬彰善瘅恶的《春秋》大义。因此，刘知幾以名教观念审视唐初史臣撰修《晋书》，对《晋书》取材于《语林》《世说》等“杂书”表示不满，并严加苛责。后世史家，无论是四库馆臣，还是钱大昕、王鸣盛等都是以道学家的面目对唐初撰修的《晋书》提出批评，散发着浓烈的经学家的迂腐味道。

在“新《春秋》学”和韩愈儒学新风的影响下，中晚唐史家在历史撰述过程中，有意识地将儒学观念特别是《春秋》大义贯彻于史学活动中，重视《春秋》的褒贬义例在历史撰述过程中的运用，倡导史家应该惩恶扬善，以孔子的是非观和价值观作为撰史的根本原则，注重伦理道德的内心自省，探寻帝王的心术修养，使唐代中后期的史学呈现出特有的面貌。

第一章　魏晋南北朝经学与史学的分途和史学的升格

班固《汉书·艺文志》把诸如《世本》《战国策》《秦大臣奏事》《史记》《汉著记》等史学著作附于“六艺略”《春秋》经下，学者们据此认为，汉代经学与史学的关系呈现出以经统史、史附于经的基本特征。钱大昕在《补元史艺文志·序》中说：“是时固无四部（经、史、子、集）之名，而史家亦未别为一类也。”从文献目录的角度看，汉代史学确实没有获得独立部类，史学著述附于经学部类之下。值得我们思考的是，在汉代，史学在目录学上虽然没有成为独立部类，但史附于经，而不是附于其他部类之下，这从另外一个层面表明，经史之间有着不可割裂的密切关系。

司马迁撰修《史记》提出要成“一家之言”。对于司马迁究竟要成哪一“家”？学界一直有争议。吴怀祺先生认为，这一“家”既非儒，亦非道，而是史家，“在中国，史学真正成为‘家’，成为一门独立的学问，应该从司马迁开始”[1]。这种认识颇有新意，既阐明了《史记》成史家之言的学术旨趣，也彰显了汉代学术实践中经史分离过程已经开始。[2]

到了魏晋南北朝时期，经学开始以一种新的学术范式呈现，并且出现了多元化发展特征。对于经学发展变化的认识，在经学史上表现为学者对于经学史分期问题的讨论。从学术史的角度看，最先提出经学分期的应该是《四库全书总目》。《四库全书总目·经部总叙》说：

[1] 吴怀祺：《中国史学思想史》，安徽人民出版社1996年版，第68页。

[2] 汪高鑫：《中国史学思想通论·经史关系论卷》，福建人民出版社2011年版，第9页。

自汉京以后垂二千年，儒者沿波，学凡六变：其初专门授受，递禀师承，非惟诂训相传，莫敢同异，即篇章字句，亦恪守所闻，其学笃守谨严，及其弊也拘；王弼、王肃稍持异义，流风所扇，或信或疑，越孔、贾、啖、赵以及北宋孙复、刘敞等，各自论说，不相统摄，及其弊也杂；洛、闽继起，道学大昌，摆落汉、唐，独研义理，凡经师旧说，俱排斥以为不足信，其学务别是非，及其弊也悍；学脉旁分，攀缘日众，驱除异己，务定一尊，自宋末以逮明初，其学见异不迁，及其弊也党；主持太过，势有所偏，材辨聪明，激而横决，自明正德、嘉靖以后，其学各抒心得，及其弊也肆；空谈臆断，考证必疏，于是博雅之儒引古义以抵其隙，国初诸家，其学征实不诬，及其弊也琐。要其归宿，则不过汉学、宋学两家，互为胜负。[1]

四库馆臣们从经学之弊的角度用拘、杂、悍、党、肆、琐六个字概括经学发展的六变，基本上概括出了经学发展过程中在治学风格和经学义旨等方面的变化。皮锡瑞在《经学历史》中把经学发展概括为十变：

一、经学开辟时代（自孔子删定六经为始）；二、经学流传时代（战国至汉初）；三、经学昌明时代（自汉武帝始）；四、经学极盛时代（西汉元帝、成帝至东汉）；五、经学中衰时代（汉末至魏晋）；六、经学分立时代（南北朝）；七、经学统一时代（唐至宋初）；八、经学变古时代（北宋仁宗至南宋）；九、经学积衰时代（元、明）；十、经学复盛时代（清）。[2]

皮锡瑞站在今文经学的立场上，以时代的顺序对经学发展做了历时性的阶段划分，这种划分虽然学界多有微词，但其学术影响仍然很大，并成为今人认识中国古代经学发展过程的基本框架。

日本学者大田锦城在其著《九经谈·总论》中提出“经学三变说”：

---

［1］ 永瑢等：《四库全书总目》卷一《经部总叙》，中华书局1965年版，第1页。

［2］ 皮锡瑞撰：《经学历史·目次》，周予同注本，中华书局1959年版，第1—2页。

汉学长于训诂，宋学长于义理，清学长于考证。……自汉至唐其学小变，然要皆汉学也。自宋至明其学小变，然要皆宋学也。清人有为汉学者，有混汉、宋之学而自为一家者焉，然要皆清学，而其所长则考证也。……唐啖助、赵匡、陆淳始驳《春秋》三传，古今学术之分界由此萌矣。……（宋）孙明复之《尊王发微》、刘原父之《七经小传》、欧阳修之《诗本义》、苏氏父子《诗》《书》《易》，王安石之《三经新义》出，汉、唐学始变，程、朱性理之说兴，汉学、宋学遂大分。[1]

经学发展究竟如何分期，学者们见仁见智，意见不一。大家都关注到自汉迄清经学的发展和变化，所不同的是，学者们对这些变化特点和本质有不同认识。从汉学到宋学的转变，魏晋南北朝时期经学无疑是这些变化的发端。无论从哪个角度看，相对于汉代经学而言，魏晋南北朝时期经学的思维方式、话语系统、思想主题和学术阐释方法都有明显变化。如果站在汉代经学角度看，魏晋南北朝时期的经学好像“衰落”了，经学的崇高地位受到挑战，人们的崇经意识有所淡化。如果转换一个视角，站在中国古代思想史、学术发展史的角度看，魏晋南北朝时期经学并不是真正“衰落”，而是经学发展的学术范式和学术内容与汉代经学有所不同而已。

“世变方殷之日，正是史学创作之时。”[2] 魏晋南北朝是个变动的时代，皇朝迭兴迭亡，阶级矛盾和民族矛盾尖锐激烈，政治斗争风云变幻，时代与史学发展互动激荡，促使这一时期的史家比以往任何时期都更重视运用史学工具表达自己的思想主张和社会理想，出现了历史撰述兴盛局面，史学获得多途发展。[3]

---

[1] 转引自连清吉：《安井小太郎的日本儒学史研究》，载林庆彰主编：《经学研究论丛》第三辑，台湾圣环图书有限公司 1995 年版，第 332 页。

[2] 逯耀东说魏晋南北朝时期是一个动乱的时代，“由于知识分子为了寻求自我的存在，他们特有的时代感情，势必激起他们对历史的探索。中国的史学黄金时代在魏晋与两宋，而非汉唐；明末真正的史学家，却隐于危亡之际泣血著述。所以世变方殷之日，正是史学创作之时。”逯耀东：《魏晋史学及其他》，台湾东大图书股份有限公司 1998 年版，第 3 页。

[3] 瞿林东：《中国史学史纲》，北京出版社 1999 年版，第 223 页。

纵观魏晋南北朝时期学术发展过程，在这个变动的时代，一方面经学在自我更新，一方面史学在多途发展，经学与史学各自按自身的学术规范缓步前行，既相互影响，彼此依偎共存，又从学术体系到学术旨趣全面分途，经、史关系呈现出新的时代特点。

第一节　文献目录上经史分途的实现

魏晋南北朝时期经史分途是中国古代学术史上的重要学术现象，引起郑樵、马端临、胡应麟等历代学者的关注和思考。乾嘉时期钱大昕、赵翼、章学诚等人在宋元学者已有认识的基础上，对汉唐间史学著作在文献目录分类中的变化及其原因作出了各自理解，从目录学和学术史方面理清了中国古代经史关系发展演变的基本脉络。我们认为，虽然汉代在学术实践层面上已经开始了经史分离过程，史学实际上已成为一门独立学科，但依据当今的学科理论，如果能够对于魏晋南北朝时期经学与史学勾画出较为清晰的学科界限，魏晋南北朝时期经史分途学术过程会更清晰，也有利于对该问题有更为准确的认识和把握。

一、学术实践上经史分离与文献目录上史附于经

汉唐之间，经史关系变化的过程虽然复杂漫长，但这种变化呈现出渐进性、全方位、多层次、宽领域的特点。从《汉书·艺文志》史附于经到《隋书·经籍志》史与经并立，史学著作在文献目录分类上的这种变动，正是在经学控制力减弱、史学获得多途发展的背景下，经、史、子、集序列确立，经史分途，史学逐渐升格并完成了在学术层面上的固化和定格。正是有了学术层面上的固化和定格，史学离经自立并成为与经学并立的学科门类才得以巩固和发展，保证了史学走上独立发展的学术轨道。

从经和史的起源看，经、史同源共祖，经与史本来就是一家。从学术史的角度看，先秦时期应该没有当今意义上的经史关系问题，只有不同学术派别的讨论和纷争。真正出现当今意义上的经史关系问题，应该

是汉代学者把一些儒家经典崇奉为“经”及经学产生以后的事。具体言之，在中国文化的源头阶段，有史无经。刘家和先生指出：“到春秋时期，反映各种文化知识的文献已经有了一定的积累；不过在这些文化知识之间还没有严格的学科区分，当然也没有经史之分。从春秋后期起，儒家典籍逐渐形成，史学也随着《春秋》《左传》的出现而开始出现；不过当时仍然无所谓经史之分。”[1] 崔述说：“夫经史者，自汉以后分别而言之耳，三代以上所谓经者，即当日之史也。《尚书》，史也；《春秋》，史也。经与史恐未可分。”[2] 吴怀祺先生指出：“《经》即是‘史’，甚至还可以说《经》是后世‘史’的渊源。”[3] 刘桂生先生也认为，经学和史学是同出一源的两门学问，像孪生兄弟一样，你中有我，我中有你；但它们又各有自己的领域，可说是“双峰对峙，两水分流”。史学中的“义理”出自经学，“史联”源于官守，“史例”出诸“诸礼”，就是史书体例（如纪传体）中的一些基本概念如“本纪”“列传”等等，和经学都有十分密切的关系。[4]

因为经、史同源共祖，所以在春秋战国时期的学术发展过程中，经与史相随相伴，同根共济。从学术史角度看，“史”其实先于“经”而存在。章学诚说：“史之原起，实先于经。周官外史掌三皇五帝之书，苍颉尝为黄帝之史，则经名未立，而先有史矣。”[5] 他又说：“三代学术，知有史而不知有经，切人事也。后人贵经术，以其即三代之史耳。”[6]

从学术实践层面说，汉代已经开始了经史分离过程。经与史何时分离呢？一般都以南朝宋文帝元嘉年间设立儒、玄、文、史四科或《隋书·经籍志》经、史、子、集四部分类的确立为根据，认为魏晋南北朝时期实现了经史分离。其实，这里有个认识上的误区，即把学术实践上

[1] 刘家和：《史学和经学》，载《北京师范大学学报》（社会科学版）1985 年第 3 期，第 1 页。

[2] 崔述：《洙泗考信余录》卷三《左子》，见《崔东壁遗书》，顾颉刚编订本，上海古籍出版社 1983 年版，第 395 页。

[3] 吴怀祺：《中国史学思想史》，安徽人民出版社 1996 年版，第 15 页。

[4] 刘桂生：《经学与史学》，载《中国文化研究》2006 年春之卷，第 4 页。

[5] 章学诚：《章氏遗书》卷十三《论修史籍考要略》，文物出版社 1985 年版，第34 页。

[6] 章学诚：《文史通义》卷五《浙东学术》，叶瑛校注本，中华书局 1994 年版，第 523 页。

的经史分离与文献目录上的经史分离混在了一起。

白寿彝先生首先提出司马迁的“成一家之言”是史家之言，是在史学领域里第一次提出了“家”的概念。[1] 吴怀祺先生在考察司马迁“成一家之言”问题时，认识到司马迁所成的一“家”既非儒家亦非道家，而是史家，史之成“家”是从司马迁开始的。吴怀祺先生说：“司马迁的‘一家之言’，是在融汇百家之学的基础上形成的。司马迁不应归于某一家，他既不是什么新道家，也不是儒家，也不是其他‘家’，司马迁是‘史家’，史之成家应该从司马迁始。在中国，史学真正成为‘家’，成为一门独立的学问，应该从司马迁开始。有人以为中国史学成为一门独立的学科，是从南朝刘宋文帝建儒、玄、文、史四学开始的，这是一种很表皮的看法。”[2] 吴怀祺先生从思想体系、学术体系、治学风格和方法等方面对《史记》做了深入考察，认为从形式到内容，从思想到风格，都反映出《史记》标志着史学已经成为一门独立学科，经学与史学在学术实践上已经开始了分离过程。[3] 刘家和先生也认为：“经学是在汉代正式产生的，史学也随着《史记》《汉书》等巨著的出现而开始崭露头角，正是在汉代开始了经史分离的过程。”[4]

但是，在文献目录上史学还是依附于经学。虽然在学术实践中汉代已经开始了经史分离过程，但司马迁撰写《史记》时，又明确提出要“正《易传》，继《春秋》，本《诗》《书》《礼》《乐》之际。”[5] 正如汪高鑫先生所言，司马迁以“继《春秋》”为其撰述旨趣，以六经来统帅其史著，同时评判史实与选择史料的原则还是“折中于夫子”[6]，“考信于六艺”[7]，崇经意识还是十分明显。[8] 正是在这种崇经意识的影响下，

[1] 白寿彝：《说“成一家之言”》，见《中国史学史论集》，中华书局 1999 年版，第 99 页。

[2] 吴怀祺：《中国史学思想史》，安徽人民出版社 1996 年版，第 67—68 页。

[3] 吴怀祺：《中国史学思想史》，安徽人民出版社 1996 年版，第 70 页。

[4] 刘家和：《史学和经学》，载《北京师范大学学报》（社会科学版）1985 年第 3 期。

[5] 《史记》卷一百三十《太史公自序》，中华书局 1959 年版，第 3296 页。

[6] 《史记》卷四十七《孔子世家》，中华书局 1959 年版，第 1947 页。

[7] 《史记》卷六十一《伯夷列传》，中华书局 1959 年版，第 2121 页。

[8] 汪高鑫：《中国史学思想通论·经史关系论卷》，福建人民出版社 2011 年版，第 9 页。

汉代经学处于绝对优势地位，经学的意义凸显，史学的意义不被人们重视，《汉书·艺文志》把史书附入《春秋》目录之下也有一定的合理性。刘知幾在《史通·六家》中说：

> 至太史公著《史记》，始以天子为本纪，考其宗旨，如法《春秋》。自是为国史者，皆用斯法。然时移世异，体式不同。其所书之事也，皆言罕褒讳，事无黜陟，故马迁所谓整齐故事耳，安得比于《春秋》哉！[1]

总体来说，无论是司马迁还是班固，他们都在一定程度上笼罩于《春秋》的影响之下，是对《春秋》旨趣的承继，汉代史书附于《春秋》之后，也是一种较为合理的文献目录编排方法。

二、经、史对称，经与史的学科边界逐渐清晰

对于史学离经自立的过程，学界已经从文献目录分类和学校教育科目设置等方面做了很好的研究并形成了一些共识，无须再议。但是，史学离经自立不是一个孤立的学术现象，在一定意义上说，史学在文献目录分类中的变化，史学与儒、玄、文三学一起列入学校教育科目是史学自立的结果，其基础应该是在社会观念层面上人们已经把“史”作为与“经”对举的学科范畴，是人们对史学作为一个独立学科的认同。

汉晋之间，社会观念层面上已经认同史学作为一个学科的相对独立地位，“经”“史”常常对举而称。虽然《庄子·天运篇》中有“六经”之名，但实际上汉代以前有史学而无经学，即钟肇鹏先生所说的“史先于经”[2]。西汉中期以后，经学形成并统御学术和文化，学习五经并以经学营生经世成为社会风气，产生了许多经学大家和经学著作。其间，

[1] 刘知幾：《史通》卷一《六家》，浦起龙通释本，上海古籍出版社 2009 年版，第 8 页。

[2] 钟肇鹏：《论“经”和“史”》，载《学术月刊》1962 年第 1 期，第 27 页。

司马迁撰《史记》，开立纪传体历史撰述新体例。但从《太史公自序》来看，司马迁历史撰述的基本精神仍是上继《春秋》，[1] 充满《春秋》经学的意味。关于这个问题，雷家骥先生在《两汉至唐初的历史观念与意识》一书中已经做了较详细论述。[2] 至于《汉书》，班固在其《自叙》中明确表示他“旁贯五经，上下洽通”[3]。班固编织了一个较为完整的汉绍尧运的世系，着力“宣汉”，其“宣汉”的理论基础仍然是基于《春秋》之义。对此，吴怀祺先生在《中国史学思想史》中也作了详细论述。从一定意义上说，《史记》《汉书》这些历史撰述仍然笼罩在经学的阴影之下，史学还没有作为一个独立学科被人们认知。

魏晋时期，“经史”一词频繁出现于对文人学者知识结构的描述中。如《文选》卷四十九干宝《晋纪总论》李善注引王隐《晋书》说“王衍不治经史，唯以老庄虚谈惑众”。这里的经、史显然是指两个不同的学科。翻阅《晋书》，其中“经史”一词很常见，据不完全统计，《三国志》中只有一处“经史”并称，[4] 而《晋书》中“经史”并称大约有 26 处，如郑冲“起自寒微，卓尔立操，清恬寡欲，耽玩经史”[5]，安平献王司马孚“温厚廉让，博涉经史”[6]，王珣“神情朗悟，经史明彻”[7]。从语义和语言结构看，这些人物传记里所说的“经史”，明显是指经学和史学。据《旧唐书·房玄龄传》记载，唐修《晋书》是以南朝齐人臧荣绪

---

[1] 司马迁在《太史公自序》中这样说：“夫《春秋》，上明三王之道，下辨人事之纪，别嫌疑，明是非，定犹豫，善善恶恶，贤贤贱不肖，存亡国，继绝世，补敝起废，王道之大者也。”

[2] 参阅雷家骥：《两汉至唐初的历史观念与意识》第二部分《司马迁的新史学及其观念意识》，书目文献出版社 1987 年版，第 9—13 页。

[3] 《汉书》卷一百《叙传下》，中华书局 1962 年版，第 4235 页。

[4] 《三国志》卷四十二《尹默传》载：“尹默字思潜，梓潼涪人也。益部多贵今文而不崇章句，默知其不博，乃远游荆州，从司马德操、宋仲子等受古学。皆通诸经史，又专精于《左氏春秋》。”

[5] 《晋书》卷三十三《郑冲传》，中华书局 1974 年版，第 991 页。

[6] 《晋书》卷三十七《安平献王孚传》，中华书局 1974 年版，第 1081 页。

[7] 《晋书》卷六十五《王珣传》，中华书局 1974 年版，第 1757 页。

《晋书》为蓝本，并采撷诸家晋史及晋人文集予以补充撰定，[1] 故《晋书》中这些话语可以理解为魏晋南北朝时期话语的直接引述。晋代以后，“经史”一词更是常见于相应的正史中。

“经”“史”对称，说明在人们的观念中，经、史已是两个既相关又不同的学科门类，学科界线明晰。东汉末年，在经学失去优势地位以后，在社会上就出现了一些经史双修学者，既读经，也研史。宋忠（衷）是荆州学派的中坚人物和著名古文经学家，《隋书·经籍志》收录宋忠的著作有《周易注》十卷、《太玄经注》九卷、《法言注》十三卷、《世本》四卷。《世本》又称《世》或《世系》，是一部由先秦时期史官修撰，主要记载上古帝王、诸侯和卿大夫家族世系传承的史籍。以此可以看出，宋忠不仅研究经学，在史学领域也有所成就。《三国志·蜀书·尹默传》也记载：“尹默字思潜……益部多贵今文而不崇章句，默知其不博，乃远游荆州，从司马德操、宋仲子等受古学。皆通诸经史，又专精于《左氏春秋》……”[2] 虽然荆州学派是以治古文经学为主的学术流派，从《尹默传》记载来看，尹默“通诸经史”，既通“经”，又通“史”，“经”“史”显然属于两个相对独立的学科。

元嘉十五年（438），宋文帝“征（雷）次宗至京师，开馆于鸡笼山，聚徒教授，置生百余人。会稽朱膺之、颍川庾蔚之并以儒学，监总诸生。时国子学未立，上留心艺术，使丹阳尹何尚之立玄学，太子率更令何承天立史学，司徒参军谢元立文学，凡四学并建。车驾数幸次宗学馆，资给甚厚”[3]。泰始六年（470），又“以国学废，初置总明观，玄、儒、文、史四科，科置学士各十人，正令史一人，书令史二人，干一人，门吏一人，典观吏二人”[4]。宋文帝时设立与玄、儒、文并立的史学科，这是中国史学发展史上的大事，也是中国古代学术史上的重要变化。一

[1] 《旧唐书》卷六十六《房玄龄传》载：“寻与中书侍郎褚遂良受诏重撰《晋书》，于是奏取太子左庶子许敬宗、中书舍人来济、著作郎陆元仕、刘子翼、前雍州刺史令狐德棻、太子舍人李义府、薛元超、起居郎上官仪等八人，分功撰录，以臧荣绪《晋书》为主，参考诸家，甚为详洽。”

[2] 《三国志》卷四十二《蜀书·尹默传》，中华书局1982年版，第1026页。

[3] 《宋书》卷九十三《雷次宗传》，中华书局1974年版，第2293—2294页。

[4] 《南齐书》卷十六《百官志》，中华书局1972年版，第315页。

方面表明在学校教育中，史学作为一个独立的学科，已经脱离经学的附庸而蔚为大观，一方面说明统治者对史学的重视程度已提高到与经学并列的位置。

三、史学自我意识的增强

经史分途的另一个重要表现就是，伴随史学自我意识的增强，中国古代史学评论逐步发展起来。在史附于经的时代，尽管已有对史家、史著的评论，但由于史学处在经学的笼罩之下，这些对史家史著的评论多是从经学的立场、原则和观念出发，依经论史，史学评论实际上是宣扬经学的工具之一。如扬雄在评论司马迁的《史记》时说，司马迁的史论"不与圣人同，是非颇谬于经"[1]。班彪撰《史记后传》并对《史记》进行评论，他说："其论术学，则崇黄老而薄五经；序货殖，则轻仁义而羞贫穷；道游侠，则贱守节而贵俗功。此其大敝伤道，所以遇极刑之咎也。"[2] 在班彪看来，司马迁遭受大刑是因为他离经叛道，咎由自取，表明他对于司马迁崇黄老、薄五经观念的不认同。班固继承了班彪这种看法，他说《史记》"是非颇缪于圣人，论大道则先黄老而后六经，序游侠则退处士而进奸雄，述货殖则崇势利而羞贱贫"[3]。显然，扬雄、班彪、班固等人对《史记》的认识和看法，是以经学为标准和原则的。但魏晋之际，人们对《史记》的看法发生了明显的变化。如颖容《春秋例》说：

> 著述之事，前有司马迁、扬雄，后有郑众、班固，近即马融、郑玄。其所著作违义正者，略举一两事以言之：迁《史记》不识毕公文王之子，而言与周同姓；扬雄《法言》，不识六十四卦，云所从来尚矣。[4]

---

[1] 《汉书》卷八十七《扬雄传》，中华书局 1962 年版，第 3580 页。

[2] 《后汉书》卷四十上《班彪列传》，中华书局 1965 年版，第 1325 页。

[3] 《汉书》卷六十二《司马迁传》，中华书局 1965 年版，第页 2737—2738 页。

[4] 李昉等：《太平御览》卷六百二《文部十八》引颖容《春秋例》，中华书局 1966 年版，第2710 页。

颖容对司马迁及其《史记》的看法已不再纠缠于是否合乎六经，而是批评司马迁历史叙事中的缺失和错讹，以是否符合事实作为评价史家和史书优劣的重要标准。《三国志》卷十三《王肃传》云：

> 帝又问："司马迁以受刑之故，内怀隐切，著《史记》非贬孝武，令人切齿。"对曰："司马迁记事，不虚美，不隐恶。刘向、扬雄服其善叙事，有良史之才，谓之实录。汉武帝闻其述《史记》，取孝景及己本纪览之，于是大怒，削而投之。于今此两纪有录无书。后遭李陵事，遂下迁蚕室。此为隐切在孝武，而不在于史迁也。"[1]

王肃对《史记》的评论，已从经学角度完全转换到史学立场，讨论司马迁著史的原因和撰史的实录精神。《晋书·张辅传》记载了张辅专论班、马优劣，他说：

> 又论班固、司马迁云："迁之著述，辞约而事举，叙三千年事唯五十万言；班固叙二百年事乃八十万言，烦省不同，不如迁一也。良史述事，善足以奖劝，恶足以监诫，人道之常。中流小事，亦无取焉，而班皆书之，不如二也。毁贬晁错，伤忠臣之道，不如三也。迁既造创，固又因循，难易益不同矣。又迁为苏秦、张仪、范睢、蔡泽作传，逞辞流离，亦足以明其大才。故述辩士则辞藻华靡，叙实录则隐核名检，此所以迁称良史也。"[2]

张辅在比较班、马优劣时着重从史文繁省、史料真伪方面进行评价和比较。从魏晋时期对《史记》的种种评论来看，人们已不再纠缠《史记》是否有违圣人说教和经学义理，而是重点讨论史家身世、撰史旨趣、史家和史书优劣，历史撰述过程中材料取舍，史书篇章结构和编撰体例等方面，这完全是立足于史学的学科规范对史学自身的检讨和评论，以史论史。

---

[1] 《三国志》卷十三《王肃传》，中华书局1982年版，第418页。

[2] 《晋书》卷六十《张辅传》，中华书局1974年版，第1640页。

在汉代经学一统天下的时代，人们认识、思考和解决各种社会问题都是引经据典，以经义断事，即赵翼所说："汉初法制未备，每有大事，朝臣得援经义以折衷是非。"[1] 但汉末以来，人们清楚地看到汉代经学脱离社会实际，解决不了现实问题，逐渐觉察到汉代经学并不是万能的灵丹妙药，转而从史学中去寻找经世治国的智慧。从社会现实层面，在与经学的权衡较量中，史学的功能和价值得到进一步认识、提升和重视。《三国志》卷五十四《吕蒙传》裴松之注引《江表传》说：

> 初，权谓蒙及蒋钦曰："卿今并当涂掌事，宜学问以自开益。"蒙曰："在军中常苦多务，恐不容复读书。"权曰："孤岂欲卿治经为博士邪？但当令涉猎见往事耳。卿言多务孰若孤，孤少时历《诗》《书》《礼记》《左传》《国语》，惟不读《易》。至统事以来，省三史、诸家兵书，自以为大有所益。如卿二人，意性朗悟，学必得之，宁当不为乎？宜急读《孙子》《六韬》《左传》《国语》及三史。[2]

作为东吴的统治者，孙权要面对和解决各种复杂的现实问题，他在政治实践中深刻认识到"三史"、兵书的意义和作用，"自以为大有所益"，所以要求吕蒙和蒋钦读《孙子》《六韬》《左传》《国语》及"三史"，而不是希望他们成为经学博士。在孙权那里，经学完全败给了史学。《晋书》卷一百五《石勒载记》记述了这样一件事：

> （石）勒亲临大小学，考诸学生经义，尤高者赏帛有差。勒雅好文学，虽在军旅，常令儒生读史书而听之，每以其意论古帝王善恶，朝贤儒士听者莫不归美焉。尝使人读《汉书》，闻郦食其劝立六国后，大惊曰："此法当失，何得遂成天下！"至留侯谏，乃曰："赖有此耳。"其天资英达如此。[3]

---

[1] 赵翼：《廿二史札记》卷二"汉时以经义断事"条，王树民校证本，中华书局1984年版，第43页。

[2] 《三国志》卷五十四《吴书·吕蒙传》，中华书局1982年版，第1274—1275页。

[3] 《晋书》卷一百五《石勒载记下》，中华书局1974年版，第2741页。

这则记述内容很丰富，一是说明石勒重视文化建设，尤其喜欢读史书；二是说石勒读史书主要在于“论古帝王善恶”；三是说石勒并不是为读史而读史，而是根据现实的政治需要，从历史中分析和总结出一些有益的得失经验。石勒是羯人，出身低微，少年时随同邑人行贩，并曾为人力耕，二十多岁时还被掠卖到山东为奴。这样一个人，为何如此重视史学呢？石勒读史、论史的事，其中蕴含着一个基本道理，这就是统治者要善于从历史中总结经验教训，要善于通过史学探讨治国之道，充分汲取历史中蕴含的治国智慧。

正是复杂的现实需要，人们无法从传统经学中找到解决问题的思路和方法，转而求诸史学，并取得切实效果，这对提高史学的社会地位和得到社会认同，完善史学作为一个学科的学科体系，促进史学自立发展都是有益的。

四、《隋书·经籍志》中史部独立成类

在《汉书·艺文志》中，史附于经，而在《隋书·经籍志》中，史与经并立四部，这是经史分途、史学自立的结果，也标志着史学从学科层面与经学分途，自立成类，这是中国古代经史关系中的重要学术事件。

《隋书·经籍志》是继《汉书·艺文志》后现存的第二部史志目录，也是对隋朝以前，尤其是魏晋南北朝时期学术发展的总结，在我国学术史上具有重要的地位。通过《隋书·经籍志》，我们可以看到在魏晋南北朝时期史学得到了多途发展，瞿林东先生把这种多途发展概括为史风大盛，史家辈出，史书数量剧增和史书种类繁多等四个方面。[1] 魏晋南北朝时期史学的多途发展，史学的意义和历史撰述的价值日渐被人们认识和重视，在一定程度上摆脱经学的控制，彰显史学自身的价值。经史关系的这些变化，在《隋书·经籍志》中有较为明显的体现。

《汉书·艺文志》在文献目录上没有独立的史部，从现有文献记载看，西晋荀勖的《中经新簿》在魏郑默《中经簿》的基础上对文献目录第一次采用四部分类。遗憾的是，郑默的《中经簿》、荀勖的《中经新

[1] 瞿林东：《中国史学史纲》，北京出版社 1999 年版，第 223 页。

簿》都已散佚，《隋书·经籍志》略言数语：

> 魏氏代汉，采掇遗亡，藏在秘书中、外三阁。魏秘书郎郑默，始制《中经》，秘书监荀勖，又因《中经》，更著《新簿》，分为四部，总括群书。一曰甲部，纪六艺及小学等书；二曰乙部，有古诸子家、近世子家、兵书、兵家、术数；三曰丙部，有史记、旧事、皇览簿、杂事；四曰丁部，有诗赋、图赞、汲冢书。[1]

据此可知，荀勖虽然没有列明经、史、子、集四部，而名之为甲、乙、丙、丁，但他已经把相关历史著述从经学文献中析出，成为独立部类。《隋书·经籍志》在继承前代相关文献目录分类方法的基础上，开陈出新，确立了经、史、子、集四部分类。

相对于《汉书·艺文志》来说，《隋书·经籍志》把附属在“六艺略”《春秋》经下的史籍独立出来并名之曰“史部”，而且又根据历史著述内容的不同，史部之下又细分为十三小类，分别为正史、古史、杂史、霸史、起居注、旧事、职官、仪注、刑法、杂传、地理记、谱系、簿录等。虽然《隋书·经籍志》在文献目录分类上有诸多缺陷，如帝王诏令应该归到史部，而《隋书·经籍志》却把它纳入集部。而在史部内的小类归属中，分类标准并不统一，正史、古史等是按史书的体裁分类，而职官、仪注、刑法等似乎又是按史书的性质或记述的内容来区分。这种分类上的不严谨甚至有些混乱，曾经受到姚名达等目录学者的批评，[2]这从另外一个方面也说明魏晋南北朝时期各种体裁体例的历史撰述十分兴盛，出现了诸如杂史、史抄、家传、别传等许多内容繁杂、体裁体例千姿百态的新兴历史著述，从而导致《隋书·经籍志》撰修者一时难以准确把握的情况，这些不足或缺陷在清朝撰修《四库全书》时都得到了折中和改正。

《隋书·经籍志》不仅从文献目录上固化了史学离经自立的学术过

[1] 《隋书》卷三十二《经籍志一》，中华书局 1973 年版，第 906 页。

[2] 姚名达：《中国目录学史》第三部分《分类篇》，上海古籍出版社 2002 年版，第 73—76 页。

程，肯定了史学的学科独立地位，也从学术层面对经学的意义和史学的意义进行了区分，对于史学的学术地位和社会地位做了较全面的提升。

《隋书·经籍志》明确提出了史先于经、经源于史的看法。《隋书·经籍志》开篇就说：

> 夫经籍也者，机神之妙旨，圣哲之能事，所以经天地，纬阴阳，正纪纲，弘道德，显仁足以利物，藏用足以独善，学之者将殖焉，不学者将落焉。……故曰："其为人也，温柔敦厚，《诗》教也；疏通知远，《书》教也；广博易良，《乐》教也；洁静精微，《易》教也；恭俭庄敬，《礼》教也；属辞比事，《春秋》教也。"遭时制宜，质文迭用，应之以通变，通变之以中庸。中庸则可久，通变则可大，其教有适，其用无穷。实仁义之陶钧，诚道德之橐籥也。其为用大矣，随时之义深矣，言无得而称焉。故曰："不疾而速，不行而至。"今之所以知古，后之所以知今，其斯之谓也。是以大道方行，俯龟象而设卦；后圣有作，仰鸟迹以成文。书契已传，绳木弃而不用；史官既立，经籍于是兴焉。[1]

在唐初史臣们的观念里，被后世尊崇的六经《诗》《书》《乐》《易》《礼》和《春秋》，其意旨虽然不尽相同，但"其用无穷"。六经的种种"用"，就是通过历史叙述，贯穿古今。也就是说，史是六经发挥相应教育作用的桥梁，没有史学沟通古今，六经的教育作用就不能充分发挥和显现。同时，唐初史臣们也认为史官是古代历史的记录者，其实也是经籍的撰写者，六经只不过是前代史官的一种历史撰述而已，不是什么神秘之物。《隋书·经籍志》接着说：

> 夫经籍也者，先圣据龙图，握凤纪，南面以君天下者，咸有史官，以纪言行。言则左史书之，动则右史书之。故曰"君举必书"，惩劝斯在。考之前载，则《三坟》《五典》《八索》《九丘》之类是也。下逮殷、周，史官尤备，纪言书事，靡有阙遗，则《周礼》所

[1]《隋书》卷三十二《经籍志一》，中华书局 1973 年版，第 903—904 页。

称，太史掌建邦之六典、八法、八则，以诏王治；小史掌邦国之志，定世系，辨昭穆；内史掌王之八柄，策命而贰之；外史掌王之外令及四方之志，三皇、五帝之书；御史掌邦国都鄙万民之治令，以赞冢宰。此则天子之史，凡有五焉。诸侯亦各有国史，分掌其职。则《春秋传》，晋赵穿弑灵公，太史董狐书曰“赵盾杀其君”，以示于朝。宣子曰：“不然。”对曰：“子为正卿，亡不越境，反不讨贼，非子而谁？”齐崔杼弑庄公，太史书曰“崔杼弑其君”，崔子杀之。其弟嗣书，死者二人。其弟又书，乃舍之。南史闻太史尽死，执简以往，闻既书矣，乃还。楚灵王与右尹子革语，左史倚相趋而过。王曰：“此良史也，能读《三坟》《五典》《八索》《九丘》。”然则诸侯史官，亦非一人而已，皆以记言书事，太史总而裁之，以成国家之典。不虚美，不隐恶，故得有所惩劝，遗文可观，则《左传》称《周志》，《国语》有《郑书》之类是也。[1]

唐初史臣们认为，先圣时代设立了史官，并通过史官对君王言行的记录，惩恶扬善。但到西周后期，周室衰微，纲纪败坏，史官如实记言记事的原则和不虚美、不隐恶的传统遭到破坏，褒贬失范，于是孔子起而“述《易》道而删《诗》《书》，修《春秋》而正《雅》《颂》。”[2] 言下之意，后世尊崇的经籍只不过是史学失范后的产物，是史学功用的补充。

《隋书·经籍志》不仅认为史先于经，经源于史，在理论上重新定义了经与史的关系，而且还从维系世道人心的作用方面强调史重于经。《隋书·经籍志》“经部大序”谈到经的作用时说：“且先王设教，以防人欲，必本于人事，折之中道。”意思是说，先王试图用“经”来防止人欲的放纵，规范人们的言行，树立道德规范，维系世道人心。但是，这些赖以维系世道人心的经籍经说，在实际中并没有发挥应有作用，或是“各为异说”，陷入纷争；或是沉入烦琐，“六经之儒，不能究其宗旨，多立小数，一经至数百万言。致令学者难晓，虚诵问答，唇腐齿落而不知益”；或是掺以图谶，杂以玄言，“穿凿妄作，日以滋生。先王正典，杂之以妖

[1] 《隋书》卷三十二《经籍志一》，中华书局1973年版，第904页。
[2] 《隋书》卷三十二《经籍志一》，中华书局1973年版，第904页。

妄，大雅之论，汩之以放诞”[1]。而史家历史撰述的作用却要具体有效得多，“是故前言往行，无不识也；天文地理，无不察也；人事之纪，无不达也。内掌八柄，以诏王治，外执六典，以逆官政。书美以彰善，记恶以垂戒，范围神化，昭明令德，穷圣人之至赜，详一代之亹亹”[2]。史籍不仅记述了圣人的教化之道，也保存了圣王的治国之道，述往事，思来者，见盛观衰，彰善惩恶，垂鉴将来，对于政治、社会的作用明确而具体，在惩恶扬善，维系世道人心方面比抽象空洞的经学说教更有效果。

在西汉儒家独尊的时期，司马迁自感史官身份卑微。史官“近乎卜祝之间，固主上所戏弄，倡优畜之，流俗之所轻也”[3]。而《隋书·经籍志》对于史官的地位和作用有了较为客观的认识。“夫史官者，必求博闻强识，疏通知远之士，使居其位，百官众职，咸所贰焉。”[4] 这里虽然是对史官素质提出的基本要求，但从另一个侧面反映出《隋书·经籍志》对于史官政治地位和学术地位的推崇。史官并不是任人摆布的玩偶，而是应该要有渊博的知识，对于前言往行、天文地理、人事之纪都要有深入的了解，而且还要有宏大器局，深刻的历史见识和不避强权、如实直书的高贵品质。周代五史对内掌爵、禄、予、置、生、夺、废、诛八柄，对外掌治典、教典、礼典、政典、刑典、事典等六典。从政治地位上讲，五史是宗伯的属官；从职守上说，五史仅掌管档案文书而已。《隋书·经籍志》提出史官居其位，“百官众职，咸所贰焉”，即史官可以承担起百官的众多职掌。

概而言之，《隋书·经籍志》通过论述史先于经、经源于史，把史提升到与经同等，甚至超越经的位置上；又通过推崇史官，重新定义历史撰述的意义，审视史学的价值，使史学从经学的遮蔽中凸显出来。从文献目录的分类排列到史学价值和意义的倡明，《隋书·经籍志》全方位地把史学从经学的遮蔽中解放出来，并扶上学科自立之路。

---

[1] 《隋书》卷三十二《经籍志一》，中华书局 1973 年版，第 948 页。
[2] 《隋书》卷三十三《经籍志二》，中华书局 1973 年版，第 992 页。
[3] 《汉书》卷六十二《司马迁传》，中华书局 1962 年版，第 2732 页。
[4] 《隋书》卷三十三《经籍志二》，中华书局 1973 年版，第 992 页。

文人学者不再独善经学，而是经史双修，知识结构悄然发生改变。人们对历史和史学自身的认识，也由依经而论发展到以史论史，史学独立意识和史学批评意识明显增强。需要强调的是，史学逐渐摆脱经学的控制，还不能说史学获得完全自立，只有在经史分途的同时，伴随着文史相别，子史换位，史学才真正确立起次于经、先于子的学术地位。

第二节　文史相揖别和子史换位过程中史学的升格

荀勖的《中经新簿》中，史学还处在子学之后，而《隋书·经籍志》的四部排列中，史次于经，位居子、集之上。在此期间，史学既摆脱了经的附属地位，与文学划清了界限，也超越子学，实现升格，这也是经史分途的重要学术成就之一。

一、文史相揖别

胡宝国先生认识到，魏晋南北朝时期史学是以积极、主动的姿态摆脱经学的控制，走上了自立发展之路。而正是由于经学的相对衰微，文学也获得长足发展，逐渐与史学划清界限。在文史相分过程中，史学处于被动地位，被文学舍弃，当然史学也在努力摆脱与文学的纠缠，凸显自己的学科属性，巩固史学独立发展道路。[1]

魏晋以前人们的观念中，文与史没有绝然分界线，在许多场合，文与史是混杂在一起的，文学著作和史学著作被统称为"文"或"文章"。如果从学术史的角度看，经、史、文具有同源性。从史学角度看，《隋书·经籍志》提出经源于史的观念。如果从文学角度看，似乎又是"六经皆文"[2]。六经既皆"史"，又皆"文"，文史本来就缺乏清晰的学科界限。从今天的学科范畴看，《尚书》《诗经》既是经学核心经典，也是

[1] 参阅胡宝国：《汉唐间史学的发展》，商务印书馆2003年版，第71页。

[2] 参阅龚鹏程：《六经皆文：经学史、史学史》，台湾学生书局2008年版；傅道彬：《"六经皆文"与周代经典文本的诗学解读》，载《文学遗产》2010年第5期。

文学和史学经典；而史学推崇的《尚书》《国语》《战国策》《史记》《左传》也是文学重要研究对象。在先秦时期，今人所谓的经、史、文界限模糊，确实很难划出清晰的边界，刘知幾说“文之将史，其流一焉，固可以方驾南、董，俱称良直者矣”[1]。这就是说，文士之文与史家之文，在其初期是一致的，其共同点就是能做到实录，“不虚美，不隐恶”。这样的文字就可以“方驾南、董，俱称良直”，起到劝善惩恶的作用。李大钊论及史学的渊源时指出：“古者文史相通，一言历史，即联想到班、马的文章，这是因为文史的发源，都源古代的神话与传说的缘故。这些神话与传说的记载，即是古代的文学，亦是古代的历史；故文史不分，相沿下来，纂著历史的人，必为长于文学的人。”[2]

但是，唐朝刘知幾撰《史通》时，他看到随着时代的发展和变化，史家过多注重历史叙事的文辞，导致历史撰述空洞无物，失去了史学惩恶劝善的应有功能。刘知幾说：“爰洎中叶，文体大变，树理者多以诡妄为本，饰辞者务以淫丽为宗。”[3]对文辞修饰的过分追求，导致历史记述屡屡失实，有损史学劝善惩恶的作用。因此，刘知幾认为，“文之与史，较然异辙”[4]，极力划出文与史的边界，反对文史不分。

学者们已经注意到，在史学离经自立的时候，文学也在努力摆脱经学的束缚，脱离对经学的依附，文与史紧紧绕结在一起，有些学者称之为文史合流。[5]台湾学者逯耀东先生曾经指出：“在史学脱离经学独立转变过程中，又和当时脱离经学并已蓬勃发展的文学结合，形成文史的

[1] 刘知幾：《史通》卷五《载文》，浦起龙通释本，上海古籍出版社2009年版，第114页。

[2] 李大钊：《史学要论》，北京师范大学史学研究所1980年校印，第41页。

[3] 刘知幾：《史通》卷五《载文》，浦起龙通释本，上海古籍出版社2009年版，第114页。

[4] 刘知幾：《史通》卷九《核才》，浦起龙通释本，上海古籍出版社2009年版，第232页。

[5] 一些学者认为司马迁撰修《史记》以后，文史开始各行其道，正史的文学性日趋淡薄，史学性逐渐加强，文史有相分趋向，但魏晋南北朝时期，文与史在离经自立过程中的关联，是新形势下的文史合流。参阅杨树增：《中国古代文史的分合》，载《齐鲁学刊》2003年第6期；赵梅春：《文史分途与刘知幾的叙事理论》，载《郑州大学学报》（哲学社会科学版）2016年第5期。

合流。所以，刘勰认为史学也是文学写作形式的一种，因而于《文心雕龙》立《史传》篇。文史合流至萧统编《文选》，才作了新的划分。《文选序》说明选择文学作品的条件，将记事之书的史学著作摒于《文选》之外，却选择了表现作者个人意识，与文学作品性质相近的史书论赞，划清了文学与史学的界限。”[1]

在一定意义上说，魏晋以前，文学缺乏自觉，还没有清晰的独立意识，班固在其《两都赋·序》中说：“或曰：赋者，古诗之流也。昔成、康没而颂声寝，王泽竭而诗不作。大汉初定，日不暇给。至于武、宣之世，乃崇礼官，考文章，内设金马石渠之署，外兴乐府协律之事，以兴废继绝，润色鸿业。”在班固看来，赋就是用来颂扬汉家鸿业的，与其所撰《汉书》的宣汉主张同属一辙，文与史具有相同或相近的功能和作用。

正如一些学者所看到的那样，从司马迁、班固所处的两汉时代起，古代文学与古代历史一直保持着息息相通的关系。由于古时文史不分，所以文论专著常论史传，史学专著也常谈文学。如《文心雕龙》本为文论专著，却特设了《史传》一篇，专论史传散文。据文学界的学者研究，曹丕《典论·论文》中所论之“文”，应该是包括史学著作在内的，也就是说，汉魏时期史学著作包含于“文”之内。[2] 这种观念到南朝刘勰撰著《文心雕龙》时仍然存在，他在《文心雕龙》中专作《史传》，将史纳入文的范围。[3] 在《文心雕龙·史传》中，刘勰概述了中国史学发展过程，论述史学的功能和作用，评价史家、史著，讨论史书的编纂原则和方法，自先秦以来的一切史家、史著都被纳入“文心”之内加以评论和思考，这说明在刘勰的意识和观念里，文与史有着密切的关系，二者兼融互通。

刘勰从文学家的角度论史，自然较为注重文学与史学的关系。他认为文史是相通的，史要借助于文，史书才有活力。他赞赏史家颇具文才，“其文史则有袁（宏）、殷（仲文）之曹，孙（盛）、干（宝）之辈，

---

[1] 逯耀东：《魏晋史学的思想与社会基础》，中华书局 2006 年版，第 219 页。

[2] 王运熙、杨明：《魏晋南北朝文学批评史》，上海古籍出版社 1989 年版，第 13 页。

[3] 参阅李少雍：《中国古代的文史关系——史传文学概论》，载《文学遗产》1996 年第 2 期。

虽才或浅深，珪璋足用。”[1] 对于司马迁的文采，刘勰十分赞赏，他指出：“仲舒专儒，子长纯史，而丽缛成文，亦诗人之告哀焉。”[2] 司马迁是位纯正的史家，但在文辞方面却很擅长。班彪和班固，刘向和刘歆都是父子史家，又精于文学，“二班两刘，奕叶继采”[3]，“张衡通赡，蔡邕精雅，文史彬彬，隔世相望。”[4] 刘勰对于这些文采飞扬的史家及其撰史文采钦慕之情溢于言表。同时，刘勰也认为文亦需借助于史，文章才有内涵。《文心雕龙·事类》专门论说文章写作时如何运用历史典故，“事类者，盖文章之外，据事以类义，援古以证今者也”。刘勰列举了两汉学者在写文章时摘用经史语句的实例，他说：

> 观夫屈宋属篇，号依诗人，虽引古事，而莫取旧辞。唯贾谊《鹏赋》，始用《鹖冠》之说；相如《上林》，撮引李斯之书：此万分之一会也。及扬雄《百官箴》，颇酌于《诗》《书》；刘歆《遂初赋》，历叙于纪传：渐渐综采矣。至于崔班张蔡，遂捃摭经史，华实布濩，因书立功，皆后人之范式也。[5]

撰史需用文，著文引用史，文与史相融兼通，才能撰成好史书，写成妙文章，这是刘勰《文心雕龙》的核心观念之一，在他们的观念里，文史界限并不清晰。

魏晋以后，文学进入了自觉的时代，对文学的特性有了自觉认识。虽然曹丕的《典论》不存，但其中的《论文》篇幸存于今。曹丕《典论·论文》把文学的地位抬举到“经国之大业，不朽之盛事”的地位，

[1] 刘勰：《文心雕龙》卷九《时序》，祖保泉解说本，安徽教育出版社1993年版，第890页。

[2] 刘勰：《文心雕龙》卷十《才略》，祖保泉解说本，安徽教育出版社1993年版，第928页。

[3] 刘勰：《文心雕龙》卷十《才略》，祖保泉解说本，安徽教育出版社1993年版，第928页。

[4] 刘勰：《文心雕龙》卷十《才略》，祖保泉解说本，安徽教育出版社1993年版，第928页。

[5] 刘勰：《文心雕龙》卷八《事类》，祖保泉解说本，安徽教育出版社1993年版，第733页。

陆机《文赋》认为文学可以“配霑润于云雨，象变化乎鬼神。被金石而德广，流管弦而日新”，钟嵘《诗品·序》更看到文学有“动天地、感鬼神”的巨大作用。同时，魏晋南北朝时期一些文学创作，追求深入人的心灵世界，表现人的个性，重视修辞、声韵的技巧运用，不再把文章创作作为彰善瘅恶的工具。南朝梁代，萧氏家族既是皇族，也是文学家族，梁简文帝萧纲为太子时，常与文人墨客在东宫相互唱和，并教育自己的儿子萧大心说“立身先须谨重，文章且须放荡”[1]，明确把修身立命的道德教育与文章写作分隔开来。梁元帝萧绎在《金楼子·立言》篇中说：

> 古人之学者有二，今人之学者有四。夫子门徒，转相师受，通圣人之经者，谓之儒。屈原、宋玉、枚乘、长卿之徒，止于辞赋，则谓之文。今之儒，博穷子史，但能识其事，不能通其理者，谓之学。至如不便为诗如阎纂，善为章奏如伯松，若此之流，凡谓之笔。吟咏风谣，流连哀思者，谓之文。而学者率多不便属辞，守其章句，迟于通变，质于心用。学者不能定礼乐之是非，辩经教之宗旨，徒能扬榷前言，抵掌多识，然而挹源知流，亦足可贵。笔退则非谓成篇，进则不云取义，神其巧惠笔端而已。至如文者，维须绮縠纷披，宫征靡曼，唇吻适会，情灵摇荡。[2]

萧绎对于那些“博穷子史，但能识其事，不能通其理”，“不便为诗”或仅仅“善为章奏”的人明显地表现出轻蔑。而要求“文者”写出的文章就应该“绮縠纷披，宫征靡曼，唇吻适会，情灵摇荡”。这些看法，既是文学自觉的表现，也是萧绎有意识地把六经、史书和诸子都排除在文学之外。

魏晋南北朝时期一些人眼里文史混沌不分，但在另外一些人的观念中，文史已裂开了一条缝隙，逐渐划出了一条较清晰的界限，“文”逐渐抛弃“史”。《文选序》在阐述其选文的标准时这样说：

---

[1] 欧阳询：《艺文类聚》卷二十三《人部七·鉴诫》，汪绍楹校注本，上海古籍出版社1999年版，第424页。

[2] 萧绎：《金楼子》卷四《立言》，许逸民校笺本，中华书局2011年版，第966页。

若夫姬公之籍，孔父之书，与日月俱悬，鬼神争奥，孝敬之准式，人伦之师友，岂可重以芟夷，加之剪截？老、庄之作，管、孟之流，盖以立意为宗，不以能文为本；今之所撰，又以略诸。若贤人之美辞，忠臣之抗直，谋夫之话，辨士之端，冰释泉涌，金相玉振。所谓坐狙丘，议稷下，仲连之却秦军，食其之下齐国，留侯之发八难，曲逆之吐六奇，盖乃事美一时，语流千载，概见坟籍，旁出子史，若斯之流，又亦繁博；虽传之简牍，而事异篇章，今之所集，亦所不取。至于记事之史，系年之书，所以褒贬是非，纪别异同，方之篇翰，亦已不同。若其赞论之综缉辞采，序述之错比文华，事出于沉思，义归乎翰藻。故与夫篇什，杂而集之，远自周室，迄于圣代，都为三十卷，名曰《文选》云耳。[1]

萧统明确表达了对于三类文章不予选编的理由：第一类是“姬公之籍，孔父之书”，他以这些儒家经典“岂可重以芟夷，加以剪截”为借口不予选编。第二类是“老、庄之作，管、孟之流”，理由是它们“以立意为宗，不以能文为本”，即文学性不够，也不选入。第三类是“贤人之美辞，忠臣之抗直，谋夫之话，辨士之端”等等言辞，“虽传之简牍，而事异篇章”，也算不上文学作品，也不选取。“至于记事之史，系年之书，所以褒贬是非，纪别国异，方之篇翰，亦已不同。若其赞论之综缉辞采，序述之错比文华，事出于沉思，义归乎翰藻”，对于历史著作，萧统做了区分，一般的历史撰述不予选编，而对于一些史书中的赞论、序述，如果思想深刻，又富有文采，酌情选入。萧统自述的《文选》选编标准，清晰地表达了他的文史相分的基本观念。萧统把纪事写人为主体的史文，无论是纪传体还是编年体，一律排除在文学大门之外，文与史的界限很清楚。一些文学研究者认为，萧统《文选序》所标榜的观点，突出地体现了文学经过魏晋六朝时期的大发展，对自身特质的认识已大为加深，文学家对“史高于文”的传统观念发起了挑战，并且要让文学与经、史、

[1] 萧统：《文选序》，李善注本，中华书局 1977 年版，第 2 页。

诸子以及一般应用性言辞划清界限了。[1] 这说明文学观念的演进，到魏晋南北朝时期，在一些人的观念里已经别“文学”于其他学术之外，于是“文学”一名之含义，始与近人所用者相同。[2]

《文选序》表明南朝时期一些学者已经明确认识到文与史的区别，并明确地把“记事之史”排除在“文”之外，说明在时人观念中史学著作与文学著作存在较为明显的不同，属于两个不同性质的学科。“文”抛弃“史”，这对于逐渐离经自立的史学来说是好事，使史学在逐渐摆脱对于经的依附过程中同时逐渐摆脱对于文的依赖，形成和完善自身的学科属性和学科规范。

二、子史换位

最晚在西晋初年，史书正式独立为部类，如《中经新簿》中的丙部，但它的地位还排在诸子书之后，子先于史。但到东晋穆帝时李充校理图书，编制《晋元帝四部书目》，史超越诸子，史在子先，完成了史学升格。

对于魏晋南北朝时期史学超越子学，实现子史换位，清代王鸣盛、赵翼等人对此十分不解。王鸣盛在《十七史商榷》卷六十七“经史子集四部”条中说：

> 《隋（书）·经籍志》分经、史、子、集四部。案：四部之名，起晋秘书监荀勖《中经簿》，一甲部，纪六艺及小学等书；二乙部，有古诸子家、近世子家、兵书、兵家术数；三景（丙）部，有《史记》、旧事、皇览簿、杂事；四丁部，有诗、赋、图、赞、《汲冢书》。……惟荀勖稍近理，然子不当先史，诗赋等下，忽有汲冢，亦

[1] 参阅吕海龙：《“文史分合”轨迹述论——兼评萧统、刘知幾文史观》，载《上海大学学报》（社会科学版）2011 年第 3 期。

[2] 参阅郭绍虞：《中国文学批评史》，商务印书馆 2001 年版，第 9—10 页。

不可解。[1]

王鸣盛对荀勖《中经新簿》把史学著作排在诸子学著作之后表达不满，而把本属于史学范围的《汲冢竹书》置于诗赋之下更是有些愤怒和迷惑。赵翼在《陔余丛考》卷二十二“经史子集”条中也批评说：

> 古书分类，未有经、史、子、集四部之名。汉哀帝时，刘歆著《七略》。宋元徽中，王俭撰《七志》。梁普通中，阮孝绪撰《七录》。隋大业中，许善心撰《七林》。此皆以七分部者也。其以四部分者，自晋秘书监荀勖始，曰甲部，纪六艺及小学等；二乙部，则诸子及兵家、术数等；三丙部，则《史记》《皇览》等；四丁部，则诗赋及汲冢书等。其中编次，子先于史，汲书又杂词赋内，位置俱未免失当，然后之以四部编者，实本于此。[2]

赵翼认为荀勖《中经新簿》“子先于史，汲书又杂词赋内，位置俱未免失当”，持论与王鸣盛相同。荀勖是晋代有名的学者，他撰《中经新簿》把子学置于史学之先，应该不是率意任性而为，而是当时学术发展实际在目录学上的反映。王鸣盛和赵翼的疑惑虽然可以理解，但认识并不完全正确。诸子学虽然在先秦至汉初很兴盛，汉文帝时“诸子传说，犹广立于学官，为置博士”[3]，但自武帝以后诸子学有所衰落，余嘉锡先生在《目录学发微》卷三中说，到晋代“子部之书，当亦无几。此所以合《汉志》四略之书归于一部也”。虽然子学有所衰落，但在晋初荀勖撰《中经新簿》时集录四部之书，诸子书绝对数量仍占优势。同时，由于魏晋之际正始玄风的影响，出现了“聃（老子）、周（庄子）当路，与尼父（孔子）争途”[4]的局面。故此，荀勖以乙部为子，丙部为史。因为经学相

---

[1] 王鸣盛：《十七史商榷》卷六十七“经史子集四部”条，商务印书馆1937年版，第695页。

[2] 赵翼：《陔余丛考》卷二十二“经史子集”条，商务印书馆1957年版，第423页。

[3] 《汉书》卷三十六《刘歆传》，中华书局1962年版，第1969页。

[4] 刘勰：《文心雕龙》卷四《论说》，祖保泉解说本，安徽教育出版社1993年版，第360页。

对衰微给史学发展提供了难得的条件，史学从学术、观念、教育等领域全面突破经学的控制获得自立，虽然史学刚刚自立时撰述数量有限，但自西晋以下，史家撰史热情高涨，仅是正史撰述就出现“世有著述，皆拟班、马，以为正史，作者尤广。一代之史，至数十家”[1]的盛况。据丁国钧先生《补晋书艺文志》统计，晋代撰修的史部书共有601部，子部书仅230部，历史撰述数量大大超过子部书。所以，有必要对文献书目分类作出调整，“换其乙丙之书”，把数量众多的史部上升为第二位。

荀勖在郑默《中经簿》的基础上，因革损益，撰《中经新簿》，这是目前所知最早采用四部分类的文献目录学著作。遗憾的是，二书皆佚。郑默的《中经簿》是否采用四部分类，目前还难以确定，因为《晋书·郑默传》只是说郑默“起家秘书郎，考核旧文，删省浮秽。中书令虞松谓曰：‘而今而后，朱紫别矣。’”[2]别朱紫，只是说做了分类，究竟如何分类，难以详考。

荀勖的《中经新簿》与郑默的《中经簿》在内容上的具体继承关系，难以说清，但已散佚的王隐《晋书》残存这样一条佚文：“荀勖，字公曾，领秘书监，与中书令张华依刘向《别录》整理错乱，又得《汲冢竹书》，身自撰次，以为《中经》。”[3]《晋书》卷三十九《荀勖传》也载：“及得汲郡冢中古文竹书，诏勖撰次之，以为《中经》，列在秘书。”据此，我们可知，荀勖撰《中经新簿》既继承了郑默《中经簿》的成果，也受刘向、刘歆和班固的影响。

西晋国祚不永，晋末丧乱导致图书文籍散乱严重，东晋立足江东，急需对散乱的典籍进行整理校核，晋元帝便命著作郎李充按荀勖的《中经新簿》整理校核图书，并编成《晋元帝四部书目》。这部书目现已不存，具体情况不详，但值得注意的是，李充在书目中已把子史进行了换位，即史在子先。《隋书·经籍志》“总序”载：

---

[1] 《隋书》卷三十三《经籍志二》，中华书局1973年版，第957页。

[2] 《晋书》卷四十四《郑默传》，中华书局1974年版，第1251页。

[3] 萧统：《文选》卷四十六《王文宪集序》，李善注本，中华书局1977年版，第654页。

惠、怀之乱，京华荡覆，渠阁文籍，靡有孑遗。东晋之初，渐更鸠聚。著作郎李充，以勖旧簿校之，其见存者，但有三千一十四卷。充遂总没众篇之名，但以甲乙为次。[1]

显然，《晋元帝四部书目》继承了荀勖的四部分类，而且仍然以甲乙丙丁命名四部，但在甲乙丙丁四部之下不再分小类。五经、史书、诸子、诗赋究竟按什么样顺序排列，《隋书·经籍志》并没有说明。我们从阮孝绪的《七录序》可知，李充已经把史书置于诸子之前，史在子先。阮孝绪《七录序》云：

惠怀之乱，其书略尽。江左草创，十不一存。后虽鸠集，淆乱已甚。及著作郎李充始加删正，因荀勖旧簿四部之法，而换其乙丙之书，没略众篇之名，总以甲乙为次。[2]

阮孝绪说李充在编《晋元帝四部书目》时进行了子史换位，并不是孤证，《文选》卷四十六《王文宪集序》注引臧荣绪的《晋书》说：

李充，字弘度，为著作郎。于时典籍混乱，删除烦重，以类相从，分为四部，甚有条贯，秘阁以为永制。五经为甲部，史记为乙部，诸子为丙部，诗赋为丁部。

李充所撰《晋元帝四部书目》虽然仍以甲乙丙丁命名四部，没有经史子集之名，但以史书入乙部，诸子入丙部，基本上确立了五经、史书、诸子、诗赋的先后次序，并成为秘阁永制。

李充把“史”书编排在“诸子”之前、经学之后，这是对魏晋南北朝时期史学发展和史学地位提高的学术肯定，同时，也为史学自立发展，形成自身的学科属性和学术规范提供了难得的学术条件和观念氛围。自此以后，在图书文献四部分类中，经、史、子、集的序列位置确立下来。

[1] 《隋书》卷三十二《经籍志一》，中华书局1973年版，第906页。
[2] 道宣：《广弘明集》卷第三《七录序》，上海古籍出版社1991年版，第112页。

钱大昕在为赵翼《廿二史札记》作序时评价说："汉世刘向父子校理秘文为《六略》，而《世本》《楚汉春秋》《太史公书》《汉著纪》列于春秋家，《高祖传》《孝文传》列于儒家，初无经史之别。厥后兰台、东观，作者益繁，李充、荀勖等创立四部，而经史始分，然不闻陋史而荣经也。"[1]南朝各代官修文献目录基本上采用四部分类，但刘孝标撰《文德殿书目》却把诸子中的术数、方技单独析出而成一部。对此，余嘉锡先生说：

> 六朝官撰目录，皆只四部而已。惟梁刘孝标撰《文德殿书目》，分术数之文，更为一部，使奉朝请祖暅撰其名录，谓之五部目录。盖取《七略》中术数方技之书，自子部内分出，使专门名家，司其校雠也。此最得汉人校书分部之意。[2]

《文德殿书目》把文献典籍按五部分类，只是在诸子中把术数、方技单独析出作为一类，其五部及其先后顺序应该是五经、史书、诸子、术数、诗赋。

自从李充编纂《晋元帝四部书目》以后，官修图书书目一般都采用四部分类。而这一时期的私修图书书目，出现了依刘歆《七略》类例实行七部分类，其中最有代表性的是王俭的《七志》和阮孝绪的《七录》。

《隋书·经籍志》之"总序"载：

> 元徽元年，秘书丞王俭又造《目录》，大凡一万五千七百四卷。俭又别撰《七志》：一曰《经典志》，纪六艺、小学、史记、杂传；二曰《诸子志》，纪今古诸子；三曰《文翰志》，纪诗赋；四曰《军书志》，纪兵书；五曰《阴阳志》，纪阴阳图纬；六曰《术艺志》，纪方技；七曰《图谱志》，纪地域及图书。其道、佛附见，合九条。

---

[1] 赵翼：《廿二史札记》附录二《钱大昕序》，王树民校证本，中华书局 1984 年版，第 885 页。

[2] 余嘉锡：《目录学发微》，巴蜀书社 1991 年版，第 145 页。

王俭的《七志》，几乎完全模仿刘歆《七略》及《汉书·艺文志》，把经学六艺，史学的史记、杂传等合并为一类即经典类。王俭把经史并为一类，历来受到批评，学者们认为相较荀勖、李充来说，史书没有独立成类，这是一种倒退。虽然《七志》没有独立的史书类，但史书并入六艺之中，与经同类，居七类之首，在某种意义上，这也是对史学地位的变相提升。阮孝绪在其《七录序》中说："王俭《七志》改六艺为经典，次诸子，次诗赋为文翰，次兵书为军书，次数术为阴阳，次方伎为术艺。以向、歆虽云《七略》，实有六条，故别立《图谱》一志，以全七限。其外又条《七略》及二汉《艺文志》《中经簿》所阙之书，并方外之经，佛经、道经各为一录，虽继《七志》之后，而不在其数。"据此算来，王俭《七志》，名为七类，实有九志。

阮孝绪在总结前代各种文献目录成果的基础上，撰修《七录》，[1]把图书文籍分为七个类别加以整理条录，它们分别是："一曰《经典录》，纪六艺；二曰《纪传录》，纪史传；三曰《子兵录》，纪子书、兵书；四曰《文集录》，纪诗赋；五曰《技术录》，纪数术；六曰《佛录》；七曰《道录》。其分部题目，颇有次序。"[2]把史书归入《记传录》，并且置于第二位，位居诸子、兵书之前。阮孝绪在《七录序》中阐述了他对典籍文献这样分类和排序的理由：

> 今所撰《七录》，斟酌王、刘。王以六艺之称，不足标榜经目，改为经典，今则从之，故序《经典录》为《内篇》第一。刘、王并以众史合于《春秋》，刘氏之世，史书甚寡，附见《春秋》，诚得其例，今众家记传倍于经典，犹从此志，实为繁芜。且《七略》诗赋不从六艺诗部，盖由其书既多，所以别为一略，今依拟斯例，分出众史，序《纪传录》为《内篇》第二。[3]

[1]《隋书》卷三十二《经籍志一》载："普通中，有处士阮孝绪，沉静寡欲，笃好坟史，博采宋、齐已来王公之家凡有书记，参校官簿，更为《七录》。"

[2]《隋书》卷三十二《经籍志一》，中华书局1973年版，第907页。

[3]阮孝绪：《七录序》，见《全上古三代秦汉三国六朝文·全梁文》卷六十六，中华书局1958年版，第3346页。

阮孝绪以其时史书众多，创立《纪传录》，位居经学六艺之后，诸子之前。唐朝初年，房玄龄等受命撰修《隋书》时，史臣们将阮孝绪《七录》中的《经典录》更为经部，《纪传录》改为史部，《子兵录》改为子部，方伎术数并入子部，《文集录》改为集部，佛、道文献以概述形式附于四部之末。[1] 至此，从学术史层面看，史学摆脱了经学附属地位，成长为独立的学科类别，同时，史从丙部上升为乙部，仅次于甲部五经，而诸子书则降为第三，从“子次于经”变为“史次于经”，完成了周予同先生所言的“史部升格运动”[2]。魏晋南北朝时期史学的升格，《隋书·经籍志》从学术层面上进行了确认和定型，自此以后，无论从学术层面还是从观念层面，史次于经、史先于子的格局，再也没有发生根本性的、有影响的改变。

[1] 姚名达先生在《中国目录学史·分类篇》中说：“隋志者，《七录》之子，《七志》之孙，而《七略》之曾孙也。”上海古籍出版社 2002 年版，第 81 页。

[2] 许道勋、沈莉华：《周予同论经史关系的演变——纪念周予同先生诞生一百周年》，载《复旦学报》（社会科学版）1998 年第 1 期。

第二章　魏晋南北朝史学学科自立之路上的依经附圣

魏晋南北朝时期史学获得多途发展，在文献目录上史学离经自立，获得了相对独立的学科地位，但从史学的理论基础和价值取向看，经学对史学仍然具有统摄地位，史学仍然要依经附圣。在一定意义上说，魏晋南北朝时期史学亦经亦史，半经半史，以经为体，以史为用，充溢着较浓厚的经学趣味，较充分体现了经学对史学的统摄。

第一节　汉晋之间史学半经半史的思想特色

魏晋南北朝时期，由于政治分裂、民族矛盾和阶级矛盾尖锐，门阀地主居于地主阶级的主导地位，从而使此期史学获得多途发展。

这是个变动的时代。皇朝迭兴迭亡，阶级矛盾和民族矛盾尖锐激烈，政治斗争风云变幻，促使这一时期的统治者比以往任何时期都更重视运用史学作为统治工具。他们既需要汲取历代兴亡成败的经验教训以为鉴戒，也需要让本皇朝在历史发展序列中占有合法席位，并通过历史撰述让王迹永久“焕乎史册”。可以这样说，魏晋南北朝时期历史撰述兴盛局面，就是这种时代与史学发展互动激荡的结果。[1] 在史学与时代的相互激荡过程中，史风大盛，史家辈出，史书数量和种类繁多。《隋书·经籍志二》分正史、古史、杂史、霸史、起居注、旧事、职官、仪注、刑法、杂传、地理、谱系、簿录十三类，共著录史书 817 部，13264 卷，通计亡书，合

[1] 参阅瞿林东：《中国史学史纲》，北京出版社 1999 年版，第 433 页。

874部，16588卷。这些史书，除极少数是汉代及以前和隋朝的史家所撰著的以外，绝大部分都是魏晋南北朝时期史家的撰述。对于魏晋南北朝时期史家的历史撰述热情及成果，《隋书·经籍志》是这样描述的："自是世有著述，皆拟班、马，以为正史，作者尤广。一代之史，至数十家。"[1]

正是因为魏晋南北朝时期史学的发展，在文献目录上，史学离经自立，并成为一个独立的目录类别，从学术层面确立了史次于经、先于子的学术地位。但在这些变化和学术成就的背后，魏晋南北朝时期的史学虽然也在努力追求自身的学术品格，崇尚实录信史，反对曲笔作史，但在史学的理论和思想层面，并没有冲出经学思想的笼罩和控制，在一定意义仍然是经学的工具。

一、《春秋》经学与扬雄、班固对《史记》的评价

"实录"是中国古代史学重要的理论范畴，崇尚直书实录，追求撰述信史，坚持直书，反对曲笔，是中国古代史学努力追求的学术品格，也是史学的根本属性。

孔子修订的《春秋》既是一部历史著作，汉代又被尊为五经之一，成为经学核心典籍。《春秋》定是非、辨善恶、寓褒贬的撰史义例和思想主旨不仅是一种历史编纂方法，更是一种影响深远的历史观念和史学意识。在一定意义上说，《春秋》奠定了中国传统史学的根基，同时，也使中国古代史学打上深深的经学烙印。这个烙印在中国古代史学的"实录"范畴上反映得最为明显，也最能体现经学对于中国古代史学理论和史学观念的深刻影响。

大体而言，《春秋》给予中国传统史学两大导向：一是"书法不隐"的撰史原则；二是通过一定的记事原则对历史事件毁誉褒贬，从而体现褒善贬恶道义的"春秋笔法"。

从齐太史书"崔杼弑其君"和董狐书"赵盾弑其君"两件史事来看，孔子赞誉董狐"古之良史也，书法不隐"，孔子所言的"不隐"所指应该是不隐善恶，不隐道义。因为儒家经典的记述和圣人孔子的赞许，"书法不隐"成为中国传统史学的重要学术范式和撰史原则。面对春秋时期世

---

[1]《隋书》卷三十三《经籍志二》，中华书局1973年版，第957页。

道衰微、礼乐崩坏的局面，孔子编订《春秋》，以维系世道人心，达义救世。孔子编订《春秋》的理念和作史方法，后人概括为“春秋笔法”。虽然在不同时代人们对“春秋笔法”可能有不同理解，但《左传》概括出的《春秋》五例——“微而显，志而晦，婉而成章，尽而不污，惩恶而劝善”，就是“春秋笔法”的主要内涵。《春秋》五例是《春秋》经学经法、史法和文法的统一。简言之，经法旨在惩恶劝善，以求善为目标；史法旨在通古今之变，以秉笔直书的态度和撰史方法求真求实；文法立足于属辞比事，以显褒贬劝诫之意。

在继承先秦史学秉笔直书和“书法无隐”撰史传统的基础上，围绕对《史记》的评论，汉代史家提出了“实录”概念。从现有材料看，“实录”一词最早出现于扬雄对司马迁的评价。《法言·重黎篇》记载：“或问《周官》，曰：立事。《左氏》，曰：品藻。太史迁，曰：实录。”[1] 扬雄没头没脑的一句回答，让我们很难理解他所言的“实录”究竟是什么含义，以及为何用“实录”二字评价司马迁及其《史记》。

扬雄《法言·君子篇》把刘安《淮南子》与司马迁《史记》进行对比，认为“《淮南》说之用，不如《太史公》之用也。《太史公》，圣人将有取焉。《淮南》鲜取焉尔”。显然，《史记》对于圣人之“用”是扬雄最为称许的。在扬雄看来，《淮南子》思想主旨是黄老道家，宣扬的是由文返质、无为而治，与儒家所倡导的内圣外王人生理想有较大差异，对于维系世道人心用处不大，故圣人君子弃而不用。综合《法言·君子篇》的相关论述，可以看出扬雄所言《史记》对于圣人君子之“用”主要在于其蕴涵的天人相关之理，古今变化之势，兴衰治乱之迹，维系世道人心的道德观念和价值取向。

扬雄撰写《法言》的动机和旨趣，是我们理解其“实录”观念内在意涵的一扇窗口。《汉书·扬雄传》这样记载：“雄见诸子各以其知舛驰，大氐诋訾圣人，即为怪迂，析辩诡辞，以挠世事，虽小辩，终破大道而或众，使溺于所闻而不自知其非也。及太史公记六国，历楚汉，讫麟止，不与圣人同，是非颇谬于经。故人时有问雄者，常用法应之，撰以为十三卷，象《论语》，号曰《法言》。”[2] 据此可知，扬雄是站在儒家经学

[1] 扬雄：《法言》卷十《重黎》，汪荣宝注疏本，中华书局 1987 年版，第 413 页。

[2] 《汉书》卷八十七《扬雄传下》，中华书局 1962 年版，第 3580 页。

立场上评价司马迁，并概括出《史记》的“实录”性质。司马迁这种不分场合、不管对象、不讳不饰地照实书写，扬雄称之为“实录”，这或许是“实录”最初始的意义。

班固对司马迁及其《史记》做了一个总结性评价，他说：“然自刘向、扬雄博极群书，皆称迁有良史之材，服其善序事理，辨而不华，质而不俚，其文直，其事核，不虚美，不隐恶，故谓之实录。”[1] 班固从史学批评的角度肯定司马迁是良史，其所撰作的《史记》是实录，其意义较扬雄有所引申和扩展。

班固不同于司马迁，是一个虔诚的儒家卫道士。他“旁贯五经，上下洽通”[2]，撰写《汉书》，其宗旨在于宣汉。西晋傅玄批评班固说：“论国体则饰主阙而折忠臣，叙世教则贵取容而贱直节，述时务则谨辞章而略事实。”[3] 在撰史方面，班固虽然与司马迁异趣，但他也用“实录”二字评价司马迁及其《史记》，并从义、文、事三个方面阐明这种评价的理由，大体上还是用春秋笔法的标准对《史记》进行评价。

“善序事理”是说《史记》原始察终，见盛观衰，承敝通变，阐明历史中蕴含的“道”。关于“事理”，章学诚解释说：“述事而理以昭焉，言理而事以范焉，则主适不偏，而文乃衷于道矣”[4]。道存于史事中，事中蕴含道义，若要事中见道，以事明理，文字表述和历史叙事的方法就很重要。讲求词序是《春秋》属辞的特点之一，[5] 讲求时序是《春秋》比事的主要方法，“以事系日，以日系月，以月系时，以时系年，所以纪

---

[1] 《汉书》卷六十二《司马迁传》“赞曰”，中华书局1962年版，第2738页。

[2] 《汉书》卷一百《叙传下》，中华书局1962年版，第4235页。

[3] 刘知幾：《史通》卷八《书事》，浦起龙通释本，上海古籍出版社2009年版，第213页。

[4] 章学诚：《文史通义》内篇二《原道下》，叶瑛校注本，中华书局1994年版，第139页。

[5] 如《春秋·僖公十六年》：“十有六年，春，王正月。戊申，朔，陨石于宋五。是月，六鹢退飞，过宋都。”《春秋公羊传·僖公十六年》：“曷为先言陨而后言石？陨石记闻，闻其磌然，视之则石，察之则五。……曷为先言六而后言鹢？六鹢退飞，记见也，视之则六，察之则鹢，徐而察之则退飞。”董仲舒亦云“《春秋》辨物之理，以正其名。名物如其真，不失秋毫之末，故名陨石，则后其五；言退鹢，则先其六。圣人之谨于正名如此。君子于其言，无所苟而已，五石、六鹢之辞是也。”可见“石五”“六鹢”的词序正反映出记录者观察之先后次序，若写成“五石”“六鹢”则谬而不真。

远近、别同异”[1]。只有词序、时序顺畅合理，事理才能昌明，大道才能彰显。班固认为司马迁得《春秋》属辞比事之旨，叙事井井有条，事理晓彻。对此，刘勰看得很清楚，他在《文心雕龙·史传》中说，《史记》“本纪以述皇王，列传以总侯伯，八书以铺政体，十表以谱年爵，虽殊古式，而得事序焉”[2]。

“辨而不华，质而不俚，其文直”是说《史记》在文字表述上很严谨，准确，文如其人其事，文质相称。春秋笔法既是经法，史法，也是文法。在文法方面，《春秋》尚简用晦，用词极其严格，通过特定的词和词序，达道义，彰善恶，寓褒贬。班固认为《史记》文辞“辨而不华，质而不俚，其文直”，这种文辞特点与春秋笔法中的文法实际上是一致的，即用词准确，质朴切直，不浮夸粉饰，不粗俗鄙陋，叙事恰如其分。

班固认为《史记》“事核”，即所叙历史事实真实、准确、可信，能经得起时间的检验。不隐善恶、不隐道义的“书法不隐”是孔子称赞的作史原则，《春秋》五例中第四例“尽而不污”，说的就是叙事要尽其事实而不纡曲。杜预《春秋序》说“尽而不污，直书其事，具文见意。丹楹刻桷、天王求车、齐侯献捷之类是也”[3]。显然，《春秋》对于一些违礼背道的人和事，直书其事，不加隐晦。班固认为“事核”是实录的应有之义，要求史家撰史要做到事实清楚，内容翔实正确，其思想应该是来源于《春秋》经学“尽而不污”，直书其事之例。班固所言“事核”之“事”，并非全部历史真相，而是历史上的善、恶之事。

彰善瘅恶是《春秋》核心宗旨，也是孔子编《春秋》的终极目的，反映了《春秋》经学对历史撰述的基本要求。《春秋》善名必书，恶名不灭，惩恶而劝善。班固说《史记》“不虚美，不隐恶”，即认为《史记》在文直、事核的基础上，对善人善事善行如实记述，对恶人恶行不隐讳，做到美恶如实。明代何乔新曾经说，《史记》所写“伯夷古之贤人，则冠

[1] 杜预：《春秋左氏正义》卷一《春秋左氏传序》，见《十三经注疏》，北京大学出版社 2000 年版，第 3 页。

[2] 刘勰：《文心雕龙》卷四《史传》，祖保泉解说本，安徽教育出版社 1993 年版，第 298 页。

[3] 杜预：《春秋左传正义》卷一《春秋左氏传序》，见《十三经注疏》，北京大学出版社 2000 年版，第 22—23 页。

之于传首；晏婴善与人交，则愿为之执鞭，其不虚美可知。陈平之谋略，而不讳其盗嫂、受金之奸；张汤之荐贤，而不略其文深意忌之酷，其不隐恶可见”[1]。钱大昕批评王允所谓《史记》“谤书”之说：“太史公修《史记》以继《春秋》，成一家言……史家以不虚美、不隐恶为良，美恶不掩，各从其实，何名为谤？且使迁而诚谤，则光武贤主，贾、郑名儒，何不闻议废其书？故知王允偏心，元非通论。”[2]

若以近代客观史学来比照，扬雄、班固所言的“实录”，虽然是记录历史事实，但这个事实并非历史本相，而是依照儒家标准而呈现的善事恶行。对这些善、恶之事如实记录，便是实录，与近现代史学以保存客观史实、科学认知历史的治史目的和客观理性要求并非同义。

二、魏晋南北朝时期史家实录观念的道德呈现性

魏晋南北朝时期，史学领域里直书与曲笔的斗争很激烈，既有善恶必书的直书实录，也有徇于世情、屈于权势的曲笔撰史。在这种较为特殊的时代环境下，“实录”[3] 成为史家史学批评常用术语之一，并希望借此与各种曲笔现象做斗争。通过魏晋南北朝时期史家的实录观念，可以更清楚地看出此期经学观念对于史学的统摄地位。

沈约批评一些有关南朝刘宋的史著“多非实录”[4]，并决心重撰宋史。北魏高允说“夫史籍者，帝王之实录，将来之炯戒”[5]，他用“实录”来定义历史撰述的政治性质和史学的资治鉴戒功用。崔鸿自言其所

[1] 何乔新：《何文肃公文集》卷二《诸史》，台北伟文图书出版有限公司 1976 年版。

[2] 钱大昕：《潜研堂文集》卷二十四《史记志疑序》，凤凰出版社 2016 年版，第 369 页。

[3] 在中国传统史学中，“实录”是一种重要的史学观念，也是中国古代史学批评的核心范畴之一。人们在扬雄和班固的影响下，喜欢用“实录”一词来称赞史家的历史撰述，史家便直接用“实录”命名史书，以自我标示所撰史书的质量。故此，“实录”又成为历史著作的书名或体裁文类。从目前所知情况看，以“实录”来命名史书当始于西凉刘昞的《敦煌实录》，南朝梁武帝时周兴嗣撰《梁皇帝实录》，此后，专门记述皇帝事迹的实录体日渐成熟。

[4] 《宋书》卷一百《自序》，中华书局 1974 年版，第 2467 页。

[5] 《魏书》卷四十八《高允传》，中华书局 1974 年版，第 1071 页。

著《十六国春秋》删正旧史差谬，“定为实录”，用“实录”标示其历史著作的价值。“实录”虽然是魏晋南北朝时期史学批评的重要理论范畴，但对于其理论内涵及其相关问题，史家却语焉不详，以致给我们理解魏晋南北朝时期史家实录观念带来了不少歧见和困难。人们一般认为实录就是史家在历史撰述过程中按“实”而“录”，即如实载录史事，并把它作为我国传统史学的求真求实撰史原则和求真史学精神的经典表述。也正是在这层意义上，实录往往与求真、信史、直书等概念联系在一起。魏晋南北朝是我国古代实录观念承上启下的关键时期，它渊源于先秦史家“书法不隐”的书事原则，承继了汉代班固史文要直，史事要核，史义要正，“不虚美，不隐恶”的实录观念，对唐朝刘知幾较为完备成熟的实录理论的形成产生了较为深刻的影响。[1] 我们注意到，魏晋南北朝时期史家所言的“实录”，虽然有秉笔直书之义，但它与近代史学追求客观实证，强调客观理性的史学观念并不同义，较鲜明呈现出客观性和道德性二重属性，而且在这二重属性中，道德性始终居于上位。在理论内涵上，实录成为魏晋南北朝时期史家的载道之器，经学趣味浓厚，科学、客观的意涵略显不足。在一定意义上说，魏晋南北朝时期史家的实录观念呈现出亦经亦史，半经半史，以经为体，以史为用的理论特征。

众所周知，通过实证的方法进行史学研究和追求客观公正的历史撰述，努力客观呈现已经过去的历史事实，是近代史学的主要思维路向和价值取向，客观精神是近代史学最鲜明的理论特征。魏晋南北朝时期史家所倡导的实录精神，虽然与近代史学的客观精神有相通之处，但二者并不同义，因为此期史家所言的实录，虽然也有如实载录史事之意，但史家载录的史事却不是完整、客观的历史本相，而是隐含在这些史事中的善与恶。在史家眼里，实录史事，既是历史之真实，也是道德之真谛，而道德之真始终居于历史之真的上位。魏晋南北朝时期“实录”一词常见于史家之口，虽然现存文献没有留下此期史家关于实录的详细表述，但从当时史家只言片语中，我们仍可以感知到其实录观念兼有历史事实呈现和道德呈现的双重属性。南朝齐史家崔祖思曾上书论修史，他说：

[1] 参阅许冠山：《刘知幾的实录史学》，香港中文大学出版社 1983 年版；傅振伦：《刘知幾年谱》，中华书局 1963 年版。

古者左史记言，右史记事，故君举必书，尽直笔而不污；上无妄动，知如丝之成纶。今者著作之官，起居而已；述事之徒，褒谀为体。世无董狐，书法必隐；时阙南史，直笔未闻。[1]

崔祖思认为直笔撰史是先秦以来的史学传统，正是这个直书传统，“君举必书”，把君王置于史家著史权力的监督之下，形成对君王言行的有效约束。但是，崔祖思对史学现状很不满意，一是负责记言、记行的著作郎只知道事无巨细地如实记述，不知道在记述之中还要申明义理。二是一些历史撰述的史家在叙述史事的过程中，屈服于权势或现实利益，阿谀逢迎，不辨善恶，大义不彰。崔祖思所推崇的“直笔”，既有史家撰史要详细真实地载录史事之意，也包含着对史家不畏权势、不蔽于私利、刚直公正的德行要求。

崔祖思不是最早提出直笔概念的史家。在意义上与“实录”关系密切的“直书”一词较早出现于杜预《春秋经传集解序》，杜预说：

故发传之体有三，而为例之情有五：……四曰“尽而不污”。直书其事，具文见意。丹楹刻桷、天王求车、齐侯献捷之类是也。[2]

杜预在阐释《春秋》五例的意义时，认为孔子在撰《春秋》时，对于各种违背礼制的行为没有隐讳，而是直书其事。这种直书虽然也是如实载录史事，但其出发点是维护礼制，而不是为了保存客观历史事实。同时，什么史事予以载录，什么史事不予载录，其选择和淘汰的标准是是否遵守礼制，这样就给史家直书附加了一个外在条件，即对史义的追求高于对史实客观性的要求。

《三国志·魏书·王肃传》记载魏明帝与王肃的一次论争，这次论争围绕对《史记》的评论展开：

---

[1] 《南齐书》卷二十八《崔祖思传》，中华书局1972年版，第520页。

[2] 杜预：《春秋左氏正义》卷一《春秋左氏传序》，见《十三经注疏》，北京大学出版社2000年版，第22—23页。

（魏明帝）又问："司马迁以受刑之故，内怀隐切，著《史记》非贬孝武，令人切齿。"

（王肃）对曰："司马迁记事，不虚美，不隐恶。刘向、扬雄服其善叙事，有良史之才，谓之实录。汉武帝闻其述《史记》，取孝景及己本纪览之，于是大怒，削而投之。于今此两纪有录无书。后遭李陵事，遂下迁蚕室。此为隐切在孝武，而不在于史迁也。"[1]

魏明帝与王肃的这场论争，从一个侧面反映了二人对于史家撰史态度的不同认识。魏明帝认为司马迁在撰《史记》过程中对于汉武帝没有讳饰美言，甚至多有批评，但这种"直书"史事是司马迁挟私报复。而王肃认为，司马迁既有良史之才，善于叙事，而且在叙事中能做到不虚美，不隐恶，堪称实录，这种直笔撰史是史家的本分，并不是挟私报复，而挟私报复的恰恰是汉武帝。不难看出，王肃赞许司马迁的不是《史记》记述内容的丰富全面，也不是《史记》记述史事的真实可靠，而在司马迁善于道德评判和道德呈现，做到了"不虚美，不隐恶"。

班固称《史记》"谓之实录"，称赞之意溢于言表。但班固本人修撰的《汉书》却受许多人批评，傅玄说：

吾观班固《汉书》，论国体，则饰主阙而抑忠臣；救世教，则贵取容而贱直节；述时务，则谨辞章而略事实，非良史也。[2]

在傅玄眼里，班固完全是一个趋炎附势、蝇营狗苟之徒，所撰《汉书》不是为了保存真实的史事，而是在于如何"饰主阙"，"取贵容"，虽然《汉书》辞章谨严，但不敢说真话实话，因此，班固及其《汉书》并非良史。司马迁和班固为何如此不同呢？晋代葛洪分析说：

班固以史迁先黄老而后六经，谓迁为谬。夫迁之洽闻，旁综幽

[1]《三国志》卷十三《魏书·王肃传》，中华书局1982年版，第418页。

[2] 严可均编：《全晋文》卷四十九傅玄《傅子》，见《全上古三代秦汉三国六朝文》第二册，中华书局1958年版，第3480页。

隐，沙汰事物之臧否，核实古人之邪正。其评论也，实源本于自然；其褒贬也，皆准的乎至理。不虚美，不隐恶，不雷同以偶俗。刘向命世通人，谓为实录，而班固之所论，未可据也。固诚纯儒，不究道意，玩其所习，难以折中。[1]

很明显，葛洪批评班固，推崇司马迁，其推崇的理由是《史记》能够很好地臧否人物，区分邪正，对历史人物和历史事件褒贬适当，尤其是司马迁有自己的主见，超脱现实利益的羁绊和权势的压制，做到“不雷同以偶俗”。道德呈现与道德判断，仍然是葛洪评判《史记》的首要的价值取向。

正是魏晋南北朝时期史家实录观念鲜明的道德呈现的价值取向，“不虚美，不隐恶”成为史家心中实录首要义旨，良史、辞直、实录这几个概念总是纠缠在一起，并成为衡量史家和史著的尺度，如北魏太武帝诏令崔浩撰修国史，令其“务从实录”[2]；东晋孙盛著《晋阳秋》，被时人称为“词直而理正”[3]；华峤修成《汉后书》，荀勖、和峤、张华、王济等人“咸以峤文质事核，有迁、固之规，实录之风”[4]。

第二节　刘勰依经附圣的史学主张

在中国古代史学批评史上，刘勰一直以直笔撰史倡导者而为史家称道。《文心雕龙》专设《史传》篇，对于魏晋以前的史学发展边叙边议，刘勰通过对史家史著的品评，阐发他的史学观念。在刘勰诸多史学观念中，直笔、实录观念是其中最有价值的部分，但也应该注意到，刘勰的直书实录与近代史学的客观历史记述还是有一定距离的，这个距离就是直书实录存在一个依经附圣的思想前提。

---

[1] 葛洪：《抱朴子》卷十《内篇·明本》，上海古籍出版社 1990 年版，第 69—70 页。
[2] 《魏书》卷三十五《崔浩传》，中华书局 1974 年版，第 824 页。
[3] 《晋书》卷八十二《孙盛传》，中华书局 1974 年版，第 2148 页。
[4] 《晋书》卷四十四《华峤传》，中华书局 1974 年版，第 1264 页。

一、刘勰评论前代诸史的经学标准

《文心雕龙》虽然论的是文，但也把前代所撰史书纳入文的范畴进行讨论。刘勰论史时命以《史传》之名。为何要名之《史传》，刘勰说：

> 史者，使也；执笔左右，使之记也。古者左史记言，右史书事。言经则《尚书》，事经则《春秋》。……传者，转也；转受经旨，以授于后。实圣文之羽翮，记籍之冠冕也。[1]

在刘勰看来，史是记载国家大事的书籍，史官的职责是为君王记言和书事；传是阐释经文的篇章，即所谓的“附经立传”。显然刘勰基本上是在经学的框架下观察和理解史籍的。

《史传》篇中，刘勰共评论了前代 25 种历史书籍，这些书籍大多亡佚，只有《春秋》《左传》《史记》《汉书》《三国志》等较完整地传存于今。对于孔子修订的《春秋》，刘勰十分推崇其褒贬笔法，认为《春秋》“举得失以表黜陟，征存亡以标劝戒；褒见一字，贵逾轩冕；贬在片言，诛深斧钺”。《左传》善于叙事，通过详细地叙述史事来解说《春秋》经义，刘勰赞赏《左传》这种解经的方法，认为《左传》最得《春秋》之义，称得上“圣文之羽翮，记籍之冠冕”。

刘勰在继承班彪、班固父子认识的基础上，对司马迁及其所撰《史记》做了较全面的评论，可以说是褒贬各半。刘勰说：

> 爰及太史谈，世惟执简；子长继志，甄序帝绩。比尧称典，则位杂中贤；法孔题经，则文非玄圣；故取式《吕览》，通号曰纪，纪纲之号，亦宏称也。故本纪以述皇王，列传以总侯伯，八书以铺政体，十表以谱年爵，虽殊古式，而得事序焉。尔其实录无隐之旨，

[1] 刘勰：《文心雕龙》卷四《史传》，祖保泉解说本，安徽教育出版社 1993 年版，第 295 页。

博雅弘辩之才，爱奇反经之尤，条例踳落之失，叔皮论之详矣。[1]

刘勰对《史记》创立本纪、世家、列传、八书、十表的体例做了充分肯定，认为这种体例“得事序焉”。刘勰论《史记》“实录无隐之旨，博雅弘辩之才，爱奇反经之尤，条例踳落之失”，明显直接来源于班彪的《史记论》，《后汉书·班彪列传》载：

彪既才高而好述作，遂专心史籍之间。武帝时，司马迁著《史记》，自太初以后，阙而不录，后好事者颇或缀集时事，然多鄙俗，不足以踵继其书。彪乃继采前史遗事，傍贯异闻，作后传数十篇，因斟酌前史而讥正得失。其略论曰：……迁之所记，从汉元至武以绝，则其功也。至于采经摭传，分散百家之事，甚多疏略，不如其本，务欲以多闻广载为功，论议浅而不笃。其论术学，则崇黄老而薄五经；序货殖，则轻仁义而羞贫穷；道游侠，则贱守节而贵俗功：此其大敝伤道，所以遇极刑之咎也。然善述序事理，辩而不华，质而不野，文质相称，盖良史之才也。诚令迁依五经之法言，同圣人之是非，意亦庶几矣。夫百家之书，犹可法也。若《左氏》《国语》《世本》《战国策》《楚汉春秋》《太史公书》，今之所以知古，后之所由观前，圣人之耳目也。司马迁序帝王则曰本纪，公侯传国则曰世家，卿士特起则曰列传。又进项羽、陈涉而黜淮南、衡山，细意委曲，条列不经。[2]

很明显，刘勰对《史记》的看法直接继承了班彪的认识，既肯定《史记》“实录无隐之旨，博雅弘辩之才”，又认为《史记》与经学意义相违，而且有违《春秋》尊王之意，不应该把项羽、陈涉纳入世家。

对《汉书》的认识，刘勰也无甚新意，基本上是袭同仲长统之论。刘勰说：

---

[1] 刘勰：《文心雕龙》卷四《史传》，祖保泉解说本，安徽教育出版社1993年版，第298页。

[2] 《后汉书》卷四十上《班彪列传》，中华书局1965年版，第1324—1327页。

及班固述汉，因循前业，观司马迁之辞，思实过半。其十志该富，赞序弘丽，儒雅彬彬，信有遗味。至于宗经矩圣之典，端绪丰赡之功，遗亲攘美之罪，征贿鬻笔之愆，公理辨之究矣。[1]

仲长统字公理，著有《昌言》十二卷，因为《昌言》已亡佚，其究竟如何评论《汉书》，难得详情，从清代严可均辑录《昌言》的一些佚文中，也没有见到评论《汉书》的文字。但可以明确的是，刘勰赞成仲长统关于《汉书》“宗经矩圣”的评论。在对比《左传》《史记》和《汉书》后，刘勰说：

观夫左氏缀事，附经间出，于文为约，而氏族难明。及史迁各传，人始区分，详而易览，述者宗焉。及孝惠委机，吕氏摄政，史班立纪，违经失实。[2]

刘勰不满《史记》有违经意，表扬《汉书》“宗经矩圣”，这是刘勰对于《史记》和《汉书》评论最值得注意的地方，凸显出刘勰评论史书的经学标准和经学意识。

二、刘勰直笔实录意识的经学趣味

《文心雕龙·史传》是最早系统评论东晋以前史学著作的名篇，刘勰在该文中鸟瞰上古至东晋时期的史学发展演变历程，阐发他的史学观念，直笔实录观念是其中最有价值的部分。在《史传》篇中，刘勰对于东汉史撰述中多见的诬妄曲笔提出严肃批评，他说：

至于后汉纪传，发源《东观》。袁张所制，偏驳不伦。薛谢之

[1] 刘勰：《文心雕龙》卷四《史传》，祖保泉解说本，安徽教育出版社1993年版，第298—299页。

[2] 刘勰：《文心雕龙》卷四《史传》，祖保泉解说本，安徽教育出版社1993年版，第299页。

作，疏谬少信。若司马彪之详实，华峤之准当，则其冠也。及魏代三雄，记传互出。《阳秋》《魏略》之属，《江表》《吴录》之类，或激抗难征，或疏阔寡要。[1]

刘勰既谴责班固遗亲攘美、征贿鬻笔，批评袁山松《后汉书》、张莹的《后汉南记》“偏驳不伦”，又呵斥薛莹的《后汉记》、谢承的《后汉书》“疏谬少信”。通过对曲笔作史的批评，表明他对于直笔的向往和尊崇。对于《史记》，刘勰承袭扬雄、班固的观点，给出“实录无隐”的评价，他称赞《史记》叙事有法，做到实录无隐，文辞博雅弘辩。在对魏晋以前史家史著品评褒贬以后，刘勰提出撰史的基本要求和原则，极力倡导史家在撰史过程中要做到“文疑则阙”“析理居正”，尽可能撰写信史，并将“良史之直笔”定为“万代一准”。在《史传》篇最后，他总结说：“史肇轩黄，体备周孔。世历斯编，善恶偕总。腾褒裁贬，万古魂动。辞宗丘明，直归南董。”

刘勰通过对曲笔作史的批评指责，进一步申明他对于直笔实录的向往和尊崇。对于魏晋时期的史家史著，刘勰赞扬司马彪撰史内容的翔实，华峤史论的准当，陈寿叙事的文质辨洽，干宝体裁体例的审正得序，孙盛文笔的简约。从这些评论看，刘勰评价史家和史著的侧重点不在于史家的客观精神，也不在于历史撰述对于史事的客观叙述，而在于史家的撰史态度、史书体裁体例和文字辞章等方面。

综观《文心雕龙》中《原道》《宗经》《征圣》《正纬》《史传》诸篇，我们不难看出，刘勰虽然极力主张史家要直笔撰写信史，反对史家撰史过程中的诬矫回邪，鲜明举起直书实录的大旗，但其直书实录观念有如下几个突出特点：

第一，经上位，史下位，史学原则从属于经学原则。《文心雕龙》开篇就是《原道》《征圣》和《宗经》。他在《宗经》篇中说“经也者，恒久之至道，不刊之鸿教也”，即经是最高的道，是一切撰述的总纲。从史学方面说，“《春秋》辨理，一字见义”，“纪传盟檄，《春秋》为根”，《春

[1] 刘勰：《文心雕龙》卷四《史传》，祖保泉解说本，安徽教育出版社 1993 年版，第 304 页。

秋》既是儒家经典，也是史学之根，《春秋》五例是一切历史撰述的准绳。只有宗经，历史撰述才能做到事信义直。刘勰又在《宗经》篇中说：

> 故文能宗经，体有六义：一则情深而不诡，二则风清而不杂，三则事信而不诞，四则义直而不回，五则体约而不芜，六则文丽而不淫。[1]

在刘勰看来，直书、实录的前提是宗经，依经撰史，自然就能做到“事信而不诞，义直而不回”。

第二，史家撰史要依经附圣。虽然刘勰一再强调直笔撰史，但他又在《史传》篇中说：

> 原夫载籍之作也，必贯乎百氏，被之千载；表征盛衰，殷鉴兴废；使一代之制，共日月而长存；王霸之迹，并天地而久大。是以在汉之初，史职为盛。郡国文计，先集太史之府，欲其详悉于体国也。阅石室，启金匮，抽裂帛，检残竹，欲其博练于稽古也。是立义远言，宜依经以树则；劝戒与夺，必附圣以居宗。然后诠评昭整，苛滥不作矣。[2]

刘勰的意思是说，因为史家的历史撰述有表征盛衰、殷鉴兴废的重要作用，因此受到统治者的高度重视。虽然史家尽可能用一颗素心撰写信史，但任何历史撰述必须首先确定修史义理，而修史的义理言辞须符合经义经法，是非评判，善恶权衡，劝诫与夺和褒贬原则都必须以圣人之言为准的，依儒家经典为指归，只有这样，才能有效防止历史撰述过程中烦琐不实的现象发生。刘勰在《征圣》篇还说“是以论文必征于圣，窥圣必宗于经”。也就是说，包括史传在内的各种文体，其实都是“圣文之羽

[1] 刘勰：《文心雕龙》卷一《宗经》，祖保泉解说本，安徽教育出版社 1993 年版，第 47 页。

[2] 刘勰：《文心雕龙》卷四《史传》，祖保泉解说本，安徽教育出版社 1993 年版，第 307—308 页。

翮”，对历史著述的评价必须征诸圣人之言，检之以圣人的是非褒贬，从而构建起一条由经窥圣、由圣统文的逻辑顺序。

第三，刘勰认为史家撰史的终极目的不在于保存历史事实，也不在于客观认知历史，而在于求治和求善。刘勰说：

> 周命维新，姬公定法，紬三正以班历，贯四时以联事。诸侯建邦，各有国史，彰善瘅恶，树之风声。[1]

刘勰反复强调史籍对于政治“表征盛衰，殷鉴兴废”即资治鉴戒作用，对于社会有“彰善瘅恶，树之风声”，维系世道人心的效果，并没有关注史家撰史的实证方法和对过去真相客观揭示的学术取向。正是在这个意义上，刘勰极力反对《史记》和《汉书》为吕后立纪，并认为为吕后立纪是“违经失实”[2]，这就不是近代史学所主张的客观记述过去真相的史学精神，而是在道德和偏见支配下的恣情。刘勰在反对为吕后立纪的同时，又主张史家作史要“尊贤隐讳”[3]，因为“尊贤隐讳”是《春秋》义法，在宗经炬圣的前提之下，历史的真实输给了对圣人的尊崇。

第四，刘勰认为史家撰述要通过属辞比事，寓褒贬于历史叙事之中。简而言之，善恶褒贬是目的，史家叙述历史是工具和手段，通过史家的历史撰述，阐明史家对历史人物和历史事实或褒或贬的价值观点。刘勰说：

> 昔者夫子闵王道之缺，伤斯文之坠，静居以叹凤，临衢而泣麟，于是就太师以正《雅》《颂》，因鲁史以修《春秋》，举得失以表黜

---

[1] 刘勰：《文心雕龙》卷四《史传》，祖保泉解说本，安徽教育出版社 1993 年版，第 295 页。

[2] 刘勰：《文心雕龙》卷四《史传》，祖保泉解说本，安徽教育出版社 1993 年版，第 299 页。

[3] 刘勰：《文心雕龙》卷四《史传》，祖保泉解说本，安徽教育出版社 1993 年版，第 310 页。

陟，征存亡以标劝戒；褒见一字，贵逾轩冕；贬在片言，诛深斧钺。[1]

刘勰十分推崇《春秋》微言大义，认为著史也要依《春秋》之例，通过对善恶得失的记述和褒贬，让天下百姓知晓道义所在、礼义所向。

刘勰的直笔、实录观念在中国古代史学批评中占有重要地位，对中国传统史学发展产生了重要影响，但这种以经统史、史归于经的思想主张，使刘勰的直书实录思想具有明显的经学取向，即史家只能在遵循经学原则和圣人之言的前提下直书史事。魏晋南北朝时期史学虽然从学科分类上离经自立，但史学的内在精神仍然笼罩在经学的阴影之下。

当然，主张史家要宗经尊圣，历史撰述要以《春秋》经学为原则并不是刘勰一个人的史学主张，而是魏晋南北朝时期大多数史家的共同观念。司马彪曾说过："先王立史官以书时事，载善恶以为沮劝，撮教世之要也。"[2] 袁宏是较早提出在历史撰述上贯彻"名教"原则的。袁宏《后汉纪·序》云："夫史传之兴，所以通古今而笃名教也。"袁宏对《左传》《史记》《汉书》《汉纪》四书的评论中，特意指出《汉纪》未叙"名教之本"。

第三节　柳虬实录观的经学取向

近代史学是以实证的方法研究"过去"，以揭示"过去"的真相（客观史事），并不太在乎史学对于当下的价值和意义，反映出近代史学的客观精神。而魏晋南北朝时期史家所宣扬和推崇的直书实录，从表面上看，也是主张史家以求真的态度，以直书实录的方法撰写信史。与近代史学不同的是，近代史学着眼的是史事的真实性、完整性，史家追求的是客观精神；魏晋南北朝史家直书实录的主张着眼的是所叙史事的当下的、

[1] 刘勰：《文心雕龙》卷四《史传》，祖保泉解说本，安徽教育出版社 1993 年版，第 295 页。

[2] 《晋书》卷八十二《司马彪传》，中华书局 1974 年版，第 2141 页。

现实的道德价值和政治价值，史家追求的是经世致用的史学意义。

一、柳虯直书观念的特殊意蕴

北周史官柳虯在大统年间给西魏文帝元宝炬上书，对于过往史官密书善恶，未能达到惩恶劝善的效果提出严肃批评，要求史官当朝显言其状（史官记录），使善恶昭彰于朝。柳虯这样说：

> 古者人君立史官，非但记事而已，盖所以为监（鉴）诫也。动则左史书之，言则右史书之，彰善瘅恶，以树风声。故南史抗节，表崔杼之罪；董狐书法，明赵盾之愆。是知直笔于朝，其来久矣。
>
> 而汉魏已还，密为记注，徒闻后世，无益当时，非所谓将顺其美，匡救其恶者也。且著述之人，密书其事，纵能直笔，人莫之知。何止物生横议，亦自异端互起。故班固致受金之名，陈寿有求米之论。著汉魏者，非一氏；造晋史者，至数家。后代纷纭，莫知准的。
>
> 伏惟陛下则天稽古，劳心庶政。开诽谤之路，纳忠谠之言。诸史官记事者，请皆当朝显言其状，然后付之史阁。庶令是非明著，得失无隐。使闻善者日修，有过者知惧。[1]

柳虯留存于今的著述不多，这篇关于史家撰史的上疏虽然文字简略，但具有重要的史学理论价值，较明确地体现了他对于史学的独到见解，其中最值得我们注意的是，柳虯虽然肯定史官应该直书于朝，但史家直书的落脚点不在于记述真实的历史，不在于对“过去”的客观叙述，而在于所记述内容的现实价值。

首先，柳虯认为史家进行历史撰述的最终目的不在于保存历史事实，而在于垂鉴后人。柳虯说：“古者人君立史官，非但记事而已，盖所以为监（鉴）诫也。”在柳虯看来，直笔撰史，要以道义为准绳，以辨善恶、正是非的旨趣载录史事，记功过，表兴衰，以为当世鉴戒，为社会树立道德典范和伦理标杆，这种撰史目的与传统经学要求完全一致，经学味

[1]《周书》卷三十八《柳虯传》，中华书局1971年版，第681页。

道浓厚。

其次，柳虬强调史家的人文主体性而非史事的客观性。柳虬提出无论是左史记行，右史记言，任何历史撰述都应该“彰善瘅恶，以树风声”。也就是说，史家的历史撰述虽然要记录过去的史事，但又不能仅仅满足于记录过去，必须鲜明地表达史家对于所叙述史事的价值判断和道德倾向，充分体现出史家的人文关怀。实际上，柳虬认为历史撰述的重点不在于历史记述的客观、全面和科学，而要通过惩恶劝善把历史撰述作为人类理性和社会良知的代表，对人性保持应有的关注和批判，引导当世社会风气。

其三，柳虬肯定直书实录的史学传统，但他所推崇的直书并不是史家要说实话，说真话，而是史家的气节和史家的道德责任。在柳虬眼里，南史氏不畏权势和死亡而坚持记述的气节，董狐道德至上的撰史书法就是直笔，就是实录，历史叙述的客观性并不是实录应有之义。

其四，柳虬很重视历史撰述的当下意义，认为史籍有益于当时才是最重要的。董狐、南史氏勤于记注，敢于记注，直笔记述，但所记注君主言行并不是为了让记注文字流传和保存，而是应该为当下服务，史家通过撰述和记注为当代人呈现善恶，为现时社会提供道德示范，为当下政治提供可资鉴戒的政治实例。在为后世保存历史的真相与为当世提供政治鉴戒和道德示范两种选择中，柳虬选择的是后者，并认为为当世彰显善恶、树立风声才是实录的首要义旨，史官史家应该通过历史撰述直接参与当代的政教风化。在这层意义上，史学已成为经学的工具。实际上柳虬涉及史学中一个重要的理论问题，即史家热衷于对人性和人类问题的思考，思考的答案是由“过去”给予的，但所要思考的问题却由我们现在的兴趣和现在的道德需要和社会需要提出和支配，记述的“过去性”与问题的“现代性”在史家主体统摄下统一起来。

其五，柳虬认为由于史官密为记注的制度影响了直书作用的发挥，这也是曲笔产生的一个制度性根源。如何才能做到坚持直书，避免曲笔，更好地发挥史学的鉴戒作用呢？柳虬提出“史官记事者，请皆当朝显言其状，然后付之史阁”。密书记注制度虽然客观上可以为后世留下一些珍贵的历史记录，但无益于当时，只有当朝显言其状，才能让记注的“过去”在当下人认识里形成感知、体验和反省，转化成当下人们的智慧和理性。

二、柳虬“时有今古，非文有今古”说的经学思想内核

柳虬还撰有一篇《文质论》。《周书·柳虬传》记载：

> （大统）十四年，（柳虬）除秘书丞。秘书虽领著作，不参史事，自虬为丞，始令监掌焉。十六年，迁中书侍郎，修起居注，仍领丞事。时人论文体者，有古今之异。虬又以为时有今古，非文有今古，乃为《文质论》。[1]

这篇《文质论》已经失传，学界对于柳虬《文质论》的思想主旨的认识存在诸多争议。[2] 顾炎武在《日知录》卷十九《文人求古之病》中说：

> 《后周书·柳虬传》：时人论文体有今古之异，虬以为“时有今古，非文有今古”。此至当之论。夫今之不能为二《汉》，犹二《汉》之不能为《尚书》《左氏》。乃剿取《史》《汉》中文法以为古，甚者猎其一二字句用之于文，殊为不称。[3]

按照顾炎武的理解，柳虬在文学主张方面要求作者打破古今文体壁垒，既继承古文中好的传统，又不食古不化，不背离时代潮流，勇于追求当今风尚。这种文学主张的实质并不在于复古，而是着眼于当代，与其重视历史撰述的现实价值是一致的。

柳虬的《文质论》虽然已经失传，但一直引起文学理论研究者的注意，史学研究者对此关注不多。《文质论》讨论的是文体问题，似乎与史学无关，但柳虬自述其撰写《文质论》的目的就是为了阐述“时有今古，

---

[1] 《周书》卷三十八《柳虬传》，中华书局1971年版，第681页。

[2] 关于柳虬《文质论》的思想主旨，张少康认为是倡导复古，张仁青认为是调和苏绰的复古与王褒、庾信之绮丽文学之间的冲突，顾炎武则认为是反对复古，追求创新。

[3] 顾炎武：《日知录》卷之十九《文人求古之病》，黄汝成集释，栾保群、吕宗力校点，上海古籍出版社2013年版，第1101页。

非文有今古”的道理。这种观念的核心是强调文（当然也包括叙述历史的文字）的当代意义。

柯林武德在史学本体论上强调“一切历史都是思想史”，认为所有历史事件和过程都只不过是历史活动者的思想、目的、动机展现的结果；在史学方法论上，他强调历史学家掌握历史真相的唯一途径是在自己思想中重演历史活动者的思想活动。柯林武德把史学理解为当下的人们用当下的思想和意识去理解和释读那些历史文本，历史文本是不变的，而人们的思想是会变化的，因而所理解的历史也就千姿百态。克罗齐提出的“一切真历史都是当代史”的著名命题，认为研究历史总是研究者现时现刻的思想活动，历史研究是由现时生活的需要激发起来的，历史是按现时人的兴趣和价值取向来思考和理解的。不难理解，柯林武德和克罗齐的看法与柳虬“时有今古，非文有今古”的认识有相通之处。柳虬这一认识也就是强调文章的文本字句是不变的，而随着时代和社会的变化，人们的思想认识发生了变化，对文章的文本字句的理解发生了变化。“时有今古，非文有今古”之说，说的虽然是文，内核却是经学的思路，是《春秋》经学微言大义的另一种表述。皮锡瑞在《经学通论》中说：

> 董子曰“其旨数千”，即《孟子》所引“其义则丘窃取者”，以《春秋》万六千余字，而其旨以千数，则必有两义并行而不相悖，二意兼用而适相成者。自非专门之学，则但其显而不见其隐，知其浅而不知其深。圣人之书，广大精微，仁者见仁，知者见知，得其一解，已足立义，亦无背于圣人之旨也。特患习于所见而蔽所不见，但见其义之显而浅者。而于其义之隐而深者，素所不解，遂诧而不信，或瞋目扼腕以争之，则所得者少，而所失者多矣。《春秋》之义旨，既如此之多，必非据事直书，而论者以为止于据事直书；且必非止惩恶劝善，而论者以为止于惩恶劝善。微言大义既已暗而不章。[1]

[1] 皮锡瑞：《经学通论·春秋》“论《春秋》有现实主义，有未来主义，义在尊王攘夷，而不尽在尊王攘夷”条，吴仰湘整理本，中华书局2015年版，第524页。

概而言之，若以近代客观史学来比照，魏晋南北朝史家所言的直书实录，虽然也是指史家如实记录历史事实，但这个事实并非“过去”的本相，而是历史上依照儒家标准呈现的善事恶行。对这些善、恶之事如实记录，便是实录，这与近现代史学以保存客观史实，科学认知历史的治史目的和客观理性要求并非同义。这种依附于经学大义的实录观念，肇自扬雄、班固，经刘勰、柳虬等人的申述发论，到唐初刘知幾以史学牺牲自身独立性和客观性为代价，折中调和直书与曲笔的矛盾，并在《春秋》经学的道德性和史学客观性选择中，偏向经学一方。

第三章 魏晋南北朝经学的玄学化与史学的玄学化倾向

魏晋南北朝时期经学自我更新和发展，虽然可以从不同的角度进行观察和认识，但其中最引人注目的变化之一无疑是经学的玄学化。汤用彤先生在《王弼之〈周易〉〈论语〉新义》一文中说：“汉魏之际，中华学术大变。然经术之变为玄谈，非若风雨之骤至，乃渐靡使之然。”[1]汤用彤先生从时代变化角度观察汉魏之际学术演变，揭示出汉代经学到魏晋玄学演变及其变化内外之因。

魏晋经学上承两汉，下启隋唐，“用会通的眼光来写中国经学史”[2]的皮锡瑞，把魏晋南北朝隋唐时期的经学分别定位于“经学的中衰”和“经学的分立”，我们姑且不论魏晋经学“中衰”的历史定位是否妥当，但如果从经学发展本身来看，汉末魏晋200余年经学发展变革最主要的内容，无疑是郑学与王学之争和经学玄学化。在经、史互动机制的作用下，魏晋时期经学玄学化，对于此期史学发展的重要影响之一，就是史学的玄学化倾向。

[1] 汤用彤：《汤用彤学术论文集》，中华书局1983年版，第264页。
[2] 周予同：《周予同经学史论著选集》（增订版），朱维铮编，上海人民出版社1996年版，第834页。

第一节 经学的玄学化

经学玄学化是经学史上引人注目的大问题，前辈时贤的相关论述很多。[1] 他们深入探索了从汉代经学到魏晋玄学的历史演变过程及其原因，揭示了魏晋玄学儒道融合的思想特质，经学玄学化的历史进程已基本明晰。经学玄学化是一个极为复杂的问题，这里在先辈时贤已有研究的基础上，仅从玄学化经学的若干特点略作申述。

一、不守章句，关注天道大义的经学新动向

魏晋时期经学玄学化的动因是什么？学术界从内因和外因两个方面进行思考和讨论。一般都认为，汉帝国的崩解，门阀士族居于主导地位，曹氏与司马氏的权力斗争，直接促进了玄学兴起和玄风的兴盛。也有学者根据余英时关于思想发展的“内在理路”理论[2]，认为汉末魏晋时期的学术思想变迁，其间也存在着一条内部线索条理，也就是东汉末年以来经学自身理论困乏，由此带来儒学对理论资源的渴求，进而促成了道家思想的引进，从而导致了玄学的兴起。[3]

汉代经学兴起后，儒家学者们积极参与国家治理，经学学术与政治紧密关联在一起。一方面，经学受到政治权力的支持和庇护，另一方面，政治需要经学提供理论支撑，双方各自利益都得到较为充分的满足，实

[1] 参阅陈寅恪：《金明馆丛稿初编》，生活·读书·新知三联书店 2001 年版；汤用彤：方面《魏晋玄学论稿》，人民出版社 1957 年版；汤一介：《郭象与魏晋玄学》，北京大学出版社 2000 年版；许杭生等：《魏晋玄学史》，陕西师范大学出版社 1989 年版；方立天：《汉代经学与魏晋玄学》，载《哲学研究》1980 年第 3 期；张海燕《魏晋玄学与儒学》，载《河北学刊》1993 年 3 期；张永路：《经学与玄学之间——论汉魏之际的儒道合流》，载《青海师范大学学报》2015 年第 1 期等。

[2] 参阅余英时：《论戴震和章学诚》，生活·读书·新知三联书店 2000 年版，第 325 页。

[3] 张永路：《经学与玄学之间——论汉魏之际的儒道合流》，载《青海师范大学学报》（哲学社会科学版）2015 年第 1 期。

现了共赢。黄巾起义以后，统一的政治格局被打破，经学失去了原有的政治的庇护，政治陷入纷乱之中，无暇顾及自我粉饰，双方互利共赢的局面不复存在，原来那些锦衣玉食的经学学者凄惶奔走，经学大师郑玄也不得不“萍浮南北”，寄食于袁绍屋檐之下。《后汉书·郑玄传》载：

> 时大将军袁绍总兵冀州，遣使要玄，大会宾客，玄最后至，乃延升上坐。身长八尺，饮酒一斛，秀眉明目，容仪温伟。绍客多豪俊，并有才说，见玄儒者，未以通人许之，竞设异端，百家互起。玄依方辩对，咸出问表，皆得所未闻，莫不嗟服。[1]

身处乱世，儒生凭借自己的学问和能言善辩四处求食，虽然有些凄惶，但多了一些自由和发挥才智的机会，思想也鲜活了许多。如果把汉代经学昌隆时期的儒家学者看作是“政治圈养”，那么魏晋时期的儒家学者就是“社会散养”，正是这种“散养”的“自然”环境，使那些经学学者有了一些独立思考的时间和空间，也多了一些原生态的人格品质和思想形态。

汉代经学由于受到政治的支持和庇护，读经研经成为学者们博取功名利禄的工具和手段，固守家法、师法，皓首穷经，寻章摘句，使经学日益脱离对社会、时代和人类自身的应有关注，陷入脱离实际的繁琐无趣之中。《汉书·艺文志》称汉代的章句之学：

> 古之学者耕且养，三年而通一艺，存其大体，玩经文而已，是故用日少而蓄德多，三十而五经立也。后世经传既已乖离，博学者又不思多闻阙疑之义，而务碎义逃难，便辞巧说，破坏形体；说五字之文，至于二三万言。后进弥以驰逐，故幼童而守一艺，白首而后能言；安其所习，毁所不见，终以自蔽。此学者之大患也。[2]

《汉书·儒林传》也说汉代经学“一经说至百余万言，大师众至千余人，

[1]《后汉书》卷三十五《张曹郑列传》，中华书局1965年版，第1211页。
[2]《汉书》卷三十《艺文志·六艺略序》，中华书局1962年版，第1723页。

盖利禄之路然也”[1]。桓谭《新论》说：“秦近君能说《尧典》，篇目两字之说至十余万言，但说‘曰若稽古’三万言。”[2]

汉代经学走上章句繁琐的治学之路，这种繁琐之学除了能博取利禄外，经学本身到了让人望而生厌的地步。东汉后期，经学的学术危机已经显露。《后汉书》郑玄传后论说：“自秦焚六经，圣文埃灭。汉兴，诸儒颇修艺文；及东京，学者亦各名家。而守文之徒，滞固所禀，异端纷纭，互相诡激，遂令经有数家，家有数说，章句多者或乃百余万言，学徒劳而少功，后生疑而莫正。”[3]

穷则思变，变而后通，走进死胡同的汉代经学开始自我革新，自我救赎。汤用彤先生说：“大凡世界圣教演进，如至于繁琐失真，则常生复古之要求。……思想自由，则离拘守经师而进入启明时代矣。”[4] 汤用彤先生认为汉魏之际经学玄学化的内因就是汉代经学繁琐失真。

汉代经学自我革新的突破点就在于一些学者开始不再寻章摘句，而直求经学大义。桓谭“博学多通，遍习五经，皆诂训大义，不为章句”[5]；班固“博贯载籍，九流百家之言，无不穷究。所学无常师，不为章句，举大义而已”[6]；王充亦是“好博览而不守章句。家贫无书，常游洛阳市肆，阅所卖书，一见辄能诵忆，遂博通众流百家之言”[7]。桓谭等人不再泥于章句训诂，重在阐发经文大义，不仅遍习五经，而且博通九流百家之言，高扬起义理解经的学术新风。

二、训诂经学向义理经学的复归

从治经方法上看，经学玄学化的重要特色之一就是训诂经学向义理

[1]《汉书》卷八十八《儒林传》，中华书局1962年版，第3621页。

[2]《汉书》卷三十《艺文志·六艺略》，中华书局1962年版，第1725页。

[3]《后汉书》卷三十五《张曹郑列传》，中华书局1965年版，第1212—1213页。

[4] 汤用彤：《王弼之〈周易〉〈论语〉新义》，见《魏晋玄学论稿》，上海古籍出版社2001年版，第79页。

[5]《后汉书》卷二十八上《桓谭传》，中华书局1965年版，第955页。

[6]《后汉书》卷四十上《班固传》，中华书局1965年版，第1330页。

[7]《后汉书》卷四十九《王充传》，中华书局1965年版，第1629页。

经学的复归。重视义理阐释，宣扬经世的思想和理论是原始儒家的传统。孔子编《春秋》，其重在“义”，重在“理”，从某种意义上说，《春秋》贬天子，退诸侯，讨大夫，是一本立言布道之书。《春秋》记载的是鲁国十二公的政事兴衰，彰显的却是治国平天下的价值准则和道德规范。孔子面对礼乐崩坏的局面，致力于阐扬维持社会公正道义的行为规范和精神取向，并希望国家统治者能够深明此理，善行此道，倡明此德。《孟子·离娄下》说：“王者之迹熄而《诗》亡，《诗》亡然后《春秋》作。晋之《乘》，楚之《梼杌》，鲁之《春秋》，一也。其事则齐桓、晋文，其文则史。孔子曰：‘其义则丘窃取之矣。’”诚如孟子所言，《春秋》一般都没有写出具体历史事件或事件中有关人物的细节和他们历史活动的详情，重点在于“制义法，王道备，人事浃”[1]，依于贯通其中的“正名”之义，实现“《春秋》之义行，而乱臣贼子惧焉”的效果。《庄子·天下篇》说“《春秋》以道名分”，《史记·司马相如列传》说“《春秋》推见至隐”，其所指都是《春秋》言少义明、意义深远、惩恶劝善的特点。司马迁评论《春秋》说：

> 故有国者不可以不知《春秋》，前有谗而弗见，后有贼而不知。为人臣者不可以不知《春秋》，守经事而不知其宜，遭变事而不知其权。为人君父而不通于《春秋》之义者，必蒙首恶之名。为人臣子而不通于《春秋》之义者，必陷篡弑之诛，死罪之名。……故《春秋》者，礼义之大宗也。[2]

汉代经学在治经方法上出现了训诂之学和义理之学，这本来是学术理路的分歧，无关乎是非。但是，汉代经学与政治和各种社会利益纠缠绕结，使得汉代今、古文经之争不仅仅是学术理路不同的讨论，也是以学术形式进行的政治和社会利益的明争暗斗，经学成为名利场。

汉初以来，虽然章句训诂之学获得了长足发展，但董仲舒的春秋公羊学在政治权力的支持下，继承先秦儒家重视义理的传统，大力推崇

[1]《史记》卷十四《十二诸侯年表·序》，中华书局1959年版，第509页。
[2]《史记》卷一百三十《太史公自序》，中华书局1959年版，第3298页。

《公羊传》的“微言大义”，提出一套“大一统”“张三世”“通三统”的历史变易理论和天人感应学说，把经学义理提升到一个新的高度，也获得了官学地位和政治支持。东汉初年，汉明帝喜好《古文尚书》《左氏传》，礼遇古文经学大师贾逵，古文经学影响逐渐扩大，出现了郑兴、郑众、贾逵、马融等一批古文经学学者。周予同先生说：“我们在《后汉书》上寻求今文学家，著名的真是寥寥可数；而古文学家如郑众、杜林、桓谭、贾逵、马融等，都是声名籍藉；今古文学盛衰的史迹，几乎成为东、西汉一切政治学术异同特点之一了。”[1] 古文经学严守家法师法，寻章摘句，拘泥于名物训诂，班固在《汉书·儒林传》的“后论”中对古文经学的繁琐提出批评：“自武帝立五经博士，开弟子员，设科射策，劝以官禄，讫于元始，百有余年，传业者浸盛，支叶蕃滋，一经说至百余万言，大师众至千余人，盖利禄之路然也。”[2] 东汉时期，在白虎观会议讨论和郑玄遍注群经后，经学更是走上了繁琐之路，丧失了它原先具有的开放精神，转而成了束缚知识分子思想的枷锁。

随着对经学繁琐倾向的批评，经学义理再度受到重视。汉魏之际，一些经学家面对时代的变化，希望从原始儒学中寻找解决现实困局的方向，促进了义理经学的新发展。汉魏之际的何休撰《公羊解诂》，他在《序》中说：

> 昔孔子有云：“吾志在《春秋》，行在《孝经》。”此二学者，圣人之极致，治世之要务也。传《春秋》者非一，本据乱而作，其中多非常异义可怪之论，说者疑惑，至有倍经、任意、反传、违戾者。其势虽问，不得不广。是以讲诵师言至于百万，犹有不解，时加让嘲辞，援引他经，失其句读，以无为有，甚为闵笑者，不可胜记也。是以治古学，贵文章者，谓之俗儒，至使贾逵缘隙奋笔，以为《公羊》可夺，《左氏》可兴。恨先师观听不决，多随二创。此世之余事，斯岂非守文、持论、败绩、失据之过哉！余窃悲之久矣。往者

---

[1] 周予同：《周予同经学史论著选集》（增订版），朱维铮编，上海人民出版社 1996 年版，第 13 页。

[2] 《汉书》卷八十八《儒林传》，中华书局 1962 年版，第 3620 页。

略依胡毋生《条例》，多得其正，故遂隐括使就绳墨焉。[1]

从何休的这篇序文可以看出，何休认为公羊二创，即严、颜二家，在传授公羊学时，有“倍经、任意、反传、违戾、加让嘲辞、援引他经、失其句读、以无为有”等弊病，所以不能很好地把公羊学传承下去。另外，何休不满先师们“观听不决，多随二创”，不仅不能将公羊学发扬光大，反而给左氏学提供可乘之机，使公羊学派渐趋下风。公羊学的这种现状让他痛心疾首，自叹“窃悲之久矣”。于是何休决心为公羊学撰著新作，祛除前人、先师治公羊学存在的弊病，弥补公羊学的不足，重振公羊学。细读何休《公羊解诂》，可以清楚地看出何休继承了董仲舒的经学传统和治经方法，通过阐释《春秋》经文，弘扬《春秋》大义。对于这种重经义不重章句的经学新风，荀悦在《申鉴》中说：

仲尼作经，本一而已。古今文不同，而皆自谓真本经。古今先师，义一而已。异家别说不同，而皆自谓古今。仲尼邈而靡质，昔先师殁而无闻，将谁使折之者？秦之灭学也，书藏于屋壁，义绝于朝野。逮之汉兴，收摭散滞，固已无全学矣。文有磨灭，言有楚夏，出有先后。或学者先意有所借定，后进相放，弥以滋蔓。故一源十流，天水违行，而讼者纷如也。执不俱是，比而论之，必有可参者焉。[2]

孔子等圣人只有一个，逝者往矣，不可复生；《尚书》《春秋》等经书只有一本，人人都可披阅研读。但是，汉代经学分为古、今两派，都说自己最能体圣人之意，最得经文之旨，争讼不已。圣人已逝，不可能为这些争讼做出裁断，只能靠经学学者自己“比而论之”，即依据自己的理解体悟圣人之意和经学义旨。这种“比而论之”的解经方法，完全不同于汉代经学的寻章摘句，是一种不拘泥家法之训和师法传授的新路径。徐

[1] 《春秋公羊传注疏》，见《十三经注疏》，北京大学出版社 2000 年版，第 3—8 页。

[2] 荀悦：《申鉴》卷二《时事》，黄省曾注，新编诸子集成本，中华书局 2012 年版，第 95—96 页。

幹是建安七子之一，他在《中论·治学篇》说：

凡学者，大义为先，物名为后，大义举而物名从之。然鄙儒之博学也，务于物名，详于器械，矜于诂训，摘其章句，而不能统其大义之所极，以获先王之心。此无异乎女史诵诗、内竖传令也。故使学者劳思虑而不知道，费日月而无成功。[1]

徐幹是东汉末年人，他主张学者们不能局限于名物训诂，而应该集中精力阐发经书大义。那些"务于物名，详于器械，矜于诂训，摘其章句，而不能统其大义之所极，以获先王之心"的学者被斥之为"鄙儒"。

汉末郑（玄）学与王（肃）学之争是经学史上重要的学术事件。郑玄"括囊大典，网罗众家，删裁繁诬，刊改漏失，自是学者略知所归"[2]。郑玄糅合今文经学和古文经学，遍注群经，融名物训诂和义理阐释于一体，使"通"成为郑学最重要的特色。王肃为了反对郑玄，根据马融的学说详注古文经，还伪造了《孔子家语》《孔丛子》。郑学与王学之争实质是曹氏和司马氏政治斗争在学术上的反应。不过仅从学术层面说，郑玄和王肃的治学方法其实是一致的，都是不拘于家法和师法，调和各家，融会贯通，自成学术体系。王肃伪造《孔子家语》《孔丛子》，开创了伪造典籍的恶劣风气。王肃虽然没有非汤武而薄周孔，但他敢替圣人立言，敢以己意冒充圣人之意，说明他心中已无圣人了。这种心中无圣，敢于直抒己意，任情而动，恰恰是玄学的重要特征。

三、援道入儒，发掘经学新义

从经学内容上看，魏晋时期经学援道入儒，发掘经学新义，经学逐渐玄学化。汉末，何晏主持撰写《论语集解》，既杂采众说，断以己意，又援道入儒，以玄解经，发掘《论语》新义，希望从《论语》原文中直

---

[1] 徐幹：《中论·治学第一》，孙启治解诂，新编诸子集成本，中华书局 2014 年版，第 14—15 页。

[2]《后汉书》卷三十五《郑玄传》，中华书局 1965 年版，第 1213 页。

接探寻孔子思想真谛，经学玄学化特征已经很鲜明了。

何晏注《论语》，并不是遵循汉儒之迹亦步亦趋，而是“颇为改易”。何晏《论语集解·序》说：“前世传授师说，虽有异同，不为训解。中间为之训解，至于今多矣。所见不同，互有得失。今集诸家之善说，记其姓名，有不安者，颇为改易，名曰《论语集解》。”[1]“颇为改易”究竟改易了什么？皇侃在《论语集解义疏·序》中解释说，何晏“因《鲁论》，集季长等七家，又采《古论》孔注，又自下己意，即世所重者”[2]。皇侃认为何晏注《论语》时的改易，就是集众家之说，以自己理解的义理来解说《论语》，而不是运用以往章句训诂的方法解经。

《论语集解》中除所引七家注外，有学者考证后认为其中不记姓名之注应该就是何晏自己之意，此说有些道理。《论语集解》中不记姓名之注共148条，大体可以分为两类：一是承袭两汉以来的解经风格，解释名物，训诂章句；二是援道入儒，以玄解经，语义较玄虚。何晏援道入儒，以玄虚之语解说《论语》，如：

> 《论语·公治长》：“夫子之言性与天道，不可得而闻也。”
>
> 何晏注云：“性者，人之所受者以生也。天道者，元亨日新之道，深微故不可得而闻。”
>
> 《论语·子罕》：“子绝四：毋意，毋必，毋固，毋我。”
>
> 何晏注云：“以道为度，故不任意。用之则行，舍之则藏，故无专必。无可无不可，故无固行。述古而不自作，处群萃而不自异，唯道是从，故不有其身。”[3]

从以上所引两则何晏对《论语》的注来看，何晏本于《周易》，援引老、庄，以简练的语言阐释《论语》之义。《论语集解》打破了两汉家法、师

[1] 何晏：《论语集解》，台北艺文印书馆1966年版，第1页。

[2] 皇侃：《论语义疏》，高尚榘校点，中国思想史资料丛刊本，中华书局2013年版，第5页。

[3] 《论语注疏》，见《十三经注疏》，北京大学出版社2000年版，第67、126页。

法的学派壁垒，对各家经注兼容并包。“今集诸家之善，记其姓名，有不安者，颇为改易”，结束了汉代经学的今、古文之争，开启了魏晋经学玄学化的学术之门。何晏既不繁琐注经，又博取汉魏《论语》经注各家之长，援道入儒，多从义理方面解释《论语》，这种注经新路径，充分体现了何晏的学术创新精神和儒道兼综学风。正如吴承仕所说：

> 自何氏《集解》讫梁、陈之间，说《论语》者，义有多家，大抵承正始之遗风，标玄儒之远致，辞旨华妙，不守故常，不独汉师家法荡无复存，亦与何氏所集者异趣矣。[1]

从何晏《论语集解》注可以看出，何晏在解说《论语》时，在学术研究的方法上，弃却章句训诂的解经路径，使用主观性较强的义理阐释和分析。在阐释的内容上，多所依道，援道入儒。

经学玄学化过程中另一个引领学术的人物是王弼，他撰有《周易注》《周易略例》和《论语释疑》等著作。在汉代经学家眼里，《周易》是五经之首，经学的龙头，汉代以来研习《周易》的学者众多，成果很丰富。但王弼再注《周易》，以费氏《易》为底本，但又抛弃了费氏经说，没有恪守用爻辰、卦气、互体等汉儒解《易》的固有套路，而是集中精力阐发《周易》中的玄意玄旨，对《易》文本进行破坏性解读[2]，把汉儒象数之学变成思辨哲学。东晋时期的史学家孙盛这样评价王弼的《周易注》，他说：

> 易之为书，穷神知化，非天下之至精，其孰能与于此？世之注解，殆皆妄也。况弼以傅会之辨而欲笼统玄旨者乎？故其叙浮义则

[1] 吴承仕：《经典释文序录疏证》“皇侃撰论语义疏行于世”条，秦青点校本，中华书局1984年版，第146页。

[2] 杨乃乔：《王弼的阐释学思想与经学玄学化的破坏性误读》，载《浙江学刊》1996年第5期。

丽辞溢目，造阴阳则妙赜无间，至于六爻变化，群象所效，日时岁月，五气相推，弼皆摈落，多所不关。虽有可观者焉，恐将泥夫大道。[1]

汉儒往往偏执于把自己的思想胶滞于经典文本上，把五经文本尊奉为不可妄加训解、只可尊奉的“圣经”。皮锡瑞在《经学历史》中说：“汉崇经术，实能见之施行。武帝罢黜百家，表章六经，孔教已定于一尊矣。……上无异教，下无异学。皇帝诏书，群臣奏议，莫不援引经义，以为据依。国有大疑，辄引《春秋》为断。一时循吏多能推明经意，移易风化，号为以经术饰吏事。”[2] 而王弼在《周易略例·明象》中对汉儒象数之学呆板的释义提出批评，他说“义苟在健，何必马乎？类苟在顺，何必牛乎？爻苟合顺，何必坤乃为牛？义苟应健，何必乾乃为马？”王弼强调：“夫象者，出意者也。言者，名象者也。尽意莫若象，尽象莫若言”。[3] 这就是说，达意在于明象，明象则在于得言，以言出意，思求玄理。

王弼还以道家无为万物之本的理念注解《易》，他在注《易·彖辞》“大哉乾元，万物资始，乃统天”时说：“天也者，形之名也。健也者，用形者也。夫形者，物之累也。有天之形，而能永保无亏，为物之首，统之者岂非至健哉？”王弼的意思是说“乾”之义在于健，有形之天无非是“健”的表象。王弼摒落象数，阐发玄旨，以言简意赅的论证取代汉儒的繁琐注解，以抽象的思辨和义理分析摒弃汉儒象数之学，开陈出新，实现经学玄学化。清代四库馆臣在《四库全书总目》提要中对王弼玄学化经学评论说：“《易》本卜筮之书，故末派浸流于谶纬。王弼乘其极敝而攻之，遂能排击汉儒，自标新学。”[4]

[1] 《三国志》卷二十八《魏书·钟会传》注引“孙盛曰”，中华书局 1982 年版，第 796 页。

[2] 皮锡瑞：《经学历史》，周予同注本，中华书局 1959 年版，第 103 页。

[3] 王弼：《周易略例》，楼宇烈校释本，中华书局 2011 年版，第 414 页。

[4] 永瑢等：《四库全书总目》卷一《经部·易类一》“《周易正义》十卷”条，中华书局 1960 年版，第 3 页。

四、学者“儒玄并综”

从学术主体上看，经学玄学化主要表现在经学家治学“儒玄并综”“儒玄双修”。何晏成长于曹操身边，接受的是传统的儒家教育，思想之根在儒家。《太平御览》卷三百九十三引《何晏别传》说：

> 晏小时，武帝雅奇之，欲以为子。每挟将游观，命与诸子长幼相次。晏微觉，于是坐则专席，止则独立。或问其故，答曰：“礼，异族不相贯坐位。”[1]

何晏在撰写《论语集解》时因“咸”字属于父讳，所以在引包咸之注时皆称“包氏”。这些事例都表明何晏在言行处事的原则上坚持的是儒家的标准。《三国志》卷四《魏书四·三少帝纪·齐王芳》载：

> 秋七月，尚书何晏奏曰：“善为国者必先治其身，治其身者慎其所习。所习正则其身正，其身正则不令而行；所习不正则其身不正，其身不正则虽令不从。是故为人君者，所与游必择正人，所观览必察正象，放郑声而弗听，远佞人而弗近，然后邪心不生而正道可弘也。

清人钱大昕评价何晏这则奏疏说：“予尝读其疏，以为有大儒之风，使魏主能用斯言，可以长守位而无迁废之祸，此岂徒尚清谈者能知之而能言之者乎。”[2]

何晏虽然儒家学术根砥深厚，名教礼法意识浓烈，但他又出入老庄，儒道双修。《世说新语·文学》云：“正始中，王弼、何晏好老庄玄胜之谈，而世遂贵焉。”《文心雕龙·论说》批评说：“何晏之徒始盛玄论，于

---

[1] 李昉等编：《太平御览》卷三百九十三《人事部三十四·坐》引《何晏列传》，中华书局1996年版，第1817页。

[2] 钱大昕：《潜研堂集》卷二《何晏论》，上海古籍出版社1989年版，第29页。

是聃、周当路，与尼父争途矣。”《晋书·王戎传》说：“魏正始中，何晏、王弼等祖述老庄，立论以天地万物皆以无为本。”《晋书·裴頠传》亦曰：“何晏、阮籍素有高名于世，口谈浮虚，不遵礼法，尸禄耽宠，仕不事事。”从现存何晏所撰《无名论》和《老子道德论》看，何晏浸入老、庄，内道外儒。

江统之子江惇“性好学，儒玄并综。每以为君子立行，应依礼而动，虽隐显殊途，未有不傍礼教者也。若乃放达不羁，以肆纵为贵者，非但动违礼法，亦道之所弃也”[1]。在江惇看来，儒道所尚虽有不同，但都要遵循礼法，奉行名教。东晋太学博士曹毗撰《对儒》说：

> 夫两仪既辟，阴阳汗浩，五才迭用，化生纷扰，万类云云，孰测其兆！故不登阆风，安以瞻殊目之形？不步景宿，何以观恢廓之表？是以迷粗者循一往之智，狷介者守一方之矫，岂知火林之蔚炎柯，冰津之擢阳草！故大人达观，任化昏晓，出不极劳，处不巢皓，在儒亦儒，在道亦道，运屈则纡其清晖，时申则散其龙藻，此盖员动之用舍，非寻常之所宝也。
>
> 今三明互照，二气载宣，玄教夕凝，朗风晨鲜，道以才畅，化随理全。故五典克明于百揆，虞音齐响于五弦，安期解褐于秀林，渔父摆钩于长川。如斯则化无不融，道无不延，风澄于俗，波清于川。方将舞黄虬于庆云，招仪凤于灵山，流玉醴乎华闼，秀朱草于庭前。何有违理之患，累真之嫌！[2]

曹毗在《对儒》中用主客问答的形式，表达其“大人达观”的人生观念，“亦儒亦道”的处世态度。也就是说，做人不要拘于儒道畛域，应该伸屈自如，出处自在，委运任化。曹毗认为儒道各有其理，各有其用，每个人立身处世，只要适得其所，亦儒亦道皆可，既不违纲常伦理，也不失

[1]《晋书》卷五十六《江统传附江惇传》，中华书局1974年版，第1539页。
[2]《晋书》卷九十二《曹毗传》，中华书局1974年版，第2388页。

老庄之真。东晋亦儒亦道学者李充认为“圣教救其末，老庄明其本，本末之途殊而为教一也”[1]，意即儒道两家各有其长，二者不可偏废。这种儒、道兼综的学者在南朝更多，如以梁武帝为代表的萧梁家族具有较高的学术文化素养，在文学、经学、佛学之外，他们特别倡导玄学，具体表现为梁武帝、梁简文帝、梁元帝及其他皇族人物和臣属都尚清谈玄言，组织玄学论辩，注疏玄学经典等，并利用其政治地位将相关注疏列于学官，成为官方的教材，甚至亲自教授。不仅如此，萧梁皇族人物之为人处世和生活情趣也日益玄学化。

唐长孺先生曾经较系统考察了南朝何胤、贺玚、皇侃、周弘正、张讥等主流学者的学术成就后指出：“自刘瓛、何胤以来，南朝儒生多兼涉玄、释，而如汝南周氏，自周颙以下三世以及其嫡传张讥，实际上以玄学为主而兼涉儒经，这里我们清楚地看到南朝经学玄学化与玄谈化。”[2]

第二节　史学的玄学化倾向

经学玄学化促使魏晋南北朝时期学者以一种理性精神观察自然、社会、人生，追求个体精神的自在独立，对于汉代迂腐而繁琐的经学禁锢来说是一次思想解放。与此同时，魏晋南北朝时期史学也获得多途发展，史学地位得到提高，史家的人生观与价值观也得到更新，史学玄学化特征日渐鲜明。关于魏晋南北朝时期史学玄学化问题，学者们给予了足够的关注和重视。焦桂美先生从魏晋南北朝史家对经学的态度、经学对史学内容的影响、经学对史学著述形式的影响等三个方面，论述了魏晋南北朝时期经学与史学的互动。[3] 也有学者从魏晋南北朝时期史学著述体例的拓展、人物评价的特点等方面，讨论了玄学对史学发展的影响。[4]

[1] 《晋书》卷九十二《李充传》，中华书局1974年版，第2389页。

[2] 唐长孺：《魏晋南北朝隋唐史三论》，武汉大学出版社1992年版，第222页。

[3] 焦桂美：《南北朝经学史》，上海古籍出版社2009年版，第145—156页。

[4] 庞天祐：《玄学与魏晋史学》，载《中州学刊》1999年第2期；汪高鑫：《玄学与魏晋南北朝时期史学玄学化倾向》，载《学习与探索》2014年第2期。

这些研究，揭示出魏晋南北朝史学玄学化的基本面貌。魏晋南北朝时期史学玄学化倾向表现是多方面的，这里仅从义理经学的复兴对此期史家历史撰述的影响等方面略作讨论。

一、史家亦儒亦玄的多重身份

刘节先生曾经指出，魏晋南北朝时期文学家或玄学家而兼史学家的就有不少，如皇甫谧、束皙、郭璞等人是史学家，也是玄学家。[1] 史家是史学的主体，史学的发展与史家的学术素养和道德修养密切相关，所以，史家修养一直是中国传统史学的重要议题之一。我国最早的史家是史官，春秋时期因为董狐和南史氏的存在，史家被人们赋予了不畏权势、忠于职守的角色和身份。孔子编《春秋》，孟子评论说："世衰道微，邪说暴行有作，臣弑其君者有之，子弑其父者有之。孔子惧，作《春秋》。《春秋》，天子之事也；是故孔子曰：'知我者其惟《春秋》乎！罪我者其惟《春秋》乎?'" 史家又承担了维护君臣父子伦理秩序的责任。总体来说，不论是史家的自命，还是社会的期许，史家的形象就是知识渊博、学养深厚，责任担当，但又谨言慎行、人格高尚。刘知幾将其概括为史家的才、学、识，章学诚又提升为才、学、识、德。

魏晋南北朝时期史家众多，史家的角色意识和社会责任意识虽然没有褪色，但一些史家的人生观和价值观有了一些变化，不完全拘泥于传统的道德束缚，比较注意追求自我价值和自我的人生感受。顾炎武说：正始以后，"名士风流盛于洛下，乃其弃经典而尚老庄，蔑礼法而崇放达，视其主之颠危若路人然"[2]。干宝在《晋纪·总论》中对于玄风影响的不良社会风气持批评态度，他批评晋代"朝寡纯德之人，乡乏不贰之老，风俗淫僻，耻尚失所，学者以老庄为宗而黜六经，谈者以虚荡为辨而贱名检，行身者以放浊为通而狭节信，进仕者以苟得为贵而鄙居正，

[1] 参阅刘节：《中国史学史稿》第八章《文学、玄学与史学》，中州书画社 1982 年版，第 103 页。

[2] 顾炎武：《日知录》卷十三《正始》，黄汝成集释，秦克诚点校本，岳麓书社 1994 年版，第 470 页。

当官者以望空为高而笑勤恪”。“朝寡纯德之人，乡乏不贰之老，风俗淫僻，耻尚失所”是风教败坏的突出表现。这种风教败坏，在学者、谈者、行身者、进仕者等各类人士的行为上都可以看到。对于干宝大声呵斥的不良风教，如果站在玄学思潮的角度看，不仅是可以理解的，还是名士们倡扬的一种风度，表达出玄学思潮下名士们“某种内在的、本质的、特殊的、超脱的风貌姿容”[1]，是他们崇尚自然，儒道双修，重视个人价值，追求潇洒飘逸、放浪形骸的生活方式，也是他们愤世嫉俗、高蹈浪漫的处世态度。魏晋史家作为这一时期士人群体的重要组成部分，其言行举止深深打上了玄学的烙印。[2]

魏晋南北朝时期史家浸染玄风首先表现为任情越礼。对于父母病丧，《周礼》规定了极其严格的守丧礼制。概括起来说，在饮食方面，不能大吃大喝，三年以后才能食酒肉；在居处方面，父母未葬以前，孝子要居倚庐，“寝苫枕块”，守丧二年以后才能回屋居住，但仍不能睡床，直到服丧完毕；在守丧期间，不得婚娶，不得赴宴，不得听音乐，不得游戏笑谑，夫妇不得同居。总之，为了表示哀痛之深，子孙在居丧期间要过不正常的生活。虽然这些琐细而苛刻的规定一般人很难完全做到，后世也多有变通，但居丧尽哀，仍是普遍的伦理要求，“形毁骨立”，“扶而能起，杖而能行”，被认为是孝心的体现。陈寿撰有《三国志》，“时人称其善叙事，有良史之才”，具有较高的学术声望；但陈寿“遭父丧，有疾，使婢丸药，客往见之，乡党以为贬议”。[3] 陈寿在父丧期间，不仅不节制欲望，甚至还“使婢丸药”，即服食性药，放荡纵欲，这不仅有违《周礼》的要求，也有违纲常名教，千百年来一直被人们非议。陈寿不是不知道父丧期间应该遵守的丧礼礼制，而是明知相关礼制而有意违礼、越礼，不愿意受到名教礼制的束缚。

生活放达也是魏晋南北朝时期史家浸染玄风的重要表现。不管是自许，还是社会的期许，中国古代史家大都是能够隐忍，谨言慎行之人，

[1] 李泽厚：《美的历程》，生活·读书·新知三联书店 2009 年版，第 114 页。
[2] 庞天祐：《玄学与魏晋史学》，载《中州学刊》1992 年第 2 期。
[3] 《晋书》卷八十二《陈寿传》，中华书局 1974 年版，第 2137 页。

狂狷者很少见。而魏晋南北朝时期不少史家自我意识很强，生活放达。晋代史家华峤“博闻多识，属书典实，有良史之志”，所撰《汉后纪》得到时人的高度评价，认为其“文质事核，有迁固之规，实录之风”，史学成就很高。但是，华峤生活放达，不拘名节，“性嗜酒，率常沉醉”。酒是魏晋时期名士的标配，《世说新语·任诞》篇中记述了刘伶、阮籍、山涛、阮修等许多名士嗜酒、饮酒及其各种醉酒之态。鲁迅《魏晋风度及文章与药及酒之关系》把此期名士风度与酒的关系剖析得清清楚楚。

晋代史家司马彪不仅精通老庄，撰有《庄子注》，而且还撰有《九州春秋》和《续汉书》，并对谯周的《古史考》进行辩证，驳正了《古史考》中一百多处史事。就是这样一个有成就的史学家，却放纵自己的言行，不拘名节。《晋书·司马彪传》说他“好色薄行，为睦所责，故不得为嗣，虽名出继，实废之也”[1]。华峤嗜酒醉酒之态和司马彪好色薄行，人品受到非议，明显与前代司马迁、班固和后世的司马光等君子形象是不一样的。

谈玄说理，儒道双修，是魏晋南北朝一些史家特有的知识结构。东晋著名史家孙盛撰有《逸人传》《魏氏春秋》《晋阳秋》《魏世谱》《蜀世谱》《魏阳秋异同》等史学著作，是一位有成就的史家，同时也是一位有影响的玄学家。他与当时玄学名家殷浩的一次谈玄论理，留下了一段魏晋清谈史上的佳话：

> （孙）盛年十岁，避难渡江。及长，博学，善言名理。于时殷浩擅名一时，与抗论者，惟盛而已。盛尝诣浩谈论，对食，奋掷麈尾，毛悉落饭中，食冷而复暖者数四，至暮忘餐，理竟不定。盛又著医卜及《易象妙于见形论》，浩等竟无以难之，由是遂知名。[2]

孙盛是史学家，也是谈玄名士，玄学造诣很深。史学家邓粲学问渊博，

[1]《晋书》卷八十二《司马彪传》，中华书局1974年版，第2141页。
[2]《晋书》卷八十二《孙盛传》，中华书局1974年版，第2147页。

而且早年很有节操，生逢乱世，不愿出仕，撰有史书《元明纪》十篇，也研究老、庄，为《老子》做过注。干宝除撰有《晋纪》《搜神记》《春秋左氏义外传》以外，也注过《周易》。东晋史学家习凿齿“博学洽闻，以文笔著称”。《隋书·经籍志二》记载习凿齿撰有《汉晋春秋》四十七卷、《襄阳耆旧记》五卷、《晋荥阳太守习凿齿集》五卷。但从现存的一些资料来看，习凿齿是一位史学家，也是谈玄高手。《世说新语·言语》载：“王中郎令伏玄度、习凿齿论青、楚人物。临成，以示韩康伯。康伯都无言。王曰：“何故不言?”韩曰：“无可无不可。”[1] 习凿齿与伏滔在王坦之的组织下讨论青、楚人物，韩康伯担任辩论的裁判，这是魏晋时期经典的清谈形式。《晋书·孙绰传》载：

> （孙）绰性通率，好讥调。尝与习凿齿共行，绰在前，顾谓凿齿曰：“沙之汰之，瓦石在后。”凿齿曰：“簸之扬之，糠粃在前。”[2]

孙绰字兴公，“博学善属文，少与高阳许询俱有高尚之志”，不慕功名利禄，鄙视山涛投靠司马氏，曾居于会稽，游于山水之间十有余年，有《遂初赋》，是当时名士。他与习凿齿同行时的一讥一答，一个说得刁钻，一个应对巧妙，表明二人学识渊博，是谈玄高手。这种出游并进行答问是魏晋时期名士交游的固有方式。习凿齿身上较集中体现了魏晋南北朝时期一些史家亦儒亦玄的多重身份特征。

二、从家传的撰修看历史撰述的玄学化特征

魏晋南北朝时期在玄学思潮的影响下，人们敢于非议圣人，敢于怀疑经典，敢于发表独立的思想见解，敢于突出和张扬人的个性及其价值，学术研究领域经学笼罩下的那种沉闷、压抑气氛有所舒缓，哲学、文学、史学等各个学科呈现出鲜活灵动的新气象。这些新气象表现是多方面、

[1] 刘义庆：《世说新语》上卷《言语》，上海古籍出版社 1982 年版。此书影印清刻本，同类依古籍原刻分卷计页者均不注页码。

[2] 《晋书》卷五十六《孙绰传》，中华书局 1974 年版，第 1544 页。

多层次的，我们可以从不同方面进行考察和认识。经学玄学化对于史学发展的影响已受到刘节、吴怀祺、庞天祐、汪高鑫、周国林等先生的关注，大家也从不同方面提出了自己的认识和看法。如汪高鑫先生认为，在玄学思想的影响下，魏晋南北朝史学的发展，表现出了明显的援玄入史的玄化倾向，重视人物品评是这种援玄入史的重要手段，[1] 并从人物品评的标准、内容和特点以及历史评论方面，阐述了经学玄学化与史学发展的互动。

我们注意到，魏晋南北朝时期家传撰述，既是此期史学发展的重要方面，也较突出体现了经学玄学化对人物评价的影响。

（一）魏晋南北朝时期家传撰修兴盛

魏晋南北朝时期作为专门记述人物和事迹的家传，在中国古代文献目录中没有独立分类，在历代学人的认识中，“家传”与“家史”“别传”“杂传”等概念缺乏明确边界，因此在概念使用和目录类属上一直模糊混乱。[2] 在大多数情况下，人们都是将家传视为家史的一部分，家传与别传、谱牒、家训、郡书、高士传、名士传、先贤记等，既有联系，也有区别，都是家史不同的历史撰述形式。《隋书·经籍志二》杂传类下著录有家传，章宗源《隋书经籍志考证》补充了一些《隋书·经籍志》没有著录的家传，《世说新语》刘孝标注和唐宋类书也引录了一些魏晋南北朝时期已经散佚的家传。

“家传”之名由来已久。唐代陆淳《春秋啖赵集传纂例》卷一《三传

[1] 汪高鑫：《玄学与魏晋南北朝史学的玄化倾向》，载《学习与探索》2014 年第 2 期。

[2] “家史”之名始于《史通·杂述》。刘知幾认为：“史氏流别，殊途并骛。榷而为论，其流有十焉：一曰偏纪，二曰小录，三曰逸事，四曰琐言，五曰郡书，六曰家史，七曰别传，八曰杂记，九曰地理书，十曰都邑簿。”何为“家史”？刘知幾说：“高门华胄，奕世载德，才子承家，思显父母。由是纪其先烈，贻厥后来，若《扬雄家谍》《殷敬世传》《孙氏谱记》《陆宗系历》。此之谓家史者也。”明代王世贞只是说“家史人谀而善溢真”，没解释何为家史。章学诚认为“家乘谱牒，一家之史也”，意即家史就是家乘谱牒，而魏晋南北时期撰修的家传、别传、郡书等归于何处，章学诚没有明确表述。瞿林东先生《中国史学史教程》有《家史、谱牒和别传》专节，将家传、别传、家训和家谱视为家史的不同表现形式，并认为家史多以家传为名。逯耀东先生《魏晋史学的思想与社会基础》将家传归为家史，同时将魏晋时期以个人为单位的别传也视为家传。

得失议》载啖子曰："左氏得此数国之史，以授门人……又广采当时文籍，故兼与子产、晏子及诸国卿佐家传，并卜书梦书及杂占书，纵横家小说讽谏等杂在其中。"《四库全书总目》承袭了这一说法，其《传记类·序》云："纪事始者，称传记始黄帝，此道家野言也，究厥本源，则《晏子春秋》是即家传。"[1] 学界已经辨明，啖助所言的"诸国卿佐家传"虽有家传之名，实际是当时卿大夫皆有的谱牒，与魏晋南北朝时期撰修的家传并不是一回事。[2]

《隋书·经籍志二》杂传类下著录的这类家传究竟起源于何时，依据现存的文献资料还难以得出可靠结论。不过我们大致可以推断家传最迟在汉代已经出现。葛洪《抱朴子》内篇卷二《论仙》称"董仲舒撰《李少君家录》"，此说并不一定可信。刘知幾《史通·杂述》说："若《扬雄家谍》《殷敬世传》《孙氏谱记》《陆宗系历》。此之谓家史者也。"《扬雄家牒》早佚，正史《经籍志》《艺文志》也不见著录，刘知幾把《扬雄家牒》归之家史，并没明确说明其性质就是家传，但章宗源《隋书经籍志考证》把《扬雄家牒》补入家传中，胡宝国先生认为章宗源把《扬雄家牒》补入家传类似有不妥，当归之谱牒类。当然胡宝国先生也是推测，没有切实的依据。[3]《太平御览》卷五百五十八《礼仪部》三十七《冢墓二》引《扬雄家牒》云："子云，天凤五年卒，葬安陵阪上。所厚沛郡桓君山、平陵如子礼，弟子巨鹿侯子芭共为治丧。诸公遣世子朝郎更行事者，会送桓君山，为敛赙，起祠茔。侯芭负土作坟，号曰玄冢。"若仅从这句话的语气看，《扬雄家牒》更像是家传。

如果说《扬雄家牒》是否属于家传还存有疑问的话，东汉末年已经出现以"家传"命名的家传当可以确定。《隋书·经籍志二》著录的《李氏家传》虽然撰人无法考证，但其书记述的是东汉后期清议领袖李膺的人品和事迹。《世说新语·赏誉篇》注引《李氏家传》说："膺岳峙渊清，

---

[1] 永瑢等：《四库全书总目》卷五十七史部《传记类·序》，中华书局1960年版，第513页。

[2] 武丽霞：《论古代家传之演变》，载《内蒙古师范大学学报》（哲学社会科学版）2006年第4期。

[3] 胡宝国：《汉唐间史学的发展》，商务印书馆2003年版，第136—137页。

峻貌贵重，华夏称曰：颍川李府君，頵頵如玉山。”[1] 现存最早关于李膺的记载应该是东吴谢承的《后汉书》，该书记述李膺：“（符）融见林宗，便与之交。又绍介于（李）膺，以为‘海之明珠，未耀其光；鸟之凤凰，羽仪未翔’。膺与林宗相见，待以师友之礼，遂振名天下，融之致也。”[2] 这两段关于李膺的记述，语意和描述风格较为接近，我们可以大致推断《李氏家传》撰成于汉末或三国初年。据现存文献所载，明确说明撰修家传的是曹操，《三国志》卷十四《蒋济传》注裴松之案语曰：“魏武作《家传》，自云曹叔振铎之后。”[3]

魏晋南北朝时期人们撰修的几部重要书目，如尹默的《中经簿》、荀勖的《中经新簿》、李充的《四部书目》、王俭的《七志》、阮孝绪的《七录》等都已失传，无法了解这些目录著作对家传的具体著录情况。目前了解魏晋南北朝时期家传撰修情况最重要的依据是《隋书·经籍志二》。《隋书·经籍志二》将家传列入杂传类，自《李氏家传》以下，至《何氏家传》止，共著录了名为“某某家纪”“某某家传”29 种，清代章宗源《隋书经籍志考证》补充家传 21 种，剔除其中重复的 4 种，见诸文献著录的家传共有 46 种。从这些著录的家传分析，我们可以得出如下几个方面的认识：

其一，魏晋南北朝时期家传撰修大约兴起于汉末，盛于魏晋，逐渐衰落于南朝，与玄学思潮的兴衰相一致。热衷于玄学的门阀士族源于东汉世家大族，魏晋时期获得迅速发展并在政治和社会上处于主导地位，南朝以后随着寒人庶族的崛起，门阀士族逐渐衰落，隋唐以后退出历史舞台，“取士不问家世，婚姻不问阀阅”[4]。如胡宝国先生所言：“进入南朝，由于皇权的加强，由于门阀士族制度的凝固，士人不再热衷于人物品评，与此相适应，杂传的撰写明显减少，代之而起的则是谱牒之书日渐增多。”[5]

---

[1] 刘义庆：《世说新语》中卷《赏誉》注引《李氏家传》，上海古籍出版社 1982 年版。

[2] 周天游：《八家后汉书辑注》卷四《符融传》，上海古籍出版社 1986 年版，第 139 页。

[3] 《三国志》卷十四《魏书·蒋济传》，中华书局 1982 年版，第 455 页。

[4] 郑樵：《通志》卷二十五《氏族略·序》，中华书局 1987 年版。

[5] 胡宝国：《汉唐间史学的发展》，商务印书馆 2003 年版，第 132 页。

其二，家传撰修者大多是本家族的后人，说明门阀士族彰显和炫耀家族历史的愿望很强烈，撰修家传成为门阀士族维护其家族利益的重要工具。郝润华先生在《六朝史籍与史学》中把家传分为两类：一类是本族人所撰，占家传的绝大部分，如曹毗撰《曹氏家传》、庾斐撰《庾氏家传》、虞览撰《虞氏家记》、范汪撰《范氏家传》、纪友撰《纪氏家传》等，而且这些本族后人撰修家传往往多人参与或子孙接力续撰，如"（裴）子野少时集注《丧服》、续《裴氏家传》，各二卷，抄合后汉事四十余卷"[1]。一类是外族人所撰，这在家传中只占极少部分，如皇甫谧撰《韦氏家传》[2]、傅畅撰《裴氏家记》等。

其三，魏晋南北朝时期名门望族基本上都有家传撰修。魏晋南北朝时期门阀士族是历史地形成的一个社会阶层，其主体来源于东汉的世家大族，当权门阀主要有琅琊王氏、颍川庾氏、谯国桓氏、陈郡谢氏、太原王氏等。其中有旧族渊源关系的如谯国桓氏、太原王氏和琅琊王氏，魏晋时期乘时而起的新出门户，如颍川庾氏和陈郡谢氏。[3] 唐朝柳芳在评论魏晋南北朝时期门阀士族时也说："过江则为'侨姓'，王、谢、袁、萧为大；东南则为'吴姓'，朱、张、顾、陆为大；山东则为'郡姓'，王、崔、卢、李、郑为大；关中亦号'郡姓'，韦、裴、柳、薛、杨、杜首之；代北则为'虏姓'，元、长孙、宇文、于、陆、源、窦首之。"[4] 从文献著录的家传看，此期主要门阀士族都有家传撰修，说明重视家族史撰述是这些门阀士族的共同爱好和特点。

虽然魏晋南北朝时期的家传多不存，但从文献著录或引录的家传基本可以看出，汉魏之际开始有家传撰修，魏晋玄风炽烈，门阀士族占主导地位时家传撰修最为兴盛，经东晋时期裴頠"崇有"，向秀、郭象"独化"，玄学渐息，门阀士族走向衰落，家传撰修明显减少。隋唐以后，门

[1] 《南史》卷三十三《裴松之附曾孙裴子野传》，中华书局 1975 年版，第 867 页。

[2] 《韦氏家传》，《隋书·经籍志二》史部杂传类著录，不署撰人，作一卷。《旧唐书·经籍志》乙部杂谱牒类著录，题"《韦氏家传》三卷，皇甫谧撰"，《新唐书·艺文志》著录与《旧唐书》同。姚振宗《隋书经籍志考证》卷二十云："案两《唐志》皆以为皇甫谧撰，又多出二卷，疑此一卷非其全也。"

[3] 田余庆：《东晋门阀政治·后论》，北京大学出版社 1989 年版，第 325—326 页。

[4] 《新唐书》卷一百九十九《柳冲传》，中华书局 1975 年版，第 5678 页。

阀士族退出历史舞台，虽然仍有家传撰修，[1] 但家传的性质开始由标榜家族荣誉的家族传，向文学性质的一人单传转变，逐渐脱离魏晋南北朝时期家史的形态，而变为一种以家传为名的文传，家传也慢慢地由史部归入集部。

（二）魏晋南北朝时期家传在人物记述方面的玄学特点

魏晋南北朝时期撰修的家传基本上都亡佚不存，只有少数几种在《世说新语》注及唐宋类书中存有片言只语，这给我们较全面和深入了解此期家传的内容和撰述形式带来了极大困难。沈约《宋书》和魏收的《魏书》中的人物列传，虽然不是家传，但二书的列传往往以子孙附于父祖而传，一传最多至五六十人，故赵翼说魏收《魏书》“若一人立传，而其子孙、兄弟、宗族，不论有官无官，有事无事，一概附入，似代人作家谱”。[2] 这种家传式的列传，既是门阀士族崇尚家族历史的反映，也为我们认识魏晋南北朝时期家传的内容和撰修形式提供了一些参考。

魏晋南北朝时期家传名称常冠以地望。门阀士族在重姓氏的同时，也十分重视地望。在这些门阀士族眼里，区分姓族高下不仅取决于姓氏，同时还取决于地望。只有具备了血缘和地望两方面的足够证据，才能成为被社会正式认可的身份依据。同一等级的姓氏，并不是单纯血缘意义上的同姓，而是必须拥有同一姓氏、属同一郡县范围的同姓。南齐王敬则与王俭同拜开府仪同三司，徐孝嗣讥嘲王俭说：“今日可谓连璧。”王俭很不高兴地说：“不意老子遂与韩非同传！”[3] 王俭属琅琊王氏，王敬则为晋陵王氏，氏名虽同，而门第相去甚远，故王俭颇为不平。同样都是王姓，琅琊王氏是名门望族，晋陵王氏却是王俭瞧不起的低门。这件事说明，南朝时期用来称呼各地大姓、著姓的名称虽然不同，但对于希望与他们建立同姓关系者来说，都必须在姓号之前冠以明确的州、郡范围（地望）之后，才具有实际意义。所以，此期家传名称往往冠以地望，

[1] 从《旧唐书·经籍志》和《新唐书·艺文志》著录的情况看，唐代撰修的家传只有13种。

[2] 赵翼：《廿二史札记》卷十《南北史子孙附传之例》，王树民校证本，中华书局1984年版，第203页。

[3] 《南史》卷四十五《王敬则传》，中华书局1975年版，第1130页。

如《太原王氏家传》《琅琊王氏家传》《王氏江左世家传》《会稽邵氏家传》等。刘知幾说：

> 夫郡国之记，谱牒之书，务欲矜其州里，夸其氏族。读之者安可不练其得失，明其真伪者乎？至如江东“五俊”，始自《会稽典录》。颍川“八龙”，出于《荀氏家传》，而修晋、汉史者，皆征彼虚誉，定为实录。苟不别加研核，何以详其是非？[1]

刘知幾看到家史具有“矜其州里，夸其氏族”之弊，损害了历史叙事的真实性，所以特别提醒后人在阅读这些家史时需要格外小心，以免上当。

魏晋南北朝时期家传重视对家族内显赫人物官职和地望的记述。刘知幾《史通·杂述》说：“高门华胄，奕世载德，才子承家，思显父母。由是纪其先烈，贻厥后来。”门阀士族撰修家传的目的是思显父母，表彰家族，提升门第。所以魏晋南北朝时期撰修的家传，主要内容之一就是以炫耀的语气和夸张的手法记述家族内人物地望和官职。如《荀氏家传》曰：“组字大章，中宗为晋王时，将征为司徒，问太常贺循，循曰：‘组旧望清重，勤劳显著，迁训五品，以统人伦，实充人望。’诏以组为司徒。”[2]《袁氏家传》曰：“乔字彦升，陈郡人。父环，光禄大夫。乔历尚书郎、江夏相。从桓温平蜀，封湘西伯、益州刺史。”[3]《顾恺之家传》曰：“敷字祖根，吴郡吴人。滔然有大成之量，仕至著作郎，二十三卒。”[4]《桓氏家传》曰：“延康元年初，置散骑之官，皆选亲旧文武之才，以为宾宴之臣。迁桓范为散骑侍郎。”[5]从这些残存的家传来看，家传对于家族内人物的名字、籍贯、显赫官衔及门第郡望的记述很详备。

魏晋南北朝时期家传重视渲染家族内重要人物的言行事迹。通过叙

[1] 刘知幾：《史通》卷五《采撰》，浦起龙通释本，上海古籍出版社 2009 年版，第 108 页。

[2] 李昉等：《太平御览》卷二百八《职官部六》，中华书局 1966 年版，第 998 页。

[3] 刘义庆：《世说新语》上卷《言语》，上海古籍出版社 1982 年版。

[4] 刘义庆：《世说新语》中卷《夙惠》，上海古籍出版社 1982 年版。

[5] 李昉等：《太平御览》卷二百二十四《职官部二十二》，中华书局 1966 年版，第 1066 页。

述家族内重要人物乐善好施的行为和经邦济国的事迹，抬升家族的历史地位，扩大家族的现实政治和社会影响力。如《崔氏家传》曰：“崔瑗为汲令，乃为开沟造稻田，薄卤之地更为沃壤，民赖其利。长老歌之曰：‘天降神明君，锡我慈仁父。临民布德泽，恩惠施以序。穿沟广溉灌，决渠作甘雨。”[1]《殷氏世传》云：“殷褒为荥阳令，先多霪雨，百姓饥馑，君乃穿渠入河四十余里，疏导原隰，用致丰年，民赖其利，号曰殷沟而颂之。”[2] 通过叙述和渲染家族历史上那些出官入仕祖宗们的事迹，树立家族的荣誉和声望，为家族的后人获得政治利益和社会利益赚取资本。

魏晋南北朝时期的家传注重对家族内显赫人物风韵神貌的描写。以门阀士族为主体的魏晋名士追求“简约云澹，超然绝俗”[3]，竞显名士风流，鲁迅把魏晋风度归结为药与酒、姿容、神韵。李泽厚又补充说，魏晋风度还必须加上华丽好看的文采词章。门阀士族的这些兴趣和特点，反映在魏晋南北朝时期家传撰修方面，就是家传都重视对家族内重要人物言谈举止、神情风貌的描写。如《陶氏家传》云：“猷字恭豫。王导以君江东俊望，请为右军长史。君恪勤王事，每当朝日，恒夙兴就路，及到府门，辄先众僚。为人美容止，善谈论，亦以此见称当世焉。”[4]《李氏家传》云：“膺岳峙渊清，峻貌贵重，华夏称曰：‘颍川李府君，頵頵如玉山。汝南陈仲举，轩轩如千里马。南阳朱公叔，飂飂如行松柏之下。’”[5] 对传主形象和外表的描绘，重在显示士族们的性情和风度，是当时很多高门贵族热衷追求的时尚。

魏晋南北朝时期的家传重视记录门阀家族对于子孙教育和训诫的言论。如《融家传》曰：“兄弟七人，融第六，幼有自然之性。年四岁时，每与诸兄共食梨，融辄引小者。大人问其故，答曰：‘我小儿，法当取小

[1] 李昉等：《太平御览》卷二百六十八《职官部六十六》，中华书局 1966 年版，第 1255 页。

[2] 李昉等：《太平御览》卷七十五《地部四十》，中华书局 1966 年版，第 350 页。

[3] 宗白华：《美学散步》，上海人民出版社 1981 年版，第 177 页。

[4] 李昉等：《太平御览》卷二百四十八《职官部四十六》，中华书局 1966 年版，第 1173 页。

[5] 刘义庆：《世说新语》中卷《赏誉》，上海古籍出版社 1982 年版。

者。’由是宗族奇之。”[1]《邵氏家传》曰：“邵仲金好赈施。年八十一，临卒，取其贷钱物书券，自于目前焚之，曰：‘吾不能以德教子孙，不欲复以贿利累之。’及贷者还钱，子孙不受，曰：‘不能光显先人，岂可伤其义乎？’”[2]《崔氏家传》曰：“座右铭曰：无论人之短，无道己之长。施人慎勿念，受施慎勿忘。隐心而后动，谤议庸何伤。虚誉不足慕，古诫不可抗。”[3] 门阀士族虽然在许多方面表现出腐朽性和寄生性，但重视家学和文化教育却是这些门阀士族的共同特征。颜之推《颜氏家训·勉学篇》说：“自荒乱以来，诸见俘虏。虽百世小人，知读《论语》《孝经》者，尚为人师；虽千载冠冕，不晓书记者，莫不耕田养马。……若能常保数百卷书，千载终不为小人也。”颜之推从训诫子孙勤奋好学的目的出发，比较了读书与不读书的结果和影响，说法虽有些夸张，但这也是颜之推从切身感受中认识到文化教育对于家族荣衰、维护门第的重要性。余英时先生说：“而魏晋南北朝则尤可视为家族为本位之儒学之光大时代，盖应门第社会之实际需要而然耳！”[4]

魏晋南北朝时期的家传重在讲家族的历史，彰显这些家族名士清逸高妙的生活方式和洒脱率性的人生态度。这里以《荀氏家传》为例，具体分析魏晋南北朝时期家传中人物记述的玄学特点。

《荀氏家传》十卷，荀伯子撰。《隋书·经籍志》不见著录，但见载于《旧唐书·经籍志》谱牒类，《新唐书·艺文志》杂传记类。《荀氏家传》今已散佚无存，仅在《三国志》裴松之注、《世说新语》刘孝标注、《文选注》以及《艺文类聚》《北堂书钞》《初学记》《太平御览》等唐宋类书中有所引录。李贵军先生共辑得 36 条，勒为一卷。[5] 目前学界对于《荀氏家传》的研究并不多，以下拟从现存的《荀氏家传》30 余条佚文以及其他文献的零星记述入手，对《荀氏家传》的史学价值及其人物

---

[1]《后汉书》卷七十《孔融传》，中华书局 1965 年版，第 2261 页。

[2] 李昉等：《太平御览》卷五百九十八《文部十四》，中华书局 1966 年版，第2694 页。

[3] 李昉等：《太平御览》卷四百七十七《人事部一百十八》，中华书局 1966 年版，第 2186—2187 页。

[4] 余英时：《汉晋之际士之新自觉与新思潮》，见《中国知识阶层史论（古代篇）》，台北联经出版事业公司 1980 年版，第 326 页。

[5] 李贵军：《荀伯子〈荀氏家传〉辑校》，载《吉林广播电视大学学报》2007 年第 4 期。

记述的玄学化特点做些初步思考和探讨。

唐初撰修《晋书》是否参考过《荀氏家传》并有所取材，历史文献并无明确记述。但刘知幾在《史通·采撰》中曾说："至如江东'五俊'，始自《会稽典录》。颍川'八龙'，出于《荀氏家传》，而修晋、汉史者，皆征彼虚誉，定为实录。"颍川"八龙"的事迹见载于《荀氏家传》，而且后世史家撰修东汉史、晋代史，曾经征引过《荀氏家传》，并对其中有些虚誉的记述悉加采录。据唐初曾入史馆的刘知幾这段话，我们不难推测，唐初撰修《晋书》时，《荀氏家传》是史臣采择的文献来源之一。

众所周知，唐初撰修《晋书》取材范围很广，而且杂取各种杂传、世说，甚至鬼怪传说。房玄龄是《晋书》的主编之一，《旧唐书·房玄龄传》说唐初撰修《晋书》，"史官多是文咏之士，好采诡谬碎事，以广异闻；又所评论，竞为绮艳，不求笃实，由是颇为学者所讥。"[1]《晋书》正是因为取材"不别加研核"而受到刘知幾的尖锐批评，他在《史通·采撰》中对唐初撰修《晋书》取材杂泛的这些批评，一直被后代否定《晋书》价值者征引，并成为否定《晋书》价值的主要理由。而正是这些批评，让我们从另一个侧面看到唐撰修《晋书》取材范围之广。对于颍川荀氏这样的大家族而言，《荀氏家传》当然是很重要的参考文献和史料采择的对象。

对比《后汉书》《三国志》《晋书》和《荀氏家传》现存佚文所及的颍川荀氏家族人物，我们发现，有些颍川荀氏家族历史人物在《荀氏家传》中有记述而正史却无专传，《荀氏家传》佚文可补正史人物记述之缺。在魏晋之际，从清谈名理到谈玄论道的转变过程中，荀粲是一个关键性人物。荀粲出生于儒学世家，长大成人后却是一个蔑视六经、意尚玄远、心追无境、行为通脱、情顺自然的玄学先行者。陈寿《三国志》没有为玄学史上这样一个重要人物设立专传。裴松之注《三国志》时，援引何劭《荀粲别传》补录荀粲的一些生平事迹，使荀粲弃儒入道、离经尚玄的思想倾向为世人所知。而《太平御览》所引《荀氏家传》曰："荀粲简贵，不能与常人交接，所交者皆一时俊杰。粲卒，至葬，夕赴者

[1]《旧唐书》卷六十六《房玄龄传》，中华书局1975年版，第2463页。

十余人，皆同年名士也。哭之感动路人。”[1] 这条引录，把荀粲的性格特征及其交游对象说得很清楚，这是《三国志》裴注中没有记述的，正是《荀氏家传》中的这条记载，使我们进一步认识和了解作为玄学先行者荀粲清新简要、卓然独立的玄学家风韵。

荀衍是荀彧的三兄弟，也是曹操麾下的得力将领，为曹操统一北方立下了功勋，被封为列侯。但是，《后汉书》《三国志》中均无荀衍的专传。裴松之注《三国志》时，援引《荀氏家传》对荀衍生平事迹予以补阙。《三国志》卷十《荀彧传》注引《荀氏家传》曰：

> 衍字休若，彧第三兄。彧第四兄谌，字友若，事见袁绍传。陈群与孔融论汝、颍人物，群曰：“荀文若、公达、休若、友若、仲豫，当今并无对。”衍子绍，位至太仆。绍子融，字伯雅，与王弼、钟会俱知名，为洛阳令，参大将军军事，与弼、会论《易》《老》义，传于世。谌子闳，字仲茂，为太子文学掾。时有甲乙疑论，闳与钟繇、王朗、袁涣议各不同。文帝与繇书曰：“袁、王国士，更为唇齿；荀闳劲悍，往来锐师，真君侯之勍敌，左右之深忧也。”终黄门侍郎。闳从孙烨字景文，太子中庶子，亦知名。与贾充共定音律，又作《易集解》。仲豫名悦，朗陵长俭之少子，彧从父兄也。[2]

正是《荀氏家传》中有关荀衍的记述，‘让我们对荀衍支系血缘传承谱系及其主要事迹有个简略认识，并从陈群与孔融的议论中意会到荀衍的名士风范。

荀彧第六子荀顗，《三国志》中无专传，只是在《荀彧传》交代一句“诜弟顗，咸熙中为司空”，幸赖裴松之注引《晋阳秋》对荀顗事迹略作补充。荀顗在《晋书》中设有专传，在记述荀顗母亲去世时说：“顗年逾耳顺，孝养蒸蒸，以母忧去职，毁几灭性，海内称之。”这一记述简略而且抽象，只是勾勒出荀顗一个模糊的孝子形象。徐坚《初学记》卷十七《人部上》引录《荀氏家传》云：

---

[1] 李昉等：《太平御览》卷四百九《人事部五十》，中华书局 1966 年版，第 1888 页。
[2] 《三国志》卷十《魏书·荀彧传》，中华书局 1982 年版，第 316 页。

荀顗年逾耳顺，而母年九十，色养烝烝，以孝闻当时。在丧憔悴，儿不可识。蓬首环绖，奉迎节使，若婴孩之号，哀恸旁人。

《荀氏家传》这条佚文虽然只有寥寥数语，却把荀顗在母丧时的悲伤情形惟妙惟肖地进行铺叙和描绘，尤其是描写荀顗因母丧而悲伤，形容枯槁，以至孩子们都认不出他了，虽有些夸张，但也符合常情常理。在玄风炽烈，越礼恣情成为风气的魏晋时期，荀顗以真情实感谨守礼法，体现了一个名士的风度，荀顗的孝子形象也更具体丰满、逼真，为我们进一步认识魏晋名士提供了一个很好的样本。

从《荀氏家传》还可以窥探魏晋南北朝时期家传"人谀"的特点。明代王世贞曾就国史、家史、野史的是非发表精辟见解，他说："家史人谀而善溢真，其赞宗阀、表官绩，不可废也。"[1] 从《荀氏家传》留存至今的佚文看，其对荀氏祖先颂谀溢美的特征确实明显。关于荀彧，《荀氏家传》这样记述：

荀彧德行周备，其所规谟，以圣人为度。[2]

荀彧德行周备，名重天下，海内英俊，咸嘉焉。又曰：钟繇以为："颜子既没，能备九德百行、不二其过者，惟荀彧乎?"或问繇曰："君推荀君，比之颜子，自以不及，其可得闻乎?"繇曰："夫明君师臣，其次友之。以太祖之聪明，每大事常先咨之荀彧，是则古师友之义也。吾等受命而行，犹或不尽，去固远耶。"[3]

荀彧是曹操的重臣，功勋卓著，陈寿较详细叙述了荀彧的生平和功业以后，以赞扬的口气评论说："荀彧清秀通雅，有王佐之风。"又批评荀彧："然机鉴先识，未能充其志也。"[4] 陈寿肯定荀彧的清秀通识，但又讥刺

[1] 王世贞：《弇山堂别集》卷二十《史乘考误一》，中华书局 1985 年版，第 361 页。

[2] 欧阳询：《艺文类聚》卷二十一《人部五·德》，汪绍楹校注本，上海古籍出版社 1999 年版，第 377 页。

[3] 李昉等：《太平御览》卷四百三《人事部四十四·道德》，中华书局 1966 年版，第 1864 页。

[4] 《三国志》卷十《魏书·荀彧传》，中华书局 1982 年版，第 332 页。

荀彧虽食汉禄，而又不忠于汉室，终于导致汉魏易代。相较于陈寿对于荀彧的评价，《荀氏家传》隐去了荀彧不忠于汉室的言行，这也恰恰是荀彧一直被世人所刺讥的“污点”。《荀氏家传》不仅为荀彧隐“恶”，而且还借钟繇之口，把荀彧比作颜子，奉为圣贤。荀彧拥曹背汉，如果按照儒家的忠君观念，不仅不能德配颜子，而且有违君臣之道，是孔、颜所不齿的不忠之人，《荀氏家传》对于荀彧的颂谀之词和溢美之情，深刻体现了家史人谀溢美的基本特征。

关于荀勖之孙荀邃，《荀氏家传》有三条佚文：

> 邃，字道玄，性简静，解音乐，美谈论，拜太子洗马。[1]
>
> 荀邃，字道玄，拜太子洗马。戴若思特见钦重，作诗颂之曰：“洗马荀道玄，既累叶重光。”才经文雅，所以弱冠登朝。[2]
>
> 荀邃夫人有至行。时岁荒，每来籴者，夫人恒叩其斛，籴者归量，辄过其本。时人号曰“掾斛夫人”。[3]

从这三条关于荀邃的佚文看，《荀氏家传》所描述的荀邃形象有三个基本特征，一是荀邃“解音乐”，“才经文雅”，富有才华；二是荀邃清高简静，善于谈玄，有名士风度；三是荀邃德行高尚，尤其是通过描述其妻在饥荒年代，不趁火打劫，而通过大斛借出、小斛收进的善行，表现颍川荀氏以德立家、以德传世的风范，树立颍川荀氏道德文章盖天下的家族形象。

通过对《荀氏家传》佚文的研读，我们可以认识到，魏晋南北朝时期家传首先主要写的是门阀士族的历史，记载门阀士族的家世传承；其次，主要是记述门阀士族中人物的言行事迹；其三，这些家传，除记述名门大族的世系婚姻外，主要记其历代人物的识量器局，遗事趣闻，其中充斥溢美之词，特别是门阀士族自作的家传，更是任意讳饰，不顾史

[1] 虞世南：《北堂书钞》卷六十六《设官部十八·太子洗马》，天津古籍出版社 1988 年版。

[2] 富大用：《古今事文类聚》外集卷二《文雅登朝》，上海古籍出版社 1992 年版。

[3] 李昉等：《太平御览》卷四百九十六《人事部一百三十七·谚下》，中华书局 1966 年版，第 2267 页。

实。我们不难发现，家传实际上是门阀士族自我标榜的颂歌。

（三）魏晋南北朝时期家传杂述中人物叙事的自在性

魏晋南北朝时期的家传大都散佚无存，已难见其全貌。但唐朝初年撰修的《晋书》可以作为窥探这些家传叙事特点的一扇窗口。公元646年，唐太宗颁《修晋书诏》，以前朝史家撰修的各种晋史“才非良史，事亏实录”[1] 为由，宣布国家重新撰修《晋书》，命房玄龄、褚遂良为监修，国史所史臣许敬宗、令狐德棻、敬播、李淳风、李延寿等21人为撰修。史臣们以南朝萧齐史家臧荣绪所撰《晋书》为蓝本，兼采前代18家晋史及各种小说、文集、家传、谱牒，历时二年，重新撰就《晋书》130卷[2]，记述西晋、东晋共156年史事，时称新《晋书》。唐修《晋书》虽然是以臧荣绪所撰《晋书》为蓝本，但博采了魏晋南北朝时期包括家传在内的众多史籍，刘知幾《史通·采撰》针对《晋书》取材说：

> 晋世杂书，谅非一族，若《语林》《世说》《幽明录》《搜神记》之徒，其所载或诙谐小辩，或神鬼怪物。其事非圣，扬雄所不观；其言乱神，宣尼所不语。皇朝新撰《晋史》，多采以为书。夫以干（宝）、邓（粲）之所粪除，王（隐）、虞（预）之所糠粃，持为逸史，用补前传，此何异魏朝之撰《皇览》，梁世之修《遍略》，务多为美，聚博为功，虽取说于小人，终见嗤于君子矣。

唐初史臣们在撰修《晋书》过程中，大量采择《语林》《世说》《幽明录》《搜神记》中的历史记述，这引起了刘知幾严重不满。刘知幾把两晋南北朝时期史家们撰著的《语林》《世说》《幽明录》《搜神记》等都列入不能登大雅之堂的“杂书”，并认为这些“杂书”或记述鬼神，难以征信；或诙谐戏说，有违圣贤之意。由于刘知幾所言“杂书”大多散佚，今天难得其详。《隋书·经籍志二》“杂史序”是这样说的：

---

[1] 宋敏求：《唐大诏令集》卷八十一《修晋书诏》，中华书局2008年版，第467页。

[2] 唐修《晋书》包括本纪10卷、志20卷、传70卷、载记30卷、叙例1卷、目录1卷，共132卷；但叙例、目录皆佚，今存130卷。

其属辞比事，皆不与《春秋》《史记》《汉书》相似，盖率尔而作，非史策之正也。灵、献之世，天下大乱，史官失其常守。博达之士，愍其废绝，各记闻见，以备遗亡。是后群才景慕，作者甚众。又自后汉已来，学者多钞撮旧史，自为一书，或起自人皇，或断之近代，亦各其志，而体制不经。又有委巷之说，迂怪妄诞，真虚莫测。

我们从《世说新语》及《幽明录》《搜神记》现存的一些佚文看，这些书与《史记》《汉书》等正史最主要的不同之处在于“率尔而作”“体制不经”，又掺有委巷之说，显得有些迂怪妄诞，真假莫测，这种“率尔而作”“体制不经”正是玄学家们所崇尚的。

刘知幾反对唐修《晋书》从魏晋南北朝时期家传、谱牒、小说等“杂书”中取材，其理由是这些书中的历史记述不严谨，不正统，不合名教。在《史通·书事》篇中，刘知幾又重申他的观点说：“又自魏、晋已降，著述多门，《语林》《笑林》《世说》《俗说》，皆喜载调谑小辩，嗤鄙异闻，虽为有识所讥，颇为无知所说。”在刘知幾看来，《语林》《笑林》《世说》等“杂书”与正统史家的撰述不同，它们“固异乎记功书过、彰善瘅恶者也”。[1] 刘知幾的言下之意，就是历史撰述凡不能起到记功书过、彰善瘅恶的作用，都应该摒弃。

在这样一个特殊历史时期，对于那些尚玄风、任自然的名士来说，这是一个灵动鲜活的时代；而对于那些手不离经卷，口不离孔孟，恪守纲常名教的儒家卫道士来说，这又是一个离经叛道、杂乱无章的乱世。刘知幾在如何对待魏晋南北朝时期史家撰著的“杂书”问题上，陷入自我矛盾。在一定意义上说，刘知幾的自我矛盾，实质上是以纲常名教为本位的儒家经学与客观记述历史的史学之间的矛盾。

刘知幾是一位杰出的史学批评家，也是一位正统意识十分浓厚的史学家，弘扬圣人之道，宣扬纲常名理是其学术活动的核心。刘知幾虽然倡导直书，反对曲笔作史，但他在《史通·曲笔》篇中又说：“肇有人

[1] 刘知幾：《史通》卷八《书事》，浦起龙通释本，上海古籍出版社 2009 年版，第 214 页。

伦，是称家国。父父子子，君君臣臣，亲疏既辨，等差有别。盖‘子为父隐，直在其中’，《论语》之顺也；略外别内，掩恶扬善，《春秋》之义也。自兹已降，率由旧章。史氏有事涉君亲，必言多隐讳，虽直道不足，而名教存焉。”显然，刘知幾一方面称赞直书，倡导实录，表彰南、董，反对曲笔撰史，但另一方面又极力为弘扬名教的曲笔进行辩解。历史撰述只要符合《春秋》之义，只要敬敷名教，只要恪守纲常，即使是曲笔撰史，也合情合理，不仅不能谴责，而要给予必要包容和积极鼓励。所以，刘知幾说：“臣子所书，君父是党，虽事乖正直，而理合名教。”[1]

作为一位名教观念浓厚的史学批评家，刘知幾对于晋代越名教而任自然的名士言行风度必然持反对态度。以一个名教守望者的身份，用正统的眼光观察，唐初史臣撰修《晋书》时取材于《语林》《世说》《幽明录》《搜神记》等“杂书”中的历史记述就成了离经叛道。从某种意义上说，刘知幾在《史通·采撰》篇中对《晋书》的批评，其本质并不是否定前代“杂书”的价值，而是认为新撰《晋书》最紧要的任务是恪守儒宗，弘扬名教，而《语林》《世说》《幽明录》《搜神记》等“杂书”所记述的内容恰恰模糊善恶，有违名教。刘知幾这种儒家卫道者心性，清代浦起龙看破了，他在注释《史通》时说：“自迩释其书且数过，乃始悟其为人也，虽口不谈道，而实种道学之胚胎。故其为言也，虽貌似拂经，而实操经物之绳墨。”[2]

阮籍是竹林名士，率性任情，不拘礼义名教。唐初史臣在《晋书·阮籍传》中这样记载阮籍：

> 籍虽不拘礼教，然发言玄远，口不臧否人物。性至孝，母终，正与人围棋，对者求止，籍留与决赌。既而饮酒二斗，举声一号，吐血数升。及将葬，食一蒸肫，饮二斗酒，然后临诀，直言穷矣，举声一号，因又吐血数升。毁瘠骨立，殆致灭性。裴楷往吊之，籍

[1] 刘知幾：《史通》卷十四《惑经》，浦起龙通释本，上海古籍出版社 2009 年版，第 377 页。

[2] 刘知幾：《史通》附录《新唐书刘知幾本传》浦起龙“书后”，浦起龙通释本，上海古籍出版社 2009 年版，第 571 页。

散发箕踞，醉而直视，楷吊唁毕便去。[1]

《晋书》中所记述的阮籍是一个形象生动，不拘名教，率性而行的真名士。但是，刘知幾却对阮籍鞭挞不止，他在《史通·暗惑》篇中说：

夫人才虽下愚，识虽不肖，始亡天属，必致其哀。但有苴绖未几，悲荒遽辍，如谓本无戚容，则未之有也。况嗣宗当圣善将殁，闵凶所钟，合门惶恐，举族悲咤。居里巷者犹停舂相之音；在邻伍者尚申匍匐之救。而为其子者方对局求决，举杯酣畅。但当此际，曾无感恻，则心同木石，志如枭獍者，安有既临泉穴，始知摧恸者乎？求诸人情，事必不尔。又孝子之丧亲也，朝夕孺慕，盐酪不尝，斯可至于癯瘠矣。如甘旨在念，则筋肉内宽；醉饱自得，则饥肤外博。况乎溺情犹酒，不改平素，虽复时一呕恸，岂能柴毁骨立乎？盖彼阮生者，不修名教，居丧过失，而说者遂言其无礼如彼。又以其志操本异，才识甚高，而谈者遂言其至性如此。惟毁及誉，皆无取焉。[2]

对于阮籍这样的名士，如果站在玄学家立场上看，是越名教而任自然的典型，是一位真名士。而刘知幾站在儒家的立场上，依礼观之，据名教察之，阮籍就是一个“不修名教”的狂狷之徒，“心同木石，志如枭獍”，贬斥至极。

唐初史臣撰修《晋书》没有严格按照纲常名理的要求选取材料，从而使得一些真实、鲜活的历史记述进入《晋书》，使《晋书》少了些酸腐味，多了些历史鲜活感，这正是《晋书》的优点。但是，刘知幾对历史撰述的要求更在于以史载道，敬敷名教，弘扬彰善瘅恶的《春秋》大义。因此，刘知幾对《晋书》取材于《语林》《世说》等“杂书”表示不满，并严加苛责。后世史家，无论是四库馆臣，还是钱大昕、王鸣盛都是以道学家的面目对唐初撰修的《晋书》提出批评，散发着浓烈的经学家的迂腐味道。

---

[1] 《晋书》卷四十九《阮籍传》，中华书局 1974 年版，第 1361 页。

[2] 刘知幾：《史通》卷二十《暗惑》，浦起龙通释本，上海古籍出版社 2009 年版，第 550 页。

三、历史认识的义理化倾向

经学的玄学化，使人们的思想不再僵化，头脑不再被经典和圣人控制，士人不断唤醒自我意识，促使整个社会意识由重天转向重人，由枯燥的名物训诂转向对人自身面临问题的思考。正如有的学者所指出的那样，魏晋时期人对天的依附性减弱的同时，人自身的地位提高了，一方面，它表现为对人生持有一种理性的态度，从而探求生命的意义和人生的存在价值，而不再相信什么“天人感应”，谶纬宿命的荒唐观念；另一方面，它又表现为好尚自然，不受礼法羁绊，要求人性解放。[1] 思想领域的这些变化反映到此期史学发展上，其中一个重要方面就是历史认识的义理化转向。

（一）倡扬名教义理

名教是魏晋南北朝时期评论前代史家的重要标准，也是史学评论的主要角度和基本立场。魏晋南北朝时期对孔子的评价越来越高，叙说越来越具体，主要目的在于借评孔子来阐明史家的史学见解，其中刘勰就很有代表性。刘勰在《文心雕龙·史传》篇中说，《春秋》“举得失以表黜陟，征存亡以标劝诫，褒见一字，贵逾轩冕；贬在片言，诛深斧钺”，推崇孔子简直达到玄虚神化地步。由于《左传》的流传，加之这个时期史家普遍认为《左传》是传《春秋》的，因而评论孔子往往兼及左丘明。韦昭《国语解·叙》云：“昔孔子发愤于旧史，垂法于素王。左丘明因圣言以摅意，托王义以流藻，其渊源深大，沉懿雅丽，可谓命世之才，博物善作者也。”杜预《春秋左氏经传集解·序》也认为孔子和左丘明所撰经、传“会成王义，垂法将来”，“王道之正，人伦之纪备矣”。这些说法虽然是评论古人，着意强调孔子、左丘明弘扬王道礼法之功绩，但立论反映出评论者所处的时代特点。

魏晋南北朝时期史家明确宣扬历史撰述是为了张扬名教。名教观念在史学上的反映，由来已久，袁宏是较早明确提出在历史撰述上贯彻名

[1] 参阅庞天祐：《玄学与魏晋史学》，载《中州学刊》1999 年第 2 期；穆克宏：《魏晋南北朝文学史料述略》，中华书局 1997 年版，第 205 页。

教原则的，学界对于袁宏史学中的名教观念的认识也较为全面和深刻。袁宏《后汉纪·序》云："夫史传之兴，所以通古今而笃名教也。"袁宏对《左传》《史记》《汉书》《汉纪》四书的评论中，着意指出《汉纪》未叙"名教之本"。袁宏的话，指明历史撰述的政治意义应包括两个方面，一是"网罗治体"，"大得治功"，这是从政治的得失上说的；一是"扶明义教"，阐明名教之本，这是从封建伦理的是非上说的，[1] 其根本宗旨是通古今而笃名教。袁宏用名教的标准去评判以往的历史著作，竟没有一部令他满意。在袁宏之前，关于东汉史的著作已有多家，袁宏嫌其"烦秽杂乱，睡而不能竟也。聊以暇日，撰集为《后汉纪》"。[2] 他著《后汉纪》就是要补救以往史书之失，"因前代遗事，略举义教所归，庶以弘敷王道"。借撰史阐发名教，借撰史敷陈王道，这正是袁宏史学思想的中心内容。

袁宏认为，"君臣、父子，名教之本也"。因此，他在《后汉纪》中记载君臣、父子之间关系也就最为用力。《后汉纪》卷十三记述完班固的事迹后，接着评论班固说："固虽笃志于学，以述作为务，然好附会权宠，以文自通。其序事不激诡，不抑亢，赡而不秽，详而有体，使读之者亹亹而不厌，亦良史之才也。至于排死节，否正直，以苟免为通，伤名教也。史迁之作，皆推之于谈。彪经序其谋，略以举矣，而固尽有功，岂不胜哉！"[3] 袁宏评论班固的为人，《汉书》价值，马、班的优劣，都是从名教出发的。类似的评论在《后汉纪》中触目皆是。如袁宏严正地申述他的名教之说："夫君位，万物之所重，王道之至公。所重在德，则弘济于仁义；至公无私，故变通极于代谢。是以古之圣人，知治乱盛衰，有时而然也。故大建名教以统群生，本诸天人而深其关键。"[4] 这是说，君臣之间，应以名教为本，天下为公。上一代衰乱了，则传之于下一代是有德的，这就叫禅让。然而东汉自汉桓帝、汉灵帝时纲纪虽已废弛，并未暴虐百姓；至于汉献帝，更没有犯下什么错误和罪行。曹操征讨天

[1] 白寿彝：《白寿彝史学论集》（下），北京师范大学出版社 1994 年版，第 927 页。
[2] 袁宏：《后汉纪·序》，张烈点校本，中华书局 2002 年版，第 599 页。
[3] 袁宏：《后汉纪》卷十三《孝和皇帝纪》，张烈点校本，中华书局 2002 年版，第 262 页。
[4] 袁宏：《后汉纪》卷三十《孝献皇帝纪》，张烈点校本，中华书局 2002 年版，第 589 页。

下，正是打着汉的旗帜而以伐罪为名的，那么，他的儿子将何以假冒禅让之名而取得政权呢？袁宏的思想倾向是很明确的。

君臣之义、父子之别始终是袁宏评判史事和人物的主要尺度。他认为，只有维持好君臣、父子之间的严格的等级关系，才能做到“尊卑永固而不逾，名教大定而不乱”，保持封建统治的长治久安。他还把这样的等级关系称为“天地之性”和“自然之理”，以为须臾不可违之。他说：“未有违失天地之性而可以序定人伦，失乎自然之理而可以彰明治体者也。”[1] 袁宏有时也讲些历史变化，但这多局限于器服、礼乐等表面形式，至于等级制度这个根本则是丝毫不可移易的。“尊卑长幼不得而移者也，器服制度有时而变者也。”[2] 袁宏的这些言论，明显地表达了门阀士族维持森严的等级制度的政治要求。总体说来，袁宏从正名定分为主的封建礼教出发，阐发君臣之际是名教之本的论点，也有指责魏代汉、晋代魏，裁正桓温的“觊觎非分”之意。一句话，袁宏笃重名教的议论，在当时有深刻的现实政治意义和社会意义。

袁宏作为一个史学家，他对前代各家后汉史撰述不满意的原因不在历史叙述的真实和全面方面，不在史家撰史的能力和成就方面，而是认为前代各家后汉史阐发名教义理不足。袁宏新撰《后汉纪》，其着重点不在于叙述和保存历史事实，还原历史真相，而在于宣扬名教义理。

汪高鑫先生认识到，袁宏的学术思想旨趣与司马谈、班固皆有所不同，司马谈崇道，班固崇儒，而袁宏论学术宗旨则是从玄学的立场出发的。袁宏在《后汉纪》卷十二《章帝纪》后论中说：

> 尝试论之曰：夫百司而可以总百司，非君道如何情动，动而非已也。虚无以应其变，变而非为也。夫以天下之事而为以一人，即精神内竭，祸乱外作。故明者为之视，聪者为之听，能者为之使。惟三者为之虑，不行而可以至，不为而可以治，精神平粹，万物自得。斯道家之大旨，而人君自处之术也。夫爱之者，非徒美其车服，

[1] 袁宏：《后汉纪》卷二十六《孝献皇帝纪》，张烈点校本，中华书局2002年版，第509页。

[2] 袁宏：《后汉纪》卷十三《孝和皇帝纪上》，张烈点校本，中华书局2002年版，第257页。

厚其滋味；必将导之训典，辅其正性，纳之义方，闲其邪物。故仁而欲其通，爱而欲其济，仁爱之至，于是兼善也。然则百司弘宣，在于通物之方，则儒家之算，先王教化之道，居极则玄默之以司契，运通则仁爱之以教化。故道明其本，儒言其用，其可知也矣。

汪高鑫先生据此认识到袁宏与司马谈一样，都崇尚道家无为而治的政治理念，然而他却更加强调"虚无""不为""居极玄默"的君王"自处之术"。袁宏与班固崇尚儒家也有相通之处，重视儒家思想在政治实践中的效用，不过在对儒道关系进行表述时，他则明确提出了"道明其本，儒言其用"的思想。"道明其本，儒言其用"八个字，堪称袁宏玄学思想的经典表述，同时也是他从玄学角度对中国古代学术发展趋势的一种总结。[1] 亦如吴怀棋先生所说的，"他是以玄学家的眼光认识学术的变化，又反映儒道合流的趋向。"[2]

（二）重视对于历史盛衰变化的理论思考

经学玄学化，促使魏晋南北朝史家在较详细叙述历史过程的同时，也重视对历史发展进行深刻的理论思考，发掘历史发展过程中蕴含的盛衰变化之理。曹冏撰《六代论》，总结自夏朝至曹魏的治乱兴衰，他认为"昔夏、殷、周历世数十，而秦二世而亡，何则？三代之君，与天下共其民，故天下同其忧。秦王独制其民，故倾危而莫救"。曹冏认识到"向使高祖踵亡秦之法，忽先王之制，则天下已传，非刘氏有也"。[3]

陆机著《辨亡论》，集中讨论孙吴从兴盛到衰亡的历史经验和教训，他指出孙权"以奇踪袭逸轨，睿心因令图，从政咨于故实，播宪稽乎遗风；而加之以笃敬，申之以节俭，畴咨俊茂，好谋善断"[4]，故能黜魏军于赤壁，挫蜀旅于西陵，使孙吴能够自立于东南，三分天下有其一。然而到孙皓时，滥施淫刑，草菅人命，"黔首有瓦解之患，皇家有土崩之衅"，"军未浃辰而社稷夷矣"，孙吴败亡也在情理之中。

[1] 汪高鑫：《论袁宏史学思想的玄学倾向》，载《史学史研究》2005年第1期。
[2] 吴怀祺：《中国史学思想史》，安徽人民出版社1996年版，第142页。
[3] 严可均：《全上古三代秦汉三国六朝文·全三国文》卷二十，中华书局1958年版，第2322页。
[4] 《晋书》卷五十四《陆机传》，中华书局1974年版，第1468页。

作为史家对历史发展过程和历史现象进行理性总结的史论，应该具有较广阔的历史视野，透过历史现象，揭示历史现象的本质。但是《左传》及先秦史著中的史论，随意性强，基本上是就事论事，就人论人，重点在于人物的善恶是非评判，大都是三言两语，篇幅不长，缺少理论的概括和总结。[1]《史记》"寓论断于序事"之中，又用附于篇末的"太史公曰"进一步表达司马迁的历史认识。"太史公曰"是司马迁在先秦历史典籍《左传》《国语》《战国策》中"君子谓""君子曰""君子以为""某人曰"的基础上创造的一种史论形式，它体系严整，形式灵活，结构严谨，层次清晰，观点鲜明，理论色彩浓厚。这些史论是司马迁丰富而卓越的历史认识，体现了司马迁宽阔的历史视野。"太史公曰"虽然开始脱离具体人和事，从理论层面上讨论一些重大的历史问题和社会现实问题，拓宽了史论的内容，但大多数"太史公曰"仍然是就事论事，篇幅不大，仅就具体的历史事实或历史人物进行褒贬评说，而且其中带有较强烈的个人感情色彩。[2]

魏晋时期的史家重视史论，这个时期的史论有两类，一是继承《左

---

[1] 《左传》"君子"的议论有83处。其中标明"君子曰"者44处，"君子谓者"22处，"君子以是知者"11处，"君子以为"者6处，这些都是君子直接发论，其余50条史论或是引述《诗经》，或是借孔子、史佚等人之言来表达作者对所叙历史事件、历史人物的爱憎褒贬和是非判断。宋人林尧叟在注《左传》隐公元年条时指出："《左传》称君子曰，多是取当时君子之言，或断以己意。"《左传》的"君子曰"言简意赅，多能切中要害，但大多数史论都是就事论事，局限于对一事一人的评判，理论色彩并不浓厚。隋代史家魏澹对此看得很真切，他说："丘明亚圣之才，发扬圣旨，言'君子曰'者，无非甚泰，其间寻常，直书而已。"魏澹用"直书"一词来表述《左传》"君子曰"，这是对《左传》史论特点的精彩概括。

[2] 如《孝文本纪》"太史公曰"："孔子言'必世然后仁。善人之治国百年，亦可以胜残去杀'。诚哉是言！汉兴，至孝文四十有余载，德至盛也。廪廪乡改正服封禅矣，谦让未成于今。呜呼，岂不仁哉！"这里司马迁先引孔子的话论说仁君何时出现，仁君治国将是什么样子，然后再用文帝的出现和其所为去印证，极力称赞汉文帝是个仁德之君。"呜呼，岂不仁哉！"这一声呼喊感叹，表达了司马迁对汉文帝赞赏之情。《孔子世家》"太史公曰"："《诗》有之：'高山仰止，景行行止'。虽不能至，然心向往之。余读孔氏书，想见其为人。适鲁，观仲尼庙堂车服礼器，诸生以时习礼其家，余祗回留不能去云。天下君王至于贤人众矣，当时则荣，没则已焉。孔子布衣，传十余世，学者宗之。自天子王侯，中国言六艺者折中于夫子，可谓至圣矣！"这里司马迁首先直接表白了他像"仰高山，慕影行"一样地向往孔子，然后写自己亲自到孔子家乡考察时，恋恋不想回归的心情，直称孔子为大圣、极圣。

传》《史记》传统，于编年体和纪传体史书之篇中或篇末随事就人而发的史论，二是脱离记事的史书单独成篇或单独成书的史论，相对来说，前者多于后者。魏晋时期那些脱离所叙史事而单独成篇，或单独成书的史论，继承了《春秋》重在义理的传统，把《史记》“寓论断于序事”的历史评论方法向前发展，论断与史实之间呈现出某种疏离，更加鲜明地体现出此期史论重义理的特色。荀悦的史论就已经体现出这种新的史论风格。[1] 荀悦《汉纪》的史论繁富冗长，而且往往游离出史实之外，为此受到刘知幾的批评，他说荀悦史论“义理虽长，失在繁富。自兹以降，流宕忘返，大抵皆华多于实，理少于文，鼓其雄辞，夸其丽事。”[2] 刘鉴泉先生对荀悦的史论也有过评论，他说：“荀书为断代编年之祖，其论已繁于《左氏》，多是子家之嘉言，而非史家之要义。”[3] 刘知幾和刘鉴泉对荀悦史论的评论，实际上揭示了汉晋之间史论重在义理的评论特点。

东晋干宝撰《晋纪》，《晋纪》全书虽然亡佚，但有四篇史论留存至今。[4] 附于《晋纪》全书之末的《总论》，作为一篇重要的历史评论被许多文献收录或引录。在汉晋之间名目繁多的史论中，干宝在《晋纪》中首次创立了“总论”。《文选》吕向注云：“此论自宣帝至愍帝，合其善恶而论之，是名‘总论’。”以此来看，《总论》不拘泥于一人一事的历史认识，而是站在历史高度，纵论一朝一代兴亡盛衰变化的历史总结。从现存文献看，晋代以前尚无“总论”这一史论形式。干宝将史论以总论的形式置于书末，形式类文，内容是史，立足于现实问题，总结和评论全书所记述的历史事实，着眼于总结历史经验教训。相对于那些寓于史

---

[1] 唐太宗对荀悦的《汉纪》很推崇，他对凉州都督李大亮“论今引古，远献直言”的正直之心极为赞赏，除赐物以为褒奖外，还赐赠荀悦《汉纪》一部，并下诏书说：“卿立志方直，竭节至公，处职当官，每副所委，方大任使，以申重寄。公事之闲，宜寻典籍。然此书叙致既明，论议深博，极为治之体，尽君臣之义，今以赐卿，宜加寻阅也。”唐太宗认为荀悦“论议深博”，虽然是肯定他的历史见识，但也反映出《汉纪》重在议论的史论风格。

[2] 刘知幾：《史通》卷四《论赞》，浦起龙通释本，上海古籍出版社 2009 年版，第 76 页。

[3] 转引自蒙文通：《中国史学史》，上海人民出版社 2006 年版，第 58 页。

[4] 这四篇史论分别是《论诸葛瞻》《论姜维》《论晋武帝革命》和《总论》。

书之中的史论，总论更有利于史家摆脱就事论事的局限，便于集中发表对于历史的看法，在更广阔的历史视野下提出自己的历史观点，表达自己的政治思想和社会理想，对全书起到理论总结和历史总结的作用。[1]《史通·论赞》篇是这样评价干宝史论的学术地位的："必择其善者，则干宝、范晔、裴子野是其最也，沈约、臧荣绪、萧子显抑其次也，孙安国都无足采，习凿齿时有可观。"

《晋纪·总论》既不像《史通·论赞》篇批评《史记》《汉书》的那样"本无疑事，则设论以裁之"[2]，也不同于《汉纪》"荀悦曰"的冗长拖沓，繁杂无谓。而是发所当发，论所宜论，持论简约、深刻，把历史评论推向一个更高的层次。

《晋纪·总论》站在儒家立场上，着力宣扬"数达于德"的精神，并在记述史实的基础上，把历史撰述的目标定在了实现"德"的高度上，并使之成为一种新的相对独立的史学理念。如《总论》盛赞周初的政治兴盛，并认为其中关键在于文王修德，符合天道，在于周公恪守臣节，成王公正明道。《总论》反复强调周人经过数百年十数代的修德始成王业，故有八百年之天下，表面上看是在追崇周代政治，实际上是借此批评晋惠帝及其后诸帝不修仁德，根基浅薄，以至亡国丧家。

《左传》的"君子曰"都是就有关历史人物言行和历史事实是否合乎"礼"的评论，《史记》的"太史公曰"，《汉书》的"赞"，《三国志》的"评"都囿于人物，多为品藻言行之论。而干宝的《总论》紧密结合史实，以讨论政治得失为主，上起宣帝，下迄愍帝，从得、失两个方面对西晋一朝53年的历史做了全面而透彻的分析，议论精彩，分析深刻，富有鲜明的理论色彩和历史启示意义。

历史哲学虽然是史学认识的最高境界，若要真正总结历史经验教训，要真正关注现实，为现实政治提供历史智慧，史家就必须把目光从天命转移到具体人事上来。正如吴怀祺先生所言，从班彪的《史记后论》《王命论》，到班固的《汉书》《白虎通德论》，再到荀悦的《汉纪》，史家的

[1] 宋志英：《晋代史论浅析》，载《南开学报》（哲社版）2001年第3期。

[2] 刘知幾：《史通》卷四《论赞》，浦起龙通释本，上海古籍出版社2009年版，第76页。

史论在保留天人感应论的基础上，突出表现出一种重人事的思想。[1] 汉晋之间，由于社会动荡，政权盛衰兴亡变化频繁，史家更多地关注各种社会现实问题，更多地关心社会上的人事变化，从而使政权兴亡、民族政策、正统与非正统、封建与郡县等迫切需要回答的现实课题成为此间史论的主题，史论在更宽阔的历史视野下展开。

[1] 吴怀祺：《中国史学思想史》，安徽人民出版社 1996 年版，第 133 页。

第四章　魏晋南北朝经学的佛化及其对史学的影响

佛教究竟何时传入中国，目前学术界还有争议。《三国志》卷三十裴注引《魏略·西戎传》说："汉哀帝元寿元年，博士弟子景庐，受大月氏王使伊存口受浮屠经"，这大概是汉代有关佛教的最早记载。东汉光武帝之子楚王刘英"少时好游侠，交通宾客，晚节更喜黄老学，为浮屠斋戒祭祀"，汉明帝曾在诏书中褒奖楚王刘英"诵黄老之微言，尚浮屠之仁祠"。[1] 这是学者们公认的佛教已经传入中原地区的确切证据。佛教自汉代传入中国后，虽然传播速度不快，但已开始建寺院，译佛经，在中国初步扎下了根。魏晋南北朝时期佛教获得迅速发展，并在传播过程中与中国的本土文化逐渐融合，一方面佛教对于儒家经学认同和依附，并接受经学对于佛教理论的适当改造，实现佛教的中国化；另一方面佛教对经学不断渗透，儒、佛冲突逐渐消解，并实现相互融通。永嘉之乱后晋室南迁，在东晋及南朝历代统治者的重视和提倡下，佛教在江南地区迅速传播。佛教的发展，不仅表现在西域高僧东来和本土僧人的成长，寺院的大量兴建，佛经的大量翻译等，也表现在佛教与经学的融通，佛教实现中国化，而传统的儒家经学也从佛教中汲取某些思想，丰富了儒家经学的思想内涵。

[1] 《后汉书》卷四十二《武十王列传·刘英传》，中华书局1965年版，第1428页。

第一节 经学的佛化——以皇侃《论语义疏》为中心

唐初孔颖达在《周易正义·序》中说：

> 其江南义疏十有余家，皆辞尚虚玄，义多浮诞。原夫易理难穷，虽复玄之又玄，至于垂范作则，便是有而教有。若论住内住外之空，就能就所之说，斯乃义涉于释氏，非为教于孔门也。既背其本，又违于注。……今既奉敕删定，考察其事，必以仲尼为宗；义理可诠，先以辅嗣为本。去其华而取其实，欲使信而有征。其文简，其理约，寡而制众，变而能通。[1]

易学是经学的核心，东晋南北朝时期经学家和佛教徒纷纷撰写《周易》的义疏，他们撰写义疏时，往往借鉴佛教讲经形式，或者糅合玄、佛，用佛家“论”体撰写对《周易》的疏解，这些义疏有较浓的佛学色彩，体现出孔颖达所言“义多浮诞”的经学佛化特征。

唐朝初年，孔颖达为排除佛教对经学的影响，对六朝以来的经学义疏进行评判、拣择和裁剪，编撰出意义统一的五经义疏定本，以供士人研究学习。孔颖达编撰《五经正义》的旨趣，也从另外一个方面说明魏晋南北朝时期佛教对经学渗透得广泛和深刻。这一时期经学与佛学的相互影响，相互渗透，共融互进的情况，经学史、佛学史和思想史等领域的学者们论述较为充分，已从宏观方面揭示出经学与佛学的相互渗透的整体面貌。这里，在前人研究基础上，以皇侃《论语义疏》为中心，从微观方面对东晋南朝时期经学的佛化做些浅略认识。

一、皇侃亦儒亦佛的二重学术人格

汉末魏初，随着佛教在中国的传播，佛教需要得到儒家的理解和接

[1] 孔颖达：《周易注疏》，于天宝点校，中华书局2018年版，第5页。

受，要与当时的主流社会意识形态相适应。《牟子》一书采用自设宾、主（一问一答）的方式，用儒家的观点对佛教进行理解和阐释，宣传儒、佛一致的观念。比如佛教僧人过禁欲的生活，受到儒家学者的批评，《牟子》兼用儒家、道家的理论进行辩护：

富与贵是人所欲，不以其道得之，不处也。贫与贱是人之所恶，不以其道得之，不去也。《老子》曰："五色令人目盲，五音令人耳聋，五味令人口爽，驰骋畋猎令人心发狂，难得之货令人行妨，圣人为腹不为目。"此言岂虚哉！[1]

显然，《牟子》引用《论语》和《老子》的说法，来证明僧人披赤布一日一餐、摒弃情欲、过着贫贱生活是符合儒家和道家所说的"道"的。

东吴皇帝孙皓想在国内禁绝佛教，拆毁寺庙。高僧康僧会便进宫向他宣传佛法。孙皓问佛教宣扬的因果报应有什么根据，康僧会回答说：《周易》称"积善之家，必有余庆；积不善之家，必有余殃"，《诗经》说"求福不回"。这既是儒家经典中的格言，也是佛教阐明的道理，所以佛教认为"行恶则有地狱长苦，修善则有天宫永乐"。康僧会的回答让孙皓"无以折其言"，容忍了佛教在东吴的传播，也保存了佛教寺庙。

汉魏时期，佛教传播地区有限，信教人数也有限，信徒多为上层贵族。西晋以后，尤其是东晋南北朝时期，佛教传播地区迅速扩大，信教者也从上层贵族扩大到一般平民百姓，佛教更重视变换自身的面貌和思想，以便与中国文化契合。一些佛家僧人往往引用儒家经典及其学说解释佛教教义，他们着力宣传佛教有敷导民俗的作用，信仰佛教并不伤治害政，"沙门"虽不敬"王者"，但并不违反封建伦常，而佛教之禁戒，也有助于王化，劝民为善。东晋高僧道安出自书香门第，十五岁即通达五经文义，他在《三教论》中说："三教不殊，劝善义一，教迹虽异，理会则同。"他的弟子慧远博综六经，尤明三礼、《毛诗》，撰《沙门不敬王

[1] 石峻等：《中国佛教思想资料选编·汉魏六朝卷》，中华书局2014年版，第10页。

者论》。他在这篇文章中说："道法之与名教，如来之与尧孔，发致虽殊，潜相影响；出处诚异，终期则同。"[1] 这些高僧在阐述儒家经义时，往往能熟练而巧妙地将佛教义理糅杂其间。

东晋南北朝时期，帝王将相、王公贵族笃信佛教成为风气，一些学者也开始研习佛学。晋元帝、晋明帝都"游心玄虚，托情道味"[2]，礼敬竺法潜等高僧。晋哀帝"好重佛法"，曾邀请竺法潜入宫讲《大品般若经》。[3] 殷浩好《老子》《易经》，以玄谈著称，尤精《四本论》，当时无人能敌，后因故被贬，研读佛经，"皆精解"，还精通《维摩经》、大小品《般若经》等。殷浩在读《小品般若经》时，"下二百签，皆是精微，世之幽滞"[4]。王恭"不闲用兵，尤信佛道，调役百姓，修营佛寺，务在壮丽，士庶怨嗟。临刑，犹诵佛经，自理须鬓，神无惧容。"[5] 这些研习佛学的人本是儒玄并综的学者，他们研习佛学，自然在促进玄佛合流的同时，也开始将佛教与儒学融通。东晋名士孙绰信奉佛教，常与名僧竺法潜、支遁交往，撰有《名德沙门论目》《道贤论》《喻道论》等著作。从今存的《喻道论》看，孙绰以问答的形式对佛与儒的关系，出家人是否违背孝道等问题进行论辩，极力证明儒、佛一致，强调"周孔即佛，佛即周孔"。他说：

> 周孔即佛，佛即周孔。盖内外名之耳。故在皇为皇，在王为王。佛者，梵语，晋训觉也。觉之为义，悟物之谓，犹孟轲以圣人为先觉，其旨一也。应世轨物，盖亦随时。周孔救极弊，佛教明其本耳。共为首尾，其致不殊。[6]

---

[1] 石峻等：《中国佛教思想资料选编·汉魏六朝卷》，中华书局 2014 年版，第 83 页。

[2] 刘义庆：《世说新语》中卷《方正》，上海古籍出版社 1982 年版。

[3] 释慧皎：《高僧传》卷四《晋剡东仰山竺法潜》，汤用彤校注，汤一玄整理本，中华书局 1992 年版，第 156 页。

[4] 刘义庆：《世说新语》上卷《文学》，上海古籍出版社 1982 年版。

[5] 《晋书》卷八十四《王恭传》，中华书局 1974 年版，第 2186 页。

[6] 僧祐：《弘明集》卷第三《喻道论》，刘立夫、胡勇译注本，中华书局 2013 年版，第 176 页。

孙绰认为周孔与佛是一回事。内心教化（明其本）依靠佛教，治理复杂的现实社会（救极弊）要依靠周孔。郗超崇信佛教，常与僧人讲论佛法，与道安、竺法汰、支遁相与友善，撰有《奉法要》，将儒家的慎独和佛教的修行看作是一回事，把儒家的道德观念和道德规范作为佛教道德的一个组成部分，用佛教的因果报应补充儒家的命运论。[1] 通过这些亦儒亦佛学者的努力，儒学与佛学相互贯通，经学出现佛化倾向。

西晋统治者对佛教的态度如何，目前没有见到明文记载，不好妄断。但东晋元帝以后历代诸帝都崇尚佛教，其中又以晋明帝崇佛尤盛。习凿齿在《与释道安书》中曾经说到，晋明帝还是东宫太子时就“手画如来之容，口味三昧之旨，戒行峻于岩隐，玄祖畅乎天生，贤哲君子，靡不归宗”[2]。南朝宋文帝曾亲率群臣在祇洹寺听讲《法华经》，齐竟陵王萧子良在鸡笼山开西邸，常邀范云、萧琛、任昉、王融、萧衍、谢朓、沈约、陆倕等“八友”和江南名僧，“讲语佛法，造经呗新声，道俗之盛，江左未有也。”[3] 梁武帝萧衍更是推崇佛教，定佛教为国教，他自幼“少而笃学，洞达儒玄”[4]。在宗教信仰上，先受道法，后又奉佛。天监三年（504）四月八日，梁武帝亲率僧侣二万人，在重云殿重阁，亲制《舍道事佛文》，发愿信奉佛教，带头示范并正式下诏“舍道事法”，皈依佛教。他在诏书中说：

> 弟子经迟迷荒，耽事老子，历叶相承，染此邪法。习因善发，弃迷知返。今舍旧医，归凭正觉。愿使未来世中，童男出家，广弘经教，化度含识，同共成佛。宁在正法之中长沦恶道，不乐依老子教暂得生天。[5]

---

[1] 僧祐：《弘明集》卷第十三《奉法要》，刘立夫、胡勇译注本，中华书局 2013 年版，第 898 页。

[2] 僧祐：《弘明集》卷第十二《与释道安书》，刘立夫、胡勇译注本，中华书局 2013 年版，第 799 页。

[3] 《南齐书》卷四十《竟陵文宣王子良传》，中华书局 1972 年版，第 698 页。

[4] 《梁书》卷三《武帝纪下》，中华书局 1973 年版，第 96 页。

[5] 道宣：《广弘明集》卷第四《叙梁武帝舍事道法》，上海古籍出版社 1991 年版，第 116 页。

梁武帝在位四十八年，按照佛教的戒律诵经修行，还经常向僧徒讲经，组织高僧译编佛教典籍，而他自己也著述不辍，倡导“三教同源”，把老子、周公、孔子都视为如来弟子，要求公卿百官、侯王宗族乃至平民百姓都要“反伪归真，舍邪入正”[1]，尊奉佛教。

在统治者大力提倡下，佛教僧徒广延弟子，建立寺院，弘扬佛法，一些儒家经学学者也出入佛门，交接僧友，研读佛经，呈现出亦儒亦佛双重学术人格。皇侃是南朝梁著名经学家，在《梁书》和《南史》中均有专传记述其生平事迹。《梁书》卷四十八《皇侃传》记载：

> 皇侃，吴郡人，青州刺史皇象九世孙也。侃少好学，师事贺玚，精力专门，尽通其业，尤明三礼、《孝经》、《论语》。起家兼国子助教，于学讲说，听者数百人。撰《礼记讲疏》五十卷，书成奏上，诏付秘阁。顷之，召入寿光殿讲《礼记义》，高祖善之，拜员外散骑侍郎，兼助教如故。性至孝，常日限诵《孝经》二十遍，以拟《观世音经》。丁母忧，解职还乡里。平西邵陵王钦其学，厚礼迎之，侃既至，因感心疾，大同十一年，卒于夏首，时年五十八。所撰《论语义》十卷，与《礼记义》并见重于世，学者传焉。[2]

《梁书·皇侃传》记述颇为简略，《南史》几乎是全文照抄，无甚补充。从这则简略记载中，我们了解到皇侃出身于儒学世家，精通儒学，学术研究最有成就的领域在礼学和《论语》学，但对佛学也有较深认识，“常日限诵《孝经》二十遍，以拟《观世音经》”，儒、佛双修。

据丁福保先生考证，《观世音经》即《法华经》中的《观世音菩萨普门品》。《法华经》传入我国后，西晋时期竺法护翻译成汉语，名曰《正法华经》。前秦时，鸠摩罗什也翻译了《法华经》，名曰《妙法莲华经》。《观世音经》主要收集了一些信奉观世音而获得应验的事例，说明信奉观世音而获拯救的具体方法，如经文中说：“若有无量百千万亿众生，受诸

---

[1] 道宣：《广弘明集》卷第四《叙梁武帝舍事道法》，上海古籍出版社 1991 年版，第 116 页。

[2] 《梁书》卷四十八《皇侃传》，中华书局 1973 年版，第 680—681 页。

苦恼，闻是观世音菩萨，一心称名，观世音菩萨即时观其音声，皆得解脱。”[1] 意思是说，信奉观世音而获得应验不需要长时等待，也没有繁琐的程序，只要在陷入困境危难时或遭受烦恼时，不停念诵观世音，就可得到救济和解脱。从目前的史料来看，前秦时期在中原地区《观世音经》很流行。《晋书》卷一百十五《苻丕传》载：“徐义为慕容永所获，械埋其足，将杀之。义诵《观世音经》，至夜中，土开械脱，于重禁之中若有人导之者，遂奔杨佺期，佺期以为洛阳令。”说徐义就是因为念了《观世音经》才死里逃生。南朝梁刘霁的母亲明氏生了重病，刘霁就不断口诵《观世音经》，“母明氏寝疾，霁年已五十，衣不解带者七旬，诵《观世音经》，数至万遍，夜因感梦，见一僧谓曰：‘夫人算尽，君精诚笃至，当相为申延。’后六十余日乃亡。”[2] 刘霁是个孝子，在母亲病重时，希望解脱母亲的病痛，口诵《观世音经》数万遍，表明在梁朝《观世音经》也是士人熟读的佛教经文。在南朝盛行《观世音经》，而在北朝盛行《高王观世音经》。《魏书·卢景裕传》载：

> 景裕虽不聚徒教授，所注《易》大行于世。又好释氏，通其大义。天竺胡沙门道俙每论诸经论，辄托景裕为之序。景裕之败也，系晋阳狱，至心诵经，枷锁自脱。是时又有人负罪当死，梦沙门教讲经，觉时如所梦，默诵千遍，临刑刀折，主者以闻，赦之。此经遂行于世，号曰《高王观世音》。[3]

《高王观世音经》的来历，亦见于道宣《大唐内典录》。《高王观世音经》是为迎合中原地区民众希望摆脱苦难的要求而撰述，[4] 与《法华经》中的《观世音经》不同。

皇侃每日口诵《观世音经》二十遍，说明他是有较强的观世音信仰

[1] 高楠顺次郎：《大正新修大藏经》第9册，台湾佛陀教育基金会1934年印赠，第56页。

[2] 《梁书》卷四十七《刘霁传》，中华书局1973年版，第657页。

[3] 《魏书》卷八十四《卢景裕传》，中华书局1974年版，第1860页。

[4] 参阅李小荣：《〈高王观世音经〉考析》，载《敦煌研究》2003年第1期。

的。皇侃既是一个博学的儒家学者，也是一个精通佛教经典并有着强烈佛教信仰的学者，体现了亦儒亦佛的二重学术人格。

当然，在东晋南朝时期，儒家经学学者亦儒亦佛的双重学术人格并不是个例，而是具有一定的普遍性。《梁书·何胤传》载：

> 初，开善寺藏法师与胤遇于秦望，后还都，卒于钟山。其死日，胤在般若寺，见一僧授胤香炉奁并函书，云“呈何居士”。言讫失所在。胤开函，乃是《大庄严论》，世中未有。……胤注《百法论》《十二门论》各一卷，注《周易》十卷，《毛诗总集》六卷，《毛诗隐义》十卷，《礼记隐义》二十卷，《礼答问》五十五卷。[1]

《陈书·周弘正传》载：

> 弘正特善玄言，兼明释典，虽硕学名僧，莫不请质疑滞。[2]

何胤是南朝齐梁间著名学者，虽然没有出家，但信仰佛教，在家以居士身份修行。他交接僧人，出入佛门，既精《诗》《礼》《易》，也通佛典，为佛教典籍《百法论》《十二门论》作注，是一个典型的儒佛双修的学者。而梁陈之间的周弘正也是一个亦儒亦佛的著名学者，他既著有《周易讲疏》《论语疏》《庄子疏》《老子疏》《孝经疏》，也“兼明释典”，说明他不仅是精通五经，亦通老庄，更明佛理，能为人释疑解惑，受到学界尊重。

除此之外，我们还可以看到：梁朝彭城人刘慧斐曾居于东林寺，他“尤明释典，工篆隶，在山手写佛经二千余卷，常所诵者百余卷”[3]。平原人刘讦，“善玄言，尤精释典。曾与族兄刘歊听讲于钟山诸寺，因共卜筑宋熙寺东涧，有终焉之志。”[4] 新野人庾诜，自幼“聪警笃学，经史

[1] 《梁书》卷五十一《何胤传》，中华书局1973年版，第738—739页。
[2] 《陈书》卷二十四《周弘正传》，中华书局1972年版，第309页。
[3] 《梁书》卷五十一《刘慧斐传》，中华书局1973年版，第746页。
[4] 《梁书》卷五十一《刘讦传》，中华书局1973年版，第747页。

百家无不该综……晚年以后，尤遵释教，宅内立道场，环绕礼忏，六时不辍。诵《法华经》，每日一遍”[1]。颍川鄢陵人庾承先，“沉静有志操，是非不涉于言，喜愠不形于色，人莫能窥也。弱岁受学于南阳刘虬，强记敏识，出于群辈。玄经释典，靡不该悉；九流《七略》，咸所精练。……远近名僧，咸来赴集，论难锋起，异端竞至，承先徐相酬答，皆得所未闻。”[2] 平昌安丘人伏曼容，“少笃学，善《老》《易》，倜傥好大言”，以聚徒教授为业，曾为宋明帝讲《易经》，集解《周易》《毛诗》《丧服》，撰《庄子义》《老子义》《论语义》等著作。[3] 伏曼容是一个典型的儒玄兼综学者，其子伏暅“幼传父业，能言玄理，与乐安任昉、彭城刘曼俱知名”[4]。其孙伏挺，七岁通《孝经》《论语》。“讲《论语》，听者倾朝”，后“变服出家，名僧挺”[5]。从伏氏祖孙三代治学路径考察，可知经学的玄化与佛化已成为南朝经学家普遍的治学特色。陈朝徐孝克既能谈玄理，“通五经，博览史籍，亦善属文”，也精佛教，他“居于钱塘之佳义里，与诸僧讨论释典，遂通三论。每日二时讲，旦讲佛经，晚讲《礼》《传》，道俗受业者数百人。天嘉中，除剡令，非其好也，寻复去职。太建四年，征为秘书丞，不就，乃蔬食长斋，持菩萨戒，昼夜讲诵《法华经》。”[6] 北朝的沈重，“至于京师，诏令讨论五经，并校定钟律。天和中，复于紫极殿讲三教义。朝士、儒生、桑门、道士至者二千余人。”[7]

正如焦桂美先生所言，东晋南朝时期，“高僧兼习外书与士子精研佛典，共同构成了南北朝内外兼习的学术风尚，形成了当时道俗同听之盛况。”[8] 这种内外兼习、道俗同听的学术风尚无疑是经学佛化的重要表现。

---

[1] 《梁书》卷五十一《庾诜传》，中华书局 1973 年版，第 750 页。
[2] 《梁书》卷五十一《庾承先传》，中华书局 1973 年版，第 753 页。
[3] 《梁书》卷四十八《伏曼容传》，中华书局 1973 年版，第 663 页。
[4] 《梁书》卷五十三《良吏·伏暅传》，中华书局 1973 年版，第 774 页。
[5] 《南史》卷七十一《伏曼容传附伏挺传》，中华书局 1975 年版，第 1733 页。
[6] 《陈书》卷二十六《徐孝克传》，中华书局 1972 年版，第 337 页。
[7] 《周书》卷四十五《沈重传》，中华书局 1971 年版，第 810 页。
[8] 焦桂美：《南北朝经学史》，上海古籍出版社 2009 年版，第 107 页。

二、援佛入经，《论语义疏》中佛教因素

如果说像皇侃那样儒佛兼修的二重学术人格奠定了魏晋南北朝时期经学佛化的学术主体基础，那么，援佛入经，借用佛学理论对五经进行阐释，则是儒、佛实质性的融合，经学与佛学从形式到内容实现汇通。

据《梁书·皇侃传》载，皇侃撰有《论语义》《礼记义》和《礼记讲疏》。《隋书·经籍志》著录有皇侃《丧服问答目》十三卷、《丧服文句义疏》十卷、《孝经义疏》三卷、《礼记讲疏》九十九卷、《礼记义疏》四十八卷、《论语义疏》十卷。《旧唐书·经籍志》著录有皇侃撰《丧服文句义》十卷、《礼记讲疏》一百卷、《礼记义疏》五十卷、《论语疏》十卷、《孝经义疏》三卷。《新唐书·艺文志》著录皇侃撰《礼记讲疏》一百卷、《礼记义疏》五十卷、《丧服文句义》十卷、《孝经义疏》三卷、《论语疏》十卷。遗憾的是，皇侃的这些著作绝大多数都已亡佚，只有《论语义疏》在清代乾隆年间从日本回归后完整地保存至今。清代学者马国翰竭尽全力，辑录了皇侃《孝经皇氏义疏》一卷、《礼记义疏》四卷，保存在他的《玉函山房辑佚书》中。现存皇侃的《论语义疏》是我们了解东晋南朝以后经学佛化最直接，也最有说服力的著作。

首先，从语言方面看，《论语义疏》中援引了大量的佛教词汇。语言是文化的载体，也是文化传播的主要工具。德国语言学家洪堡特说："人只有同时跨进另一种语言的圈子，才有可能从原先的圈子里走出来。"[1]不同文化之间的接触与交流，显然是要以语言接触为先导，不同文化之间的交流，只有通过语言的先导才能实现。因此，从语言的角度看佛教对于经学的影响，无疑是认识经学佛化的一个很好的窗口。

近代学者黄侃较早关注到《论语义疏》援引佛教语汇的现象。他在《汉唐玄学论》中说：

> 自魏氏以来，训释儒言，颇变汉代经师拘守家法之习，一也；

---

[1] 洪堡特：《论人类语言结构的差异及其对人类精神发展的影响》，见胡明扬主编：《西方语言学名著选读》，中国人民大学出版社 1988 年版，第 46 页。

参以玄言，二也；受浮屠之渐染，三也；自下新义，四也。……皇氏《论语义疏》所集，多晋末旧说，自来经生持佛理以解儒书者，殆莫先于是书也。其中所用名言，多由佛籍转化。至宋人“虚灵不灭”等言语，又《义疏》之云礽已。[1]

黄侃应该是在全面比对皇侃的《论语义疏》与其他现存的《论语》注释著作，如邢昺的《论语注疏》、朱熹的《四书章句集注》、刘宝楠的《论语正义》等之后，发现皇侃《论语义疏》援佛入儒为最早。

焦桂美先生也注意到《论语义疏》以佛语解经的问题。她认为，皇侃在解释《论语·学而》“子曰：弟子入则孝，出则悌”条时所说：“论语之体悉是应机适会，教体多方，随须而与，不可一例责也”中的“应机适会，教体多方”是佛教用语，[2] 此说甚是。据徐望驾先生统计，皇侃《论语义疏》中引用佛教词汇解释《论语》共42处。[3] 焦桂美先生为证明“应机适会，教体多方”是借用佛教说法，引用了两条材料，一是《续高僧传》中释明彻所言；一是引用释僧祐《小乘迷学竺法度造异仪记》之语，虽然有一定说服力，但还不全面。皇侃《论语义疏·叙》云：

夫圣人应世，事迹多端，随感而起，故为教不一。……然此书之体，适会多途，皆夫子平生应机作教，事无常准，或与时君抗厉，或共弟子抑扬，或自显示物，或混迹齐凡，问同答异，言近意深，诗书互错综，典诰相纷纭，义既不定于一方，名故难求乎诸类，因题“论语”两字以为此书之名也。[4]

皇侃把《论语》的性质定义为“应机作教”，而“应机作教”来源于佛教用语“方便”。据丁福保《佛学大辞典》“方便”条，“方便”一词，本为佛教术语，有两种释义：一是对般若而释，二是对真实而释。方者方法，

[1] 刘梦溪主编：《中国现代学术经典·黄侃　刘师培卷》，河北教育出版社1996年版，第388页。

[2] 焦桂美：《南北朝经学史》，上海古籍出版社2009年版，第109页。

[3] 徐望驾：《佛教文化与皇侃〈论语义疏〉》，载《宗教学研究》2009年第3期。

[4] 皇侃：《论语义疏》，商务印书馆1934年版，第1—2页。

便者便用，便用为巧妙之言辞。对种种之机，用方正之理与巧妙之言也，又方者众生之方域，便者教化之便法，应诸机之方域，而用适化之便法，谓之方便。[1]

皇侃疏"子曰"云："然此一书，或是弟子之言，或有时俗之语，虽非悉孔子之语，而当时皆被孔子印可也。必被印可，乃得预录，故称'子曰'，通冠一书也。"[2] "印可"一词，本佛教术语，证明弟子之所得，而称美许可也。《维摩经·弟子品》曰：若能如是宴作者，佛所印可。《辅行七之三》曰：印谓印可，可谓称可。事理相称，故可称心。[3]

除此之外，皇侃《论语义疏》中援引佛教词汇释经的还有"当来""觉悟""染著""外语""外教""忘忍""圆足""圆通"等，徐望驾先生在《〈论语义疏〉语言研究》[4] 一书中有较详尽的列举和分析。

其次，《论语义疏》的"义疏体例"受佛教影响。对于中国古代经学的学术传承方式及其演变，学者们已有较充分的认识，如丁进先生认为：西汉初年五经文献传播的典型方式为口头文献转录为文本文献，再加上秘藏文献的重见天日，由此孕育出五经博士师说。在博士师法确立后，新文献的发现和传播通过太常博士和民间学者两条路径对经学产生影响。太常博士对新文献的接纳，丰富了现存的师法体系。民间学者或利用新文献创古文家法，或在今、古文献之间择善而从，创立综合性经学，也有人采用拆分、辑佚和伪造手法，创立伪古文家法。魏晋以后，五经新文献不再出现，经学家法—师法互动发展的模式因此而终结，由严守家法和师法的"章句"时代进入择善而从的"注疏"时代。[5]

学者们看到了汉代经学传承和解经注重文字训诂和章句之义，合乎文本是解经的首要原则。而魏晋南北朝时期解经则以释滞去惑、追求圆通为旨归。[6] 这种以释滞去惑、追求圆通为目标的注疏方法究竟来源于何处，学界一直有争议。梁启超认为："夫隋唐义疏之学，在经学界中有

[1] 丁福保：《佛学大辞典》"方便"条，文物出版社 1984 年版。

[2] 皇侃：《论语义疏》卷一，商务印书馆 1934 年版，第 1 页。

[3] 丁福保：《佛学大辞典》"印可"条，文物出版社 1984 年版。

[4] 徐望驾：《〈论语义疏〉语言研究》，中国社会科学出版社 2006 年版。

[5] 丁进：《五经文献的传播与两汉经学的演变》，载《江西社会科学》2012 年第 7 期。

[6] 焦桂美：《南北朝经学史》，上海古籍出版社 2009 年版，第 112 页。

特别价值，此人所共知矣。而此种学问，实与佛典疏钞之学同时发生。吾故不敢径指此为翻译文学之产物，然最少必有彼此相互之影响，则可断言也。而此为著述进化一显著之阶段，则又可断言也。”[1] 郭在贻说：“所谓义疏，也是一种传注形式，其名源于六朝佛家的解释佛典，以后泛指会通古书义理，加以阐释发挥的书。”[2] 马宗霍认为：“缘义疏之兴，初盖由于讲论，两汉之时，已有讲经之例，石渠阁之所平，白虎观之所议，是其事也。魏晋尚清谈，把麈树义，相习成俗。移谈玄以谈经，而讲经之风益盛。南北朝崇佛教，敷座说法，本彼宗风，从而效之，又有升座说经之例，初凭口耳之传，继有竹帛之著，而义疏成矣。”[3] 周大璞说：“义疏是兼释经注的一种训诂方式，它萌于汉末，而盛行于六朝。”[4] 综观诸家之说，虽然对于义疏起源的具体时间和义疏兴起的原因看法不尽相同，但诸家都承认义疏这种兼释经注的训诂方式是受佛教影响的。

对于皇侃《论语义疏》的解经方式深受佛教影响，学者们做过许多探讨，其中最有影响的当属牟润孙先生的《论儒释两家之讲经与义疏》。牟润孙先生认为义疏体本是佛教僧徒讲经的记录或宣讲佛经时的讲义，这种义疏体例被此期经学家们仿效。牟润孙先生总结出佛教义疏体两大特征，一是分章段，二是设问答。他在论述义疏的文体时说：“义疏之为书，自其文体上言，儒释亦有类似之点。所可论者，盖有二事焉。一为其书为章段，二为其书中有问答。”[5]

皇侃为《论语》做义疏，按先解篇名，次释章义，然后再分析篇章结构的步骤，这正是魏晋南北朝时期佛家汉译佛教典籍分章分节分段的解释方式。梁启超在《翻译文学与佛典》中说：“尤有一事当注意者，则组织的解剖的文体之出现也。稍治佛典者，当知科判之学，为唐宋后佛学家所极重视，其著名之诸大经论，恒经数家或十数家之科判，分章分

[1] 梁启超：《佛学研究十八篇》，陈士强导读本，上海古籍出版社 2001 年版，第 199 页。

[2] 郭在贻：《训诂学》，中华书局 2005 年版，第 126 页。

[3] 马宗霍：《中国经学史》，上海书店 1984 年版，第 85—86 页。

[4] 周大璞：《训诂学初稿》，武汉大学出版社 1987 年版，第 294 页。

[5] 牟润孙：《注史斋丛稿》，中华书局 1987 年版，第 294 页。

节分段，各极精密。”[1] 皇侃在解经时也喜欢采用人物对话问答的方式，此即牟润孙先生所言的有问答。

牟润孙先生忽略了南北朝经学家在为经书做义疏时善于引用神异故事这个特征。从皇侃为《论语·公冶长》做的义疏中可以看到，为了证明公冶长没有杀人，不是罪犯，皇侃引《论释》中一则神异材料，证明公冶长既解鸟语，又没有杀人。这种解释方式与佛典中先讲故事为引导，后通过比喻阐释佛典义理的方式是一样的。陈寅恪在《杨树达论语疏证·序》中说：“惟皇侃《论语义疏》引《论释》以解‘公冶长章’，殊类天竺《譬喻经》之体。殆六朝儒学之士，渐染于佛教者至深，亦尝袭用其法，以诂孔氏之书耶？”[2]

三、《论语义疏》引用佛教经义注经

孔颖达《礼记正义·序》说：

> 爰从晋、宋，逮于周、隋，其传《礼》业者，江左尤盛。其为义疏者，南人有贺循、贺玚、庾蔚、崔灵恩、沈重宣、皇甫侃等；北人有徐道明、李业兴、李宝鼎、侯聪、熊安等。其见于世者，唯皇、熊二家而已。熊则违背本经，多引外义，犹之楚而北行，马虽疾而去逾远矣。

据孔颖达所言，魏晋南北朝时期援佛释经是一种较为普遍的学术现象。从皇侃的《论语义疏》来看，一方面皇侃乐于引用佛教的词汇并借鉴佛典的文体来解经，另一方面，皇侃间接或直接用佛教的义理来解经，使经学义理与佛教理论互融互摄。

关于南北朝时期佛教对于经学的渗透和影响，焦桂美先生不仅论述了佛教对于儒家讲经、注经形式的影响，还以较大篇幅论述了佛教对儒

[1] 梁启超：《佛学研究十八篇》，陈士强导读本，上海古籍出版社 2001 年版，第 199 页。

[2] 陈寅恪：《金明馆丛稿二编》，生活·读书·新知三联书店 2009 年版，第 263 页。

家讲经、注经原则的影响。她认为，在佛经汉译过程中有释疑去滞、追求圆通和追求新异的特点，而这些特点在南北朝时期儒家讲经和注疏中都有突出体现。“佛教讲经以圆通为上的原则的广泛应用，也启发了儒家讲经原则由拘守文字向追求大义的变化，从而使通滞、去惑成为南北朝儒家讲经的共同追求。”[1] 这里在焦桂美先生已有认识的基础上，以皇侃《论语义疏》疏解《论语》经、注为例，观察佛教理论如何渗入经学之内。

> 子曰：“德不孤，必有邻”。
>
> （何晏）注：方以类聚，同志相求，故必有邻，是以不孤也。
>
> （皇侃）疏：子曰：“德不孤，必有邻”，言人有德者，此人非孤，然而必有善邻里故也。鲁无君子者，子贱斯焉取斯乎？又一云：邻报也，言德行不孤矣，必为人所报也，故殷仲堪曰：“推诚相与，则殊类可亲”。以善接物，物亦不皆忘以善应之，是以德不孤焉，必有邻也。[2]

皇侃一方面运用儒家修身养德的观念，论说只要修好身，养好德，率身示范，以自己的行为影响他人，邻里也必然提高道德认识和道德素质。另一方面，皇侃引入佛教因果报应说，认为德和善邻之间有因缘关系，积德之人，必有好报。

> 季路问事鬼神。子曰：“未能事人，焉能事鬼。”曰：“敢问死？”曰：“未知生，焉知死。”
>
> （何晏）注：陈群曰：“鬼神及死事难明，语之无益。故不答也。”
>
> （皇侃）疏：季路问至知死，外教无三世之义，见乎此句也。周孔之教，唯说现在，不明过去未来，而子路此问事鬼神，政言鬼神在幽冥之中，其法云何也，此是问过去也。[3]

[1] 焦桂美：《南北朝经学史》，上海古籍出版社 2009 年版，第 116 页。
[2] 皇侃：《论语义疏》卷二，商务印书馆 1934 年版，第 52 页。
[3] 皇侃：《论语义疏》卷六，商务印书馆 1934 年版，第 149—150 页。

这里皇侃说到“外教无三世之义”，显然，皇侃所言的外教是指儒家，相对外教而言，内教就是指佛教。丁福保说：“佛家自指其教为内教，以他教为外教。”[1] 皇侃把儒家直接称之为外教，说明他是站在佛家立场上说话。皇侃认为，儒家只关心当下，关心世道人情，不关心过去和将来，只有佛教关心过去、现在和将来，并且过去、现在和将来三世都有因缘关联，显然是站在佛家立场上，引用佛教三世论来解释季路问鬼的问题，援佛理以释经义。

另一例证是皇侃疏解《论语·阳货》，腓肸召孔子，去还是不去，子路和孔子进行了讨论，形成的基本看法就是孔子不合适去。对于这个问题，皇侃做了较为详细的疏解。精通佛学的学者们认为，皇侃的疏解明显受到了佛教《维摩诘经》的影响。张文修先生肯定地说：“此处我们再一次看到了《维摩诘经》的影子，《维摩诘所说经·观众生品第七》载：‘时维摩诘室，有一天女，见诸天人闻所说法，便现其身，即以天花，散诸菩萨大弟子上。花至诸菩萨，即皆堕落；至大弟子，便著不堕。一切弟子神力去花，不能令去。’此即为著名的‘天女散花’的典故。圣人不为世俗所累，故能入不善之国，而贤人则不能入，这与菩萨不沾染天花，罗汉则染，是一个道理，皇侃显然运用了这一佛学义理。”[2] 而孙述圻先生又从佛教《大智度论》中“三法印”理论观察皇侃所疏之义，认为这是皇侃运用佛教诸行无常、诸法无我、涅槃寂静“三法印”理论来解释人如何能摆脱各种欲念的束缚和拖累。[3]

第二节　经学的佛化对于史学发展的影响

魏晋南北朝时期经学其实并没有中衰，而是转换了发展范式，走上玄化和佛化之路。经学玄化和佛化一方面使经学逐渐摆脱汉学的束缚，

---

[1] 丁福保：《佛学大辞典》，文物出版社 1984 年版，第 243 页。

[2] 张文修：《皇侃〈论语义疏〉的玄学主旨与汉学佛学影响》，载《燕山大学学报》（哲学社会科学版）2003 年第 4 期。

[3] 孙述圻：《论皇侃的〈论语义疏〉》，载《南京大学学报》1986 年第 3 期。

开启宋学发展新路。另一方面，经学在与玄学、佛学的互融互通中，不断丰富自己的理论内涵和传承方式，荡涤汉代经学的沉暮之气，激发经学的活力。这种有着新形态的经学虽然不像汉代经学那样在政治的庇护下一统天下，但因多元并存、与前代大异其趣而成为魏晋南北朝时期思想和文化最显著的特色。前面已讨论过经学玄学化对于魏晋南北朝时期史学的影响，这里就佛化的经学对此期史学的影响做些浅略探讨。

一、史学家经学、佛学、史学三位一体的主体特征

鲁迅在《吃教》一文中说：

> 达一先生在《文统之梦》里，因刘勰自谓梦随孔子，乃始论文，而后来做了和尚，遂讥其“贻羞往圣”。其实是中国自南北朝以来，凡有文人学士，道士和尚，大抵以“无特操”为特色的。晋以来的名流，每一个人总有三种小玩意，一是《论语》和《孝经》，二是《老子》，三是《维摩诘经》，不但采作谈资，并且常常做一点注解。[1]

鲁迅虽然是调侃，却概括出了魏晋南北朝时期文人学士儒、玄、佛三位一体的主体特征。史学家作为魏晋南北朝文人学士群体中的一员，自然不能例外。

谢灵运是南朝宋时著名文学家，也是一位有成就的史学家和目录学家。《宋书·谢灵运传》载：“太祖登祚，诛徐羡之等，征为秘书监，再召不起，上使光禄大夫范泰与灵运书敦奖之，乃出就职。使整理秘阁书，补足遗阙。又以晋氏一代，自始至终，竟无一家之史，令灵运撰《晋书》，粗立条流。书竟不就。”[2] 谢灵运受命撰《晋书》，所撰《晋书》虽然没有完稿，但《隋书·经籍志二》著录有谢灵运撰《晋书》三十六

---

[1] 鲁迅：《鲁迅全集》卷五《准风月谈·吃教》，人民文学出版社 2005 年版，第 328 页。

[2]《宋书》卷六十七《谢灵运传》，中华书局 1974 年版，第 1772 页。

卷。谢灵运在秘书监任上还受诏搜访、著录、校理图书，撰成《秘阁四部目录》。据阮孝绪《古今书最》说，《秘阁四部目录》著录图书一万四千五百八十二卷，佛经四百三十八卷，超过了李充《晋元帝四部书目》。作为一名史学家和文献目录学家，谢灵运既尊孔孟，又尚玄风，更崇佛理，笃信佛教，弘扬佛法，糅合儒、玄、佛于一体。唐代释皎然在《诗式·重意诗例》中说："（谢康乐）向使此道，尊之于儒，则冠六经之首。贵之于道，则居众妙之门。精之于释，则彻空王之奥。"[1] 谢灵运所撰《晋书》已亡佚，现在无法考察他糅合儒、玄、佛三家思想于一体对所撰《晋书》的影响，但宋文帝曾对何尚之说："范泰、谢灵运每云：六经典文，本在济俗为治耳，必求性灵真奥，岂得不以佛经为指南耶?"[2] 可见，谢灵运是以佛教哲学的观点去认识世界，以禅悟的方式来感受生活。依常理言之，谢灵运所撰《晋书》多少都会受到这种思维方式和认知方式的影响。

《梁书·裴子野传》记载："初，子野曾祖（裴）松之，宋元嘉中受诏续修何承天《宋史》，未及成而卒，子野常欲继成先业。及齐永明末，沈约所撰《宋书》既行，子野更删撰为《宋略》二十卷。其叙事评论多善，约见而叹曰：'吾弗逮也。'"[3] 裴子野本来要把曾祖父裴松之未完成的《宋史》写完，而沈约撰成的《宋书》已行世。裴子野认为沈约《宋书》篇幅过大，不利于传播和阅读，于是删改《宋史》而成《宋略》二十卷，而且剪裁得当，叙事清楚，对历史人物和历史事件的评论得体、公允，得到沈约的称赞，说明裴子野史学素养很高。除此之外，裴子野还撰有《集注丧服》二卷，《续裴氏家传》二卷，抄合后汉事四十余卷，《众僧传》二十卷，《百官九品》二卷，《附益谥法》一卷，《方国使图》一卷，文集二十卷。他生前还"欲撰《齐梁春秋》，始草创，未就而卒"。裴子野的这些撰述都失传了，仅从历代文献著录来看，他的史学成就丰硕。裴子野这样一个有成就的史学家，同时也信奉佛教，甘于清苦，是

[1] 何文焕辑：《历代诗话·诗式》，中华书局 2004 年版，第 31 页。

[2] 僧祐：《弘明集》卷第十一《答宋文皇帝赞扬佛教事》，刘立夫、胡勇译注本，中华书局 2013 年版，第 715 页。

[3] 《梁书》卷三十《裴子野传》，中华书局 1973 年版，第 442—443 页。

一个典型的儒僧：

> 子野在禁省十余年，静默自守，未尝有所请谒，外家及中表贫乏，所得俸悉分给之。无宅，借官地二亩，起茅屋数间。妻子恒苦饥寒，唯以教诲为本，子侄祗畏，若奉严君。末年深信释氏，持其教戒，终身饭麦食蔬。[1]

著名学者沈约历仕宋、齐、梁三朝，学术领域横跨经学、文学、史学、佛学，一生著述宏富，《梁书·沈约传》载：沈约“著《晋书》百一十卷，《宋书》百卷，《齐纪》二十卷，《高祖纪》十四卷，《迩言》十卷，《谥例》十卷，《宋文章志》三十卷，文集一百卷。又撰《四声谱》”[2]，但据《隋书·经籍志》《旧唐书·经籍志》《新唐书·艺文志》等目录记载，沈约一生撰述共23种。[3] 从史学方面看，沈约所撰《宋书》传承至今，列入二十四史之中。对于沈约的思想倾向，学术界对于他崇尚道家的相关问题论述较多，争议也较大。其实沈约不仅崇道，也尚儒，亦信佛。《梁书·沈约传》说他“流寓孤贫，笃志好学，昼夜不倦。母恐其以劳生疾，常遣减油灭火。而昼之所读，夜辄诵之，遂博通群籍，能属文。……约历仕三代，该悉旧章，博物洽闻，当世取则。”这些记述，尤其是“博物洽闻，当世取则”八个字是对沈约内心所存儒家思想的概括。从现存的文献目录著录情况看，沈约的经学著作不多，但《谥例》十卷是纯粹的经学著作，对后世有一定影响。

沈约也是一名虔诚的道教崇奉者，虽然沈约是否做过道士，史无明文记载，但陈庆元在《沈约集校笺·前言》说：“沈约依违于道、释之间，佞佛乃‘逢时之意’，骨子里遵奉的却仍然是道。”张松辉依据沈约所撰《桐柏山金庭馆碑》认定沈约早年即入山修道，后成为金庭馆十道士之一。沈约崇道是学界共识，分歧仅仅在于他崇道的思想来源及其崇

---

[1] 《梁书》卷三十《裴子野传》，中华书局1973年版，第444页。

[2] 《梁书》卷十三《沈约传》，中华书局1973年版，第243页。

[3] 参阅谭洁：《沈约著述考》，载《中国典籍与文化》2006年第4期。

道是否出于本心。[1]

我们必须看到的是，沈约也是一位真诚的佛教信奉者。据《沈约集校笺》中沈约所撰文章，沈约一生共撰有《南齐皇太子解讲疏》《竟陵王题佛光文》《神不灭论》《均圣论》《论形神》《究竟慈悲论》等佛教文章44篇。这44篇佛教文章除一些疏、颂、碑、铭、记、文等与佛教有关的记叙性文字之外，大致可分四类，一是通论或专论类，二是义章类，三是论争类，四是杂论类。[2] 南朝齐永明年间，反佛人士范缜撰《神灭论》，通过宣扬人死神灭的观点来反对佛教流行。由于范缜富于思辨和说理，"朝野喧哗，子良集僧难之而不能屈"[3]，沈约挺身而出，撰《神不灭论》《难范缜〈神灭论〉》《论形神》等专文，从道家兼忘、摄生的理论出发，认为形神可分，神可养不能灭，批判范缜的反佛言论，维护佛教的思想地位和社会影响。

南朝时随着佛教的传播和兴盛，一些反佛人士认为佛教的流行会消解儒家的入世情怀，极力反佛，儒、佛冲突很激烈。沈约撰《均圣论》以消解儒、佛之间的差异，调和二教关系。此外，沈约所撰的杂论类著作主要有《内典序》《佛记序》《绣像题赞》《弥勒赞》《千佛颂》等杂论文章，叙述佛教的产生和发展，阐释禅修理趣，宣扬佛教义理。综观沈约的著作及其内容，从身份上说，他亦儒亦道亦佛；从其思想上说，他的思想是多元的，体现了鲜明的儒、释、道三教调和的特色。

《南齐书》的作者萧子显才华横溢，他宣称自己就是佛教信徒，他在《南齐书·高逸传》后论中说"史臣服膺释氏，深信冥缘"[4]。《南史·萧子显传》中说他一生撰有《后汉书》一百卷、《齐书》六十卷、《普通北伐记》五卷、《贵俭传》三卷，文集二十卷，没有著录其佛教著述。但唐朝释道宣《广弘明集》中说萧子显曾著有《御讲摩诃般若经序》[5]。

---

[1] 参阅陈庆元：《沈约集校笺·前言》，浙江古籍出版社1995年版；张松辉：《汉魏六朝道教与文学》，湖南师范大学出版社1996年版；唐燮军：《诗人之外的沈约：对沈约思想与生平的文化考察》，载《文学遗产》2006年第4期。

[2] 参阅杨满仁：《论沈约的佛教思想及其创作》，载《北方论丛》2010年第2期。

[3]《梁书》卷四十八《范缜传》，中华书局1973年版，第670页。

[4]《南齐书》卷五十四《高逸传》"史臣曰"，中华书局1972年版，第948页。

[5] 道宣：《广弘明集》卷第十九，上海古籍出版社1991年版，第243页。

北朝著名史学家魏收撰有《魏书》，他幼名“佛助”，说明他自幼就接触佛教，故有“佛助”的小名。魏收任官后与佛教僧侣来往密切，魏明帝时，魏收曾参与昙无最与道士姜斌的辩论。东魏时他与名僧道宠为师生关系，又曾受敕为僧稠制碑文。[1]

陈代著名史学家姚察撰著《汉书训纂》三十卷、《说林》十卷等。《陈书·姚察传》记载：

> 察性至孝，有人伦鉴识。冲虚谦逊，不以所长矜人。终日恬静，唯以书记为乐，于坟籍无所不睹。每有制述，多用新奇，人所未见，咸重富博。且专志著书，白首不倦，手自抄撰，无时暂辍。尤好研核古今，谌正文字，精采流赡，虽老不衰。兼谙识内典，所撰寺塔及众僧文章，特为绮密。在位多所称引，一善可录，无不赏荐。若非分相干，咸以理遣。尽心事上，知无不为。侍奉机密，未尝泄漏。且任遇已隆，衣冠攸属，深怀退静，避于声势。清洁自处，资产每虚，或有劝营生计，笑而不答。穆于亲属，笃于旧故，所得禄赐，咸充周恤。[2]

从这些记述看，姚察是一位德高望重的正人君子，是儒家的忠实信奉者。但姚察也信佛，《陈书·姚察传》载：“察幼年尝就钟山明庆寺尚禅师受菩萨戒，及官陈，禄俸皆舍寺起造，并追为禅师树碑，文甚遒丽。及是，遇见梁国子祭酒萧子云书此寺禅斋诗，览之怆然，乃用萧韵述怀为咏，词又哀切，法俗益以此称之。”

二、正史关注并重视对佛教的记述

魏晋南北朝时期佛教的广泛传播引起了史家的高度关注，一些史学家提出应当将这种新的社会现象和学术文化载录史书。北魏学者阳尼在

[1] 参阅道宣：《续高僧传》卷二十四《昙无最传》、卷七《道宠传》、卷十六《僧稠传》，中华书局 2014 年版，第 901、245、577 页。

[2] 《陈书》卷二十七《姚察传》，中华书局 1972 年版，第 353 页。

征拜秘书著作郎后即上奏提出："佛道宜在史录"[1]，即官修史书中应该记载佛教和道教。魏晋南北朝时期史家历史撰述热情高涨，无论是皇朝史撰述还是家史、民族史、地方史撰述成果都很多。遗憾的是，因社会动荡变化，此期史家历史撰述大多遗失无存，经学佛化对于这些史家及史著的影响难以详考。但范晔的《后汉书》、沈约的《宋书》、萧子显的《南齐书》、魏收的《魏书》完整留存至今，这为我们从此期正史角度认识经学佛化对史家皇朝史撰述的影响提供了较好的文献基础。

佛教何时传入中国，又如何经西域向中原地区渗透和传播，这是一个很复杂的问题。这个复杂的过程范晔在《后汉书·西域传》中做了较为详细的记述。范晔记载：

> 天竺国一名身毒，在月氏之东南数千里。俗与月氏同，而卑湿暑热。其国临大水。乘象而战。其人弱于月氏，修浮图道，不杀伐，遂以成俗。……和帝时，数遣使贡献，后西域反叛，乃绝。至桓帝延熹二年、四年，频从日南徼外来献。
>
> 世传明帝梦见金人，长大，顶有光明，以问群臣。或曰："西方有神，名曰佛，其形长丈六尺而黄金色。"帝于是遣使天竺问佛道法，遂于中国图画形像焉。楚王英始信其术，中国因此颇有奉其道者。后桓帝好神，数祀浮图、老子，百姓稍有奉者，后遂转盛。[2]

范晔在记述天竺国时，不仅记述其风土物产，还记述其佛教及其在东汉时期传入中原地区的经过，说明范晔对佛教问题的重视和关注。虽然西汉时期张骞就去过西域，东汉名将班超及其子班勇经略西域多年，但他们对于印度的佛教无所记述，这引起了范晔的不满。他说：

> 至于佛道神化，兴自身毒，而二汉方志莫有称焉。张骞但著地多暑湿，乘象而战，班勇虽列其奉浮图，不杀伐，而精文善法导达之功靡所传述。余闻之后说也，其国则殷乎中土，玉烛和气，灵圣

[1]《魏书》卷七十二《阳尼传》，中华书局1974年版，第1601页。
[2]《后汉书》卷八十八《西域传》，中华书局1965年版，第2921—2922页。

之所降集，贤懿之所挺生，神迹诡怪，则理绝人区，感验明显，则事出天外。而骞、超无闻者，岂其道闭往运，数开叔叶乎？不然，何诬异之甚也！汉自楚英始盛斋戒之祀，桓帝又修华盖之饰。将微义未译，而但神明之邪？详其清心释累之训，空有兼遣之宗，道书之流也。[1]

范晔认为，张骞、班超等人没有“传述”佛教传入中国的情况，仅记述西域风土人情，这是不应该的。这反映出范晔对于佛教的认同。正是范晔对于佛教的这种态度，使得他在撰写《后汉书》时，自觉或不自觉地保持了对于佛教的关注。

作为一名虔诚的佛教信奉者，沈约在撰修《宋书》时，佛教成为其历史记述的重要内容。《宋书·夷蛮传》除记述宋与西南诸国交通往来外，还记述佛教在南朝刘宋时期的兴盛状况及其与本土文化的冲突。沈约详细记述了宋文帝和宋孝武帝针对佛教流传中出现的问题而开展的两次整顿活动：

佛道自后汉明帝，法始东流，自此以来，其教稍广，自帝王至于民庶，莫不归心。经诰充积，训义深远，别为一家之学焉。元嘉十二年，丹阳尹萧摹之奏曰：“佛化被于中国，已历四代，形像塔寺，所在千数，进可以系心，退足以招劝。而自顷以来，情敬浮末，不以精诚为至，更以奢竞为重。旧宇颓弛，曾莫之修，而各务造新，以相姱尚。甲第显宅，于兹殆尽，材竹铜彩，糜损无极，无关神祇，有累人事。建中越制，宜加裁检，不为之防，流遁未息。请自今以后，有欲铸铜像者，悉诣台自闻；兴造塔寺精舍，皆先诣在所二千石通辞，郡依事列言本州；须许报，然后就功。其有辄造寺舍者，皆依不承用诏书律，铜宅林苑，悉没入官。”诏可。又沙汰沙门，罢道者数百人。

世祖大明二年，有昙标道人与羌人高阇谋反，上因是下诏曰：“佛法讹替，沙门混杂，未足扶济鸿教，而专成逋薮。加奸心频发，

[1]《后汉书》卷八十八《西域传》“论曰”，中华书局1965年版，第2931—2932页。

凶状屡闻，败乱风俗，人神交怨。可付所在，精加沙汰，后有违犯，严加诛坐。”于是设诸条禁，自非戒行精苦，并使还俗。而诸寺尼出入宫掖，交关妃后，此制竟不能行。[1]

沈约详细记述了佛教在南朝刘宋时期的兴盛状况，并借丹阳尹萧摹之和宋孝武帝刘骏之口，指出佛教在传播过程中出现的种种问题，较生动地呈现了佛教在南朝刘宋时期存在的真实景况。佛教在传布过程中与儒家、道家等本土文化发生了一些冲突，这些冲突在东晋南朝时较集中反映在沙门是否敬王者问题的讨论上。东晋咸康六年（340），庾冰针对佛教僧人不遵循儒家纲常礼教的问题，上书晋成帝，提出沙门须敬王者之议，即佛教僧徒亦需遵循儒家礼制规范。庾冰之义遭到何充、褚翌等人的反对，儒、佛冲突围绕沙门是否敬王者而展开。对于这个重要的文化问题，沈约也给予了足够关注，他在《宋书·夷蛮传》中记载说：

先是，晋世庾冰始创议，欲使沙门敬王者，后桓玄复述其义，并不果行。大明六年，世祖使有司奏曰：“臣闻邃宇崇居，非期宏峻，拳跪盘伏，非止敬恭，将以施张四维，缔制八宇。故虽儒法枝派，名墨条分，至于崇亲严上，厥繇靡爽。唯浮图为教，逖自龙堆，反经提传，训遐事远，练生莹识，恒俗称难，宗旨缅谢，微言沦隔，拘文蔽道，在末弥扇。遂乃陵越典度，偃倨尊戚，失随方之眇迹，迷制化之渊义。夫佛法以谦俭自牧，忠虔为道，不轻比丘，遭人斯拜，目连桑门，遇长则礼，宁有屈膝四辈，而简礼二亲，稽颡耆腊，而直体万乘者哉。故咸康创议，元兴载述，而事屈偏党，道挫余分。今鸿源遥洗，群流仰镜，九仙尽宝，百神耸职，而畿辇之内，舍弗臣之氓，陛席之间，延抗礼之客，惧非所以澄一风范，详示景则者也。臣等参议，以为沙门接见，比当尽虔礼敬之容，依其本俗，则朝徽有序，乘方兼遂矣。”诏可。前废帝初，复旧。[2]

[1]《宋书》卷九十七《夷蛮传》，中华书局1974年版，第2386—2387页。
[2]《宋书》卷九十七《夷蛮传》，中华书局1974年版，第2387页。

这里实际上是关于沙门是否敬王者问题讨论发展简史。庾冰首倡此议，何充等人据理反驳。元兴二年（403），太尉桓玄再提沙门应敬王者，慧远又据佛家之义，认为沙门不应敬王者。沙门是否敬王者，论说不休。宋武帝为了表示对佛教的尊崇，允许佛教僧徒依佛教之礼行事，不必拘泥于儒家礼制。

对于沙门是否敬王者的论争，沈约叙述颇为详细。同时，沈约还留出一定笔墨将此期的著名僧人载诸史册。比如道生，沈约记载："宋世名僧有道生。道生，彭城人也。父为广戚令。生出家为沙门法大弟子。幼而聪悟，年十五，便能讲经。及长有异解，立顿悟义，时人推服之。元嘉十一年，卒于庐山。沙门慧琳为之诔。""又有慧严、慧议道人，并住东安寺，学行精整，为道俗所推。时斗场寺多禅僧，京师为之语曰：'斗场禅师窟，东安谈义林。'世祖大明四年，于中兴寺设斋。有一异僧，众莫之识，问其名，答言名明慧，从天安寺来，忽然不见。天下无此寺名，乃改中兴曰天安寺。大明中，外国沙门摩诃衍苦节有精理，于京都多出新经，《胜鬘经》尤见重内学。"[1] 而对于慧琳，除了记述其生平修行简历外，还全文转录了慧琳的《均善论》。沈约在《夷蛮传》中对佛教的记载，相对于《魏书·释老志》而言，有些单薄和杂乱，《魏书·释老志》对佛教记述详尽得多，这也显现出佛道二教在魏晋南北朝正史中地位的逐步强化。[2]

北齐魏收撰修《魏书》，首创"释老志"以记述佛道二教的发展史及其在北魏的发展情况。《释老志》近二万字，魏收以其中四分之三的篇幅述说佛教的传入及其发展，于叙述中以事带人，将佛教传播史中的关键人物作重点叙述，并详尽介绍北魏一朝的佛教概况。《释老志》也重视佛道二教对士人群体的影响，将佛道二教对作为"精英群体"的文人士大夫在观念、行为乃至学术上的影响详加记述。在一定意义上说，《释老志》就是一部北魏以前的佛教和道教发展简史。更值得我们注意的是，《魏书》中的这篇《释老志》充分体现了作为史学家的魏收对于佛教历史

[1] 《宋书》卷九十七《夷蛮传》，中华书局1974年版，第2391—2392页。

[2] 林国妮：《佛道二教对魏晋南北朝史学的影响》，载《中国社会科学院院报》2007年6月26日第3版。

记述的自觉意识。[1]

另外，魏收《魏书·西域传》还记述了北魏孝明帝时，胡太后临朝听政，崇信佛教，并于熙平元年（516）派遣宋云和慧生赴西域和印度求法的经过，这也是正史中第一次记载官方派遣使臣和僧人西行求法的事迹。

三、史学出现了重要分支——佛教史学

随着魏晋南北朝时期佛教的流行和佛学发展，佛教从不同方面对这个时期学术文化进行全方位渗透，经学有意或无意地吸收佛学理论以丰富自身的思想内涵，在这种佛化的经学统摄下的史学出现了一些分支，其中之一就是佛教史学兴起。

首先，魏晋南北朝时期僧人和史家都热衷于撰写佛教史籍。据历代文献目录著录可知，因为魏晋南北朝时期佛教史籍撰写数量多，文献目录中开始著录佛教著作。梁阮孝绪《七录序》说荀勖的《中经簿》著录有“四部书一千八百八十五部，二万九百三十五卷，其中十六卷佛经书簿少二卷，不详所载多少。”[2]《七录》共分七个部分，把佛教著作正式作为“七录”中的一录：一曰《经典录》，纪六艺；二曰《记传录》，纪史传；三曰《子兵录》，纪子书、兵书；四曰《文集录》，纪诗赋；五曰《术技录》，纪数术；六曰《佛法录》；七曰《仙道录》。对于魏晋南北朝时期僧人和史家撰修的佛教史籍，汪增湘先生做了专门梳理和分类。他认为最迟在东晋时期就已经有这种专门佛教史籍的撰述，如康泓《道人善道开传》、顾恺之《竺法旷传》、张野《远法师铭》、竺法济《高逸沙门

---

[1] 向燕南：《〈魏书·释老志〉的史学价值》，载《史学史研究》1993年第2期。

[2] 对于“十六卷佛经书簿少二卷不详所载多少”这句话，姚名达先生断句为“其中十六卷《佛经书簿》少二卷，不详所载多少”，因此认为其语意不明，并进而认为《中经簿》似有十六卷（而非十四卷），缺少的是《佛经书簿》二卷，据此又得出《中经簿》于四部之外另有佛经一部。余嘉锡先生断句为“其中十六卷佛经，书簿少二卷，不详所载多少”，认为《中经簿》著录佛经只有十六卷，入为子家类。参阅姚名达：《中国目录学史》，上海古籍出版社2002年版，第59页；余嘉锡：《目录学发微》，中国人民大学出版社2004年版，第159页。

传》、郗超《东山僧传》、法显《佛国记》等。汪增湘先生也认为南朝时期专门佛教史籍的撰述呈现兴盛局面，并对此期所撰专门佛教史籍进行了归类列举，他认为南朝时期佛教史籍应该分为七类：一是释迦传记类。如释僧祐《释迦谱》、中书侍郎虞阐等《佛记》。二是僧传类。这方面的史籍为数最多，其中有僧人专传，如王微《竺道生传》、张辩《僧瑜传赞》和《昙鉴传赞》、陶弘景《梁故草堂法师传》、曹毗《真谛传》等，但更多的是僧人类传，甚至是僧人总传，如释法进《江东名德传》、释法安《僧传》(又称《志节传》)、王巾《僧史》(又称《法师传》)、陆杲《沙门传》、张孝秀《庐山僧传》、释僧祐《萨婆多部师资记》、释宝唱《名僧传》和《比丘尼传》、释慧皎《高僧传》、裴子野《众僧传》、虞孝敬《高僧传》等。三是寺塔记类。如释昙宗《京师寺塔记》、刘俊《益部寺记》、刘璆《京师寺塔记》等。四是通史类。如竟陵王萧子良《三宝记传》。五是求法游记类。如昙无竭《历国传记》、释宝云《外国传记》等。六是纂集类。如释僧祐《弘明集》。七是目录类。如刘宋时的《众经别录》、释王宗《众经目录》、释僧祐《出三藏记集》、释僧绍《华林殿众经目录》、释宝唱《众经目录》等。[1]

其次，随着佛教著作的增多，一些佛教学者开始对佛教典籍进行搜集、整理、鉴别、分类，编撰出专门的佛经目录——“经录”。“经录”不同于《汉书·艺文志》《隋书·经籍志》等文献目录，经录除著录有佛教典籍书名并按时代顺序分类编定以外，还对译经者生平，翻译过程也略加叙述。据庞天祐先生考察，三国时名僧朱士行、西晋时西域名僧竺法护及其助手聂道真都曾编过经录，东晋名僧支敏度曾编过《经论都录》与《经论别录》两种经录，这些经录都已亡佚。东晋高僧道安所编的《综理众经目录》是我国佛教史上第一部有着深远影响的经录，被后世称为《道安录》。《道安录》虽已失传，但从梁代僧祐编撰的《出三藏记集》可知，它分为七篇，分别著录。该录收入的佛经比较丰富、广泛，提出了疑经、伪经的问题，初步建立起较完备的分类体系，奠定了中国佛教目录学的基础，对于研究中国经录史及汉魏两晋佛教流传情况具有重要价值。僧祐编撰的《出三藏记集》是继《道安录》之后的又一重要的佛

[1] 参阅汪增湘：《佛教与南朝史学》，载《学习与探索》2012年第10期。

教经录。该录分《撰缘起》《铨名录》《总经序》《述列传》四部分。《铨名录》四卷，在《道安录》的基础上审订并载明自东汉初至梁天监三年(504)译出的佛经450部1867卷的目录、卷数、译者、译出年代等。《总经序》七卷，收录经序、后记120篇，包含着各个时期译经的背景、译者、经过、佛经内容、流传情况等方面的材料。《述列传》三卷，载历代译经者32人的传记，为后世修撰僧传体佛教史书所直接继承[1]。陈垣先生说："清朱彝尊撰《经义考》，每经录其前序及后跋，即取法于此。"[2]

其三，佛教史撰述具有较鲜明的史学自觉意识。佛教的兴盛及其对于社会各方面广泛而深刻的影响，不仅促使魏收在《魏书》中立《释老志》而专记佛教的传入及其在我国的传播，而且出现了杨衒之《洛阳伽蓝记》这样专门的佛教史学著作。《洛阳伽蓝记》详细记述了北魏洛阳佛寺兴建缘起、佛寺兴盛情况及有关传说和典故。杨衒之自己表明撰著此书之目的一为存史，二为劝诫资政，借古讽今，臧否人物。他在《自序》中说：

> 三坟五典之说，九流百氏之言，并理在人区，而义兼天外。至于一乘二谛之原，三明六通之旨，西域备详，东土靡记。自顶日感梦，满月流光，阳门饰豪眉之像，夜台图绀发之形。迩来奔竞，其风遂广。至于晋室永嘉，唯有寺四十二所。逮皇魏受图，光宅嵩洛，笃信弥繁，法教愈盛。王侯贵臣，弃象马如脱屣；庶士豪家，舍资财若遗迹。于是昭提栉比，宝塔骈罗，争写天上之姿，竞模山中之影。金刹与灵台比高，广殿共阿房等壮，岂直木衣绨绣，土被朱紫而已哉！
>
> 暨永熙多难，皇舆迁邺，诸寺僧尼，亦与时徙。至武定五年，岁在丁卯，余因行役，重览洛阳。城郭崩毁，宫室倾覆，寺观灰烬，庙塔丘墟，墙被蒿艾，巷罗荆棘。野兽穴于荒阶，山鸟巢于庭树。游儿牧竖，踯躅于九逵；农夫耕稼，艺黍于双阙。《麦秀》之感，非

[1] 庞天祐：《佛教与魏晋南北朝时期的史学》，载《史学理论研究》2001年第2期。

[2] 陈垣：《中国佛教史籍概论》，上海书店出版社1999年版，第3页。

独殷墟；《黍离》之悲，信哉周室。京城表里，凡有一千余寺，今日寮廓，钟声罕闻。恐后世无传，故撰斯记。[1]

杨衒之以史家的强烈责任感记述北魏佛教及佛寺曾经的兴盛局面，“恐后世无传”，以存其史，显现了他总结北朝佛教发展的自觉的史学意识。同时，他对洛阳佛寺兴衰感慨系之，尤其是对北魏统治者竞相“侵渔百姓”“不恤众庶”[2] 而佞佛造寺深感忧虑，撰写是书，劝诫资政，借古讽今，臧否人物。

四、佛教对于魏晋南北朝时期杂传的渗透

《隋书·经籍志二·史部下》载录杂传 217 部，1286 卷，通计亡书，合 219 部，1503 卷。这些杂传大多数是魏晋南北朝时期史家所撰。《隋书·经籍志二》“杂传”序说：

> 又汉时，阮仓作《列仙图》，刘向典校经籍，始作《列仙》《列士》《列女》之传，皆因其志尚，率尔而作，不在正史。后汉光武，始诏南阳，撰作风俗，故沛、三辅有耆旧节士之序，鲁、庐江有名德先贤之赞。郡国之书，由是而作。魏文帝又作《列异》，以序鬼物奇怪之事，嵇康作《高士传》，以叙圣贤之风。因其事类，相继而作者甚众，名目转广，而又杂以虚诞怪妄之说。推其本源，盖亦史官之末事也。载笔之士，删采其要焉。[3]

史家认为这些杂传“虚诞怪妄”，但也是“史官之末事”，同样具有史书的性质。从残存的一些魏晋南北朝时期杂传佚文看，这些杂传不论在内容上还是思想上都体现出受到佛道二教的明显影响。从裴松之注《三国

[1] 杨衒之：《洛阳伽蓝记》，《四部丛刊》三编本，商务印书馆 1935 年版，第 1—2 页。
[2] 道宣：《广弘明集》卷第六《叙历代王臣滞疑惑》，上海古籍出版社 1991 年版，第 130 页。
[3] 《隋书》卷三十三《经籍志二》，中华书局 1973 年版，第 982 页。

志》引用的《搜神记》《列异传》《世语》《神仙传》等杂传看，这些杂传渗透了佛教因果报应、生死轮回观念以及道教中的鬼神观。撰写人物传记本就出于彰善瘅恶的目的，纪先贤，表人物，因佛教的渗透，这些纪先贤人物的“杂传”被涂抹上了不少“神异”的色彩。

公元646年，唐太宗颁《修晋书诏》，以前朝史家撰修的各种晋史“才非良史，事亏实录”[1]为由，宣布国家重新撰修《晋书》，命房玄龄、褚遂良为监修，国史所史臣许敬宗、令狐德棻、敬播、李淳风、李延寿等21人为撰修。史臣们以南朝萧齐史家臧荣绪所撰《晋书》为蓝本，兼采前代18家晋史及各种小说、文集、家传、谱牒，历时二年，重新撰就《晋书》130卷[2]。刘知幾在《史通·采撰》篇对《晋书》的取材进行严厉批评，认为《晋书》取材于“晋世杂书”，这些“杂书”或记述鬼神，难以征信；或诙谐戏说，有违圣贤之意。我们从《世说新语》及《幽明录》《搜神记》现存的一些佚文看，这些“杂书”与《史记》《汉书》等正史的最主要区别在于其记述佛教鬼神故事，显得“率尔而作”，“体制不经”，又掺有委巷之说，在一些观念正统者眼里就显得有些迂怪妄诞，真假莫测，但又从另外一个方面说明，佛教因素对于魏晋南北朝时期各类杂传的渗透。

五、佛教对魏晋南北朝时期史注的影响

魏晋南北朝时期史注得到充分发展，史注著作有30余种，1000余卷，史注体裁也有注体、解体、训体、考辨体、音义体、集解体、自注体等多种。值得我们注意的是，此期史注采用“合本子注”，其代表性著作有裴松之的《三国志注》、刘孝标的《世说新语注》、郦道元的《水经注》等。“合本子”是佛家重要的学术阐释方法，即注家以一种译本作为母本，在经文中引入其他译本作为子注，以便人们学习和研究的一种注释方式。魏晋南北朝时期史家吸收儒经注疏及佛经“合本子注”的经验，

[1] 宋敏求：《唐大诏令集》卷八十一《修晋书诏》，中华书局2008年版，第467页。

[2] 唐修《晋书》包括本纪10卷、志20卷、传70卷、载记30卷、叙例1卷、目录1卷，共132卷；但叙例、目录皆佚，今存130卷。

正文与子注相配，注史时既传述事实，阐发文意，对前代及晚近史书进行注解，又讲述其得失，补注其缺漏。[1] 如裴松之注《三国志》，他在《上〈三国志〉注表》中说：

> 臣前被诏，使采三国异同以注陈寿《国志》。寿书铨叙可观，事多审正。诚游览之苑囿，近世之嘉史。然失在于略，时有所脱漏。臣奉旨寻详，务在周悉。上搜旧闻，傍摭遗逸。按三国虽历年不远，而事关汉、晋。首尾所涉，出入百载。注记纷错，每多舛互。其寿所不载，事宜存录者，则罔不毕取以补其阙。或同说一事而辞有乖杂，或出事本异，疑不能判，并皆抄内以备异闻。若乃纰缪显然，言不附理，则随违矫正以惩其妄。其时事当否及寿之小失，颇以愚意有所论辩。自就撰集，已垂期月。写校始讫，谨封上呈。[2]

裴松之注《三国志》时以补阙、备异、惩妄、论辩为主，扩大了史注的内容和范围，开创了史注的新体式，对后来的史注产生了深远的影响，宋文帝览后称赞说“此为不朽矣”[3]。刘昭搜集各种《后汉书》及相关材料补注范晔《后汉书》及司马彪《续汉书》，“昭又集《后汉》同异，以注范史，世称博悉”[4]。清人钱大昕说：“昭本注范史纪传，又取司马氏续汉志兼注之，以补蔚宗之阙，故于卷首特标注补，明非蔚宗元文也。”[5]“合本子”注史不同于以往的偏重名物训诂的“旧”史注，而是采用了博取众说，“以资对比”的方式。佛教传入中国带来的“合本子”，为以裴松之注《三国志》为代表的新史注提供了重要启示和参考。

[1] 刘治立：《魏晋南北朝时期的史注体式》，载《固原师专学报》2003 年第 1 期。
[2] 《三国志》附裴松之《上三国志注表》，中华书局 1982 年版，第 1471 页。
[3] 《宋书》卷六十四《裴松之传》，中华书局 1974 年版，第 1701 页。
[4] 《南史》卷七十二《刘昭传》，中华书局 1975 年版，第 1777 页。
[5] 钱大昕：《十驾斋养新录》卷六，凤凰出版社 2016 年版，第 178 页。

第五章　南北朝经学的分立与史学的异趣

西晋国寿不永，仅存在 52 年。永嘉之乱以后，统一的局面再次被打破，出现了 270 余年的南北对峙的政治局面。因政治、经济、民族融合等多方面的因素，经学分化为南、北二宗，称为南朝经学和北朝经学。而此期史学也表现出明显的南北异趣，从而出现中国学术史上南学与北学这个很有趣味的问题，也引起了诸如刘师培、唐长孺、汤用彤、周一良等学者的广泛兴趣，各人从不同角度解释和理解此期南北学术的分立及其各自学术特色。而焦桂美先生《南北朝经学史》可以说是从经学史角度论述魏晋南北朝时期南北学术分立的有力之作。

第一节　南北经学的分立

《隋书》卷七十五《儒林传·序》对于南朝经学与北朝经学的分化及其特点做了这样的评述：

> 南北所治，章句好尚，互有不同。江左《周易》则王辅嗣，《尚书》则孔安国，《左传》则杜元凯。河、洛《左传》则服子慎，《尚书》《周易》则郑康成。《诗》则并主于毛公，《礼》则同遵于郑氏。大抵南人约简，得其英华；北学深芜，穷其枝叶。考其终始，要其会归，其立身成名，殊方同致矣。

“南人约简，得其英华；北学深芜，穷其枝叶”四句话概括出了南朝经学与北朝经学在学术理路和治学方法上的分野。刘义庆《世说新语·文学篇》记载了一次关于南学与北学差异的讨论：

> 褚季野语孙安国云："北人学问，渊综广博。"孙答曰："南人学问，清通简要。"支道林闻之曰："圣贤固所忘言。自中人以还，北人看书，如显处视月；南人学问，如牖中窥日。[1]

褚季野（褚裒）、孙安国（孙盛）都是东晋名士，支道林则属东晋高僧。褚季野说"北人学问，渊综广博"，高度概括北人学问的特点，其言也具"简贵之风"。孙安国随口应答的"南人学问，清通简要"，对南人学问特点的归纳也同样准确、精练。褚、孙二人对于南学与北学的评论虽说简练但稍嫌笼统，准确却失之抽象。支道林说"北人看书，如显处视月；南人学问，如牖中窥日"的评论形象而生动。"显处视月"是说北人学问博而不精，其优点是眼界开阔，其不足是所见模糊，学术认识精微性不足；"牖中窥日"是指南人学问精而不博，见深识远是其所长，视野太窄是其所短。正如余嘉锡先生所言："北人博而不精，南人精而不博。"[2]虽然南学与北学都是以汉学为基础，但因地域差异，政治背景的不同和不同学术传统的影响，南朝经学与北朝经学还是有显著区别。

一、"喜新而得伪"：南学的特点

作为学术概念的"南学"一般指南朝的儒家经学。在南朝170余年的历史发展过程中，不仅朝代迭兴迭亡，皇位争夺激烈，你方唱罢我登

---

[1] 《隋书·儒林传·序》中所说的南、北与《世说新语·文学篇》中所说的南、北一般认为就是指永嘉之乱后的南方和北方，但唐长孺先生有些异议，他在《读〈抱朴子〉推论南北学风的异同》中说："从来引这一段来说明南北学风的都以为褚裒、孙盛和支道林所说的南北就相当于以后南北朝的界限。我觉得在东晋时可能范围有些出入。褚裒（季野）为阳翟人，孙盛（安国）是太原人，所谓南北应指河南北。东迁侨人并不放弃原来籍贯，孙、褚二人的对话只是河南北侨人彼此推重，与《隋书·儒林传·序》所云：'南人约简，得其英华；北学深芜，穷其枝叶'，虽同是南北，而界限是不一致的。"

[2] 刘义庆：《世说新语》上卷，余嘉锡笺疏本，中华书局2011年版，第216页。

场，而且在学术领域，儒学虽然在政治和社会生活中发挥着重要作用，但佛教和道教也获得长足发展，三者之间由冲突到相互包容，逐步走向融合。

从总体上说，南学最重要的特点就是“杂”和“通”，即儒学以开放包容的姿态融合佛教、道教的思想和理论，体现出杂而不纯、新而不厚的特点。北学最重要的特点是“精”和“专”，即学者恪守汉儒旧法，群经之外不涉文史与玄虚，重训诂，学术风格守旧沉稳。《清史稿·儒林传》中说“北学守旧而疑新，南学喜新而得伪”[1]，对南学（指南方学术）和北学（北方学术）的特点做了精辟概括，这句话虽然说的是清代大概以长江为界的南北学术差异，也适用于南北朝时期南学和北学的分野。关于南学，《南史》卷七十一《儒林传·序》说：

> 逮江左草创，日不暇给，以迄宋、齐，国学时或开置，而劝课未博，建之不能十年，盖取文具而已。是时乡里莫或开馆，公卿罕通经术。朝廷大儒，独学而弗肯养众；后生孤陋，拥经而无所讲习，大道之郁也久矣乎！至梁武创业，深愍其弊，天监四年，乃诏开五馆，建立国学，总以五经教授，置五经博士各一人。于是以平原明山宾、吴郡陆琏、吴兴沈峻、建平严植之、会稽贺玚补博士，各主一馆。馆有数百生，给其饩廪，其射策通明经者，即除为吏，于是怀经负笈者云会矣。又选学生遣就会稽云门山，受业于庐江何胤。分遣博士、祭酒，到州郡立学。七年，又诏皇太子、宗室、王侯始就学受业，武帝亲屈舆驾，释奠于先师先圣，申之以宴语，劳之以束帛，济济焉，洋洋焉，大道之行也如是。及陈武创业，时经丧乱，衣冠殄瘁，寇贼未宁，敦奖之方，所未遑也。天嘉以后，稍置学官，虽博延生徒，成业盖寡。

这里呈现的并不是儒学中衰颓景，而是一派兴隆之象。仅在《南史·儒林传》中就记述了伏曼容、何佟之、严植之、司马筠、卞华、崔灵恩、孔佥、卢广、沈峻、孔子袪、皇侃、沈洙、戚衮、郑灼、全缓、张讥、

[1] 赵尔巽：《清史稿》卷四百八十《儒林传·序》，中华书局1977年版，第13099页。

顾越、沈不害、王元规等有成就的儒家学者20多人。

伏曼容既是一个儒家学者，也是一个通儒，他治学领域宽泛，知识博杂。《南史·伏曼容传》记载：

> 曼容早孤，与母兄客居南海。少笃学，善《老》《易》，倜傥好大言。常云："何晏疑《易》中九事，以吾观之，晏了不学也。故知平叔有所短。"聚徒教授以自业。为骠骑行参军。宋明帝好《周易》，尝集朝臣于清暑殿讲，诏曼容执经。曼容素美风采，明帝恒以方嵇叔夜，使吴人陆探微画叔夜像以赐之。为尚书外兵郎，尝与袁粲罢朝相会言玄理，时论以为一台二绝。升明末，为辅国长史、南海太守，至石门作《贪泉铭》。齐建元中，上书劝封禅，高帝以为其礼难备，不从。仕为太子率更令，侍皇太子讲。卫将军王俭深相爱好，令与河内司马宪、吴郡陆澄共撰《丧服义》。及竟，又欲与定礼乐，会俭薨。建武中，拜中散大夫。时明帝不重儒术，曼容宅在瓦官寺东，施高坐于听事，有宾客，辄升高坐为讲说，生徒常数十百人。梁台建，召拜司徒司马，出为临海太守。天监元年卒官，年八十二。曼容多伎术，善音律，射驭、风角、医算，莫不闲了。为《周易》《毛诗》《丧服集解》，《老》《庄》《论语义》。[1]

从伏曼容一生治学和著述来看，他儒、道兼通，尤善《周易》，曾执经为宋明帝讲经于清署殿，还擅长伎术，善音律、射驭、风角、医算，简直是一个通才，与汉代那些皓首穷经的儒生风采颇异。

梁武帝更是一位博学多通的学者。《梁书·武帝纪》的后论对梁武帝评价甚高：

> 齐季告终，君临昏虐，天弃神怒，众叛亲离。高祖英武睿哲，义起樊、邓，仗旗建号，濡足救焚，总苍兕之师，翼龙豹之阵，云骧雷骇，翦暴夷凶，万邦乐推，三灵改卜。于是御凤历，握龙图，辟四门，弘招贤之路，纳十乱，引谅直之规。兴文学，修郊祀，治

[1]《南史》卷七十一《伏曼容传》，中华书局1975年版，第1731页。

> 五礼，定六律，四聪既达，万机斯理，治定功成，远安迩肃。加以天祥地瑞，无绝岁时。征赋所及之乡，文轨傍通之地，南超万里，西拓五千。其中瑰财重宝，千夫百族，莫不充牣王府，蹶角阙庭。三四十年，斯为盛矣。自魏、晋以降，未或有焉。及乎耄年，委事群幸。然朱异之徒，作威作福，挟朋树党，政以贿成，服冕乘轩，由其掌握，是以朝经混乱，赏罚无章。"小人道长"，抑此之谓也。贾谊有云"可为恸哭者矣"。遂使滔天羯寇，承间掩袭，鹫羽流王屋，金契辱乘舆，涂炭黎元，黍离宫室。呜呼！天道何其酷焉。虽历数斯穷，盖亦人事然也。[1]

姚思廉对于梁武帝的评论很中肯，梁武帝既是"西邸八友"之一，文学素养深厚，又撰有《通史》，有很高的史学造诣。更为突出的是，梁武帝对佛学有很深的研究，成果丰富，撰有《涅槃》《大品》等佛学著作数百卷。梁武帝倡扬佛学的同时，还下诏立国学，立五经学馆，延请五经博士开设讲座，他自己撰有《周易讲疏》《毛诗答问》等经学著作 200 多卷。此外，梁武帝对道家也多有研究，撰有《老子讲疏》。梁武帝不仅儒、释、道皆通，而且其思想和学术体系极具包容性，他倡导儒、释、道"三教同源"，在中国古代学术史和思想史上有极其重要的意义。

梁武帝认为"建国君民，立教为首，砥身砺行，由乎经术"，儒学在治国安邦中有着重要意义，但是，魏晋以来，"儒教沦歇"，儒学在一定程度上失去了维系世道人心的功能。梁武帝屡下诏书，希望振兴儒学，天监四年（505）下令在朝廷置五经博士，开馆授徒。他在诏书中说："二汉登贤，莫非经术，服膺雅道，名立行成。魏、晋浮荡，儒教沦歇，风节罔树，抑此之由。"[2] 天监八年又下诏说："朕思阐治纲，每敦儒术，轼闾辟馆，造次以之。……其有能通一经、始末无倦者，策实之后，选可量加叙录。虽复牛监羊肆，寒品后门，并随才试吏，勿有遗隔。"[3] 天监十五年下诏："观时设教，王政所先，兼而利之，实惟务本，移风致

---

[1] 《梁书》卷三《武帝纪下》"史臣曰"，中华书局 1973 年版，第 97—98 页。

[2] 《梁书》卷四十八《儒林传·序》，中华书局 1973 年版，第 662 页。

[3] 《梁书》卷二《武帝纪中》，中华书局 1973 年版，第 49 页。

治，咸由此作。”[1]

梁武帝为了推行儒术，在天监二年的诏书中把儒家经典称之为“圣典”。他在诏书中说：“三讯五听，著自圣典，哀矜折狱，义重前诰，盖所以明慎用刑，深戒疑枉，成功致治，罔不由兹。”[2] 梁武帝对儒家的经典以“圣典”称之，表示要依之治国理政。在儒家学说中，周礼更受到梁武帝的重视，并把周礼作为治国的思想武器。梁武帝初登皇位便颁下诏书说：“礼坏乐缺，故国异家殊，实宜以时修定，以为求准”[3]，令何佟之、贺玚、严植之等人修定五礼，疑难之处，亲自制旨裁断。五礼修成之后，颁发施行，明令天下，按礼察事。经过梁武帝的倡导和支持，梁代儒学兴盛，如曹道衡、沈玉成等先生所说：“南朝的儒学在梁代最为兴盛。《隋书·经籍志》经部著录魏晋南朝的学术著作，除《周易》而外，绝大部分出于南朝人之手，南朝人中又以梁代为多，这也可以从一个方面说明儒学在南朝的振兴情况。”[4]

梁武帝崇儒的同时，也倡扬佛教，二者并行不悖。他“少而笃学，洞达儒玄”[5]。而在宗教信仰上，梁武帝先受道法，后又奉佛。天监三年（504）四月八日，梁武帝亲率僧侣二万人在重云殿重阁亲制《舍道事佛文》，发愿信奉佛教，带头示范并下诏“舍道事法”，皈依佛教，他在诏书中说：“弟子经迟迷荒，耽事老子，历叶相承，染此邪法。习因善发，弃迷知返。今舍旧医，归凭正觉。愿使未来生世，童男出家，广弘经教，化度含识，同共成佛。宁在正法中长沦恶道，不乐依老子教暂得生天。”[6] 梁武帝皈依后，不仅严格按照佛教徒的戒律诵经修行，还在相当长的一段时间内做到不饮酒，不食肉，断房事，优待僧侣，他还经常向僧徒讲经，组织高僧译编佛教典籍，提倡义学，而他自己也著述不

---

[1]《梁书》卷二《武帝纪中》，中华书局 1973 年版，第 55 页。
[2]《梁书》卷二《武帝纪中》，中华书局 1973 年版，第 39 页。
[3] 朱盘铭：《南朝齐会要·吉礼》，上海古籍出版社 2006 年版。
[4] 曹道衡、沈玉成：《南北朝文学史》，人民文学出版社 1991 年版，第 6 页。
[5]《梁书》卷三《武帝纪下》，中华书局 1973 年版，第 96 页。
[6] 道宣：《广弘明集》卷第四《叙梁武帝舍事道法》，上海古籍出版社 1991 年版，第 116 页。

辍，曾四次舍身京都（金陵，今南京）同泰寺。

梁武帝对儒学始终保持开放包容的学术心态，对于儒、佛、道做到互融互通，不持门户之见，提出了“三教同源”说。梁武帝认为，儒、道、佛三教的旨趣虽然各不相同，但三教各有妙用，不能偏废。比如儒家教导人们恪守礼法伦常，讲究忠孝节义；道教劝说人们处世淡泊，不要计较争夺，讲求羽化成仙；佛教引导人们向往极乐净土，宣扬六色皆空。但儒、释、道三教有一个共同点，即都要求人们安于现状，积德行善，因此，在儒、道、佛三教之间，在理论上可以融会贯通，在实践上可以互为补充。梁武帝常常把儒、释、道三教始祖孔子、释迦牟尼、老子称为“三圣”，力图调和三教之间的矛盾冲突，强调三教之间可以融通。

有“三教同源”论的理论基础，梁武帝在儒学、佛学和道家学说的论述中，就做到儒、释、道互释互训，尤其是把佛学、道家学说融会到儒学中。

“孝”是儒家核心观念，梁武帝一生特别强调孝道，曾作《孝思赋》，他在《孝思赋·序》中说：

> 每读《孝子传》，未尝不终轴辍书悲恨，拊心呜咽。年未髫龀，内失所恃，馀喘弥嫈，奶媪相长。齿过弱冠，外失所怙，限职荆蛮，致阙晨昏，江途辽敻，家无指信，仿佛行路。先君体有不安，昼则辍食，夜则废寝，方寸烦乱，容身无所，便投刺解职，以遵归路。……念子路见于孔丘曰：“由事二亲之时，常食藜藿之食，为亲负米百里之外。亲殁之后，南游于楚，从车百乘，积粟万钟，累茵而坐，列鼎而食。愿食藜藿之食，为亲负米，不可复得。”每感斯言，虽存若亡，父母之恩，云何可报？慈如河海，孝若涓尘。今日为天下主，而不及供养，譬犹荒年而有七宝，饥不可食，寒不可衣，永慕长号，何解悲思？乃于钟山下建大爱敬寺，于青溪侧造大智度寺，以表罔极之情，达追远之心。不能遗《蓼莪》之哀，复于宫内起至敬殿，竭工匠之巧，尽世俗之奇，水石周流，芳树杂沓。限以国事，亦复不能得朝夕侍食，唯有朔望亲奉馈奠。虽复荐珍羞，而无所瞻仰，

内心崩溃，如焚如灼。情切于衷，事形于言，乃作《孝思赋》云尔。[1]

孔子的得意学生子路生长在非常贫穷的家庭里，吃得不好，穿得也不好。但他为了让父母能吃到米饭，到百里之外买米，背回家奉养父母。虽然辛苦，但子路奉孝之心始终没有间断。后来子路“南游于楚，从车百乘，积粟万钟，累茵而坐，列鼎而食”，可是他的父母已经先后过世，子路很感伤自己已经没有机会再食藜藿，为父母百里负米了。子路的孝行感动了孔子，他赞赏子路孝事父母的行为。父母健在时，子路能尽心尽力，父母过世后，仍然能够尽其哀思之情。梁武帝“为天下主，而不及供养”，与子路之悲同，他建设寺庙，以表罔极之情，达追远之心，并撰作《孝思赋》。

寺院本来是佛教徒供奉和修行的地方，梁武帝却用来作为供奉祖先的场所，以表示孝悌追念之情。实际上梁武帝在对佛教的信仰中渗透着儒家的精神，即提倡孝道，发扬礼教。梁武帝通常用佛教的思想来阐述儒家的孝道。他曾在《净业赋·序》中说：

朕布衣之时，唯知礼义，不知信仰，烹宰众生，以接宾客，随物肉食，不识菜味，及至南面，富有天下，远方珍羞，贡献相继，海内异食，莫不毕至，方丈满前，百味盈俎，乃方食辍筯，对案流泣，恨不得以及温凊，朝夕供养，何心独甘此膳，因尔蔬食，不啖鱼肉，虽自内行，不使外知。[2]

梁武帝说自己从前由于不知信向，不忌杀生食肉。自从信仰佛教，有了信向，感悟众生，建庙立寺，不食鱼肉，改行素食。从表面上看，梁武帝是皈依佛教，但实质上是报答祖先的恩情，寄托孝思。这一点，当时

[1] 道宣：《广弘明集》卷第二十九《孝思赋·序》，上海古籍出版社1991年版，第347页。

[2] 道宣：《广弘明集》卷第二十九《净业赋·序》，上海古籍出版社1991年版，第346页。

王公大臣们看得很清楚。在与大臣们讨论神灭和神不灭的问题时，萧琛曾经说："敕旨所答臣下审神天论，妙测机神，发挥礼教，实足使净法增光，儒门敬业，物悟缘觉，民思孝道；人伦之本，于兹益明。"[1] 孙挹也认为梁武帝使"孝敬被乎群黎，训范侔于先圣。"[2] 梁武帝对于佛教的信奉，主要还是借佛教的形式来宣传他的儒家孝道。

梁武帝还运用佛教中性和欲的相关观念来阐述发挥他的儒家主张。他在《净业赋·序》中说："《礼》云：人生而静，天之性也，感物而动，性之欲也。有动则心垢，有静则心净。外动既止，内心亦明。始自觉悟，患累无所由生也。"[3] 梁武帝认为心性（神明）本来是清静的，由于接触外界，产生情感上的好恶和情欲，使心性蒙上尘垢，只有摆脱外界达到觉悟，才能不再产生烦恼，也就是说，必须通过修行而使心性洁净(返性)，才能达到解脱。

梁武帝又说："为善多而岁积，明行动而日新，常与德而相随，恒与道而为邻；见净业之爱果，以不杀而为因。离欲恶而自修，故无障于精神。患累已除，障碍亦净，如久澄水，如新磨镜，外照多象，内见众病，既除客尘，反还自性。"[4] 梁武帝把佛教理论融入儒家思想的阐释之中，提出返性论。他通过对佛教"成佛学说"的吸取和加工，用来阐释儒家的人性理论，丰富了儒家人性学说的内涵。虽然梁武帝的儒学掺杂有诸多佛学理论，显得有些杂而不纯，但对唐代李翱的"复性"说和宋代的理学都产生了一定影响。

萧梁时期释法云很赞赏梁武帝用孝享之礼来弘扬佛教的因果学说，他认同梁武帝从儒、佛结合的角度来阐释孝的意义。他说："孝享之礼既

[1] 僧祐：《弘明集》卷第十《萧琛答》，刘立夫、胡勇译注本，中华书局 2013 年版，第 654—655 页。

[2] 僧祐：《弘明集》卷第十《孙挹答》，刘立夫、胡勇译注本，中华书局 2013 年版，第 682 页。

[3] 道宣：《广弘明集》卷第二十九《净业赋·序》，上海古籍出版社 1991 年版，第 346 页。

[4] 道宣：《广弘明集》卷第二十九《净业赋·序》，上海古籍出版社 1991 年版，第 346 页。

彰，桀怀曾史之慕，三世之言复阐，纣协波仑之情，预非草木，谁不歌叹。”[1] 这就从理论上肯定了佛法与儒家的孝道是可以融合的，认为二者都有利于提升人世间的道德和觉悟。此外，梁代僧祐在《弘明集》后序中也特别针对当时神灭论对佛教的批评，重申了“若疑人死神灭，无有三世，是自诬其性灵，而蔑弃其祖祢也”。“苟亡而有灵，则三世如镜，变化轮回，孰知其极？俗士执礼而背叛五经，非直诬佛，亦侮圣也”。[2] 僧祐对于范缜等人坚持神灭论的批评，强调神灭论者实质上是否认自性清静而为菩提觉悟之体，这是对佛教的诬蔑。同时，由于神灭论者蔑弃祖先不灭的神灵而怀疑孝享礼教的真实意义，也是对儒家圣人之教的侮辱。据此可见僧祐特别强调佛法对孝道的包容，努力把儒家的礼教与佛法的教化在伦理层面加以调和，从而使佛教更易被社会民众接纳。从历史上看，梁代的高僧们都试图从我国传统的伦理观念和道德实践出发，以梁武帝神不灭论为思想切入点阐明佛学并不排斥儒家的孝道，相反还可以将孝道包容在其内。这种在理论上融合儒、释两教的努力，促进佛教深植于中国传统文化之中，也使佛教获得了强大的生命力。

二、“守旧而疑新”：北学的特点

据目前所知，作为学术范畴的“北学”首先出现在唐初撰修的《隋书·儒林传》，其中说：“大抵南人约简，得其英华；北学深芜，穷其枝叶。”这里的“北学”是指北朝的经学。

北朝历代当政者虽然主要是鲜卑族等少数民族，这些少数民族建立的政权为了获得汉人的支持，极力推崇儒学，既需要借助儒学取得汉族士人的合作与支持，也用汉族的先进文化来提高本民族的文化素质。因此，儒学在北方不仅没有衰落，反而儒风昌盛。赵翼说：“北朝偏安窃据之国，亦知以经术为重。在上者既以此取士，士亦争务于此以应上之求。

[1] 僧祐：《弘明集》卷第十释法云《与王公朝贵书》，刘立夫、胡勇译注本，中华书局 2013 年版，第 642 页。

[2] 僧祐：《弘明集·后序》，刘立夫、胡勇译注本，中华书局 2013 年版，第 998 页。

故北朝经学较南朝稍盛，实上之人有以作兴之也。”[1] 出于政治的需要，北朝统治者都纷纷提倡儒学，后赵统治者石虎“虽昏虐无道，而颇慕经学，遣国子博士诣洛阳写石经，校中经于秘书。国子祭酒聂熊注《穀梁春秋》，列于学官”[2]。前秦王苻坚大力展开经学的普及教育活动，颁布《简学生受经诏》，大力推崇儒学。对于北朝儒学的发展，《魏书·儒林传·序》说：“太祖初定中原，虽日不暇给，始建都邑，便以经术为先，立太学，置五经博士生员千有余人。天兴二年春，增国子太学生员至三千。岂不以天下可马上取之，不可以马上治之，为国之道，文武兼用，毓才成务，意在兹乎？圣达经猷，盖为远矣。”[3] 在统治者的倡导和支持下，北朝儒学得到很大发展，出现了“天下承平，学业大盛。故燕齐赵魏之间，横经著录，不可胜数。大者千余人，小者犹数百”[4] 的局面。

《隋书·儒林传·序》说“河、洛《左传》则服子慎，《尚书》《周易》则郑康成。《诗》则并主于毛公，《礼》则同遵于郑氏”，这些记载都表明北朝经学直接承继东汉末年的郑玄，没有过多渲染清谈玄风，而是固守汉儒师说，以章句义疏为宗，体现出学风笃实，严格遵守师传的特色。北朝经学从好的方面说，经学义旨纯而不杂，简朴纯粹；从不好的方面说，经学家不敢直抒胸臆，却是跟在汉儒的后面亦步亦趋，缺乏创新，显得内敛而保守。

对于北朝学者所学所习，《魏书·儒林传》记载天平四年（537）东魏儒家学者李业兴出使萧梁，在会见梁武帝萧衍时，双方有一段关于儒学的讨论：

> 萧衍亲问业兴曰：“闻卿善于经义，儒、玄之中何所通达？”业兴曰：“少为书生，止读五典，至于深义，不辨通释。”衍问：“《诗·周

---

[1] 赵翼：《廿二史札记》卷十五《北朝经学》，王树民校证本，中华书局1984年版，第314页。

[2] 《晋书》卷一百六《石季龙载记》，中华书局1974年版，第2774页。

[3] 《魏书》卷八十四《儒林传·序》，中华书局1974年版，第1814页。

[4] 《魏书》卷八十四《儒林传·序》，中华书局1974年版，第1842页。

南》，王者之风，系之周公；《邵南》，仁贤之风，系之《邵公》。何名为系？”业兴对曰：“郑注《仪礼》云：昔大王、王季居于岐阳，躬行《邵南》之教，以兴王业。及文王行今《周南》之教以受命。作邑于酆，分其故地，属之二公，名为系。”衍又问：“若是故地，应自统摄，何由分封二公？”业兴曰：“文王为诸侯之时所化之本国，今既登九五之尊，不可复守诸侯之地，故分封二公。”衍又问：“《乾卦》初称‘潜龙’，二称‘见龙’，至五‘飞龙’。初可名为虎。”问意小乖。业兴对：“学识肤浅，不足仰酬。”衍又问：“《尚书》‘正月上日受终文祖’，此是何正？”业兴对：“此是夏正月。”衍言何以得知。业兴曰：“案《尚书中候运行篇》云‘日月营始’，故知夏正。”衍又问：“尧时以何月为正？”业兴对：“自尧以上，书典不载，实所不知。”衍又云：“‘寅宾出日’，即是正月。‘日中星鸟，以殷仲春’，即是二月。此出《尧典》，何得云尧时不知用何正也？”业兴对：“虽三正不同，言时节者皆据夏时正月。《周礼》，仲春二月会男女之无夫家者。虽自周书，月亦夏时。尧之日月，亦当如此。但所见不深，无以辨析明问。”衍又曰：“《礼》，原壤之母死，孔子助其沐椁。原壤叩木而歌曰：‘久矣夫，予之不讬于音也。狸首之班然，执女手之卷然。’孔子圣人，而与原壤为友？”业兴对：“孔子即自解，言亲者不失其为亲，故者不失其为故。”又问：“原壤何处人？”业兴对曰：“郑注云：原壤，孔子幼少之旧，故是鲁人。”衍又问：“孔子圣人，所存必可法。原壤不孝，有逆人伦，何以存故旧之小节，废不孝之大罪？”业兴对曰：“原壤所行，事自彰著。幼少之交，非是今始，既无大故，何容弃之？孔子深敦故旧之义，于理无失。”衍又问：“孔子圣人，何以书原壤之事，垂法万代？”业兴对曰：“此是后人所录，非孔子自制。犹合葬于防，如此之类，《礼记》之中动有百数。”衍又问：“《易》曰太极，是有无？”业兴对：“所传太极是有，素不玄学，何敢辄酬。”[1]

梁武帝萧衍与李业兴的这段对话，涉及对儒学的理解，学问精深。但有

[1] 《魏书》卷八十四《儒林·李业兴传》，中华书局1974年版，第1863—1864页。

两点十分明显，其一，李业兴自己认为他只习读儒家五经，“素不玄学”，对玄学所言的范畴和思想不感兴趣，也不是太了解。其二，李业兴在回答萧衍的提问时，一般都是引郑玄的经注进行解答，很明显地看到北朝经学对于郑学的直接承袭。

徐遵明是北魏后期的经学家，也是北朝经学宗师，讲学二十多年，门生弟子众多，《北齐书·儒林传·序》说：“凡是经学诸生，多出自魏末大儒徐遵明门下。”[1] 在徐遵明门下受业的弟子如卢景裕、崔瑾、李铉、祖俊等都学有所成。[2]

北魏前期，北方经学学者学风尚且自由，并不恪守汉儒旧说。《魏书·高允传》载：“是时，著作令史闵湛、郄摽性巧佞，为浩信待。见浩所注《诗》《论语》《尚书》《易》，遂上疏，言马、郑、王、贾虽注述六经，并多疏谬，不如浩之精微。乞收境内诸书，藏之秘府。班浩所注，命天下习业。并求敕浩注《礼传》，令后生得观正义。浩亦表荐湛有著述之才。既而劝浩刊所撰国史于石，用垂不朽，欲以彰浩直笔之迹。允闻之，谓著作郎宗钦曰：‘闵湛所营，分寸之间，恐为崔门万世之祸。吾徒无类矣。’未几而难作。”[3] 虽然闵湛有溜须拍马之嫌，但也说明崔浩所注《诗》《论语》《尚书》《易》与马融、郑玄、王肃和贾逵所说有些不同，自出了一些新意。《魏书·儒林传》载：

> 陈奇……性气刚亮，与俗不群。爱玩经典，博通坟籍，常非马融、郑玄解经失旨，志在著述五经。始注《孝经》《论语》，颇传于世，为搢绅所称。……奇所注《论语》，矫之传掌，未能行于世，其义多异郑玄，往往与司徒崔浩同。
>
> 刘献之……少而孤贫，雅好《诗》《传》，曾受业于渤海程玄，后遂博观众籍。……献之善《春秋》《毛诗》，每讲《左氏》，尽隐公八年便止，云义例已了，不复须解。……时中山张吾贵与献之齐名，

[1] 《北齐书》卷四十四《儒林传·序》，中华书局 1972 年版，第 583 页。

[2] 关于徐遵明授业师承，刘汝霖《东晋南北朝学术编年》所附《徐遵明传经表》，及焦桂美《南北朝经学史》第一章《关于南北朝经学的宏观考察》述之颇详，可资参阅。

[3] 《魏书》卷四十八《高允传》，中华书局 1974 年版，第 1070 页。

海内皆曰儒宗。吾贵每一讲唱，门徒千数，其行业可称者寡。献之著录，数百而已，皆经通之士。于是有识者辨其优劣。魏承丧乱之后，五经大义虽有师说，而海内诸生多有疑滞，咸决于献之。六艺之文，虽不悉注，然所标宗旨，颇异旧义。

张吾贵……少聪惠口辩，身长八尺，容貌奇伟。年十八，本郡举为太学博士。吾贵先未多学，乃从郦诠受《礼》，牛天祐受《易》。诠、祐粗为开发，而吾贵览读一遍，便即别构户牖。世人竞归之。曾在夏学，聚徒千数而不讲《传》，生徒窃云张生之于《左氏》似不能说。吾贵闻之，谓其徒曰："我今夏讲暂罢，后当说《传》，君等来日皆当持本。"生徒怪之而已。吾贵谓刘兰云："君曾读《左氏》，为我一说。"兰遂为讲。三旬之中，吾贵兼读杜、服，隐括两家，异同悉举。诸生后集，便为讲之，义例无穷，皆多新异。

陈奇、刘献之、张吾贵都是北魏早期学者，他们研习五经，并没有拘泥于郑玄等汉儒旧说，"不本先儒之旨"，多有新见新解。但是，自徐遵明以后，北朝经学学风有所改变，即由"不本先儒之旨"到"宗汉学，矩服（虔）、郑（玄）"的变化。

从《魏书·徐遵明传》来看，徐遵明学无常师，学识多在自得，马宗霍说："盖遵明师则择良而事，书则择善本而读，而卒要之于自得，故能博综兼览，不为一派一家所囿。"[1] 徐遵明虽然"冠盖一时，师表当世"[2]，受业弟子逾万人，但他并没有留下什么著述，《春秋义章》是我们唯一所知的徐遵明的著述，但文本无存。《北史·儒林传·序》云：

自魏末，大儒徐遵明门下讲郑玄所注《周易》。遵明以传卢景裕及清河崔瑾。景裕传权会、郭茂。权会早入邺都，郭茂恒在门下教授，其后能言《易》者，多出郭茂之门。河南及青齐之间，儒生多讲王辅嗣所注，师训盖寡。

齐时，儒士罕传《尚书》之业，徐遵明兼通之。遵明受业于屯

[1] 马宗霍：《中国经学史》，上海书店 1984 年版，第 82 页。

[2] 《魏书》卷八十四《儒林·徐遵明传》，中华书局 1974 年版，第 1856 页。

> 留王聪，传授浮阳李周仁及勃海张文敬、李铉、河间权会，并郑康成所注，非古文也。下里诸生，略不见孔氏注解。武平末，刘光伯、刘士元始得费甝《义疏》，乃留意焉。
>
> 其《诗》《礼》《春秋》，尤为当时所尚，诸生多兼通之。
>
> 三礼并出遵明之门。徐传业于李铉、祖俊、田元凤、冯伟、纪显敬、吕黄龙、夏怀敬。李铉又传授刁柔、张买奴、鲍季详、邢峙、刘昼、熊安生。安生又传孙灵晖、郭仲坚、丁恃德。其后生能通《礼经》者，多是安生门人。诸生尽通《小戴礼》。于《周仪礼》兼通者，十二三焉。
>
> 通《毛诗》者，多出于魏朝刘献之。献之传李周仁。周仁传董令度、程归则。归则传刘敬和、张思伯、刘轨思。其后能言《诗》者，多出二刘之门。
>
> 河北诸儒能通《春秋》者，并服子慎所注，亦出徐生之门。张买奴、马敬德、邢峙、张思伯、张奉礼、张彫、刘昼、鲍长宣、王元则并得服氏之精微。又有卫觊、陈达、潘叔虔，虽不传徐氏之门，亦为通解。又有姚文安、秦道静，初亦学服氏，后兼更讲杜元凯所注。其河外儒生，俱伏膺杜氏。其《公羊》《穀梁》二传，儒者多不厝怀。
>
> 《论语》《孝经》，诸学徒莫不通讲。诸儒如权会、李铉、刁柔、熊安生、刘轨思、马敬德之徒，多自出义疏。虽曰专门，亦皆相祖习也。

据此，我们可以知道，徐遵明所传习的《周易》《尚书》都是郑玄注本，《左传》是服虔注本，《周礼》《仪礼》和《礼记》三礼虽然没有说明徐遵明所传何本，但其徒李铉在传道授业过程中，“以去圣久远，文字多有乖谬，于讲授之暇，遂览《说文》《仓》《雅》，删正六艺经注中的谬字，名曰《字辨》。”[1] 李铉删正六艺经注中的谬字，撰成《字辨》，这显然是汉代古文经学的学术风格。以此推想，徐遵明所传三礼应该也是汉儒之说。

---

[1]《北史》卷八十一《儒林·李铉传》，中华书局1974年版，第2726—2727页。

熊安生是北朝中后期经学大师，先后入仕北齐和北周，尤其得到周武帝宇文邕的信任和重用。《北史·熊安生传》记载了他与周武帝宇文邕的一次对话：

> 俄而帝幸其第，诏不听拜，亲执其手，引与同坐，谓曰："朕未能去兵，以此为愧。"安生曰："黄帝尚有阪泉之战，况陛下龚行天罚乎!"帝又曰："齐氏赋役繁兴，竭人财力，朕救焚拯溺，思革其弊，欲以府库及三台杂物散之百姓，公以为何如?"安生曰："昔武王克商，散鹿台之财，发巨桥之粟，陛下此诏，异代同美。"帝又曰："朕何如武王?"安生曰："武王伐纣，悬首白旗；陛下平齐，兵不血刃，愚谓圣略为优。"帝大悦。

这段对话，周武帝问了熊安生三个问题，熊安生在回答这些问题时，不是微言大义，而都是引述历史事实为证，没有一句玄虚之言，深刻体现了北朝经学家笃实的学术风格。北朝经学家的著述大多不存，给我们认识北朝经学带来了许多困难，但仔细梳理《魏书》《北齐书》《北史》中相关儒学人物的记述，北朝经学的特点还是能够认识清楚的。焦桂美先生在《南北朝经学史》中对北朝经学特点有所归纳和概括。她说：北朝师学虽学承多门却统于一家，即终归于汉注为宗，北朝师承的兼容与开放是以专宗汉注为前提的。而徐遵明正是北朝师学汉学习尚的奠基者。徐氏以前，北朝经学虽然有偏爱汉学传统的倾向，却未产生一个具有明确学术宗主、有强大凝聚力、能源远流长的经学学派。直到北魏中期，以徐遵明、刘献之为中心，以申明汉学为根本的经学学派最终形成。此后，崇尚汉学、专宗汉注成为北朝经学的鲜明特色。[1]

三、南北经学比较

从总体来说，南学"喜新而得伪"，北学"守旧而疑新"，南学与北

[1] 参阅焦桂美：《南北朝经学史》，第一章《关于南北朝经学的宏观考察》第一节《南北朝师学的发展特点及其特色》，上海古籍出版社 2009 年版。

学出现明显异趣。南朝经学与北朝经学分立，既是政治分裂的结果，也是经学传承路径相异所致。如何具体理解南学与北学的差异，梁启超在《论中国学术思想变迁之大势》一书中做过精辟论述，可为我们提供一些启示。梁启超说：

> 北地苦寒硗瘠，谋生不易，其民族销磨精神日力以奔走衣食、维持社会，犹恐不给，无余裕以驰骛于玄妙之哲理，故其学术思想，常务实际，切人事，贵力行，重经验，而修身齐家治国利群之道术，最发达焉。惟然，故重家族，以族长制度为政治之本，敬老年，尊先祖，随而崇古之念重，保守之情深，排外之力强。则古昔，称先王；内其国，外夷狄；重礼文，系亲爱；守法律，畏天命：此北学之精神也。南地则反是。其气候和，其土地饶，其谋生易，其民族不必惟一身一家之饱暖是忧，故常达观于世界以外。初而轻世，既而玩世，既而厌世。不屑屑于实际，故不重礼法；不拘拘于经验，故不崇先王。又其发达较迟，中原之人，常鄙夷之，谓为蛮野，故其对于北方学派，有吐弃之意，有破坏之心。探玄理，出世界；齐物我，平阶级；轻私爱，厌繁文；明自然，顺本性：此南学之精神也。[1]

梁启超从地理环境影响思想文化发展的角度，分析了南学与北学分野和异质的原因及其差异性的具体表现。梁启超所言的南学与北学，虽然指的是先秦时期就出现分化的南方学术和北方学术，在时间和空间上要早于并宽于南北朝时期的北方经学和南方经学，但也可作为理解南学与北学差异性的重要启示。

南、北学人的治学风格在先秦时期就已有区别，这种分野和区别在汉末魏初表现得更突出，更鲜明；西晋以后，经学与玄学融合，逐渐玄学化，阐发经义时，不拘泥于家法章句，重在义理疏通，使南方经学呈现清通简要特征。而永嘉之乱后，北方诸国和北朝经学家仍然固守古文

[1] 梁启超：《论中国学术思想变迁之大势》，夏晓虹导读本，上海古籍出版社 2001 年版，第 25—26 页。

经学的藩篱，拒斥老、庄，以章句训诂为学问，北人学问具有渊综广博特色。南北朝对峙，南北方学术风格的不同较集中体现在南方经学与北方经学的差异性上。

第一，南方经学尚今文经学，北方经学尚古文经学。自西汉出现古文经学与今文经学的分野以来，不同地域学者的学术理路就有明显差异。大体来说，东汉以后，北方学者多治古文经学，博通是其学术特色。南方学者多治今文经学，表现出较强的思辨性。北方学者如杜林“博洽多闻，时称通儒”，桓谭“博学多通，遍习五经，皆诂训大义，不为章句”，贾逵“博物多识”，班固“博贯载籍，九流百家之言，无不穷究，所学无常师，不为章句，举大义而已”，崔骃“博学有伟才，尽通古今训诂百家之言”，马融“才高博洽，为世通儒”，许慎“少博学经籍，马融常推敬之，时人为之语曰：‘五经无双许叔重’”，周举“博学恰闻，为儒者所宗，故京师为之语曰：‘五经纵横周宣光’”。延笃“从马融受业，博通经传及百家之言，能著文章，有名京师”，荀淑“博学而不好章句”，颍容“博学多通，善《春秋左氏》”，蔡邕“少博学，师事太傅胡广。好辞章、数术、天文，妙操音律”，应劭“少笃学，博览多闻”。[1] 南方虽然也有博学多通的学者，如胡广“学究五经，古今术艺皆毕览之”[2]，但相比较而言，“博通”不是南方学者的最主要学术特征。王充虽然是南方学者，但他的学问源于北方。《后汉书·王充传》载：王充“后到京师，受业太学，师事扶风班彪，好博览而不守章句。家贫无书，常游洛阳市肆，阅所卖书，一见辄能诵忆，遂博通众流百家之言。”[3]

《三国志·尹默传》载：“尹默字思潜，梓潼涪人也。益部多贵今文而不崇章句，默知其不博，乃远游荆州，从司马德操、宋仲子等受古学。”[4] 尹默认为今文经学“不博”，所以要学“古学”，游历到荆州，

[1] 参见《后汉书》卷二十七《杜林传》、卷二十八上《桓谭传》、卷四十《班固传》、卷五十二《崔骃传》、卷六十上《马融传》、卷六十一《周举传》、卷六十四《延笃传》、卷七十九下《许慎传》、卷七十九下《颖容传》、卷六十二《荀淑传》、卷六十下《蔡邕传》、卷四十八《应劭传》，中华书局1965年版。

[2] 《后汉书》卷四十四《胡广传》，中华书局1965年版，第1505页。

[3] 《后汉书》卷四十九《王充传》，中华书局1965年版，第1629页。

[4] 《三国志》卷四十二《蜀书·尹默传》，中华书局1982年版，第1026页。

成为以治古文经学为特色的荆州学派的学术中坚。从学者治学倾向上看，“博通”之人基本都是古文经学家或倾向于古文经学的学者。相反，今文学家中像杨震那样“明经博览，无不穷究”[1] 的学者却较少见到。[2]

直到汉魏之际，南方学者所治最主要的还是今文经学。《三国志》卷五十七《吴书·虞翻传》注引《虞翻别传》载虞翻的一篇上奏说：

> 臣高祖父故零陵太守光，少治孟氏《易》，曾祖父故平舆令成，缵述其业，至臣祖父凤为之最密。臣亡考故日南太守歆，受本于凤，最有旧书，世传其业，至臣五世。前人通讲，多玩章句，虽有秘说，于经疏阔。臣生遇世乱，长于军旅，习经于枹鼓之间，讲论于戎马之上，蒙先师之说，依经立注。

虞翻家族五世相传的“孟氏《易》”属于时人认为“不博”的今文经学。按其本传载，虞翻除撰有《易注》外，“又为《老子》《论语》《国语》训注，皆传于世”。这在吴地学者中是非常突出的，所以孙策认为虞翻“博学洽闻”，希望他能去北方“折中国妄语儿”。除虞翻外，吴地陆绩也是易学大家，按唐长孺先生考证，陆绩专以象数说经，也是今文学家。[3]

南方学者因受玄学和佛学的影响，治经重在阐发义理，兼采众说，别开生面，表现出较强的思辨性和逻辑性，言约旨远。在治经时，南方学者往往任意发挥，翔实不足。如伏曼容之“倜傥好大言”[4]，徐摛“驰骋大义，间以剧谈”[5]，皆有此弊。

北方学者固守汉儒师法。据《虞翻传》载，“翻与少府孔融书，并示以所著《易注》。融答书曰：‘闻延陵之理《乐》，睹吾子之治《易》，乃知东南之美者，非徒会稽之竹箭也。’”[6] 孔融在赞美虞翻，但赞美之

[1] 《后汉书》卷五十四《杨震传》，中华书局 1965 年版，第 1759 页。

[2] 胡宝国：《两晋时期的“南人”、“北人”》，载《文史》2005 年第 4 辑。

[3] 唐长孺：《读〈抱朴子〉推论南北学风的异同》，见《魏晋南北朝史论丛》，生活·读书·新知三联书店 1955 年版，第 362 页。

[4] 《梁书》卷四十八《儒林·伏曼容传》，中华书局 1973 年版，第 662 页。

[5] 《陈书》卷三十三《儒林·戚衮传》，中华书局 1972 年版，第 440 页。

[6] 《三国志》卷五十七《吴书·虞翻传》，中华书局 1982 年版，第 1320 页。

中依然明显地流露出对南方学术的轻视。《三国志》卷四十七《吴主传》注引《吴书》曰：

> 咨字德度，南阳人，博闻多识，应对辩捷，权为吴王，擢中大夫，使魏。魏文帝善之，嘲咨曰："吴王颇知学乎?"咨曰："吴王浮江万艘，带甲百万，任贤使能，志存经略，虽有余间，博览书传历史，藉采奇异，不效诸生寻章摘句而已。"帝曰："吴可征不?"咨对曰："大国有征伐之兵，小国有备御之固。"又曰："吴难魏不?"咨曰："带甲百万，江、汉为池，何难之有?"又曰："吴如大夫者几人?"咨曰："聪明特达者八九十人，如臣之比，车载斗量，不可胜数。"咨频载使北，人敬异。权闻而嘉之，拜骑都尉。咨言曰："观北方终不能守盟，今日之计，朝廷承汉四百之际，应东南之运，宜改年号，正服色，以应天顺民。"[1]

这段发生在魏、吴建国后的故事，说明当时北方人看不起南方学者的学问。《三国志》卷二《魏书·文帝纪》陈寿评曰："文帝天资文藻，下笔成章，博闻强识，才艺兼赅。"有趣的是，替吴王辩解，且"博闻多识"的赵咨却不是吴国本地人，而是原属北方的南阳人。

北魏时期硕学大儒刘献之雅好《毛诗》《春秋左氏传》，《魏书》本传记载：

> （刘献之）见名法之言，掩卷而笑曰："若使杨墨之流不为此书，千载谁知其小也!"曾谓其所亲曰："观屈原《离骚》之作，自是狂人，死其宜矣，何足惜也！吾常谓濯缨洗耳，有异人之迹；哺糟歠醨，有同物之志。而孔子曰：'我则异于是，无可无不可'。诚哉斯言，实获我心。"[2]

刘献之认为屈原太狂狷，这种看法与人们对于屈原及其代表作《离骚》

[1]《三国志》卷四十七《吴书·吴主传》，中华书局1982年版，第1123—1124页。
[2]《魏书》卷八十四《儒林·刘献之传》，中华书局1974年版，第1849页。

的固有看法不同。原来，刘献之是《毛诗》宗师，而《诗经》传统与《离骚》传统恰为北学与南学文风的代表。孔子编选《诗经》是为了实现“兴、观、群、怨”的诗教，表现为严谨的现实主义风格，体现的是儒家正统思想，而《离骚》则以其神奇的想象，香草美人的比拟，开创了我国浪漫主义的先河，具有道家思想倾向。这就不难理解为何刘献之认为屈原之死不足惜。他引孔子的话“我则异于是”，以示自己与南学势不两立。其“诚哉斯言，实获我心”之语，亦足见南北学风之壁垒。[1] 刘师培在《南北文学不同论》中说：

> 春秋以降，诸子并兴，然荀卿、吕不韦之书最为平实，刚志决理，輐断以为纪，其原出于古《礼经》，则秦赵之文也。……屈平之文，音涉哀思，矢耿介，慕灵修，芳草美人，托词喻物，志洁行芳，符于二《南》之比兴，而叙事纪游，遗尘超物，荒唐谲怪，复与庄、列相同。南方之文，此其选矣。[2]

第二，学术传播渠道不同。北学继承汉儒传统，重视师法，经师口授微言，开馆讲学；学子负笈从师，笃守师说，故北学师生相授，传播学术，自成传授系统。南方虽然在政治上等级森严，但在学术风气上则颇为宽松自由。南学打破死守家法、严遵师传的学术传播方式，突破不同学派的藩篱，没有严格的师传系统，学术传播的渠道多种多样。无论君臣之间，高门寒庶之间，前辈后生之间，儒生高僧之间，都可在一定范围内或在同一场所里清谈讨论，切磋学问。没有权威，强调独见，以理服人，《晋书》《世说新语》《南史》对此记载很多，可以说俯拾即是。南方学术交流不拘一格，学术思想不执着于一说，其新奇的义理，雄辩的推论，精微的思辨使人倾倒，令人耳目一新。

第三，治学方式不同。南方学者受玄学与佛学的浸润，治经既“习正始之余论”，又纳佛家之义理；既能基本解说本书原意，又不迂腐比附，拘泥保守；既博取众家之长，又别出新意，表现出一种“言约旨远”

---

[1] 梁世和：《北学与燕赵文化》，载《河北学刊》2004 年第 4 期。
[2] 劳舒编：《刘师培学术论著》，浙江人民出版社 1998 年版，第 163 页。

的治学方式，反映出理论思维能力和哲学思辨水平的提高，故李延寿评曰："南人约简，得其精华。"《晋书》卷九十一《儒林传·序》云：

有晋始自中朝，迄于江左，莫不崇饰华竞，祖述虚玄，摈阙里之典经，习正始之余论，指礼法为流俗，目纵诞以清高，遂使宪章弛废，名教颓毁，五胡乘间而竞逐，二京继踵以沦胥，运极道消，可为长叹息者矣。

北学受汉儒学风的长期熏陶，且染北方少数民族质朴尚实的风尚，治经恪守汉儒烦琐旧注，以章句训诂为宗，严遵师传。如颜之推所云：

学之兴废，随世轻重。汉时贤俊，皆以一经弘圣人之道，上明天时，下该人事，用此致卿相者多矣。末俗已来不复尔，空守章句，但诵师言，施之世务，殆无一可。故士大夫子弟，皆以博涉为贵，不肯专儒。梁朝皇孙以下，总丱之年，必先入学，观其志尚，出身已后，便从文史，略无卒业者。冠冕为此者，则有何胤、刘瓛、明山宾、周舍、朱异、周弘正、贺琛、贺革、萧子政、刘绍等，兼通文史，不徒讲说也。洛阳亦闻崔浩、张伟、刘芳，邺下又见邢子才：此四儒者，虽好经术，亦以才博擅名。如此诸贤，故为上品，以外率多田野间人，音辞鄙陋，风操蚩拙，相与专固，无所堪能，问一言辄酬数百，责其指归，或无要会。邺下谚云："博士买驴，书券三纸，未有驴字。"使汝以此为师，令人气塞。孔子曰："学也禄在其中矣。"今勤无益之事，恐非业也。夫圣人之书，所以设教，但明练经文，粗通注义，常使言行有得，亦足为人；何必"仲尼居"即须两纸疏义，燕寝讲堂，亦复何在？以此得胜，宁有益乎？[1]

颜之推所批评的这种治学方法，虽曰博洽，却食古不化，抱残守缺。故李延寿说："北学深芜，穷其枝叶。"

[1] 颜之推：《颜氏家训》卷三《勉学》，王利器集解本，中华书局1993年版，第176—177页。

第二节　南北史学的异趣

在经学笼罩下，南北朝时期史学的发展也体现出明显的地域化特征，即南朝史学与北朝史学各有特点。关于南朝史学与北朝史学的异同，周一良先生《略论南朝北朝史学之异同》一文从范晔《后汉书》、沈约《宋书》和魏收《魏书》的序、论入手，进行对比分析，揭示出南朝史家序、论“清通简要”，北朝史家序、论“渊综广博”的相异之处。周一良先生的这些认识，成为我们研究和理解南北朝时期史学发展的门径。胡宝国先生对于南朝史学与北朝史学的不同处也有专门研究，他在《汉唐间史学发展》中专立《南北史学异同》一节，从北方史学较为关注与国计民生相关的现实问题，南方史学则较关注宏观玄虚的大道理；相对于南方，北方多官修史书，私人撰述较少；从渊源上看，与继承魏晋的南方史学不同，北方史学比较强调继承汉代传统等三个方面，分析南北史学不同。周一良、胡宝国等先生的这些研究和认识，奠定了分析南北史学异同的学术基础。这里仅从经史关系的角度，以历史撰述形式和历史撰述内容为论述着力点，对南北朝史学差异性进一步做些思考。

相对于汉代来说，魏晋南北朝时期经学确实显现“衰微”之势，史学因此获得长足发展的机会，逐渐摆脱对经学的依附，取得学术上的自立。值得注意的是，史学虽然逐步取得学术上的自立，但经学仍然以潜在的、隐含的和日浸月润的方式对史学发生着方方面面的影响，使史学在独立发展过程中仍然充满经学的趣味，史学在撰史旨趣和历史认识等方面与经学义理仍然保持着一致性，经学与史学在思想上保持着高度默契。因南北经学的异趣，史学发展呈现出明显的地域差异。

对于南朝史学与北朝史学的差异，早在唐朝初年撰修《隋书》时就有所反映。《隋书·经籍志二》后序说：

> 自史官废绝久矣，汉氏颇循其旧，班、马因之。魏、晋已来，其道逾替。南、董之位，以禄贵游，政、骏之司，罕因才授。故梁世谚曰：“上车不落则著作，体中何如则秘书。”于是尸素之俦，盱

衡延阁之上，立言之士，挥翰蓬茨之下。一代之记，至数十家，传说不同，闻见舛驳，理失中庸，辞乖体要。致令允恭之德，有阙于典坟，忠肃之才，不传于简策。斯所以为蔽也。班固以《史记》附《春秋》，今开其事类，凡十三种，别为史部。

《隋书·经籍志》为何要别立史部，其中一个重要原因就是唐初史臣对魏晋以来史学发展不满，尤其是对于东晋南朝史官不得其人，历史撰述不得其体，史书内容不得其理提出严厉批评，这种批评的背后就隐藏着唐初史臣是站在北方史学的立场上审视东晋南朝史学，并对南朝史学表示不满，[1] 南朝史学与北朝史学在唐初史臣眼里就有了分界线。

一、南朝史家撰史“多依《春秋》之体”

从历史编撰的角度来看，史书体例不仅仅是史书内部的组织结构和表述形式问题，更重要的是通过一定的撰写体例，表达作者的历史观念和史学观念。刘知幾指出：“夫书之立约，其来尚矣。如尼父之定《虞书》，以舜为始，而云‘粤若稽古帝尧’。丘明之传鲁史也，以隐为先。”[2] 他又说：“夫史之有例，犹国之有法。国无法，则上下靡定；史无例，则是非莫准。”[3] 刘知幾的话实际上提出了三个问题：一是说讲求体例是中国史学一个由来已久的传统；二是强调体例的重要，如法之于国；三是体例不仅是史书如何撰写的问题，其中也渗透着“是非”，凝聚着史家政治立场和政治倾向，一定的政治要求会影响到历史撰述使用不同的体例。南朝史学与北朝史学的差异性在史家选择历史撰述体例时就有较明显的分野。

南朝经学受玄学和佛学的影响很深，善谈义理，因而南朝史学“多依《春秋》之体”，拟经风气甚浓。《隋书·经籍志二》杂史类小序说：

[1] 参阅胡宝国：《汉唐间史学的发展》，商务印书馆 2003 年版，第 207 页。

[2] 刘知幾：《史通》卷四《断限》，浦起龙通释本，上海古籍出版社 2009 年版，第 88 页。

[3] 刘知幾：《史通》卷四《序例》，浦起龙通释本，上海古籍出版社 2009 年版，第 81 页。

"灵、献之世，天下大乱，史官失其常守。博达之士，愍其废绝，各记闻见，以备遗亡。是后群才景慕，作者甚众。又自后汉已来，学者多钞撮旧史，自为一书，或起自人皇，或断之近代，亦各其志。"[1]《隋书·经籍志二》共著录史学著作817部，13264卷，通计亡书，合874部，16558卷。这些历史著作除极少数是东汉以前和隋朝史家所撰外，绝大部分是魏晋南北朝史家的著作。我们注意到，这些历史著作中有相当一部分都是模仿《春秋》而作，《隋书·经籍志二》古史类小序云：

> 自史官放绝，作者相承，皆以班、马为准。起汉献帝，雅好典籍，以班固《汉书》文繁难省，命颍川荀悦作《春秋左传》之体，为《汉纪》三十篇。言约而事详，辩论多美，大行于世。……其著书皆编年相次，文意大似《春秋经》。诸所记事，多与《春秋》《左氏》扶同。学者因之，以为《春秋》则古史记之正法，有所著述，多依《春秋》之体。

东晋南朝史家依《春秋》之体作史，书名喜用"春秋"二字。《隋书·经籍志二》古史类著录的这类以"春秋"命名的史书就有10部，如袁晔《献帝春秋》、孙盛的《魏氏春秋》等。

自《史记》《汉书》问世后，纪传体成为国史撰述的主流体例并独霸史坛近400年。纪传体的好处是记载史实完整、详赡，如《隋书》卷八十五《魏澹传》引范晔的话说是"网罗一代，事义周悉"，但由于纪传体也有难以克服的缺点，如《史通·六家》篇所云"纪传互出，表志相重，于文为烦，颇难周览"，所以早在汉末，人们已在反省纪传体的缺失。汉献帝有感纪传体史书难以周览，乃命荀悦依《左传》体例撮约旧书，遂成《汉纪》30卷。荀悦《汉纪》问世，使偏废不振达600多年的编年体开始复兴。编年体文简事赅，省约易习，时间观念明确清晰，实非纪传体所能及。尹达主编的《中国史学发展史》说："自荀悦、袁宏相继写成《汉纪》《后汉纪》，使编年体推陈出新，适应于记述封建皇朝兴衰，以总

[1]《隋书》卷三十三《经籍志二》，中华书局1973年版，第964页。

结封建政治的成败，于是，编年体成了可以和纪传体并驾齐驱的一种史体。”[1] 显然，尹达将魏晋南北朝编年史体例发达主要原因归结为荀悦的《汉纪》及袁宏的《后汉纪》的示范和倡导。

虽然荀悦对编年史的重振功不可没，但他的原意只是将班固《汉书》中的表、志融会进入帝纪，化繁为简而已，并非以编年体重修汉史。由于《汉纪》抄撮旧史的特殊性质，其对于后世史家历史撰述的影响是有限的。

干宝是东晋初年史家。整理西晋历史，探究其倾覆的原因，以作为人君治国的殷鉴，是干宝撰史的目的，这一点从留存于世的《晋纪》的史论就可略见一斑。编年体易于省览，便于了解王朝发展的大略与趋势，以明一朝一代的得失成败。也许正是编年体的这些特点，干宝以之撰修国史。干宝批评纪传体的缺失而力倡编年体，与他推崇《左传》不无关系。《史通·二体》篇称“晋世干宝著书，乃盛誉丘明而深抑子长”。“誉丘明”，自然提倡编年体，“抑子长”，当然是批评纪传体，干宝以为编年体胜于纪传体，正如《史通·烦省》篇云：“及干令升《史议》，历诋诸家，而独归美《左传》，云：丘明能以三十卷之约，括囊二百四十年之事，靡有孑遗。斯盖立言之高标，著作之良模也。”[2] 虽然《史议》已不可见，但从刘知幾所言看，标榜编年体无疑是《史议》的一个重要内容之一。

干宝推崇编年体，诋斥纪传体，对东晋史坛影响甚大，可谓开一代史学风气。从残存的佚文看，《晋纪》的编撰技巧及整体水平相当高，为编年体提供了很好的示范，使编年体在东晋南北朝大盛，与纪传体并驾齐驱，出现了《史通·二体》篇所言“后来作者，不出二途”的局面。《史通·六家》也说：“自是每代国史，皆有斯作（指编年体），起自后汉，至于高齐。如张璠、孙盛、干宝、徐贾、裴子野、吴均、何之元、王劭等，其所著书，或谓之春秋，或谓之纪，或谓之略，或谓之典，或

[1] 尹达主编：《中国史学发展史》，中州古籍出版社 1985 年版，第 117 页。
[2] 刘知幾：《史通》卷九《烦省》，浦起龙通释本，上海古籍出版社 2009 年版，第 244 页。

谓之志。虽名各异，大抵皆依《左传》以为的准焉。”[1] 仅东晋撰修的编年体史著，除干宝《晋纪》外，尚有孙盛《魏氏春秋》和《晋阳秋》、习凿齿《汉晋春秋》、袁宏《后汉纪》、邓粲《晋纪》、徐广《晋纪》等多种，其中干宝、孙盛、习凿齿、袁宏等及其历史撰述，在当时享誉很高，称得上一流史家史著。反观同时期纪传体史学，却找不到能与干宝《晋纪》匹敌的著作。可以说在东晋史坛上，编年体的声势超过纪传体，直到范晔《后汉书》问世后，纪传体气势才有所振兴。

东晋南朝史家历史撰述也喜欢模仿《春秋》的叙事语言。如刘知幾《史通·模拟》篇中说：“而干宝撰《晋纪》，至天子之葬，必云‘葬我某皇帝’。且无二君，何我之有？以此而拟《春秋》，又所谓貌同而心异也。”正是干宝等人喜欢从语言、体例、义旨等方面模仿《春秋》的撰史风气盛行，引起了刘知幾的高度关注和不满，他在《史通》中专门撰作《模拟》篇，对这种拟经撰史提出尖锐批评。刘知幾说：

> 大抵作者，自魏已前，多效三史，从晋已降，喜学五经。夫史才文浅而易模，经文义深而难拟，既难易有别，故得失亦殊。盖貌异而心同者，模拟之上也；貌同而心异者，模拟之下也。然人皆好貌同而心异，不尚貌异而心同者，何哉？盖鉴识不明，嗜爱多僻，悦夫似史而憎夫真史，此子张所以致讥于鲁侯，有叶公好龙之喻也。袁山松云：“书之为难也有五：烦而不整，一难也；俗而不典，二难也；书不实录，三难也；赏罚不中，四难也；文不胜质，五难也。”夫拟古而不类，此乃难之极者，何为独阙其目乎？呜呼！自子长以还，似皆未睹斯义。后来明达，其鉴之哉！[2]

东晋南朝史家历史撰述模拟之风盛行，而且还多模拟《春秋》。这些模拟之作，相对于《春秋》而言，只是形似而已，即“貌同而心异”。刘知幾

[1] 刘知幾：《史通》卷一《六家》，浦起龙通释本，上海古籍出版社 2009 年版，第 11 页。

[2] 刘知幾：《史通》卷八《模拟》，浦起龙通释本，上海古籍出版社 2009 年版，第 208 页。

对六朝模拟之风的批评，也是我们认识南朝史学略具空疏特点的一扇小小窗口。

二、北朝史家撰史多“从迁、固之体”

自汉代纪传体产生以来，史家多依编年、纪传二体撰史，刘知幾在《史通》中说：纪传、编年二体“角力争先，欲废其一，固亦难矣。后来作者，不出二途。故晋史有王虞，而副以干《纪》；《宋书》有徐、沈，而分为裴《略》。各有其美，并行于世”[1]。虽然东晋史家热衷于复兴编年体，模仿《春秋》，但纪传体却是北朝史家更青睐的著作形式。北魏承继十六国之后，国史先为编年体，到北魏孝文帝太和十一年（487），典修国史的高祐和李彪上疏请改编年为纪传体，他们说：

> 臣等闻：典谟兴，话言所以光著；载籍作，成事所以昭扬。然则《尚书》者记言之体，《春秋》者录事之辞。寻览前志，斯皆言动之实录也。夏殷以前，其文弗具。自周以降，典章备举。史官之体，文质不同；立书之旨，随时有异。至若左氏，属词比事，两致并书，可谓存史意，而非全史体。逮司马迁、班固，皆博识大才，论叙今古，曲有条章，虽周达未兼，斯实前史之可言者也。至于后汉、魏、晋咸以放焉。惟圣朝创制上古，开基《长发》，自始均以后，至于成帝，其间世数久远，是以史弗能传。臣等疏陋，忝当史职，披览《国记》，窃有志焉。愚谓自王业始基，庶事草创，皇始以降，光宅中土，宜依迁固大体，令事类相从，纪传区别，表志殊贯，如此修缀，事可备尽。伏惟陛下先天开物，洪宣帝命，太皇太后淳曜二仪，惠和王度，声教之所渐治，风译之所覃加，固已义振前王矣。加太和以降，年未一纪，然嘉符祯瑞，备臻于往时；洪功茂德，事萃于曩世。会稽伫玉牒之章，岱宗想石记之列。而秘府策勋，述美未尽。将令皇风大猷，或阙而不载；功臣懿绩，或遗而弗传。著作郎已下，

[1] 刘知幾：《史通》卷二《二体》，浦起龙通释本，上海古籍出版社 2009 年版，第 26—27 页。

请取有才用者，参造国书，如得其人，三年有成矣。然后大明之德功，光于帝篇；圣后之勋业，显于皇策。佐命忠贞之伦，纳言司直之士，咸以备著载籍矣。[1]

高祐和李彪的奏疏得到孝文帝诏准，说明北魏统治者已将本朝置于夏、殷、周以至西晋之后的历史正统序列中探讨历史撰述体例的承袭问题，国史明确决定采用纪传体。对于高祐和李彪关于历史撰述体例的讨论，吴怀祺先生给予了极高的评价，认为这是中国史家重视总结前人的史学工作，提出自己编写史书的构想。[2]

孝文帝时，北魏重臣李彪在邓渊《代记》、崔浩编年体《国书》的基础上，依纪传体改编北魏国史。《魏书》本传载："自成帝以来至于太和，崔浩、高允著述《国书》，编年序录，为《春秋》之体，遗落时事，三无一存。彪与秘书令高祐始奏从迁、固之体，创为纪传表志之目焉。"李彪改编年体为纪、传、表、志综合体国史，虽然没有能最终完成，但他确立了北魏以及北朝各代以纪传体编撰国史的格局，"区分书体，皆彪之功"[3]，实现了北魏国史撰修从编年到纪传的体裁体例的转型和定格。台湾学者陈识仁认为："李彪在北魏时代，无疑是一位异士，当史臣普遍以消极心态兼任史职时，李彪却在免官后执意于修史之事，丝毫未有韩显宗、崔鸿诸辈的畏惧之色。虽然未竟全功，却立下北魏国史以纪、传、表、志区目的汗马功劳，纵使几十年后总结魏史的魏收，也仍感念他所奠定的基础。"[4]

北魏崔光立志撰修一部国史，但只起草了卷目，没有撰成。临终前把侄儿崔鸿推荐给孝明帝承继自己的未竟之业。崔鸿字彦鸾，少好读书，博综经史，曾参与撰修高祖和世宗起居注。孝明帝正光五年（524），诏崔鸿以本官撰修国史。崔鸿用了20多年时间，耗尽毕生精力撰修达到百卷的《十六国春秋》。遗憾的是，《十六国春秋》已亡佚，今天已难识其

[1]《魏书》卷五十七《高祐传》，中华书局1974年版，第1260—1261页。

[2] 吴怀祺：《中国史学思想史》，安徽人民出版社1996年版，第168页。

[3]《魏书》卷六十二《李彪传》，中华书局1974年版，第1398页。

[4] 陈识仁：《北魏修史事业与〈水经注〉的形成》，台湾大学历史学研究所1999年博士论文。

全貌，但考诸文献，我们约略可知，《十六国春秋》虽名以“春秋”，但并不是崔鸿自己要仿作《春秋》，而是弘扬孔子《春秋》的尊王之义。同时，《十六国春秋》体例上也不完全同于孔子编定的《春秋》，《十六国春秋》中“别作序例一卷、年表一卷”，以“仰表皇朝统括大义，俯明愚臣著录微体”[1]。崔鸿设立年表，有助于人们认识十六国历史脉络，刘知幾说：“当晋氏播迁，南据扬、越，魏宗勃起，北雄燕、代；其间诸伪，十有六家，不附正朔，自相君长。崔鸿著表，颇有甄明，比于《史》《汉》群篇，其要为切者矣。”[2]

十六国旧史多以“书”“记”为名，意在自命正朔，通过历史撰述确定自己的政权在历史发展序列中的合法性。刘知幾《史通·古今正史》篇说，崔鸿在审正十六国旧史时“乃考核众家，辨其同异，除烦补缺，错综纲纪，易其国书曰录，主纪曰传”[3]。崔鸿《十六国春秋》撰修体例上的这些变化，是用纪传体改造编年体十六国史的创造之举。

三、南朝史学重说理

从历史撰述的内容看，南朝史学重说理，北朝史学重叙事。南北朝史学存在不同特点，呈现出明显的地域差异已成为学界共识。但南北朝史学为何出现不同？学者们从南北长期分裂、政治制度和民族文化差异、经济发展不平衡等方面做了许多思考。正如周一良先生所认识的那样，不同流派的经学影响，即南朝史学受玄学化经学影响较多，北朝史学受汉代传统古文经学影响较多，这是理解南北朝史学不同的一个重要窗口。

吴怀祺先生指出，今文经学式微后，经学发展出现了新情况，即经学玄学化。[4] 玄学化经学的重要学术特点是重视思辨性，重视宏观层面的义理思考，淡化人物的道德评判，关注人物的才性风度，东晋南朝史

[1] 《魏书》卷六十七《崔鸿传》，中华书局1974年版，第1505页。

[2] 刘知幾：《史通》卷三《表历》，浦起龙通释本，上海古籍出版社2009年版，第49页。

[3] 刘知幾：《史通》卷十二《古今正史》，浦起龙通释本，上海古籍出版社2009年版，第335页。

[4] 吴怀祺：《中国史学思想史》，安徽人民出版社1996年版，第126页。

学显然受到这种玄学化经学的深刻影响。从东晋南朝史家所撰的史论来看，往往脱离历史叙述的事实本身而发表宏论，提出和讨论一些较宏观的全局性认识和哲理命题。汉末荀悦《汉纪》中“荀悦曰”大体可以归纳为三个特点，一是就所述之事以《春秋》义理进行褒贬；二是就所叙之事讨论诸如制度建设的必要性合理性、教化与刑罚的关系等宏观理论问题；三是就所叙之事顺势提出诸如“情”“势”“形”等多重抽象命题。[1] 正是荀悦的史论充满经学味道，思辨性和抽象性突出，所以刘知幾认为荀悦的史论特点“义理虽长，失在繁富”[2]。

东晋袁宏以“通古今而笃名教”自任，撰编年体《后汉纪》。他通过“袁宏曰”的史论，援玄入史，赋予“名教”新的意义。[3] 据周天游先生《后汉纪·前言》中统计，袁宏《后汉纪》中的史论共有55条（包括引录华峤的史论4条），1.7万余字，占全书十二分之一。袁宏这些史论，一是喜欢散论，许多史论与所叙的历史事件和人物并无直接关联。二是以玄学的观念评论和分析历史，正如吴怀祺先生所认识的那样，袁宏的名教观不是儒家的名教观，更不能简单地断定是一种腐朽的名教观。[4] 袁宏的名教是以儒家为内核，掺和了玄学的自然之义，承认和肯定人的欲望的合理性。袁宏援玄入史，引起了刘知幾的批评，他在《史通·论赞》中说“若袁伯彦之务饰玄言，谢灵运之虚张高论，玉卮无当，曾何足云？”

南朝史家历史撰述中所发表的史论虽然大多亡佚，但一些重要的史论如干宝《晋纪·总论》、裴之野《宋略·总论》、何之元《梁典·总论》留存于今。这些总论的一个共同特点就是从全局角度，以宽阔的视野，脱离具体的人和事讨论王朝兴亡及其原因。周一良先生说：“在此以前的编年体《左传》或纪传体《史记》《汉书》，都没有总论这个体例，用以综论一代政治上治乱兴衰，指出历史经验教训。贾谊的《过秦论》和陆

[1] 参阅吴怀祺：《中国史学思想史》，安徽人民出版社1996年版，第135页；胡宝国：《汉唐间史学的发展》，商务印书馆2003年版，第105—111页。

[2] 刘知幾：《史通》卷四《论赞》，浦起龙通释本，上海古籍出版社2009年版，第76页。

[3] 吴怀祺：《中国史学思想史》，安徽人民出版社1996年版，第141—150页。

[4] 吴怀祺：《中国史学思想史》，安徽人民出版社1996年版，第144页。

机的《辨亡论》有近似的内容，但不是历史书的总论。东晋南朝史家这三篇总论，或许在某种程度上反映了南方玄学盛行后，史家思路开阔，视野放大，思辨能力提高，因而更有可能宏观地观察一代的发展变化。”[1]

魏晋南北朝时期是一个巨变的时代。臣弑其君者有之，子弑其父者有之，乱臣贼子猖行于时。社会上玄风炽盛，无视尊卑，蔑视礼法，各种放荡不羁的行为成为一时风气。所以，重建礼法秩序，是魏晋南北朝时期维护政治稳定和社会稳定急迫的政治任务。东晋南朝史家热衷于历史撰述，但他们撰史的主要目的不在于保存史事，而在于激扬名教。

刘勰在《文心雕龙·史传》篇中说《春秋》“举得失以表黜陟，征存亡以标劝诫，褒见一字，贵逾轩冕；贬在片言，诛深斧钺”。刘勰推崇孔子简直达到神化地步。由于《左传》的流传，加之这个时期史家普遍认为《左传》是传《春秋》的，因而评论孔子往往兼及左丘明。韦昭《国语解·叙》云：“昔孔子发愤于旧史，垂法于素王。左丘明因圣言以摅意，托王义以流藻。其渊源深大，沉懿雅丽，可谓命世之才，博物善作者也。”杜预《春秋左氏经传集解·序》也认为孔子和左丘明所撰经、传“会成王义，垂法将来”，“王道之正，人伦之纪备矣”。这些虽然是评论古人，着意强调孔子、左丘明弘扬王道礼法之功绩，但立论之侧重却反映出评论者所处的时代特点。

袁宏是较早提出在历史撰述上贯彻“名教”原则的。袁宏《后汉纪·序》云：“夫史传之兴，所以通古今而笃名教也。”袁宏对《左传》《史记》《汉书》《汉纪》四书的评论中，着意指出《汉纪》未叙“名教之本”，指明历史撰述的政治意义应包括两个方面，一是“网罗治体”，“大得治功”，这是从政治的得失上说的，一是“扶明义教”，阐明“名教之本”，这是从封建伦理的是非上说的，[2] 其根本宗旨是“通古今而笃名教”。君臣、父子之礼义，始终是袁宏评判史事和人物的主要尺度。他认为，只有维持好君臣、父子之间严格的等级关系，才能做到“尊卑永固而不逾，名教大定而不乱”，保持封建统治的长治久安。他还把这样的等

[1] 周一良：《魏晋南北朝史论集续编》，北京大学出版社1991年版，第87页。
[2] 白寿彝：《白寿彝史学论集》（下），北京师范大学出版社1994年版，第927页。

级关系称为“天地之性”和“自然之理”，以为须臾不可违之。他说：“未有违失天地之性而可以序定人伦，失乎自然之理而可以彰明治体者也。”[1]

范晔撰《后汉书》虽然重在正一代得失，但也很注意通过宣扬节义来扶明义教和维护名教。范晔在对班氏父子著史叙事予以评论后，接着便对二人的史论发表自己的见解：“彪、固讥迁，以为是非颇谬于圣人，然其议论常排死节，否正直，而不叙杀身成人之为美，则轻仁义，贱守节愈矣。”[2] 这是把节义作为衡量历史人物的标准。王鸣盛《十七史商榷》卷六十一说：“今读其书，贵德义，抑势利，进处士，黜奸雄，论儒学则深美康成，褒党锢则推崇李、杜，宰相多无述而特表逸民，公卿不见采而唯尊独行，立言若是，其人可知。”[3] 范晔极力彰显党人不畏强暴，蹈仁赴义的精神，盛赞杨震“抗直方以临权枉，先公道而后身名。”[4]

范晔通过李固的事迹说明：“顺桓之间，国统三绝，太后称制，贼臣虎视。李固据位持重，以争大义，确乎而不可夺。岂不知守节之触祸，耻夫复折之伤任也。”[5] 通过陈蕃的事迹说明：“桓灵之世，若陈蕃之徒，咸能树立风声，抗论惛俗。而驱驰险危之中，与刑人腐夫同朝争衡，终取灭亡之祸者，彼非不能洁情志，违埃雾也。愍夫世士以离俗为高，而人伦莫相恤也。以遁世为非义，故屡退而不去；以仁心为己任，虽道远而弥厉。”[6] 在《逸民列传》中，范晔写这些隐者“守节”“不屈”，写他们“志意修则骄富贵，道义重则轻王公。”他把这些人跟“纯盗虚名，无益于用”的名士，如樊英、杨厚之流区别开来。李固、陈蕃的节义跟逸民的节义，是互不相同的，它们各有自己的具体内容。李固、陈

[1] 袁宏：《后汉纪》卷二十六《孝献皇帝纪》，张烈点校本，中华书局2002年版，第509页。

[2]《后汉书》卷四十《班固传》“论曰”，中华书局1965年版，第1386页。

[3] 王鸣盛：《十七史商榷》卷六十一“范蔚宗以谋反诛”条，上海书店出版社2005年版，第487页。

[4]《后汉书》卷五十四《杨震传》，中华书局1965年版，第1791页。

[5]《后汉书》卷六十三《李固传》，中华书局1965年版，第2094页。

[6]《后汉书》卷六十六《陈蕃传》，中华书局1965年版，第2171页。

蓄不以离俗为高，不以遁世为义。逸民们偏巧是以遁世为义，因守节而不惜离俗。但他们在死亡的威胁和名利的诱惑下，屹然无所动摇，始终表现出对权贵倔强高抗的风标，这是范晔把李、陈和逸民置于“节义”的共同名义下的原因。

范晔暴露权势的丑恶和颂扬节义，往往是互相结合的。如《范滂传》是写节夫义士视死如归，以至于“子伏其死，而欢其义”。同时也写出了权势集团不得人心，以致基层政权的代表人物对他们的做法有深刻的反感。范晔批评胡广越是糊涂，升官越快，“胡公庸庸，饰情恭貌。朝章虽理，据正或桡。”[1] 范晔对胡广的批评看似温婉，但其中的讽刺是很尖刻的。这个胡广，实际上就是一个不守正道的小人典型。通过这个反面典型，实际上就为世人树立了一个正确的行为规范。正如清代李慈铭在《越缦堂日记》里所评价的那样，《后汉书》“崇经学，扶名教，进处士，振清议，闻之者兴起，读之者感慕”[2]。

四、北朝史学重叙事

北朝学术主流是汉代传统经学，尤其是古文经学，受玄学影响相对于东晋南朝来说要弱得多。关于这个问题，钱穆先生在《国史大纲》中指出，在十六国北朝所在的河北地区“五胡杂居内地，已受相当汉化。但彼辈所接触者，乃中国较旧之经学传统，而非代表当时朝士名流之清谈玄理。……彼辈学术途辙，亦多守旧，绝无南渡衣冠清玄之习。刘渊父子皆粗知学问，渊师事上党崔游，习《毛诗》《京氏易》《马氏尚书》，皆是东汉的旧传统”[3]。

古文经学的重要特点就是反对微言大义，强调名物训诂考释，重视对事实的考订、补充和纠谬，这些特点本质上与史学叙事、求真、求实属性是一致的。受汉代传统经学，尤其是古文经学的影响，北朝时期的史学呈现出周一良先生所指出的面貌，“偏于掌握琐细具体知识，涉及面

[1] 《后汉书》卷四十四《胡广传》，中华书局1965年版，第1513页。
[2] 李慈铭：《越缦堂读书记》，由云龙辑，上海书店出版社2000年版，第237页。
[3] 钱穆：《国史大纲》，商务印书馆1996年版，第279页。

广，所谓渊综广博，穷其枝叶”。这种质朴、求实的撰史风格在魏收的《魏书》里表现得很突出。对此周一良先生有详细的论述，他说：魏收的《魏书》“就事论事为主，拘泥于一人一事论其功过。其议论标准固然是儒家伦理道德，而对拓跋氏一朝政治上兴衰得失，没有通观全局的评论，也没有指出哪些发展变化，更没有宏观地把北魏王朝与以前时代联系起来考虑观察。议论的思辨性不强，因而也不能像南朝史家某些议论之较为深入”[1]。遗憾的是，周一良先生对此没有展开详细论说。

北朝统治者尊崇儒术，讲求治道，史家历史撰述呈现出较鲜明的务实学风。北魏道武帝拓拔珪“常引问古今旧事，王者制度，治世之则。玄伯陈古人制作之体，及明君贤臣，往代废兴之由，甚合上意”[2]。太武帝时参加国史编撰的高允对太子拓拔晃进言说：“夫史籍者，帝王之实录，将来之炯戒，今之所以观往，后之所以知今。是以言行举动，莫不备载，故人君慎焉。”[3] 崔鸿十分关注各少数民族政权的兴亡更替，鉴于“诸史残缺，体例不全，编录纷谬，繁略失所；宜审正不同”，撰《十六国春秋》，目的即在于阐明“善恶兴灭之形，用兵乖会之势，亦足以垂之将来，昭明劝戒”[4]。在这种经世致用目的导向下，北朝史家更多地继承汉代传统。蒙文通先生指出，北朝“政术邦典，亦摈晋、宋之近迹，法汉、魏而上之。刊浮丽就质实，易靡曼为刚贞。其于道真，不中不远。……北人之学既殊，故治史者虽不若南人之盛，而实有其特具之识焉”[5]。与南方史学不同，北朝史家形成了高度关注社会现实的价值观念。北方注重法律，以至形成“其时中原律学，衰于南而盛于北”的局面。“元魏自太祖迄世宗，凡五次修定律令，考订之勤，超越前代。齐律科条简要，仕门子弟，尝讲习之，南朝则异是。”[6] 北朝史家撰修的史书多有食货志与刑法志，体现出“对现实社会中国计民生的重视”[7]。

---

[1] 周一良：《魏晋南北朝史论集续编》，北京大学出版社 1991 年版，第 99 页。
[2] 《魏书》卷二十四《崔玄伯传》，中华书局 1974 年版，第 621 页。
[3] 《魏书》卷四十八《高允传》，中华书局 1974 年版，第 1071 页。
[4] 《魏书》卷六十七《崔鸿传》，中华书局 1974 年版，第 1053—1054 页。
[5] 蒙文通：《中国史学史》，上海世纪出版集团 2006 年版，第 67 页。
[6] 程树德：《九朝律考》卷四《南朝诸律考·序》，商务印书馆 2010 年版。
[7] 胡宝国：《汉唐间史学的发展》，商务印书馆 2003 年版，第 187 页。

魏收撰《魏书》，其中一个重要旨趣在于宣扬拓跋鲜卑也是中华民族大家庭成员，也有资格承继中国历史发展的统序。《魏书》开篇为《序纪》，叙述道武帝追尊的二十八帝的史迹，追溯鲜卑族族属源流和历史演变，从血统上把鲜卑族拓跋氏融入中华民族，从历史上把北魏政权列入中国历史发展序列，从文化上把北魏融入中国文化的主流，论证北魏政权在中国历史发展序列中的正统地位和现实存在的合法性。《魏书·序纪》说：

> 昔黄帝有子二十五人，或内列诸华，或外分荒服。昌意少子，受封北土，国有大鲜卑山，因以为号。其后，世为君长，统幽都之北，广漠之野，畜牧迁徙，射猎为业，淳朴为俗，简易为化，不为文字，刻木纪契而已。世事远近，人相传授，如史官之纪录焉。黄帝以土德王，北俗谓土为托，谓后为跋，故以为氏。其裔始均，入仕尧世，逐女魃于弱水之北，民赖其勤，帝舜嘉之，命为田祖。爰历三代，以及秦汉，獯鬻、猃狁、山戎、匈奴之属，累代残暴，作害中州，而始均之裔，不交南夏，是以载籍无闻焉。[1]

这篇《序纪》首先要告诉人们的是鲜卑拓跋部也是黄帝子孙，只不过被封到了远离中原的北土。按《序纪》的说法，鲜卑族祖先是黄帝正妃嫘祖所生的第二个儿子昌意之子，据《史记·五帝本纪》，则其与颛顼应该是兄弟。因为昌意封地在北方，封地境内有大鲜卑山[2]，所以因之名号为鲜卑。鲜卑与汉人的区别不在其他，仅在于居住地的不同，鲜卑人和汉人都是黄帝的子孙后代。而鲜卑拓跋氏更是以黄帝的德运而得名的，因为“黄帝以土德王，北俗谓土为托，谓后为跋，故以为氏”，鲜卑拓跋氏一直秉行黄帝的德运。所以鲜卑拓跋氏不仅是黄帝的子孙，在文化上也并不因为长期居住于边陲而割断与黄帝的历史文化关联。

《史记·五帝本纪》记载说，颛顼、喾、尧、舜，都是黄帝子孙。

[1] 《魏书》卷一《序纪》，中华书局 1974 年版，第 1 页。

[2] 据考古发现，这个大鲜卑山位于今内蒙古自治区呼伦贝尔市鄂伦春自治旗阿里河镇西北。参见米文平：《鲜卑石室的发现与初步研究》，载《文物》1981 年第 2 期。

夏、商、周三代亦是黄帝子孙，甚至秦国的祖先大业，亦是“帝颛顼之苗裔孙”女修所生。黄帝的子孙所建立的朝代，被视为正统的朝代。所以，历代皇朝统治者往往托言是黄帝或是尧、舜的后裔，构造一个与五帝、三王一脉相承的血统，使自己的政权合法化。如班固写《汉书》就有“汉承尧后”之说，王莽代汉，也说自己为舜之后，即所谓“姚、妫、陈、田、王氏凡五姓者，皆黄、虞苗裔，予之同族也”[1]，《魏书·序纪》说：“其裔始均，入仕尧世，逐女魃于弱水之北，民赖其勤，帝舜嘉之，命为田祖。”意思是说昌意的后裔始均在尧时为官，并得到舜的赏识，任命为田祖，即管理农业的官员。《序纪》要表明的是鲜卑拓跋部的祖先不仅是黄帝的子孙，而且在尧、舜时期还入仕为官，进一步肯定拓跋氏一直是华夏族的一分子。虽然拓跋氏后来以游牧为主，这仅是其生活的地理环境所致，并不能说明他们与农业文明是对立的，因为拓跋氏的祖先们还任过舜的“田祖”，他们对农业是了解的，甚至是内行。

《魏书·序纪》通过族源考索，认祖归宗，承认黄帝也是鲜卑族的祖先，从而说明汉人与鲜卑人同宗共祖，身上流淌的都是黄帝的血脉，二者不应该是夷狄关系，而是兄弟关系。这样的说法起码有两种直接效果：一是为鲜卑拓跋氏争得个遥遥华祖，为拓跋氏入主中原提供强有力的思想理论依据，争取更多汉人支持，使拓跋氏入主中原名正言顺，即“立号改都，恢隆大业，终于百六十载，光宅区中。其原固有由矣”[2]。二是实现了对中华民族的历史文化认同，把长期以来被人们视为夷狄的鲜卑族融入中华民族。

李彪在请求复职修史时，对于如何撰修国史也提出了自己的看法，他向宣武帝元恪上表说：

> 臣窃谓史官之达者，大则与日月齐明，小则与四时并茂。其大者孔子、左丘是也，小者史迁、班固是也。故能声流于无穷，义昭于来裔。是以金石可灭而流风不泯者，其唯载籍乎？谚曰“相门有相，将门有将”，斯不唯其性，盖言习之所得也。窃谓天文之官，太

[1] 《汉书》卷九十九《王莽传》，中华书局1962年版，第4106页。
[2] 《魏书》卷一《序纪》“史臣曰”，中华书局1974年版，第17页。

史之职，如有其人，宜其世矣。故《尚书》称羲和世掌天地之官，张衡赋曰“学乎旧史氏”，斯盖世传之义也。若夫良冶之子善知为裘，良弓之子善知为箕，物岂有定，习贯则知耳。所以言及此者，史职不修，事多沦旷，天人之际，不可须臾阙载也。是以谈、迁世事而功立，彪、固世事而名成，此乃前鉴之轨辙，后镜之著龟也。[1]

李彪这篇上表含义很丰富，一是对于历史撰述保存史事的功用有较高认识，“金石可灭而流风不泯者”，就是因为有史家孜孜不倦的历史撰述。二是历代伟人大业、名君贤臣、忠孝节义等都因载诸史册而留存后世。三是要简择好史官，好的史官要有司马谈一样的强烈责任感，克服一切困难，完成自己应该承担的修史重任，“天人之际，不可须臾阙载也”。四是史家要以司马迁、班固为表率楷模，修史要本于《史记》和《汉书》。李彪对于史家责任、历史撰述的目的和旨趣的认识，都着眼于历史撰述保存史事、宣扬祖宗功业，这与东晋南朝史家着眼于弘扬名教的旨趣有明显差别。

崔鸿穷二十年之力撰《十六国春秋》，《魏书·崔鸿传》记述其撰述旨趣说：

鸿弱冠便有著述之志，见晋、魏前史皆成一家，无所措意。以刘渊、石勒、慕容俊、苻健、慕容垂、姚苌、慕容德、赫连屈孑、张轨、李雄、吕光、乞伏国仁、秃发乌孤、李暠、沮渠蒙逊、冯跋等，并因世故，跨僭一方，各有国书，未有统一，鸿乃撰为《十六国春秋》，勒成百卷，因其旧记，时有增损褒贬焉。

崔鸿之所以撰《十六国春秋》，是因十六国各国均有国史，但体例、记述的内容都不统一，甚至出现许多错讹，需要撰写一部统一的十六国史。崔鸿的伯父崔光一直志于撰写一部国史，但未能撰成，崔光认为这是人生的一大遗憾，所以临终前把崔鸿推荐给孝明帝，冀其继承自己的未竟

[1] 《魏书》卷六十二《李彪传》，中华书局1974年版，第1396页。

之业，颇有汉代司马谈执司马迁之手托付后事的悲怆。崔光为何如此执着？乃是“记录时事，以待后人”的史家责任意识使然。史载“崔光撰魏史，徒有卷目，初未考正，阙略尤多。每云此史会非我世所成，但须记录时事，以待后人”[1]。

正是因为北朝史家认为历史撰述重在保存史事，而不是空言大道理，所以，他们对于撰修信史、直书实录尤其重视，也形成了史家率性求真的学术品格。崔浩撰成国史后，有人建议“请立石铭，刊载《国书》，并勒所注五经”，崔浩很赞成，“遂营于天郊东三里，方百三十步，用功三百万乃讫”，“用垂不朽，欲以彰浩直笔之迹。”[2] 通过镌刻“石史”，尊崇和张大史学的“直书实录”特点和精神，欲与神圣的经学一比高下，这在传统史学的发展上是很少见的举动，由此酿成了著名的“崔浩国史狱”，崔浩为此付出了生命的代价，同时被处死的有上百人。在崔浩国史案中，高允死里逃生。《魏书》卷四十八《高允传》载：

> 初，浩之被收也，允直中书省。恭宗使东宫侍郎吴延召允，仍留宿宫内。翌日，恭宗入奏世祖，命允骖乘。至宫门，谓曰：“入当见至尊，吾自导卿。脱至尊有问，但依吾语。”允请曰：“为何等事也？”恭宗曰：“入自知之。”既入见帝。恭宗曰：“中书侍郎高允自在臣宫，同处累年，小心密慎，臣所委悉。虽与浩同事，然允微贱，制由于浩。请赦其命。”世祖召允，谓曰：“《国书》皆崔浩作不？”允对曰：“《太祖记》，前著作郎邓渊所撰。《先帝记》及《今记》，臣与浩同作。然浩综务处多，总裁而已。至于注疏，臣多于浩。”世祖大怒曰：“此甚于浩，安有生路？”恭宗曰：“天威严重，允是小臣，迷乱失次耳。臣向备问，皆云浩作。”世祖问：“如东宫言不？”允曰：“臣以下才，谬参著作，犯逆天威，罪应灭族，今已分死，不敢虚妄。殿下以臣侍讲日久，哀臣乞命耳。实不问臣，臣无此言。臣以实对，不敢迷乱。”世祖谓恭宗曰：“直哉！此亦人情所难，而能临死不移，不亦难乎！且对君以实，贞臣也。如此言，宁失一有罪，

[1] 《魏书》卷六十七《崔鸿传》，中华书局1974年版，第1502页。
[2] 《魏书》卷三十五《崔浩传》，中华书局1974年版，第1070页。

宜宥之。”允竟得免。

崔浩被杀的理由是他主持撰著的《国书》“备而不典”[1]“暴扬国恶”[2]，即记事详备而欠稽考，有损于统治者的形象。崔浩受诏撰《国书》时，太武帝曾要求他“务从实录”[3]，但书成后又以“备而不典”之名定罪。《国书》究竟怎样“不典”？因该书不传，无从得知。周一良先生推断，所谓备而不典，当指《国书》记载了什翼健、什翼圭降前秦受辱之类的史事。[4] 高允能够死里逃生，恰恰也是因为他率性，敢说真话，这也是北朝史学家带有普遍性的学术品格。

[1]《魏书》卷三十五《崔浩传》，中华书局1974年版，第826页。

[2]《资治通鉴》卷第一百二十五《宋纪七》，中华书局1956年版，第3942页。

[3]《魏书》卷三十五《崔浩传》，中华书局1974年版，第824页。

[4] 参阅周一良：《魏晋南北朝史札记·〈魏书〉札记》“崔浩国史之狱”条，中华书局1985年版，第342—350页。

第六章　隋代经学的合流与史学的融汇

在中国历史长河中，隋虽然是一个短命的王朝，仅仅保持了不到40年的统治就黯然谢幕，但其结束了三国两晋南北朝近400年分裂的局面，重建了统一的封建国家，国力强大，“《职方》所载，并入疆理，《禹贡》所图，咸受正朔”，“要荒咸暨，尉候无警。于是躬节俭，平徭赋，仓廪实，法令行，君子咸乐其生，小人各安其业，强无陵弱，众不暴寡，人物殷阜，朝野欢娱。”[1] “三川定鼎，万国朝宗，衣冠文物，足为壮观。”[2] 隋朝继承并改进南北方的各项政治经济军事制度，并大力促进交通发展，开凿贯通南北的大运河，这些举措大多为唐代继承，不仅奠定了唐代近300年的基业，对后世也有不可估量的影响。[3] 因此，这是一个过渡的时代，承前启后，不可低估，学术文化方面也同样具有这一特点。

第一节　隋代的儒学政策与南北经学的合流

隋朝立国之后，为了长治久安，对儒学采取了积极扶持的政策，如系统性地制礼作乐、大规模搜集和整理儒家典籍、大兴文教、提拔儒学

[1] 《隋书》卷二《高祖纪下》，中华书局1973年版，第55页。
[2] 《隋书》卷二十六《百官志上》，中华书局1973年版，第720页。
[3] (日）气贺泽保规：《绚烂的世界帝国：隋唐时代》，石晓军译，广西师范大学出版社2014年版，第19页。

人才，并针对南北朝学风歧异的问题，有意识地推动南北经学的融汇和合流，兼容南北学术之长成为新的发展方向。

一、隋代的儒学政策

隋文帝杨坚在夺取北周政权及一统天下的过程中，儒家思想是其重要的凭借。如周静帝幼冲即位，杨坚以外戚身份掌控朝政，诛杀北周宗室后，晋爵为隋王。稍后，杨坚借鉴儒家所推崇的禅让模式，“一依唐、虞、汉、魏故事”[1]，三让而受天命。此外，隋王朝还凭借儒家的大一统和重民生的观念，表示“天之所覆，无非朕臣”，申讨南朝陈国“窃据江表，逆天暴物”，西梁“士女深迫胁之悲，城府致空虚之叹”[2]。统一全国后，杨坚振兴儒学，以便恢复和重建社会秩序，维持国家的长治久安，使儒学在隋代得到较大的发展。隋代对儒学的扶持政策大约体现在以下三个方面：

（一）制礼作乐

开皇元年（581），杨坚受禅即位后，“召仲方与高颎议正朔服色事。仲方……又劝上除六官，请依汉魏之旧。上皆从之”。崔仲方以明经出仕，曾与斛斯征、柳敏等同修礼律，他还提出：“晋为金行，后魏为水，周为木。皇家以火承木，得天之统。又圣躬载诞之初，有赤光之瑞，车服旗牲，并宜用赤。”[3] 隋为火德、色尚赤的建议在当年六月推行：

> 六月癸未，诏以初受天命，赤雀降祥，五德相生，赤为火色，其郊及社庙，依服冕之仪，而朝会之服，旗帜牺牲，尽令尚赤。戎服以黄。[4]

[1]《隋书》卷一《高祖纪上》，中华书局1973年版，第12页。
[2]《隋书》卷二《高祖纪下》，中华书局1973年版，第30、29页。
[3]《隋书》卷六十《崔仲方传》，中华书局1973年版，第1448页。
[4]《隋书》卷一《高祖纪上》，中华书局1973年版，第15页。

五德终始说盛行于汉唐时期。汉人宣称刘氏是尧的后裔，汉朝在五德运序中的属德为火。曹魏接受汉禅之后，年号“黄初”，宣示其继炎汉而起，合乎德运，属土德。三国归晋之后，孙盛提出晋受魏禅是以金代土，于是晋行金德之制。南北朝时期，南方的东晋和随后出现的宋、齐、梁、陈四朝皆以华夏正宗自居，而北方各政权也声称继承的是西晋的正统。以金生水故，北魏孝文帝定本朝为水德，东、西二魏都因袭了水德，北齐和北周，又均以本朝为木德，符合水生木的规律。[1] 隋文帝杨坚声称接受天命，赤雀来仪，赤为火色；另外，“姬周已还，于兹六代。三正回复，五德相生，总以言之，并宜火色”，因此定本朝为火德。但诏书并未像崔仲方那样将五德谱系上承北魏北周，而仅说“汉尚于赤，魏尚于黄”，与“依汉魏之旧”正相呼应，由此规定朝会之服尚赤，戎服尚黄。隋文帝的这一改变舆服的举措，或表明他改革北周制度、恢复汉族制度文化的用意。

隋文帝还特别强调“祭祀之服，须合礼经”，下令召集通儒详议此制。太子庶子、摄太常少卿裴政提出北魏时期的舆服“多参胡制，故魏收论之，称为违古，是也”，北周因袭其制，“甚多迂怪”，因此，需要大力变革，“冠及冕，色并用玄，唯应着帻者，任依汉、晋”[2]。这一主张被隋文帝采纳。

开皇三年（583)，隋文帝采纳潞州刺史柳昂的建议，下诏劝学行礼，突出强调礼教的重要性：

> 建国重道，莫先于学，尊主庇民，莫先于礼。自魏氏不竞，周、齐抗衡，分四海之民，斗二邦之力，递为强弱，多历年所。务权诈而薄儒雅，重干戈而轻俎豆，民不见德，唯争是闻。朝野以机巧为师，文吏用深刻为法，风浇俗弊，化之然也。虽复建立庠序，兼启黉塾，业非时贵，道亦不行。其间服膺儒术，盖有之矣，彼众我寡，未能移俗。然其维持名教，奖饰彝伦，微相弘益，赖斯而已。王者

[1] 杨权：《新五德理论与两汉政治：“尧后火德”说考论》，中华书局 2006 年版，第 25—27 页。

[2] 《隋书》卷十二《礼仪志七》，中华书局 1973 年版，第 253、254 页。

承天，休咎随化，有礼则祥瑞必降，无礼则妖孽兴起。人禀五常，性灵不一，有礼则阴阳合德，无礼则禽兽其心。治国立身，非礼不可。……今者民丁非役之日，农亩时候之余，若敦以学业，劝以经礼，自可家慕大道，人希至德。岂止知礼节，识廉耻，父慈子孝，兄恭弟顺者乎？始自京师，爰及州郡，宜祗朕意，劝学行礼。[1]

诏书说此前北朝分裂，“分四海之民”“重干戈而轻俎豆”，无暇文治，以此突出隋朝一统北方后文教振兴的可能与必要，尤其阐述了礼对于治国安民的价值：“尊主庇民，莫先于礼”“治国立身，非礼不可”。自此天下州县都设置博士习礼。

《礼记·礼器》曰：“礼，时为大。”为了适应时代的发展和变化，礼也必须适时作出调整。于是开皇三年（583），牛弘“拜礼部尚书，奉敕修撰五礼”[2]。开皇五年，“春正月戊辰，诏行新礼”[3]。此即为《开皇礼》，包含吉、凶、宾、军、嘉五礼。《开皇礼》撰修时间仅两年，不尽完善，于是推行十余年后，仁寿二年（602）隋文帝命杨素、苏威、牛弘、薛道衡、许善心、虞世基、王劭等“修定五礼”，并再次下诏强调礼的重要性：“道德仁义，非礼不成，安上治人，莫善于礼。”[4]

杨广为晋王时，也曾令扬州博士潘徽与诸儒撰《江都集礼》一部，并令潘徽作序，阐述了礼对军国人伦的价值：

礼之为用至矣。大与天地同节，明与日月齐照，源开三本，体合四端。巢居穴处之前，即萌其理，龟文鸟迹以后，稍显其事。虽情存简易，意非玉帛，而夏造殷因，可得知也。至如秩宗三礼之职，司徒五礼之官，邦国以和，人神惟敬，道德仁义，非此莫成，进退俯仰，去兹安适！……《江都集礼》凡十二帙，一百二十卷，取方月数，用比星周，军国之义存焉，人伦之纪备矣。[5]

[1]《隋书》卷四十七《柳昂传》，中华书局1973年版，第1278页。
[2]《隋书》卷四十九《牛弘传》，中华书局1973年版，第1300页。
[3]《隋书》卷一《高祖纪上》，中华书局1973年版，第22页。
[4]《隋书》卷一《高祖纪下》，中华书局1973年版，第48页。
[5]《隋书》卷七十六《潘徽传》，中华书局1973年版，第1745—1746页。

既有礼，也需乐。开皇二年（582），黄门侍郎颜之推上言：“礼崩乐坏，其来自久。今太常雅乐，并用胡声，请冯梁国旧事，考寻古典。”隋文帝反对使用亡国之音，乃“诏太常卿牛弘、国子祭酒辛彦之、国子博士何妥等议正乐。然沦谬既久，音律多乖，积年议不定”。[1] 直至开皇九年，隋灭陈，得到宋、齐旧乐，牛弘上奏：“前克荆州，得梁家雅曲，今平蒋州，又得陈氏正乐。史传相承，以为合古。且观其曲体，用声有次，请修缉之，以备雅乐。……后周所用者，皆是新造，杂有边裔之声。戎音乱华，皆不可用。请悉停之。”[2] 牛弘的主张得到晋王杨广的声援，于是隋文帝下诏搜访知音律人，并说：“百王衰敝之后，兆庶浇浮之日，圣人遗训，扫地俱尽，制礼作乐，今也其时。”[3] 开皇十四年，乐成，隋文帝颁《施用雅乐诏》，将其颁行于天下，“见行者皆停之。其人间音乐，流僻日久，弃其旧体者，并加禁约，务存其本”。炀帝大业元年（605），还曾令修高庙乐，“古先哲王，经国成务，莫不因人心而制礼，则天明而作乐。昔汉氏诸庙别所，乐亦不同，至于光武之后，始立共堂之制。……伏惟高祖文皇帝，功侔造物，道济生灵，享荐宜殊，乐舞须别”。[4]

（二）整理典籍

南北朝时代，政局动荡，战乱不休，对图书典籍的损坏尤为明显。如南朝梁元帝平定侯景之乱，“收文德之书及公私经籍，归于江陵，大凡七万余卷。周师入郢，咸自焚之”。北方“战争相寻，干戈是务，文教之盛，苻、姚而已。宋武入关，收其图籍，府藏所有，才四千卷”。北魏孝文帝迁都洛阳，借书于齐，秘府图书，稍加充实。“暨于尔朱之乱，散落人间”。北周“外逼强邻，戎马生郊，日不暇给。保定之始，书止八千，后稍加增，方盈万卷。周武平齐，先封书府，所加旧本，才至五千”。[5] 大体说来，“自永嘉之后，宇内分崩，礼乐文章，扫地将尽”[6]。因此，

[1]《隋书》卷十四《音乐志中》，中华书局 1973 年版，第 345 页。

[2]《隋书》卷十五《音乐志下》，中华书局 1973 年版，第 351 页。

[3]《隋书》卷二《高祖纪下》，中华书局 1973 年版，第 34 页。

[4]《隋书》卷十五《音乐志下》，中华书局 1973 年版，第 359、373 页。

[5]《隋书》卷三十二《经籍志》，中华书局 1973 年版，第 907—908 页。

[6]《北史》卷八十一《儒林传上》，中华书局 1974 年版，第 2703 页。

如欲振兴儒学，搜集和整理儒学典籍就成为隋朝初年的当务之急。

开皇三年（583），秘书监牛弘上表请开献书之路，指出历史上图书有“五厄”，直接导致隋初国家藏书甚少：

> 今御书单本，合一万五千余卷，部帙之间，仍有残缺。比梁之旧目，止有其半。至于阴阳河洛之篇，医方图谱之说，弥复为少。臣以经书，自仲尼已后，迄于当今，年逾千载，数遭五厄，兴集之期，属膺圣世。伏惟陛下受天明命，君临区宇，功无与二，德冠往初。自华夏分离，彝伦攸斁，其间虽霸王递起，而世难未夷，欲崇儒业，时或未可。今土宇迈于三王，民黎盛于两汉，有人有时，正在今日。方当大弘文教，纳俗升平，而天下图书尚有遗逸，非所以仰协圣情，流训无穷者也。臣史籍是司，寝兴怀惧。昔陆贾奏汉祖云“天下不可马上治之”，故知经邦立政，在于典谟矣。为国之本，莫此攸先。今秘藏见书，亦足披览，但一时载籍，须令大备。不可王府所无，私家乃有。然士民殷杂，求访难知，纵有知者，多怀吝惜，必须勒之以天威，引之以微利。若猥发明诏，兼开购赏，则异典必臻，观阁斯积，重道之风，超于前世，不亦善乎！[1]

牛弘从“经邦立政，在于典谟矣。为国之本，莫此攸先”的角度突出强调了图书典籍的重要性，从而获得隋文帝的认可，于是下诏鼓励民间献书：“分遣使人，搜访异本。每书一卷，赏绢一匹，校写既定，本即归主。于是民间异书，往往间出。”开皇九年，隋灭陈后，又获得江南的大批图书。“检其所得，多太建时书，纸墨不精，书亦拙恶。于是总集编次，存为古本”，并召集天下书法名家，如京兆韦霈、南阳杜頵等入京缮写，续残补缺，分为正副二本，藏于宫中，其余则收藏于秘书内外阁，达三万余卷。炀帝即位后，将秘阁的图书限写五十副本，分为三品：上品红琉璃轴，中品绀琉璃轴，下品漆轴。分甲乙丙丁，藏于东都观文殿

[1]《隋书》卷四十九《牛弘传》，中华书局1973年版，第1299—1300页。

的东西厢。又令人搜集南北两朝所有书籍，于观文殿统一编目，称《观文殿书目》；并在“内道场集道、佛经，别撰目录”[1]。《旧唐书·经籍志》称：“隋氏建邦，寰区一统，炀皇好学，喜聚逸书，而隋世简编，最为博洽。”[2]

隋唐鼎革，书籍再遭浩劫，“大唐武德五年，克平伪郑，尽收其图书及古迹焉。命司农少卿宋遵贵载之以船，溯河西上，将致京师。行经底柱，多被漂没，其所存者，十不一二”。但隋代藏书的盛况，仍可窥探一二。唐初所剩遗书，仍有 14466 部，89666 卷。《新唐书·艺文志》记录隋嘉则殿书 37 万卷，[3] 或许这还不是隋代藏书总数，南宋王明清《挥麈后录》引唐代著作郎杜宝的《大业幸江都记》说：“隋炀帝聚书至三十七万卷，皆焚于广陵，其目中盖无一帙传于后代。”[4]

唐初整理隋代遗存的六经达 627 部，5371 卷，如包括亡书，则有 950 部，7290 卷，可谓盛况空前。丰富的儒家典籍无论是对儒家官学的传播还是私学的发展，都是有利的前提条件。

（三）兴学举贤

隋文帝登基伊始，就十分重视学校教育。沿袭北齐以来的国子寺（炀帝时改为国子监）负责教育事务，该机构隶太常，设祭酒一人，属官有主簿、录事，各一人。总辖国子、太学、四门、书算学，各置博士（国子、太学、四门各五人，书、算各二人）、助教（国子、太学、四门各五人，书、算各二人）、学生（国子一百四十人，太学、四门各三百六十人，书四十人，算八十人）。[5] 此外，地方也设有州郡县学。

开皇二年（582），“赐国子生经明者束帛”[6]。开皇三年四月，隋文帝颁“劝学行礼诏”，提出“建国重道，莫先于学”，认为“敦以学业，

[1] 《隋书》卷三十二《经籍志》，中华书局 1973 年版，第 908 页。
[2] 《旧唐书》卷四十六《经籍志上》，中华书局 1975 年版，第 1961—1962 页。
[3] 《新唐书》卷五十七《艺文志一》，中华书局 1975 年版，第 1422 页。
[4] 王明清：《挥麈后录》卷之七，见《挥麈录》，上海书店出版社 2001 年版，第137 页。
[5] 《隋书》卷二十八《百官志下》，中华书局 1973 年版，第 777 页。
[6] 《隋书》卷一《高祖纪上》，中华书局 1973 年版，第 18 页。

劝以经礼，自可家慕大道，人希至德”，要求京师至州郡“劝学行礼”。[1] 开皇九年，平陈后南北一统，隋文帝再次下诏，强调偃武修文的时机成熟，需大兴文教：

> 往以吴、越之野，群黎涂炭，干戈方用，积习未宁。今率土大同，含生遂性，太平之法，方可流行。凡我臣僚，澡身浴德，开通耳目，宜从兹始。……禁卫九重之余，镇守四方之外，戎旅军器，皆宜停罢。代路既夷，群方无事，武力之子，俱可学文，人间甲仗，悉皆除毁。有功之臣，降情文艺，家门子侄，各守一经，令海内翕然，高山仰止。京邑庠序，爰及州县，生徒受业，升进于朝，未有灼然明经高第。此则教训不笃，考课未精，明勒所由，隆兹儒训。[2]

武将和功臣都应“降情文艺”，子弟则应“各守一经”，并指出此前办学不力，未有“灼然明经高第”者，责令相关机构加强督促。开皇十年，隋文帝再次“幸国学，颁赐各有差”[3]。

举贤方面，隋文帝主张重用儒学人才。开皇三年，他颁诏天下，召集四方文武之才，给予重用：

> 朕君临区宇，深思治术，欲使生人从化，以德代刑，求草莱之善，旌闾里之行。民间情伪，咸欲备闻。已诏使人，所在赈恤，扬镳分路，将遍四海，必令为朕耳目。如有文武才用，未为时知，宜以礼发遣，朕将铨擢。其有志节高妙，越等超伦，亦仰使人就加旌异，令一行一善奖劝于人。[4]

开皇七年，下诏“诸州岁贡三人”，并明确制举的科目，命“京官五品以

[1] 《隋书》卷四十七《柳昂传》，中华书局 1973 年版，第 1278 页。
[2] 《隋书》卷二《高祖纪下》，中华书局 1973 年版，第 32—33 页。
[3] 《隋书》卷二《高祖纪下》，中华书局 1973 年版，第 35 页。
[4] 《隋书》卷一《高祖纪上》，中华书局 1973 年版，第 20 页。

上及总管、刺史，并以志行修谨、清平干济二科举人”[1]。仁寿三年(603)，隋文帝再次下诏求贤：

> 一人君于四海，睹物欲运，独见致治，不藉群才，未之有也。……至于闾阎秀异之士，乡曲博雅之儒，言足以佐时，行足以励俗，遗弃于草野，堙灭而无闻，岂胜道哉！……唯恐商歌于长夜，抱关于夷门，远迹犬羊之间，屈身僮仆之伍。其令州县搜扬贤哲，皆取明知今古，通识治乱，究政教之本，达礼乐之源。不限多少，不得不举。限以三旬，咸令进路。征召将送，必须以礼。[2]

隋文帝如此求贤若渴的态度，吸引众多儒士进京，如元善、辛彦之、何妥、萧该、房晖远、马光、张仲让、孔笼、窦士荣、张黑奴、刘祖仁等。朝廷对儒学名臣还有奖励赏赐，如元善任国子祭酒，“上尝亲临释奠，命善讲《孝经》”，元善敷陈义理，兼以讽谏，文帝闻之大悦，“赉绢百匹，衣一袭”。[3] 地方州县也效法朝廷重儒兴学的举措，如相州刺史梁彦光，“招致山东大儒，每乡立学，非圣哲之书不得教授。常以季月召集之，亲临策试。有勤学异等，聪令有闻者，升堂设馔，其余并坐廊下。有好诤讼，惰业无成者，坐之庭中，设以草具。及大成，当举行宾贡之礼，又于郊外祖道，并以财物资之。于是人皆克励，风俗大改”[4]。由上而下的兴学举贤政策，推动了开皇年间“儒雅”之风的盛行：

> 高祖膺期纂历，平一寰宇，顿天网以掩之，贲旌帛以礼之，设好爵以縻之，于是四海九州强学待问之士靡不毕集焉。天子乃整万乘，率百僚，遵问道之仪，观释奠之礼。博士罄悬河之辩，侍中竭重席之奥，考正亡逸，研核异同，积滞群疑，涣然冰释。于是超擢

---

[1] 杜佑：《通典》卷十四《选举二》，王文锦、王永兴等点校本，中华书局1988年版，第342页。

[2]《隋书》卷二《高祖纪下》，中华书局1973年版，第50—51页。

[3]《隋书》卷七十五《儒林传》，中华书局1973年版，第1708页。

[4]《隋书》卷七十三《梁彦光传》，中华书局1973年版，第1675—1676页。

奇俊，厚赏诸儒，京邑达乎四方，皆启黉校。齐、鲁、赵、魏，学者尤多，负笈追师，不远千里，讲诵之声，道路不绝。中州儒雅之盛，自汉、魏以来，一时而已。[1]

但隋文帝对儒家的扶持主要还是出自功利目的，仁寿元年（601）的一份诏书中有清晰体现："儒学之道，训教生人，识父子君臣之义，知尊卑长幼之序，升之以朝，任之以职，故能赞理时务，弘益风范。"儒学的价值在于树立人伦尊卑观念，倘若达不到预期目标，就可能受到责难。事实上，前文开皇九年（589）的诏书中，隋文帝就已经表现出了急功近利的态度，指责朝廷多年办学却未能培养出明经高第者。十二年后，在人才培养方面竟然还没有大的进展，他终于忍无可忍了，下诏斥责"国学胄子，垂将千数，州县诸生，咸亦不少。徒有名录，空度岁时，未有德为代范，才任国用。良由设学之理，多而未精。"[2] 于是仅国子学留下学生七十人，其余太学、四门及州县学都被取消。[3] 虽然刘炫上书切谏，"言学校不宜废，情理甚切"，但"高祖不纳"，隋文帝仍一意孤行。[4]

隋炀帝即位后，为了消除因废学所产生的消极影响，采取了一些纠偏的措施。如大业元年（605）七月颁布劝学诏，诏书说：

君民建国，教学为先，移风易俗，必自兹始。……朕纂承洪绪，

[1]《隋书》卷七十五《儒林传·序》，中华书局 1973 年版，第 1706 页。

[2]《隋书》卷二《高祖纪下》，中华书局 1973 年版，第 46—47 页。

[3] 笔者按，《隋书》卷七十五《刘炫传》中记载："开皇二十年，废国子四门及州县学，唯置太学博士二人，学生七十二人。"而《隋书》卷二《高祖纪下》则系其事于仁寿元年（601），记载也略有不同："国子学唯留学生七十人，太学、四门及州县学并废。"《隋书》卷二十八《百官志》也系于仁寿元年，云："罢国子学，唯立太学一所，置博士五人，从五品，学生七十二人。"《隋书》卷七十五《儒林传·序》云："仁寿间，遂废天下之学，唯存国子一所，弟子七十二人。"到底所留为国子学还是太学，还当存疑。依据《隋书》卷三《炀帝纪上》大业元年（605）隋炀帝的诏书说"其国子等学，亦宜申明旧制，教习生徒"，笔者以为或许所留机构为太学而不是国子学。但此处仍以《高祖纪下》为准。

[4]《隋书》卷七十五《刘炫传》，中华书局 1973 年版，第 1721 页。

> 思弘大训，将欲尊师重道，用阐厥繇，讲信修睦，敦奖名教。方今宇宙平一，文轨攸同，十步之内，必有芳草，四海之中，岂无奇秀！诸在家及见入学者，若有笃志好古，耽悦典坟，学行优敏，堪膺时务，所在采访，具以名闻，即当随其器能，擢以不次。若研精经术，未愿进仕者，可依其艺业深浅，门荫高卑，虽未升朝，并量准给禄。庶夫恂恂善诱，不日成器，济济盈朝，何远之有！其国子等学，亦宜申明旧制，教习生徒，具为课试之法，以尽砥砺之道。[1]

表示要尊师重道，讲信修睦，敦奖名教，擢用儒学人才，恢复办学。大业二年设置进士科，“又制：百官不得计考增级，其功德行能有昭然者乃擢之”[2]。这是科举制度的开端。大业三年，炀帝下诏以孝悌德行为本广纳人才：

> 天下之重，非独治所安，帝王之功，岂一士之略。自古明君哲后，立政经邦，何尝不选贤与能，收采幽滞。……夫孝悌有闻，人伦之本，德行敦厚，立身之基。或节义可称，或操履清洁，所以激贪厉俗，有益风化。强毅正直，执宪不挠，学业优敏，文才美秀，并为廊庙之用，实乃瑚琏之资。才堪将略，则拔之以御侮，膂力骁壮，则任之以爪牙。爰及一艺可取，亦宜采录，众善毕举，与时无弃。以此求治，庶几非远。文武有职事者，五品已上，宜依令十科举人。有一于此，不必求备。朕当待以不次，随才升擢。其见任九品已上官者，不在举送之限。[3]

大业四年，炀帝下诏褒美孔子，“先师尼父，圣德在躬，诞发天纵之姿，宪章文、武之道。命世膺期，蕴兹素王，而颓山之叹，忽逾于千祀，盛德之美，不存于百代。永惟懿范，宜有优崇”[4]。并立孔子后裔为绍

---

[1] 《隋书》卷三《炀帝纪上》，中华书局1973年版，第64—65页。

[2] 杜佑：《通典》卷十四《选举二》，王文锦、王永兴等点校本，中华书局1988年版，第343页。

[3] 《隋书》卷三《炀帝纪上》，中华书局1973年版，第67—68页。

[4] 《隋书》卷三《炀帝纪上》，中华书局1973年版，第72页。

圣侯。

可见隋炀帝不仅继承了隋文帝前期的兴学举贤政策，并有进一步的发展，因此“国子郡县之学，盛于开皇之初。征辟儒生，远近毕至，使相与讲论得失于东都之下，纳言定其差次，一以闻奏焉”。可惜他也像隋文帝一样未能善始善终，“既而外事四夷，戎马不息，师徒怠散，盗贼群起，礼义不足以防君子，刑罚不足以威小人，空有建学之名，而无弘道之实。其风渐坠，以至灭亡”。[1]

隋代两朝对儒学的扶持政策都未能一以贯之，但与南北朝时代相比，儒学因得到朝廷的公开支持，“中州儒雅之盛，自汉、魏以来，一时而已”，刘炫、刘焯“拔萃出类，学通南北，博极今古，后生钻仰，莫之能测”，[2] 成绩不可忽视。

我们也需指出，儒学在隋代并非独占鳌头，而是与佛教和道教三分天下。

隋文帝杨坚出生于冯翊般若寺，一直寄养于该寺，年十三才还家。出生时有尼姑预言其后将“得天下”[3]，杨坚称帝后表示“我兴由佛法”[4]，开皇元年（581），文帝普诏天下，听任百姓出家，“计口出钱，营造经像”。京师及各地由官府组织人手抄写佛经，杨坚对佛教的大肆提倡，导致“天下之人，从风而靡，竞相景慕，民间佛经，多于六经数十百倍”[5]。隋炀帝杨广对佛教的态度，与其父相比毫不逊色。开皇十一年杨广受菩萨戒，[6] 自此称“菩萨戒弟子”“菩萨戒弟子皇太子”“菩萨戒弟子皇帝”。杨广与高僧释智者的书信多达三十五通，书首必称“弟子总持和南”[7]。

---

[1]《隋书》卷七十五《儒林传·序》，中华书局 1973 年版，第 1707 页。

[2]《隋书》卷七十五《儒林传·序》，中华书局 1973 年版，第 1706、1707 页。

[3]《隋书》卷一《高祖纪上》，中华书局 1973 年版，第 1 页。

[4] 道宣：《集古今佛道论衡》卷乙《隋两帝重佛宗俱受归戒事第十六》，刘林魁校注本，中华书局 2018 年版，第 157 页。

[5]《隋书》卷三十五《经籍志四》，中华书局 1973 年版，第 1099 页。

[6] 灌顶：《国清百录》卷二，《佛光大藏经》法华藏纂集部，佛光出版社 2009 年版，第 52 页。

[7] 灌顶：《国清百录》卷二，《佛光大藏经》法华藏纂集部，佛光出版社 2009 年版，第 55、56、57、59 页。

至于道教，因杨坚在夺取帝位的过程中曾利用道士张宾、焦子顺、董子华等大造舆论，“时高祖作辅，方行禅代之事，欲以符命曜于天下。道士张宾，揣知上意，自云玄相，洞晓星历，因盛言有代谢之征，又称上仪表非人臣相。由是大被知遇，恒在幕府”。于是在即位以后不仅重用诸道士，且于开皇元年（581），立即修复盩厔县的老子庙，开皇三年迁都后在都城畿内兴造道观三十六所，度道士两千人。开皇四年下诏颁行张宾新历，称“张宾等存心算数，通洽古今，每有陈闻，多所启沃”[1]。炀帝大业年间，道教有进一步的发展，“道士以术进者甚众”[2]。

二、隋代南北经学的合流

南北朝时代，南北学风差异明显，由此造成思想观念的分歧，这与统一王朝所要求的思想观念的统一自然不相符合，因此，进入隋代，融合南北学风也就成为势之必然，首当其冲者，则是南北经学的合流。

（一）南北学风的差异

从东晋渡江到隋平定陈国，南北分裂270余年。政治、经济、文化各方面南北发展不同，各有特点。经学上南学重魏晋传统，兼融王、郑，贯通诸家，并深受玄学的影响，侧重发挥义理；北学则较多地保持汉末经学的传统，独尊郑学，侧重章句训诂。文学方面，也同样存在歧异：

> 江左宫商发越，贵于清绮，河朔词义贞刚，重乎气质。气质则理胜其词，清绮则文过其意，理深者便于时用，文华者宜于咏歌，此其南北词人得失之大较也。[3]

隋朝初年，这一现象继续存在，治书侍御史李谔向隋文帝的上书中有所反映：

---

[1]《隋书》卷十七《律历志中》，中华书局1973年版，第421页。
[2]《隋书》卷三十五《经籍志四》，中华书局1973年版，第1094页。
[3]《隋书》卷七十六《文学传・序》，中华书局1973年版，第1730页。

魏之三祖，更尚文词，忽君人之大道，好雕虫之小艺。下之从上，有同影响，竞骋文华，遂成风俗。江左齐、梁，其弊弥甚，贵贱贤愚，唯务吟咏。遂复遗理存异，寻虚逐微，竞一韵之奇，争一字之巧。连篇累牍，不出月露之形，积案盈箱，唯是风云之状。世俗以此相高，朝廷据兹擢士。[1]

学风不同，极易造成彼此的对立和轻视。南朝文人自认得文化之正统，对北方杂染胡风的文化心存轻视。类似的记载并不鲜见：

梁常侍徐陵聘于齐，时魏收文学北朝之秀，收录其文集以遗陵，令传之江左。陵还，济江而沉之。从者以问，陵曰："吾为魏公藏拙。"[2]

南人问（庾）信曰："北方文士何如?"信曰："唯有韩陵山一片石堪共语。薛道衡、卢思道少解把笔。自余驴鸣犬吠，聒耳而已。"[3]

对此，北朝最初也是不得不承认的，如东魏高欢就说："江东复有一吴儿老翁萧衍者，专事衣冠礼乐，中原士大夫望之以为正朔所在。"[4] 但当北朝的文化有所发展，自信心有所增强时，也往往贬低江南的文化。如隋朝初年苏威曾对隋文帝讲："江南人有学业者，多不习世务，习世务者，又无学业。"[5] 颜之推说："今北土风俗，率能躬俭节用，以赡衣食，江南奢侈，多不逮焉。"[6] 甚至隋炀帝时，内史舍人窦威等撰《区宇图志》和《丹阳郡风俗》等书，书中竟以吴人为东夷，炀帝阅后十分不悦，令杖责编修诸人，并说：

[1] 《隋书》卷六十六《李谔传》，中华书局1973年版，第1544页。
[2] 刘餗：《隋唐嘉话》卷下，程毅中点校本，中华书局1979年版，第55页。
[3] 张鷟：《朝野佥载》卷六，程毅中、赵守俨点校本，中华书局1979年版，第140页。
[4] 《北齐书》卷二十四《杜弼传》，中华书局1972年版，第347页。
[5] 《隋书》卷六十六《柳庄传》，中华书局1973年版，第1552页。
[6] 颜真卿：《颜氏家训》卷一《治家》，王利器集解本，中华书局1993年版，第43页。

昔汉末三方鼎立，大吴之国，以称人物。故晋武帝云："江东之有吴会，犹江西之有汝颍，衣冠人物，千载一时。"及永嘉之末，华夏衣缨，尽过江表，此乃天下之名都。自平陈之后，硕学通儒，文人才子，莫非彼至。尔等著其风俗，乃为东夷之人。度越礼义，于尔等可乎？[1]

可见政治上的统一，并不能迅速带来思想观念的改变。

（二）隋代南北经学的合流

南北学风差异造成思想观念的歧见，不利于统一王朝的需要，因此，隋统一天下后，不仅在政治上实施调和的政策，而且在学术文化领域有意识地推动南北经学的贯通和融合。

开皇三年（583），牛弘奉敕修撰五礼。参加修礼者，有明克让和崔赜等著名学者。明克让"世仕江左"[2]，出自南梁礼学名家，祖明僧绍"明经有儒术"，父明山宾"博通经传，居丧尽礼"，著《吉礼仪注》二百二十四卷，《礼仪》二十卷。[3] 明克让"博涉书史，所览将万卷。三礼礼论，尤所研精"。"与太常牛弘等修礼议乐，当朝典故多所裁正"。[4] 崔赜出身于北方大族的博陵崔氏，父崔廓"博览书籍，多所通涉，山东学者皆宗之"。崔赜在开皇初被秦孝王推荐，"射策高第，诏与诸儒定礼乐"[5]。明、崔二人分别代表了南北礼学研究的最高成就，表明隋初修礼对南北礼制的兼收并蓄。不过，开皇礼仍以北方礼为主："悉用东齐《仪注》以为准，亦微采王俭礼。"[6]

对南北经学家，隋文帝"贲旌帛以礼之，设好爵以縻之，于是四海

[1] 李昉：《太平御览》卷六百二《文部十八》，中华书局1966年版，第2710—2711页。

[2] 《北史》卷八十三《明克让传》，中华书局1974年版，第2808页。

[3] 《南史》卷五十《明僧绍传》，中华书局1975年版，第1241、1243页。

[4] 《隋书》卷五十八《明克让传》，中华书局1973年版，第1415、1416页。

[5] 《隋书》卷七十七《崔廓传》，中华书局1973年版，第1755页。

[6] 《隋书》卷八《礼仪志三》，中华书局1973年版，第156页。

九州强学待问之士靡不毕集焉”[1]。北方山东义学之士，马光、张仲让、孔笼、窦士荣、张黑奴、刘祖仁等应召前往京师，“并授太学博士，时人号为六儒”[2]。北方学者另还有刘焯、牛弘、苏威、房晖远、崔崇德、崔颐、杨素、刘炫、辛彦之等，其中牛弘、苏威尤受朝廷重用。牛弘在隋初“荣宠当世”，对于隋代的文化建设做出重要贡献，其“笃好坟籍，学优而仕，有淡雅之风，怀旷远之度，采百王之损益，成一代之典章，汉之叔孙，不能尚也。绸缪省闼三十余年，夷险不渝，始终无际。……可谓大雅君子矣”[3]。苏威在隋初拜太子少保，兼领纳言、民部尚书、大理卿、京兆尹、御史大夫五职，治书侍御史梁毗弹劾其无举贤自代之心，结果遭到隋文帝的反驳：“苏威朝夕孜孜，志存远大，举贤有阙，何遽迫之!”并对朝臣说：

> 苏威不值我，无以措其言；我不得苏威，何以行其道？杨素才辩无双，至若斟酌古今，助我宣化，非威之匹也。苏威若逢乱世，南山四皓，岂易屈哉！

唐初史家评价说“其见重如此”。后拜刑部尚书，与高颎“同心协赞，政刑大小，无不筹之，故革运数年，天下称治”。[4]

北人中虽有牛弘、苏威等尤受隋文帝宠信重用，但经学家多不得志。如山东六儒“皆鄙野，无仪范，朝廷不之贵也”。窦士荣不久病死，张仲让很快也告归乡里，“数言玄象事。州县列上其状，竟坐诛”。孔笼、张黑奴、刘祖仁不久也被贬，仅有马光硕果仅存。刘焯“因国子释奠，与炫二人论义，深挫诸儒，咸怀妒恨，遂为飞章所谤，除名为民”。刘炫在文帝时不受重用，炀帝时“除太学博士。岁余，以品卑去任，还至长平，奉敕追诣行在所。或言其无行，帝遂罢之，归于河间”。平原王孝籍，与

[1]《隋书》卷七十五《儒林传·序》，中华书局1973年版，第1706页。
[2]《隋书》卷七十五《儒林·马光传》，中华书局1973年版，第1717页。
[3]《隋书》卷四十九《牛弘传》，中华书局1973年版，第1310页。
[4]《隋书》卷四十一《苏威传》，中华书局1973年版，第1186页。

刘炫友善，开皇中，召入秘书，助王劭修国史，“劭不之礼，在省多年，而不免输税。孝籍郁郁不得志”[1]，后归家。

南方著名的经学家，受礼部侍郎许善心推荐者，有徐文远、包恺、褚徽、陆德明、鲁达等并为学官，徐文远为国子博士，包恺等为太学博士。“时人称文远之《左氏》、褚徽（笔者注：《隋书》中作褚辉）之《礼》、鲁达之《诗》、陆德明之《易》，皆为一时之最”[2]。南方著名学者还有萧该、何妥。何妥在高祖受禅后，“除国子博士，加通直散骑常侍，进爵为公”。萧该与何妥同至长安，“性笃学，《诗》《书》《春秋》《礼记》并通大义，尤精《汉书》，甚为贵游所礼。开皇初，赐爵山阴县公，拜国子博士。……后撰《汉书》及《文选音义》，咸为当时所贵”。[3] 此外，北方人元善从事者实为南学，“少随父至江南，性好学，遂通涉五经，尤明《左氏传》”。开皇初，拜内史侍郎，后迁国子祭酒。其“通博，在何妥之下，然以风流醞藉，俯仰可观，音韵清朗，听者忘倦，由是为后进所归”。[4]

由此可见，隋代官学基本操诸南人或为南学者之手。[5] 但南人能兼通南北者较少，又不太注重培养经学后继人才，少有讲经授徒者，故其学虽因官方支持兴盛一时，但缺乏传承。北方学者则多能专经为务，注重讲授。如房晖远早年“以教授为务。远方负笈而从者，动以千计”。马光“初，教授瀛、博间，门徒千数，至是多负笈从入长安”。刘焯被革职后，“优游乡里，专以教授著述为务，孜孜不倦”。刘炫“天下名儒后进，质疑受业，不远千里而至者，不可胜数”。王孝籍归乡后，“以教授为业，终于家”。[6] 北方学者身上还体现了南北经学的融合，这是北朝后期经学发展的趋势。梁朝侯景之乱致江陵沦陷，南朝士人分两路进入北方：

[1] 《隋书》卷七十五《儒林·刘炫传》，中华书局 1973 年版，第 1717、1718、1721、1724 页。

[2] 《旧唐书》卷一百八十九《儒林传上》，中华书局 1975 年版，第 4943 页。

[3] 《隋书》卷七十五《儒林·萧该传》，中华书局 1973 年版，第 1710、1715—1716 页。

[4] 《隋书》卷七十五《儒林·元善传》，中华书局 1973 年版，第 1707、1708 页。

[5] 马宗霍：《中国经学史》，上海书店出版社 1984 年版，第 91 页。

[6] 《隋书》卷七十五《儒林·王孝籍传》，中华书局 1973 年版，第 1716、1718、1719、1726 页。

一路是侯景乱梁时奔入东魏邺下的，如颜之推、萧祗及祗子萧放、萧悫等；一路是江陵陷后掳入西魏长安的，如王褒、王克、殷不害等。北周灭北齐后，北齐士人无论南北多为北周所用，南北士人汇聚一朝，进一步增强了交流。[1] 北周平定江陵后，尽征其文儒之士北上，经师受到很高的礼遇。如北周武帝宇文邕仰慕梁朝“当世儒宗”沈重之才，派宣纳上士柳裘至梁征聘，并亲自致书，邀其至北周京师。沈重的学问自是南学，于“阴阳图纬，道经释典，靡不毕综”，至周后“诏令讨论五经，并校定钟律。天和中，复于紫极殿讲三教义。朝士、儒生、桑门、道士至者二千余人。重辞义优洽，枢机明辩，凡所解释，咸为诸儒所推”。[2] 南朝士人进入北方，将南朝经学风气带入北朝，使北朝经学家在继承北学的基础上，又有机会吸纳南学成果，逐渐形成了融合南北的学术倾向。房晖远、刘炫与刘焯正是其中的代表。

房晖远可谓隋代官学的翘楚。他在周武帝时被授小学下士，隋文帝受禅后迁太常博士，太常卿牛弘每称其为“五经库”，后任太学博士、国子博士。当隋文帝下令举荐国子生中精通一经者，“既策问讫，博士不能时定臧否”，房晖远指出原因就在于“江南、河北，义例不同，博士不能遍涉。学生皆持其所短，称己所长，博士各各自疑，所以久而不决也”。于是国子祭酒元善令房晖远予以考定，“晖远览笔便下，初无疑滞。或有不服者，晖远问其所传义疏，辄为始末诵之，然后出其所短，自是无敢饰非者。所试四五百人，数日便决，诸儒莫不推其通博，皆自以为不能测也”。房晖远对南北经学的熟悉程度可见一斑。只可惜如此人才，竟然没有留下任何著述。

刘焯、刘炫二人与房晖远相比，在仕途上不甚得志。他们在少年时期志同道合，结盟为友，拜入名师门下，还同往藏书丰富的武强交津桥刘智海家读书，“向经十载，虽衣食不继，晏如也。遂以儒学知名，为州博士”。后二人受举荐，与著作郎王劭同修国史，兼参议律历，直门下省，以待顾问。刘焯还与左仆射杨素，吏部尚书牛弘，国子祭酒苏威，国子祭酒元善，博士萧该、何妥，太学博士房晖远、崔宗德、晋王文学

[1] 焦桂美：《南北朝经学史》，上海古籍出版社 2009 年版，第 349—350 页。
[2] 《周书》卷四十五《沈重传》，中华书局 1971 年版，第 810 页。

崔赜等“于国子共论古今滞义，前贤所不通者。每升座，论难锋起，皆不能屈，杨素等莫不服其精博”。正是因为才华突出，开皇六年（586），洛阳石经被运至京师，文字磨灭，莫能知者，而二刘被敕令承担这一艰巨的考定任务。后因国子监内祭祀先师典礼，刘焯深挫诸儒，遭人嫉恨，被人诬告而革职为民。刘炫少以聪敏见称，“强记默识，莫与为俦。左画方，右画圆，口诵，目数，耳听，五事同举，无有遗失”。闭户读书十年后，与刘焯同入京，曾共事修国史、直门下省、修天文律历、考定群言等。内史令博陵李德林对其甚为礼敬，但刘炫“虽遍直三省，竟不得官”，毛遂自荐后才任命殿内将军。后因献伪书被人揭发，经赦才免死，除名归家，以教授为务。炀帝即位后，虽除太学博士，但不久被罢，后遭逢隋末大乱，冻馁而死。刘焯于大业年间去世后，刘炫为之请谥，朝廷竟不许。刘炫自已最后也未能善终，门人私谥曰“宣德先生”。但唐初史家对二人评价甚高：“刘炫聪明博学，名亚于焯，故时人称二刘焉。天下名儒后进，质疑受业，不远千里而至者，不可胜数。论者以为数百年已来，博学通儒，无能出其右者。”[1] 冠冕一代的二刘，在当世都未能得到隋朝廷的认可，反而遗芳于后世。

二刘的学术渊源基本类似，“同受《诗》于同郡刘轨思，受《左传》于广平郭懋当，问《礼》于阜城熊安生，皆不卒业而去”[2]。刘轨思，渤海人，北齐后主天统中任国子博士，“说《诗》甚精。少事同郡刘敬和，敬和事同郡程归则，故其乡曲多为《诗》者”[3]。其是北魏儒学宗师刘献之的再传弟子，“通《毛诗》者，多出于魏朝刘献之。献之传李周仁。周仁传董令度、程归则，归则传刘敬和、张思伯、刘轨思。其后能言《诗》者，多出二刘之门”[4]。郭懋当，史书无传。熊安生为当世儒宗，“初从陈达受三传，又从房虬受《周礼》，并通大义。后事徐遵明，

[1]《隋书》卷七十五《儒林·刘焯传》，中华书局 1973 年版，第 1716—1717、1718、1719 页。

[2]《隋书》卷七十五《儒林·刘焯传》，中华书局 1973 年版，第 1718 页。另参见张岂之主编、刘学智副主编：《中国学术思想编年·隋唐五代卷》，陕西师范大学出版社 2006 年版，第 64 页。该书中认为“当”为衍字。

[3]《北齐书》卷四十四《儒林·刘轨思传》，中华书局 1972 年版，第 588 页。

[4]《北史》卷八十一《儒林传·序》，中华书局 1974 年版，第 2708 页。

服膺历年。东魏天平中，受《礼》于李宝鼎。遂博通五经。然专以三礼教授。弟子自远方至者，千余人。乃讨论图纬，捃摭异闻，先儒所未悟者，皆发明之"[1]。刘、郭、熊三人都是北方学者，尤其熊安生还是北学的代表人物之一，但二刘受业于门下，都未卒业而去，可见纯粹的北学已不能满足他们的学术需求。何况此时南学在北方日益传播，突破北学的局限、兼容南北之长已成为学术发展的新方向。

刘焯回乡后以教授著述为务，"贾、马、王、郑所传章句，多所是非"[2]。贾（逵）、马（融）、王（肃）、郑（玄）之学，在曹魏时期为学官所立，[3] 是古文经学，属于北学系统。刘焯对其"多所是非"，可见并未笃守汉儒家法。唐孔颖达称刘焯的《尚书义疏》"织综经文，穿凿孔穴，诡其新见，异彼前儒，非险而更为险，无义而更生义"[4]。北齐时的儒士，罕传《尚书》之业，仅徐遵明兼通之，但非古文。直至后主武平末年，"河间刘光伯、信都刘士元始得费甝《义疏》，乃留意焉"[5]。光伯、士元分别为刘炫、刘焯的字。"费甝《义疏》"指梁国子助教费甝所撰的《尚书义疏》十卷，该书自然属于南学系统。刘焯、刘炫受其影响，分别撰写《尚书义疏》与《尚书述义》各二十卷。

刘炫曾撰写自状曰："《周礼》《礼记》《毛诗》《尚书》《公羊》《左传》《孝经》《论语》孔、郑、王、何、服、杜等注，凡十三家，虽义有精粗，并堪讲授。《周易》《仪礼》《穀梁》，用功差少。"[6] 而依据《隋书·儒林传》记载，南朝奉王弼之《周易》、孔安国之《古文尚书》、杜预之《左传》者为多，而北朝重郑玄之《周易》、服虔之《左传》。唯有郑玄之《毛诗》及三礼，同受南北朝重视。刘炫所说的孔、郑、王、何、服、杜等注，正是南北学兼采的体现。刘炫与刘焯虽同受南学影响，但治学风格略有不同，孔颖达评价道：

[1] 《周书》卷四十五《熊安生传》，中华书局 1971 年版，第 812 页。
[2] 《隋书》卷七十五《儒林·刘焯传》，中华书局 1973 年版，第 1718 页。
[3] 王国维：《观堂集林》第四册，河北教育出版社 2001 年版，第 599 页。
[4] 《尚书正义序》，见《十三经注疏》，北京大学出版社 2000 年版，第 3—4 页。
[5] 《北齐书》卷四十四《儒林传·序》，中华书局 1972 年版，第 583 页。
[6] 《隋书》卷七十五《儒林·刘炫传》，中华书局 1973 年版，第 1720 页。

炫嫌焯之烦杂，就而删焉。虽复微稍省要，又好改张前义，义更太略，辞又过华，虽为文笔之善，乃非开奖之路。义既无义，文又非文，欲使后生，若为领袖，此乃炫之所失，未为得也。[1]

孔颖达曾问学于刘焯，史载“同郡刘焯名重海内，颖达造其门。焯初不之礼，颖达请质疑滞，多出其意表，焯改容敬之。颖达固辞归，焯固留不可”[2]。他对二刘当有比较深入的了解。孔颖达此处对刘炫的评价虽较为负面，但肯定的评价更多。如关于《尚书》的注疏，孔颖达说：

近至隋初，始流河朔，其为正义者，蔡大宝、巢猗、费甝、顾彪、刘焯、刘炫等。其诸公旨趣，多或因循怗释注文，义皆浅略，惟刘焯、刘炫最为详雅。[3]

如关于《诗经》：

近代为义疏者，有全缓、何胤、舒瑗、刘轨思、刘醜、刘焯、刘炫等。然焯、炫并聪颖特达，文而又儒，擢秀干于一时，骋绝辔于千里，固诸儒之所揖让，日下之所无双，其于作疏内特为殊绝。[4]

如关于《左传》，晋宋以来作义疏者，有沈文、何休、苏宽、刘炫等，孔颖达说：

然沈氏于义例粗可，于经传极疏；苏氏则全不体本文，唯旁攻贾、服，使后之学者钻仰无成。刘炫于数君之内，实为翘楚，然聪惠辩博，固亦罕俦，而探赜钩深，未能致远。其经注易者，必具饰

[1]《尚书正义序》，见《十三经注疏》，北京大学出版社2000年版，第4页。
[2]《旧唐书》卷七十三《孔颖达传》，中华书局1975年版，第2601页。
[3]《尚书正义序》，见《十三经注疏》，北京大学出版社2000年版，第3页。
[4]《毛诗正义序》，见《十三经注疏》，北京大学出版社2000年版，第4页。

以文辞；其理致难者，乃不入其根节。[1]

孔颖达认为刘炫"义更太略，辞又过华"、"经注易者，必具饰以文辞，其理致难者，乃不入其根节"，这些评价都突出了刘炫经学简约而富有文采的特点，这正符合"南人约简，得其英华"[2]的特点。但刘炫对南学也并非全盘吸收，如其疏解《左传》，以杜预为宗，但"规杜氏之失凡一百五十余条"，孔颖达批其"习杜义而攻杜氏，犹蠹生于木而还食其木，非其理也。虽规杜过，义又浅近，所谓捕鸣蝉于前，不知黄雀在其后"[3]。其实刘炫驳难先儒者，除攻击杜预之外，对贾逵、服虔诸说都有批评，体现的正是南北经学的融合。

这种南北经学的合流还体现于陆法言仁寿元年（601）成书的《切韵》中。该书序也展现出在南北统一的时代，学者努力混合音韵学中"南北是非、古今通塞"的理想：

昔开皇初，有刘仪同臻、颜外史之推、卢武阳思道、李常侍若、萧国子该、辛咨议德源、薛吏部道衡、魏著作彦渊等八人，同诣法言门宿。夜永酒阑，论及音韵。以古今声调，既自有别，诸家取舍，亦复不同。吴楚则时伤轻浅，燕赵则多伤重浊，秦陇则去声为入，梁益则平声似去。又支、脂、鱼、虞，共为一韵；先、仙、尤、侯，俱论是切。欲广文路，自可清浊皆通；若赏知音，即须轻重有异。吕静《韵集》、夏侯咏《韵略》、阳休之《韵略》、李季节《音谱》、杜台卿《韵略》等，各有乖互。江东取韵，与河北复殊。因论南北是非，古今通塞，欲更捃选精切，除削疏缓。颜外史、萧国子多所决定。……遂取诸家音韵，古今字书，以前所记者，定之为《切韵》五卷。[4]

[1]《春秋正义序》，见《十三经注疏》，北京大学出版社2000年版，第4页。
[2]《隋书》卷七十五《儒林传·序》，中华书局1973年版，第1706页。
[3]《春秋正义序》，见《十三经注疏》，北京大学出版社2000年版，第4页。
[4]陆法言：《切韵序》，见李荣《音韵存稿》，商务印书馆1982年版，第28页。

可见，《切韵》是陆法言与刘臻、颜之推等八人共同商讨切磋的产物，其中“颜外史、萧国子多所决定”。八人中刘臻、颜之推、萧该来自南方，其余均是北方人。他们所批评的几部韵学著作的作者，除夏侯咏外，其余都是北方人。[1] 从成员的分布及参考著作来看，都是南北混而为一，这些都决定了《切韵》兼顾南北之学的性质。

第二节　隋代史学的融汇

隋代史学的融汇，我们试从官私两个方面略作讨论，官方以朝廷对修史的垄断为重点，民间则选取大儒王通的经史之论作为对象。总的来看，隋代史学已出现融汇的倾向，但还处于初级的阶段。

一、朝廷对修史的垄断

隋朝实现南北的统一后，在学术文化领域不仅有意识地推动南北经学的合流，在史学领域也加强了对修史的控制和垄断。

南北朝时代，政权更迭频繁，各族统治者为了治国安邦，重视从史书中寻求经验教训，都对修史表现出极大的热情。南方各政权立国之初，都沿袭魏制，普遍设著作郎修史，“魏太和中，始置著作郎，职隶中书，其官即周之左史也。晋元康初，又职隶秘书，著作郎一人，谓之大著作，专掌史任，又置佐著作郎八人。宋、齐已来，以‘佐’名施于‘作’下。旧事，佐郎职知博采，正郎资以草传”[2]。北方政权如北魏、北齐、北周等都设有修国史的著作郎（北周称为著作上士、中士）之职，十六国中即使历时不久的少数民族政权，也意识到历史为政权服务的重要性，普遍设置史官修史。史官的名称除著作郎外，又有左国史、国纪祭酒等，

[1] 殷焕先：《殷焕先语言学论文集》，商务印书馆 2015 年版，第 52 页。
[2] 刘知幾：《史通》卷十一《史官建置》，浦起龙通释本，上海古籍出版社 2009 年版，第 287 页。

而以他官兼领史职的也不少。[1] “自晋永嘉之乱，皇纲失驭，九州君长，据有中原者甚众。或推奉正朔，或假名窃号，然其君臣忠义之节，经国字民之务，盖亦勤矣。而当时臣子，亦各记录”。因而官修史纂数量多、规模大，呈现出繁荣兴盛的面貌。此外，门阀政治的兴盛，民族关系的变动，儒家经学的衰落，品评人物的世风，对于史学的发展都有积极的推动作用，于是，私人撰史也蔚为风气，“官修之史，十才一二，私修之史，十居八九”[2]，使得此时期成为史书修纂的蓬勃发展的阶段。

但南北朝时代这种史学繁荣的局面，也并非没有问题存在：

> 自史官废绝久矣……魏、晋已来，其道逾替。南、董之位，以禄贵游，政、骏之司，罕因才授。故梁世谚曰：“上车不落则著作，体中何如则秘书。”于是尸素之俦，盱衡延阁之上，立言之士，挥翰蓬茨之下。一代之记，至数十家，传说不同，闻见舛驳，理失中庸，辞乖体要。致令允恭之德，有阙于典坟，忠肃之才，不传于简策。斯所以为蔽也。[3]

自史官世守之制废除后，魏晋以后的史官多“以禄贵游”“罕因才授”，尸位素餐者多；私家修史则受史家个人资料和见识的影响，各行其是，难以统一，“传说不同，闻见舛驳，理失中庸，辞乖体要”，这些显然不利于大一统的中央集权国家。

隋文帝决定改变这种状态，开皇十三年（593）下诏：“人间有撰集国史、臧否人物者，皆令禁绝。”[4] 朝廷不仅垄断国史的修撰，也完全掌控对历史人物的评价。私人撰史之路已被堵塞，撰写史书和评论人物都成了不可碰触的禁区，官府修史成了唯一的途径，史学的发展自然由繁荣走向沉寂。民国时期学者徐崇辑录隋代所撰史著总计 12 类，仅有 51

---

[1] 周一良：《魏晋南北朝史论集》，北京大学出版社 1997 年版，第 343 页。
[2] 金毓黻：《中国史学史》，河北教育出版社 2000 年版，第 104 页。
[3] 《隋书》卷三十三《经籍志二》，中华书局 1973 年版，第 992—993 页。
[4] 《隋书》卷二《高祖纪下》，中华书局 1973 年版，第 38 页。

部：正史10部，杂史6部，仪注7部，杂传6部，刑法3部，地记11部，别史、职官2部，起居注、旧事、谱系、簿录各1部。[1] 史书数量不多，史书体裁也少有创新，这些与隋王朝的寿命太短自然相关，但隋文帝的这一诏令所带来的消极影响也是不可低估的。[2] 不过，这一政策也有其积极影响，那就是既推动了后来修国史史馆制度的确立，又成为皇家修前代纪传史的先声。[3]

史称“高祖既受命，改周之六官，其所制名，多依前代之法”。史官制度也不例外。隋文帝时期，秘书省设“监、丞各一人，郎四人，校书郎十二人，正字四人，录事二人。领著作、太史二曹。著作曹，置郎二人，佐郎八人，校书郎、正字各二人。太史曹，置令、丞各二人，司历二人，监候四人”[4]。这大致沿袭北齐的制度，北齐时由秘书省“典司经籍。监、丞各一人，郎中四人，校书郎十二人，正字四人。又领著作省，郎二人，佐郎八人，校书郎二人”[5]。但又略有变化，如增加太史曹，掌管天文历法。隋炀帝时期，对史官的官阶、人数与职官等做了一些变更：

> 秘书省降监为从二品，增置少监一人（从四品）。增著作郎阶为正五品，减校书郎为十人。改太史局为监，进令阶为从五品，又减丞为一人。置司辰师八人，增置监候为十人。其后又改监、少监为令、少令。增秘书郎为从五品，加置佐郎四人（从六品），以贰郎之职。降著作郎阶为从五品。又置儒林郎十人（正七品），掌明经待问，唯诏所使。文林郎二十人（从八品），掌撰录文史，检讨旧事。此二郎皆上在籓已来直司学士。增校书郎员四十人，加置楷书郎员二十人（从九品），掌抄写御书。[6]

---

[1] 李小树：《中华史学三千年史》，中国物资出版社2010年版，第141页。
[2] 瞿林东：《隋朝修史的失误》，载《史学评林》1981年第2期。
[3] 谢保成：《隋唐五代史学》，商务印书馆2007年版，第17页。
[4]《隋书》卷二十八《百官志下》，中华书局1973年版，第773、775页。
[5]《隋书》卷二十七《百官志中》，中华书局1973年版，第754页。
[6]《隋书》卷二十八《百官志下》，中华书局1973年版，第795—796页。

总的来说，史官官阶大多被降低，但人数与职官都有增加。《史通》的记载，略有不同，或可补其缺漏：

> 至隋，以吏部散官及校书、正字闲于述注者修之，纳言兼领其事。炀帝以为古有内史、外史，今既有著作，宜立起居。遂置起居舍人二员，职隶中书省，如庾自直、崔祖濬、虞世南、蔡允恭等，咸居其职，时谓得人。[1]

凡是临时负责修史的吏部散官与校书郎、正字，则由纳言兼领，而纳言属于门下省。此外，隋炀帝时期还设置起居舍人，负责撰写皇帝起居注，职隶中书省。总的来说，隋代史官制度，“国史自领，则近循魏代，远效江南，参杂其间，变通而已”。可以说是对南北史学制度的兼容并蓄。

据刘知幾的看法，隋代受重用的史家有四位：“王劭、魏澹展效于开皇之朝，诸葛颖、刘炫宣功于大业之世，亦各一时也。”[2] 因与诸葛颖、刘炫相关的史学资料较少，故本部分内容将以王劭与魏澹作为叙述的对象。

王劭出身于太原王氏。太原王氏在东晋以后迅速崛起，成为声名显赫、文韵流长的家族。王劭是王慧龙的五世孙。王劭的祖父王遵业享有盛名，“风仪清秀，涉历经史。位著作佐郎，与司徒左长史崔鸿同撰起居注”。著《三晋记》十卷。其与中书令陈郡袁翻、尚书琅琊王诵并领黄门郎，号曰三哲。“时政归门下，世谓侍中、黄门为小宰相”[3]。王劭之父王松年少年知名，“魏收撰《魏书》成，松年有谤言”[4]，可见于史学也有不低的素养。

王劭少好读书，弱冠时就得到北齐尚书仆射魏收的赏识，累迁太子舍人，待诏文林馆。祖孝征、魏收、阳休之等谈论古事，“有所遗忘，讨

---

[1] 刘知幾：《史通》卷十一《史官建置》，浦起龙通释本，上海古籍出版社 2009 年版，第 296 页。

[2] 刘知幾：《史通》卷十一《史官建置》，浦起龙通释本，上海古籍出版社 2009 年版，第 293 页。

[3] 《魏书》卷三十八《王慧龙传》，中华书局 1974 年版，第 878 页。

[4] 《北史》卷三十五《王慧龙传玄孙松年》，中华书局 1974 年版，第 1292 页。

阅不能得，因呼劭问之。劭具论所出，取书验之，一无舛误。自是大为时人所许，称其博物”。[1] 王劭的博闻强识可见一斑。齐灭入周后，未得重用。隋文帝即位，授其著作佐郎。但不久以母忧去职，在家著《齐书》，被人告发。隋文帝震怒，遣使收其书，竟览而悦之，于是征为员外散骑侍郎，修起居注。王劭专典国史近二十年，有多部著作：《隋书》八十卷，《齐志》编年二十卷，《齐书》纪传一百卷，《平贼记》三卷，《读书记》三十卷。另著有《隋开皇二十年书目》四卷。[2] 释法琳推崇其“学穷经史，才迈群英”，并记载其著作除《齐志》外，还有《释老志》一卷，《仁寿舍利现瑞记》一部。[3] 王劭经学方面的素养，少见记载，仅《旧唐书·元行冲传》中有引用其论：

> 王劭《史论》曰：“魏、晋浮华，古道夷替，洎王肃、杜预，更开门户。历载三百，士大夫耻为章句。唯草野生以专经自许，不能究览异义，择从其善。徒欲父康成，兄子慎，宁道孔圣误，讳闻郑、服非。然于郑、服甚愦愦，郑、服之外皆仇也。”[4]

这是对魏晋以后儒家经学地位衰落、士大夫“宁道孔圣误，讳闻郑、服非，然于郑、服甚愦愦，郑、服之外皆仇”的浮华学风的抨击，由此我们大约可以确信释法琳说其“学穷经史”的评价并非虚妄之言。

不过，隋代如此重要的史家王劭，在唐初所修的《隋书》中得到的评价却甚低，如其八十卷的《隋书》“多录口敕，又采迂怪不经之语及委巷之言，以类相从，为其题目，辞义繁杂，无足称者，遂使隋代文武名臣列将善恶之迹，堙没无闻”。至于《齐志》《齐书》《平贼记》，“或文词鄙野，或不轨不物，骇人视听，大为有识所嗤鄙”。并在本传最后的赞语

[1] 《隋书》卷六十九《王劭传》，中华书局 1973 年版，第 1610 页。

[2] 分见于《隋书》卷六十九《王劭传》，中华书局 1973 年版，第 1609—1610 页；《旧唐书》卷四十六《经籍志二》，中华书局 1975 年版，第 2011 页。

[3] 释法琳：《辩正论》卷五《隋著作郎济南侯王劭》，《永乐北藏》第 151 册，线装书局 2004 年版，第 392 页。

[4] 《旧唐书》卷一百二《元行冲传》，中华书局 1975 年版，第 3181 页。

中继续贬低其“好诡怪之说，尚委巷之谈，文词鄙秽，体统繁杂。直愧南、董，才无迁、固，徒烦翰墨，不足观采”。仅有采擿经史谬误的《读书记》略得认可，因为“时人服其精博”。[1] 这种接近全盘否定的态度，导致王劭史著的详情后人几乎无从了解，仅有刘知幾为其鸣不平，“以（魏）澹著书方于君懋（笔者注：王劭字），岂唯其间可容数人而已，史臣美澹而讥劭者，岂所谓通鉴乎?”[2] 其《史通》中有不少关于王劭的记载，我们可以据此略作讨论。

关于王劭《隋书》“多录口敕”“以类相从”的详情，《史通》中有较为详细的说明：

> 隋史，当开皇、仁寿时，王劭为书八十卷，以类相从，定其篇目。至于编年、纪传，并阙其体。[3]
>
> 隋秘书监太原王劭，又录开皇、仁寿时事，编而次之，以类相从，各为其目，勒成《隋书》八十卷。寻其义例，皆准《尚书》。……若乃帝王无纪，公卿缺传，则年月失序，爵里难详，斯并昔之所忽，而今之所要。如君懋《隋书》，虽欲祖述商、周，宪章虞、夏，观其所述，乃似《孔子家语》、临川《世说》，可谓画虎不成，反类犬也。故其书受嗤当代，良有以焉。[4]

说明王劭的《隋书》是模仿《尚书》，以记言为主，以类相从，既非纪传，也非编年，军国大事付诸阙如。对此，刘知幾也并不讳言其缺点，称作“画虎不成反类犬”，活该受人嗤笑。其实，王劭采用记言体来记载国史，或许正与隋文帝的禁令有关。埋没无闻的“隋代文武名臣列将善恶之迹”，正是需要予以褒贬评价的，而这无疑会有风险，记言则基本不会涉及臧否人物，是一种较为安全保险的编纂体例。另外，王劭撰史受

[1] 《隋书》卷六十九《王劭传》，中华书局 1973 年版，第 1609—1610、1613 页。

[2] 刘知幾：《史通》卷十八《杂说下》，浦起龙通释本，上海古籍出版社 2009 年版，第 481 页。

[3] 刘知幾：《史通》卷十二《古今正史》，浦起龙通释本，上海古籍出版社 2009 年版，第 344 页。

[4] 刘知幾：《史通》卷一《六家》，浦起龙通释本，上海古籍出版社 2009 年版，第 3 页。

人告发的经历，大约也影响了他对国史体例的选择。不过，刘知幾虽对《隋书》评价低，仍然肯定王劭“撰《齐》《隋》二史，其所取也，文皆诣实，理多可信，至于悠悠饰词，皆不之取”[1]。

王劭的《齐志》深受刘知幾的好评。如：

夫识宝者稀，知音盖寡。近有裴子野《宋略》、王劭《齐志》，此二家者，并长于叙事，无愧古人。而世人议者皆雷同，誉裴而共诋王氏。夫江左事雅，裴笔所以专工；中原迹秽，王文由其屡鄙。且几原务饰虚辞，君懋志存实录，此美恶所以为异也。[2]

王劭《齐志》，其叙述当时，亦务在审实。案于时河朔王公，箕裘未陨；邺城将相，薪构仍存。而二子书其所讳，曾无惮色。刚亦不吐，其斯人欤？[3]

王劭国史，至于论战争，述纷扰，贾其余勇，弥见所长。至如叙文宣逼孝靖以受魏禅，二王杀杨、燕以废乾明，虽《左氏》载季氏逐昭公，秦伯纳重耳，栾盈起于曲沃，楚灵败于乾谿，殆可连类也。又叙高祖破宇文于邙山，周武自晋阳而平邺，虽《左氏》书城濮之役，鄢陵之战，齐败于鞍，吴师入郢，亦不是过也。

……

如今之所谓者，若中州名汉，关右称羌，易臣以奴，呼母云姊。主上有大家之号，师人致儿郎之说。凡如此例，其流甚多。必寻其本源，莫详所出。阅诸《齐志》，则了然可知。由斯而言，劭之所录，其为弘益多矣。足以开后进之蒙蔽，广来者之耳目。微君懋，吾几面墙于近事矣，而子奈何妄加讥诮者哉！[4]

---

[1] 刘知幾：《史通》卷五《载文》，浦起龙通释本，上海古籍出版社 2009 年版，第117 页。

[2] 刘知幾：《史通》卷六《叙事》，浦起龙通释本，上海古籍出版社 2009 年版，第154 页。

[3] 刘知幾：《史通》卷七《直书》，浦起龙通释本，上海古籍出版社 2009 年版，第180 页。

[4] 刘知幾：《史通》卷十七《杂说中》，浦起龙通释本，上海古籍出版社 2009 年版，第 460、463—464 页。

可见，无论是叙事的生动形象，还是内容的如实记录，王劭都是极为出色的。如此史才，《隋书》本传一笔抹杀的态度，实在有违公道。其实，将王劭的《隋书》与其《齐志》对比，我们更能看清隋代严禁私人撰史带来的负面影响。

魏澹，也有家学渊源。其父魏季景是北齐大司农卿，“称为著姓，世以文学自业”[1]，并与族侄魏收齐名，“博学有文才，弱冠有名京师。时邢子明称有才学，殆与子才相侔，季景与（魏）收相亚，洛中号两邢二魏”[2]。曲阳魏氏家族素有修史的门风，除魏收声名较盛外，另有如魏徵的祖父魏彦，“求为著作郎，思树不朽之业。以《晋书》作者多家，体制繁杂，欲正其纰缪，删其游辞，勒成一家之典。俄而彭城王闻李崇称之，复请为掾，兼知主客郎中，书遂不成”。还有如魏徵之父魏长贤“博涉经史，词藻清华”，入齐后转著作佐郎，“更撰《晋书》，欲还成先志”。[3] 魏澹本人“专精好学，博涉经史，善属文，词采赡逸”。北齐时曾与族兄魏收、阳休之、熊安生同修五礼，又与诸学士撰《御览》，与李德林修国史。入隋后，深受太子杨勇的礼遇，世称其博物。数年后，迁著作郎。[4]

魏澹的史书纂修工作，是受朝廷的任命：“高祖以魏收所撰书褒贬失实，平绘为《中兴书》事不伦序，诏澹别成魏史。”魏收所撰书自是《魏书》，平绘[5]的《中兴书》则几乎不见记载，具体内容无从知晓。[6] 魏澹所撰的魏史，据《隋书》本传，有十二纪，七十八传，另有史论及例

[1] 《隋书》卷五十八《魏澹传》，中华书局 1973 年版，第 1416 页。

[2] 《北史》卷五十六《魏季景传》，中华书局 1974 年版，第 2043 页。

[3] 《北史》卷五十六《魏长贤传》，中华书局 1974 年版，第 2040—2041 页。

[4] 《隋书》卷五十八《魏澹传》，中华书局 1973 年版，第 1416 页。

[5] “平绘”作为人名，似有可疑之处。清代王懋竑在《读书记疑》卷十五《北史存校》中说“平绘”之“平”当作“李”。翻检《魏书》《北齐书》《北史》及《册府元龟》等史料，“李绘”更为多见，因此笔者采纳王说。王钦若《册府元龟》卷二百《闰位部》记载：“李绘字敬文，为高阳内史，时文襄嗣业，晋代山东，诸郡其特降书征者，唯绘与清河太守辛术二人而已。至，补大将军、从事中郎迁司马。文襄以前司徒侯景进贤冠赐绘，曰：卿但真心事孤，当用卿为三公，莫学侯景叛也。及文宣嗣事，仍为丞相。”

[6] 钱大昕在《潜研堂文集》卷二十四《西魏书序》中提出“昔平绘撰《中兴书》，其体例当类此（笔者注：指谢启昆的《西魏书》），而隋志不著于录，则唐初已无传。”

一卷，目录一卷，总共九十二卷，书名为《后魏书》。[1] 其书的义例与魏收书多有不同，这当然是对魏收“褒贬失实”的纠正。具体可分以下几个方面：

第一，“讳皇帝名，书太子字，欲以尊君卑臣，依《春秋》之义也”。魏澹认为自司马迁以来，在名讳问题上尊卑失序，未被纠正，魏收“讳储君之名，书天子之字，过又甚焉”，问题更为突出。但皇帝讳名、太子书字的做法，其实也并未完全遵循《春秋》之义，因为《春秋》与《礼记》的做法是“太子必书名，天王不言出”。

第二，删削《魏书》帝纪前的《序纪》。《魏书》在各帝纪之前另列《序纪》，追述道武帝开国前的先世诸祖，远溯至二十七代以前，并一律追加帝号。魏澹对此不予认同：

> 五帝之圣，三代之英，积德累功，乃文乃武，贤圣相承，莫过周室，名器不及后稷，追谥止于三王，此即前代之茂实，后人之龟镜也。魏氏平文以前，部落之君长耳。太祖远追二十八帝，并极崇高，违尧舜宪章，越周公典礼。但道武出自结绳，未师典诰，当须南、董直笔，裁而正之。[2]

他指出早期的拓跋氏祖先，仅是部落君长，即使道武帝追谥二十八人为帝，也并不合理，“违尧舜宪章，越周公典礼”，所以应该刊削。但他仍主张为个别杰出者保留谥号。

第三，“分明直书，不敢回避”。魏澹指出太武帝拓跋焘、献文帝拓跋弘都是死于非命，而魏收书中，真相都被隐没，仅是“言论之间，颇露首尾”，“杀主害君，莫知名姓，逆臣贼子，何所惧哉！”史书曲笔，难以发挥“劝善惩恶，贻诫将来”的作用，何况“隐、桓之死，闵、昭杀逐，丘明据实叙于经下，况复悬隔异代而致依违哉！”

---

[1] 《隋书·经籍志》载魏澹《后魏书》一百卷，《旧唐书·经籍志》和《新唐书·艺文志》记魏澹《后魏书》都是一〇七卷，另藤原佐世《日本国见在书目录·正史家》也记载隋著作郎魏彦（笔者注：脱“深”字）《后魏书》百卷。可见，书名当为《后魏书》。

[2] 《隋书》卷五十八《魏澹传》，中华书局 1973 年版，第 1417—1418 页。

第四，“诸国凡处华夏之地者，皆书曰卒，同之吴、楚。”魏澹认为这是对南北政权因对立而互相仇视的纠偏。“自晋德不竞，宇宙分崩，或帝或王，各自署置。当其生日，聘使往来，略如敌国，及其终也，书之曰死，便同庶人。存没顿殊，能无怀愧!”其书“卒”的方式，也是模仿《春秋》之例，诸侯书“崩”书“薨”书“卒”而不书“死”，“死”仅针对庶人。

第五，“周道废，《春秋》作焉，尧、舜盛，《尚书》载之”。《尚书》是盛世之典，《春秋》则是拨乱之法，兴衰理异，制作亦殊。因此“纪传之体出自《尚书》，不学《春秋》，明矣”。而魏收“虽复逊辞畏圣，亦未思纪传所由来也”。魏澹还指出司马迁创立纪传体以来，人无善恶，皆为立论，无法起到惩劝的作用，因而试图仿效左丘明的“君子曰”，“可为劝戒者，论其得失，其无损益者，所不论也”。[1]

魏澹博涉经史，其《后魏书》关于义例方面的说明，体现了《尚书》《春秋》《左传》《礼记》等儒家典籍对其史观不同程度的影响。

此外，魏澹《后魏书》与魏收《魏书》的区别，还有对东西魏正统问题的处理。“澹以西魏为真，东魏为伪，故文、恭列纪，孝靖称传”[2]。魏收的《魏书》以东魏为正统，魏澹的《后魏书》则以西魏为正统，隋承袭北周，北周承袭西魏，因此魏澹以西魏为正统，有学者认为这是客观形势下的必然选择：

> 按魏收仕东魏，入北齐，北齐承东魏之后，故据其统系，以东魏为主。魏澹仕周，入隋，隋承周，周承西魏，故亦据其递嬗，以西魏为主，斯皆因时世而各为其是焉。[3]

当代学者进一步提出：

---

[1] 《隋书》卷五十八《魏澹传》，中华书局1973年版，第1418—1419页。

[2] 刘知幾：《史通》卷十二《古今正史》，浦起龙通释本，上海古籍出版社2009年版，第339页。

[3] 姚振宗：《隋书经籍志考证》卷十一《史部一》，见《二十五史艺文志经籍志考补萃编》第15卷，清华大学出版社2014年版，第567页。

> 《魏书》将东晋南朝及十六国诸政权编入列传等同僭逆的做法，渊源于李彪所撰北魏当代史书《国书》，并非如刘知幾说的那样，是魏收自创体例，属于魏收独创的只不过是在《魏书》如称孝武帝元修为“出帝”并摒弃西魏史实而已；《魏书》斥东晋南朝及十六国诸政权为僭逆，以孝武帝为“出帝”，均是当时政治形势使然，亦是《魏书》使命所在。[1]

但也有其他看法，如清代钱大昕提出：

> 昔元魏之季，孝武不忍贺六浑之逼，播迁关西。终不免黑獭之弑。自是东西对峙，各为强臣所制，地丑德齐，无以相尚。然天平改元之始，孝武固无恙也，则东魏不如西之正；天保受禅而后，关西犹拥虚号者七八年，则西魏较愈于东之促，此温文正公、徽文公之书法所以抑东而扬西也。乃魏彦深之史无传，而伯起书独行，遂加孝武以出帝之称，而直斥西主之名，偏陂不公，莫此为甚。李延寿《本纪》颇采彦深，先西后东，差强人意，而《列传》犹承《周史》旧文，读史者不无遗憾焉。[2]

钱大昕声援魏澹的做法，提出“东魏不如西魏之正”，还以李延寿《北史》本纪部分先西后东，司马光、朱熹“抑东而扬西”作为补证。不过，该文是钱大昕为谢启昆的《西魏书》作序，或许不无附和之意在内。笔者以为，魏澹的《后魏书》，虽仍囿于正统论，以西魏为正，东魏为伪，但无疑对《魏书》的偏颇不公有所矫正，这一点还体现在对南北政权的态度上。《魏书》“以平阳王为出帝，司马氏为僭晋，桓、刘已下，通曰岛夷”[3]，一律贬斥他国；而魏澹对于“诸国凡处华夏之地者，皆书曰

[1] 何德章：《〈魏书〉正统义例之渊源》，见《魏晋南北朝史丛稿》，商务印书馆 2010 年版，第 380 页。

[2] 钱大昕：《潜研堂文集》卷二十四《西魏书序》，见《嘉定钱大昕全集》第九册，江苏古籍出版社 1997 年版，第 387—388 页。

[3] 刘知幾：《史通》卷四《称谓》，浦起龙通释本，上海古籍出版社 2009 年版，第 101 页。

卒”。书“卒”而不书“崩”，“崩”大约是为西魏去世的君主所独享。西魏君主类似周王，其余政权的君王类似诸侯，这并非事实，但无论南北政权都被纳入了“华夏”的范畴，一定程度上反映了隋代大一统局势下史学的面貌，即已出现融汇的倾向，但还处于初级阶段。

魏澹所著《后魏书》，“甚简要，大矫收、绘之失。上览而善之”[1]。但隋炀帝却以为该书未能尽善，后又命杨素召集人手别撰，但杨素死后，该书的撰写也就中止了。贞观三年（629），唐太宗下诏修六代史，因“众议以魏史既有魏收、魏澹二家，已为详备，遂不复修”[2]，可见仍认可魏澹的《后魏书》，但到刘知幾时期，说“今世称魏史者，犹以收本为主焉”[3]，个中原因不得而知。

王劭的《隋书》与魏澹的《后魏书》，分别代表了隋代史书禁令和南北史学融汇的影响，具有一定的典型意义。

二、王通的经史学

关于王通，在中国历史上曾有不小的争论。因《隋书》无传，新、旧《唐书》魏徵与房玄龄诸传也都没有提及王通其人，北宋以来开始有人怀疑其人其书的真实性，直至近代梁启超，虽不否认其人，但贬其为隋末“妄人”“病狂之人”，称其书是“妖诬之书”。[4] 但隋陈叔达及唐王绩、王勃、杨炯、刘禹锡、皮日休、陆龟蒙、司空图等人的著作中，对王通的生平事迹都有记述，新、旧《唐书》王绩、王勃与王质传中也有王通家世与言行的记录。现当代的学者对此问题也多有考辨，[5] 指出王通实有其人，至于流传至今的《中说》，则是由王通的门人于王通生前

---

[1] 《隋书》卷五十八《魏澹传》，中华书局 1973 年版，第 1419 页。

[2] 《旧唐书》卷七十三《令狐德棻传》，中华书局 1975 年版，第 2598 页。

[3] 刘知幾：《史通》卷十二《古今正史》，浦起龙通释本，上海古籍出版社 2009 年版，第 339 页。

[4] 梁启超：《中国历史研究法》，东方出版社 1996 年版，第 109 页。

[5] 王冀民、王素：《文中子辨》，载《文史》第二十辑，中华书局 1983 年版；邓小军：《隋书不载王通考》，载《四川师范大学学报》（社会科学版）1994 年第 4 期；李海燕：《倬彼我系河汾王氏家族的文学与文化》，中国文史出版社 2014 年版，第 25—30 页。

分别存记，“由薛收、姚义缀而名之，复由福畤辨类分编，且从而纂易附益之，故此书实成于众手，而非一日”，“今观其体例、思想错综不一，原不足怪也。”[1] 总之，目前学术界的基本看法是王通确有其人，隋唐之际也曾有王通的言行录传世，《中说》则反映了这个学派的学术观点。依据惯例和行文的方便，本书将《中说》的思想仍归入王通的名下。

王通的先辈本为太原祁人，西晋末永嘉之乱，迁往南方。六世祖王玄则仕刘宋，历太仆、国子博士，“究道德，考经籍”，“卒为洪儒”。[2] 王氏自“玄则以来，世传儒业”。王通出生于开皇四年（584），自幼明悟好学，除秉承家学外，还四处拜师，“受《书》于东海李育，受《诗》于会稽夏玙，受《礼》于河东关朗，受《乐》于北平霍汲，受《易》于族父仲华”。仁寿三年（603），王通入长安献《太平十二策》，受帝召见，“叹美之，然不能用，罢归”，[3] 此后无论隋文帝还是炀帝的征召，王通都称疾不至，专以著书教授为事：

> 续《诗》《书》，正《礼》《乐》，修《元经》，赞《易》道，九年而六经大就。门人自远而至，河南董常、太山姚义、京兆杜淹、赵郡李靖、南阳程元、扶风窦威、河东薛收、中山贾琼、清河房玄龄、巨鹿魏徵、太原温大雅、颍川陈叔达等，咸称师北面，受王佐之道焉。如往来受业者，不可胜数，盖千余人。隋季，文中子之教兴于河汾，雍雍如也。[4]

以上史料中关于王通门人之众、官位之显的叙述，最为后世学者诟病：“河汾讲学，事之必有，惟负笈之多，桃李之贵，未必如王氏家传所云。意者，方通河汾设帐之日，除及门生徒之外，与诸人未必无一日之交、一面之雅者。比及唐兴，此辈腾达，王氏子弟遂赧颜阑入家传，至于门

[1] 王冀民、王素：《文中子辨》，载《文史》第二十辑，中华书局 1983 年版，第 245 页。

[2] 杜淹：《文中子世家》，见王通：《中说》附录，张沛校注本，中华书局 2013 年版，第 265 页。

[3] 邵博：《邵氏闻见后录》卷四《文中子补传》，中华书局 1983 年版，第 28 页。

[4] 杜淹：《文中子世家》，见王通：《中说》附录，张沛校注本，中华书局 2013 年版，第 268 页。

人之、弟子之，又于《中说》杂录中张皇附益之。”[1]

王通三教“可一”的思想，较受学术界的关注：

> 程元曰：“三教何如？”子曰：“政恶多门久矣。”曰：“废之何如？”子曰：“非尔所及也。真君、建德之事，适足推波助澜，纵风止燎尔。”
>
> 子读《洪范谠议》，曰：“三教于是乎可一矣。”程元、魏徵进曰：“何谓也？”子曰：“使民不倦。”[2]

王通反对北魏太武帝与北周武帝的灭佛废道行动，认为根本无法禁止佛道二教的风行，反而“推波助澜，纵风止燎”，“政恶多门”。可取的做法是对三教采取兼容并蓄、取长补短的态度。佛、道二教各有其一定价值，却又各有弊端。佛“圣人也”，但属于“西方之教”，不合中国风习民情，用于“中国则泥。轩车不可以适越，冠冕不可以之胡，古之道也”[3]。王通斥道教只会讲论长生，是欺人之谈，“仁义不修，孝悌不立，奚为长生？”[4] 他认为佛道二教风行所带来的流弊，并不能归咎于它们自身，而是统治者自己无能，没能合理地利用：“《诗》《书》盛而秦世灭，非仲尼之罪也；虚玄长而晋室乱，非老庄之罪也；斋戒修而梁国亡，非释迦之罪也。《易》不云乎：‘苟非其人，道不虚行。’”[5] 王通三教“可一”的思想，其实受前贤影响，魏晋以来佛、道日益盛行，儒家反而地位下降，于是一些学者，如孙绰、顾欢、张融、颜之推等开始主张三教合流。[6]

不过，王通本质上还是一个儒家学者，他欲混同三教的观念，其实

---

[1] 王冀民、王素：《文中子辨》，载《文史》第二十辑，中华书局1983年版，第239页。

[2] 王通：《中说》卷五《问易篇》，张沛校注本，中华书局2013年版，第134—135页。

[3] 王通：《中说》卷四《周公篇》，张沛校注本，中华书局2013年版，第114页。

[4] 王通：《中说》卷六《礼乐篇》，张沛校注本，中华书局2013年版，第172页。

[5] 王通：《中说》卷四《周公篇》，张沛校注本，中华书局2013年版，第113页。

[6] 张鸿、商爱玲：《中国政治思想通史·隋唐卷》，中国人民大学出版社2014年版，第210页。

还是为振兴儒教而努力。他“续《诗》《书》，正《礼》《乐》，修《元经》，赞《易》道”，走的还是传统的儒家道路，他以周、孔之道作为最高理想，对二人推崇备至：

文中子曰：“卓哉，周、孔之道！其神之所为乎？顺之则吉，逆之则凶。”[1]

子曰：“吾视千载已上，圣人在上者，未有若周公焉，其道则一而经制大备，后之为政，有所持循。吾视千载而下，未有若仲尼焉，其道则一而述作大明，后之修文者，有所折中矣。千载而下，有申周公之事者，吾不得而见也；千载而下，有绍宣尼之业者，吾不得而让也。[2]

周公制礼作乐，令经制大备，后人有法可循；孔子删定六经，令述作大明，后人有所折中。“先王之道布在此矣。天下有道，圣人推而行之；天下无道，圣人述而藏之”[3]。这就是周、孔二人的区别。后世之人倘得时为政，应学周公推行王道；倘失志在野，应学孔子著述讲学，而千载以来，竟无一人绍述周、孔之事业，王通表示自己当仁不让。“如有用我者，吾其为周公所为乎？”[4] 这是其于仁寿三年（603）向隋文帝献《太平十二策》的原因。对此，王通后来有向弟子做出说明：

元魏已降，天下无主矣。开皇九载，人始一。先人有言曰：“敬其事者大其始，慎其位者正其名。”此吾所以建议于仁寿也：“陛下真帝也，无踵伪乱，必绍周、汉，以土袭火，色尚黄，数用五，除四代之法，以乘天命。千载一时，不可失也。”高祖伟之而不能用。所以然者，吾庶几乎周公之事矣。故《十二策》何先？必先正始者也。[5]

---

[1] 王通：《中说》卷一《王道篇》，张沛校注本，中华书局 2013 年版，第 13 页。
[2] 王通：《中说》卷二《天地篇》，张沛校注本，中华书局 2013 年版，第 58 页。
[3] 王通：《中经》卷十《关朗篇》，张沛校注本，中华书局 2013 年版，第 262 页。
[4] 王通：《中说》卷二《天地篇》，张沛校注本，中华书局 2013 年版，第 58 页。
[5] 王通：《中说》卷十《关朗篇》，张沛校注本，中华书局 2013 年版，第 257—258 页。

王通认为隋文帝在开皇九年（589）后完成了统一大业，因此是“真帝也，无踵伪乱，必绍周、汉。”这样的契机，“千载一时，不可失也”，因此才积极进献《十二策》，试图推行王道理想，可惜隋文帝最后并未予以重用。“周公之事”无法推行，“宣尼之业”却可继续，于是王通退而效法孔子，著书立说：

> 文中子曰：“仲尼之述，广大悉备，历千载而不用，悲夫！”仇璋进曰：“然夫子今何勤勤于述也？”子曰：“先师之职也，不敢废。焉知后之不能用也？是薫是蓘，则有丰年。”[1]

事实上，对此结果，王通早已有预料：“文中子曰：‘甚矣！王道难行也。吾家顷铜川六世矣，未尝不笃于斯，然亦未尝得宣其用，退而咸有述焉，则以志其道也。’”[2]“焉知后之不能用也”，正是王通及其先祖坚持王道的信念所在。

王通“续《诗》《书》，正《礼》《乐》，修《元经》，赞《易》道”的工作，具有强烈的经世意味。具体而言，王通最为重视其中的《元经》。他视之为王道的准绳：“《春秋》《元经》于王道，是轻重之权衡、曲直之绳墨也，失则无所取衷矣。”[3]二者都是衰世的产物，但二者仍有不小的区别：

> 文中子曰：“《春秋》，一国之书也。其以天下有国而王室不尊乎？故约诸侯以尊王政，以明天命之未改：此《春秋》之事也。《元经》，天下之书也，其以无定国而帝位不明乎？征天命以正帝位，以明神器之有归：此《元经》之事也。”[4]

孔子作《春秋》，是为了尊崇周王室，证明天命未改；王通作《元经》，

[1] 王通：《中说》卷十《关朗篇》，张沛校注本，中华书局2013年版，第257页。
[2] 王通：《中说》卷一《王道篇》，张沛校注本，中华书局2013年版，第4页。
[3] 王通：《中说》卷三《事君篇》，张沛校注本，中华书局2013年版，第85页。
[4] 王通：《中说》卷八《魏相篇》，张沛校注本，中华书局2013年版，第150页。

则是着眼于整个天下，“征天命以正帝位，以明神器之有归”，“正历数则断南北”，区分南北政权的正统与僭伪。王通的家族由江左进入北魏，因此，会较为关切南北文化的对比与分合问题；而且，在政治分裂的时代，文化的传承与价值的厘定，也会成为他们思考的重心。南北对峙，北方为中原文物之所归，南方则以衣冠南渡、正朔攸在自许，文化价值的判断，刺激了正统之争的产生。而夷夏之辨，在北方又特别复杂，这些问题，在诸儒讲经的义疏中，是找不到答案的。只有王通的书，对此表示了深切的关切与思考。[1]

王通的《元经》记述了晋惠帝至陈灭亡的历史大事，先后以西晋、东晋、刘宋的帝号纪年，北魏孝文帝即位后以北朝的帝号纪年。《元经》之作始于晋惠帝永熙元年（290）的原因，王通有说明：

> 子曰：“君子之于帝制，并心一气以待也，倾耳以听，拭目而视，故假之以岁时。桓、灵之际，帝制遂亡矣。文、明之际，魏制其未成乎？太康之始，书同文，车同轨。君子曰‘帝制可作矣’，而不克振。故永熙之后，君子息心焉，曰：‘谓之何哉？’《元经》于是不得已而作也。”
>
> 文中子曰：“《春秋》作而典诰绝矣，《元经》兴而帝制亡矣。”[2]

王通提出东汉桓、灵二帝之后，“帝制”消亡，但君子仍保存希望，“倾耳以听，拭目而视”，直至晋武帝太康年间，虽然再度一统天下，却未能振兴“帝制”，自此君子息心。不久爆发八王之乱，此后则是永嘉之乱，五胡乱华，天下大乱，南北政权纷争不已，因而“《元经》兴而帝制亡矣”。王通向往的“帝制”，是一种理想的治理模式：

> 文中子曰：“帝者之制，恢恢乎其无所不容。其有大制，制天下而不割乎？其上湛然，其下恬然。天下之危，与天下安之；天下之失，与天下正之。千变万化，吾常守中焉。其卓然不可动乎！其感

[1] 龚鹏程：《唐代思潮》，商务印书馆 2007 年版，第 9、15、16 页。
[2] 王通：《中说》卷五《问易篇》，张沛校注本，中华书局 2013 年版，第 150—151 页。

而无不通乎！此之谓帝制矣。"[1]

安天下之危，正天下之失，谨守中道，即是“帝制”，简而言之，就是三代之法，以王道治国。而在王通看来，两汉的制度是王道政治的样板：

文中子曰：“二帝三王，吾不得而见也，舍两汉将安之乎？大哉，七制之主！其以仁义公恕统天下乎？其役简，其刑清，君子乐其道，小人怀其生。四百年间，天下无二志，其有以结人心乎？终之以礼乐，则三王之举也。”[2]

西晋末期，“帝制”消亡，南北朝政局动荡，王道政治自是无从谈起。王通认为北魏孝文帝以后，政权的正统转由北方政权传承，因此以北魏为正统。王通认为晋、宋是存“衣冠文物之旧”，又“有复中国之志”，当中原无主时，应以晋、宋为正统；齐、梁、陈既“弃先王之礼乐”，又无恢复之志，故“斥之于四夷”。北魏与北周大举采用由南适北的儒生，兴礼致化，衣冠文物不逊色于南朝。北魏孝文帝时又迁都洛阳，据有中原，“中国之道不坠，孝文之力也。”[3] 因此，应当以北魏为正统。“子谓：太和之政近雅矣，一明中国之有法”[4]。王通综合地理和文化两种因素判断南北正统之争，较之南北朝史家论地不论理或论理不论地的一偏之见，实为通达。[5] 这也是在隋代南北统一局面下才有可能得出的见解。

具体到经史关系方面，王通也略有谈论：

子谓薛收曰：“昔圣人述史三焉：其述《书》也，帝王之制备矣，故索焉而皆获；其述《诗》也，兴衰之由显，故究焉而皆得；

---

[1] 王通：《中说》卷四《周公篇》，张沛校注本，中华书局2013年版，第121页。
[2] 王通：《中说》卷二《天地篇》，张沛校注本，中华书局2013年版，第56页。
[3] 王通：《中说》卷四《周公篇》，张沛校注本，中华书局2013年版，第107页。
[4] 王通：《中说》卷五《问易篇》，张沛校注本，中华书局2013年版，第134页。
[5] 汪文学：《正统论：发现东方政治智慧》，陕西人民出版社2002年版，第269页。

其述《春秋》也，邪正之迹明，故考焉而皆当。此三者，同出于史而不可杂也。故圣人分焉。”[1]

王通将《尚书》《诗经》与《春秋》都视为史书，认为它们记载了上古的帝王制度、兴衰之由与正邪事迹，各有侧重，因此需加以区分。他自己续写的六经，仅有续《书》、续《诗》与《元经》是史书，与以上认识保持一致：

子曰：“吾续《书》以存汉、晋之实，续《诗》以辩六代之俗，修《元经》以断南北之疑，赞《易》道以申先师之旨，正礼乐以旌后王之失。[2]

对于两汉以后逐步独立的史学，王通的评价比较低，他说：“史之失，自迁、固始也，记繁而志寡。”“使陈寿不美于史，迁、固之罪也。”[3] “吾视迁、固而下，述作何其纷纷乎！帝王之道，其暗而不明乎？天人之意，其否而不交乎？制理者参而不一乎？陈事者乱而无绪乎？”[4] 总的评价是“古之史也辩道，今之史也耀文”[5]。王通如此贬低后世的史书，原因在于他认为经史之间存在此消彼长的关系，“史传兴而经道废矣，记注兴而史道诬矣。是故恶夫异端者”[6]。他虽认可东晋史家王隐“敏人也。其器明，其才富，其学赡”，但又说“述作多而经制浅，其道不足称也”。可见，王通虽有三经为史的看法，但此史不同于后世之史，彼此之间泾渭分明，难以并列。

[1] 王通：《中说》卷一《王道篇》，张沛校注本，中华书局2013年版，第8—9页。

[2] 王通：《中说》卷六《礼乐篇》，张沛校注本，中华书局2013年版，第165—166页。

[3] 王通：《中说》卷二《天地篇》，张沛校注本，中华书局2013年版，第63页。

[4] 王通：《中说》卷一《王道篇》，张沛校注本，中华书局2013年版，第10页。

[5] 王通：《中说》卷三《事君篇》，张沛校注本，中华书局2013年版，第84页。

[6] 王通：《中说》卷五《问易篇》，张沛校注本，中华书局2013年版，第139页。

第七章　唐初经学的统一与史学的总结

唐朝立国之后，大力推行崇儒政策，确立“周孔之教”[1]的正统地位，并以儒兴学，选拔人才，整理经籍文本，统一义疏，编纂《五经正义》，从而使儒家经学在唐代达到空前的统一。唐初君主既然将尊儒重经作为治国之道，势必会影响到各个方面，也包括影响到史书的编纂和总结。

第一节　唐初经学的统一

隋代经学虽已出现南北经学合流的趋势，但毕竟处于初级阶段，而且隋代儒学地位较低，朝廷对儒学的扶持政策时断时续，未能一以贯之。唐代则以尊儒重经作为治国之道，采取了一系列复兴儒学的措施，不仅扭转了儒学的困境，出现“儒学之兴，古昔未有也”[2]的局面，还对六朝以来的五经版本和文字进行了一次大清理，梳理五经章句义疏，编纂《五经正义》，实现了经学的统一。

一、唐初君主的崇儒政策

隋朝是从东汉后期的大乱到唐代大治的中间环节，它在政治、经济

[1] 宋敏求：《唐大诏令集》卷一百五《崇儒·置学官备释奠礼诏》，中华书局 2008 年版，第 537 页。

[2] 吴兢：《贞观政要》卷七《崇儒学》，上海古籍出版社 1978 年版，第 218 页。

和文化等各个方面，都为唐代提供了许多值得借鉴的东西。[1] 儒学也是其中一个环节。隋文帝与炀帝都曾倡导过儒学，但未能保持始终如一，有学者分析，这是由于隋文帝、炀帝更相信“我兴由佛法”，对佛教给予了更多的财力及政策支持。与释、道二教的地位相比，隋代儒学在三教中的地位可能最低。[2] 隋代名士李士谦评价三教的优劣曰：“佛，日也；道，月也；儒，五星也。”[3] 或可从侧面反映隋代儒学的地位。

唐初君主在隋代复振儒学的基础上加大倡导力度，将尊儒重经作为治国之道，并采取复兴儒学的相关措施，从而扭转了魏晋南北朝以来儒学衰落不振的局面。

(一) 确立“周孔之教”的正统地位

高祖李渊在太原起兵后就表现出“颇好儒臣”的态度，称帝后于武德二年（619）下诏：

> 盛德必祀，义存方策，达人命世，流庆后昆。建国君人，弘风阐教，崇贤彰善，莫尚于兹。自八卦初陈，九畴攸叙，徽章互垂，节文不备。爰始姬旦，匡翊周邦，创设礼经，尤明典宪。启生人之耳目，穷法度之本源，化起《二南》，业隆八百；丰功茂德，冠于终古。暨乎王道既衰，颂声不作，诸侯力争，礼乐陵迟。粤若宣父，天资睿哲；经纶齐、鲁之内，揖让洙、泗之间；综理遗文，弘宣旧制。四科之教，历代不刊；三千之文，风流无歇。惟兹二圣，道著群生，守祀不修，明褒尚阙。朕君临区宇，兴化崇儒，永言先达，情深绍嗣。宜令有司于国子学立周公、孔子庙各一所，四时致祭。仍博求其后，具以名闻，详考所宜，当加爵土。是以学者慕向，儒教聿兴。[4]

这道“兴化崇儒”的诏书包含了以下几个方面的信息：

---

[1] 章权才：《魏晋南北朝隋唐经学史》，广东人民出版社 1996 年版，第 234 页。

[2] 庞朴：《中国儒学》(一)，东方出版中心 1997 年版，第 205 页。

[3] 《隋书》卷七十七《隐逸传》，中华书局 1973 年版，第 1754 页。

[4] 《旧唐书》卷一百八十九上《儒学上》，中华书局 1975 年版，第 4940 页。

第一，“建国君人，弘风阐教，崇贤彰善，莫尚于兹。”这是唐高祖对儒学地位的认识。我们不妨将其与隋代二帝的相关言论作一下对比。隋文帝说“儒学之道，训教生人，识父子君臣之义，知尊卑长幼之序，升之于朝，任之以职，故能赞理时务，弘益风范”[1]。炀帝说“君民建国，教学为先，移风易俗，必自兹始”[2]。唐高祖的言辞与隋炀帝类似，但隋炀帝仅将儒学视为治国安民、移风易俗的开端，而唐高祖则称曰“莫尚于兹”，推崇为最高标准。

第二，表彰周公、孔子的历史贡献，并为之立庙祭拜。隋炀帝也曾褒奖过孔子，称“先师尼父，圣德在躬，诞发天纵之姿，宪章文武之道。命世膺期，蕴兹素王……可立孔子后为绍圣侯。有司求其苗裔，录以申上”[3]。但周公不在其列。按周制，“凡始立学，必释奠于先圣先师”。但考察史书的记载，自曹魏以来，祭祀的对象基本是孔子，并以颜渊配享，周公都是被排除在外的。[4] 唐高祖却认为周公制作周礼功绩甚大，“启生人之耳目，穷法度之本源”，“丰功茂德，冠于终古”，将其与孔子并列为前后相继的“二圣”。鉴于二圣“道著群生，守祀不修”的现状，唐高祖诏令在国子学旁建周公庙与孔子庙，四时祭拜；并“博求其后，具以名闻，详考所宜，当加爵土”，以此引导“学者慕向，儒教聿兴”。唐朝开国不久，高祖就表现出如此强烈的重儒观念，这对于唐初儒学的恢复和发展具有重要意义。到武德七年（624），唐高祖还继续下诏表示“朕今欲敦本息末，崇尚儒宗，开后生之耳目，行先王之典训”[5]。祭拜周公、孔子，“初以儒官自为祭主，直云博士姓名，昭告于先圣。又州县释奠，亦博士为主”。此年高祖则“幸国子学，亲临释奠”。高宗永隆二年（681）以后，则由皇太子亲行释奠之礼。[6]

---

[1] 《隋书》卷二《高祖下》，中华书局1973年版，第46—47页。

[2] 《隋书》卷三《炀帝上》，中华书局1973年版，第64页。

[3] 《隋书》卷三《炀帝上》，中华书局1973年版，第72页。

[4] 杜佑：《通典》卷五十三《礼十三·释奠》，王文锦、王永兴等点校本，中华书局1988年版，第1471页。

[5] 宋敏求：《唐大诏令集》卷一百五《崇儒·兴学敕》，中华书局2008年版，第537页。

[6] 杜佑：《通典》卷五十三《礼十三·释奠》，王文锦、王永兴等点校本，中华书局1988年版，第1474页。

唐太宗不仅继承了高祖的崇儒政策，还在其基础上做了更大的推进。

一是亲近儒学之士。武德三年（620），尚未即位的李世民“既平寇乱，留意儒学”，于是在宫城西建文学馆，以待四方文士。囊括大行台司勋郎中杜如晦，记室考功郎中房玄龄及于志宁，军谘祭酒苏世长，天策府记室薛收，文学褚亮、姚思廉，太学博士陆德明、孔颖达，主簿李玄道，天策仓曹李守素，记室参军虞世南，参军事蔡允恭、颜相时，著作佐郎摄记室许敬宗、薛元敬，太学助教盖文达，军谘典签苏勖，诸人均以本官兼任文学馆学士。“诸学士并给珍膳，分为三番，更直宿于阁下，每军国务静，参谒归休，即便引见，讨论坟籍，商略前载”[1]。李世民即位后这一做法得以延续，在正殿的左边设置弘文学馆，精选天下文儒之士，各以本官兼署学士，“更日宿直，以听朝之隙引入内殿，讨论坟典，商略政事，或至夜分乃罢。又诏勋贤三品以上子孙为弘文学生”[2]。

二是太宗从治国之道的高度宣称“朕今所好者，惟在尧、舜之道，周、孔之教，以为如鸟有翼，如鱼依水，失之必死，不可暂无耳。”[3]这是他总结前代兴亡教训，认识到释、老二教无益于国而做出的选择。贞观元年（627），太宗说：“朕看古来帝王以仁义为治者，国祚延长，任法御人者，虽救弊于一时，败亡亦促。既见前王成事，足是元龟。今欲专以仁义诚信为治。望革近代之浇薄也。”[4] 贞观二年，唐太宗与大臣讨论治国得失，太宗问黄门侍郎王珪曰为何“近代君臣治国，多劣于前古”，王珪从“重武轻儒”的角度进行了总结：

> 古之帝王为政，皆志尚清静，以百姓之心为心。近代则唯损百姓以适其欲，所任用大臣，复非经术之士。汉家宰相，无不精通一经，朝廷若有疑事，皆引经决定，由是人识礼教，治致太平。近代重武轻儒，或参以法律，儒行既亏，淳风大坏。[5]

---

[1] 《旧唐书》卷七十二《褚亮传》，中华书局 1975 年版，第 2583 页。

[2] 吴兢：《贞观政要》卷七《崇儒学》，上海古籍出版社 1978 年版，第 215 页。

[3] 吴兢：《贞观政要》卷六《慎所好》，上海古籍出版社 1978 年版，第 195 页。

[4] 吴兢：《贞观政要》卷五《仁义》，上海古籍出版社 1978 年版，第 149 页。

[5] 吴兢：《贞观政要》卷一《政体》，上海古籍出版社 1978 年版，第 14 页。

太宗对其看法深以为然，并表示“为国之道，必须抚之以仁义，示之以威信，因人之心，去其苛刻，不作异端，自然安静，公等宜共行斯事也!”贞观十三年，太宗说：“夫仁义之道，当思之在心，常令相继，若斯须懈怠，去之已远。犹如饮食资身，恒令腹饱，乃可存其性命。”[1]仁义诚信的治国之道，自然正是周孔之教。

不过，贞观二年（628）十二月，尚书左仆射房玄龄、国子博士朱子奢建议停祭周公，改称孔子为先圣，理由是“以周公、尼父，俱称圣人。庠序置奠，本缘夫子，故晋宋梁陈及隋大业故事，皆以孔子为先圣，颜回为先师，历代所行，古人通允”[2]。太宗采纳了该建议，并予以推行。“两边俎豆干戚之容，始备于兹矣”[3]。贞观十一年，在兖州修宣尼庙，“给户二十，充享祀焉”[4]。封孔子后裔德伦为褒圣侯。贞观二十一年，太宗下令以左丘明、卜子夏、公羊高、穀梁赤、伏胜、高堂生、戴圣、毛苌、孔安国、刘向、郑众、杜子春、马融、卢植、郑玄、服虔、何休、王肃、王弼、杜元凯、范宁、贾逵二十二人并为先师，同享祭祀。[5]高宗永徽年间，再次改周公为先圣，黜夫子为先师，颜回、左丘明从祀。显庆二年（657），礼部尚书许敬宗等提出异议[6]：

圣则非周即孔，师则偏善一经。汉魏以来，取舍各异。颜回、夫子互作先师，宣父、周公更为先圣。求其节文，递有得失，所以贞观之制，正夫子为先圣，加众儒为先师。而今新令，辄事刊改，但周公摄政，制礼作乐，功比王者，祀之儒馆，实贬其功。仲尼生衰周之末，拯文丧之弊，祖述尧舜，宪章文武，弘圣教于六经，阐儒风于千载，故孟轲称生灵以来，一人而已。自汉以降，奕叶继侯，

[1] 吴兢：《贞观政要》卷五《仁义》，上海古籍出版社1978年版，第149、150页。
[2] 王溥：《唐会要》卷三十五《褒崇先圣》，中华书局1955年版，第635—636页。
[3] 吴兢：《贞观政要》卷七《崇儒学》，上海古籍出版社1978年版，第215页。
[4] 王溥：《唐会要》卷三十五《褒崇先圣》，中华书局1955年版，第636页。
[5] 杜佑：《通典》卷五十三《礼十三·孔子祠》，王文锦、王永兴等点校本，中华书局1988年版，第1480页。
[6] 笔者按：提出异议者，《唐会要》卷三十五《褒崇先圣》载另一说为太尉长孙无忌，第636页。

崇奉其圣，迄于今日，胡可降兹上哲，俯入先师？且又丘明之徒，见行其学，贬为从祀，亦无故事。今请改令从诏，于义为允。其周公仍依礼配飨武王也。[1]

《通典》中没有记载朝廷对此奏疏作出的回应，而《唐会要》中称朝廷采纳了该说。[2] 此后因“高宗尚吏事，武后矜权变”[3]，儒学地位有所回落，特别是“永淳已来，二十余载，国学废散，胄子衰缺，时轻儒学之官，莫存章句之选”[4]。但这是高宗后期的情况，早期高宗仍然倡导“父子君臣之际，长幼仁义之序”的“周孔之教”。[5] 如乾封元年（666）高宗东巡至兖州祭宣父庙，赠孔子太师，并下诏褒奖孔子“垂素王之雅则，正史策之繁文，播鸿业于当时，昭景化于千祀”，宣称自己“宪章前王，规矩先圣”。[6] 总章元年（668）二月，皇太子诣学，赠颜回太子少师，曾参太子少保。[7]

与隋代儒学在三教中地位最低相比，唐代儒学地位有了很大的提高，这不仅体现在上述唐高祖和太宗关于儒学的相关诏令和政策，也体现于唐初君主对佛教的压制态度。

武德七年（624），太史令傅奕上疏请求废除佛教，高祖令群臣详议。太仆卿张道源附议傅奕，尚书右仆射萧瑀称其“非圣人无法”，请求将其治罪；傅奕则反驳“佛逾城出家，逃背于父，以匹夫而抗天子，以继体而悖所亲”，属于“无父之教”，“于百姓无补，于国家有害”，获得高祖的支持。[8] 武德八年，唐高祖下诏排列三教的地位：“老教、孔教，此

[1] 杜佑：《通典》卷五十三《礼十三·孔子祠》，王文锦、王永兴等点校本，中华书局1988年版，第1481页。

[2] 王溥：《唐会要》卷三十五《褒崇先圣》，中华书局1955年版，第636页。

[3] 《新唐书》卷一百九十八《儒学上》，中华书局1975年版，第5636页。

[4] 《旧唐书》卷八十八《韦嗣立传》，中华书局1975年版，第2866页。

[5] 王溥：《唐会要》卷四十七《议释教上》，中华书局1955年版，第836页。

[6] 孔传：《东家杂记》卷上《孔子追封谥号》，商务印书馆1936年版，第3页。

[7] 杜佑：《通典》卷五十三《礼十三·孔子祠》，王文锦、王永兴等点校本，中华书局1988年版，第1481页。

[8] 杜佑：《通典》卷六十八《礼二十八·僧尼不受父母拜及立位》，王文锦、王永兴等点校本，中华书局1988年版，第1893页。

土元基；释教后兴，宜崇客礼。今可老先，次孔，末后释宗。”[1] 武德九年二月，高祖针对佛道二教所存在的问题，如佛教徒“妄为剃度，托号出家，嗜欲无厌，营求不息”，“进违戒律之文，退无礼典之训”，甚至“亲行劫掠，躬自穿窬，造作妖讹，交通豪猾”。道士们本应“贵冲虚，养志无为，遗情物外”，但“驱驰世务，尤乖宗旨”，于是下诏大规模淘汰僧尼道士：“京城留寺三所、观二所。其余天下诸州，各留一所。余悉罢之。”[2] 这是对佛道二教势力膨胀的遏制和打击。

贞观二年（628），侍臣评论梁武帝父子崇尚浮华，好释道二教，终日空谈，不以军国典章为意，后来二人为侯景所害；孝元帝被万纽、于谨围困之际，犹讲论《老子》不辍，百官戎服听讲，最终也是落得君臣被囚的下场。太宗表示，这些历史教训值得借鉴，并申明自己所好者唯有尧舜之道与周孔之教。长孙皇后了解太宗对于佛道的态度，告诫太子承乾：“佛道者，上每示存异方之教耳。常恐为理体之弊。”[3] 贞观二十年，太宗在贬斥萧瑀佞佛的手诏中，否定佛教为“弊俗之虚术”，无益于治国安邦：

> 朕以无明于元首，期托德于股肱，思欲去伪归真，除浇反朴。至于佛教，非意所遵。虽有国之常经，固弊俗之虚术。何则？求其道者，未验福于将来；修其教者，翻受辜于既往。至若梁武穷心于释氏，简文锐意于法门，倾帑藏以给僧祇，殚人力以供塔庙。……子孙覆亡而不暇，社稷俄顷而为墟，报施之征，何其缪也？[4]

当然，正如有学者所指出，唐太宗把佛教分作意识形态和社会势力两个方面分别对待，同佛教的关系，在世界观和政治主张上，在国家利益和个人利益上，表现并不一致。从政治层面来说，佛教鼓吹出世，逃

[1] 道宣：《集古今佛道论衡》卷丙《高祖幸国学，统集三教，问僧道是佛师事》，刘林魁校注本，中华书局 2018 年版，第 177 页。

[2] 《旧唐书》卷一《高祖纪》，中华书局 1975 年版，第 16、17 页。

[3] 吴兢：《贞观政要》卷八《赦令》，上海古籍出版社 1978 年版，第 252 页。

[4] 《旧唐书》卷六十三《萧瑀传》，中华书局 1975 年版，第 2403 页。

避社会生产，不承担赋税徭役兵役等义务，势必与国家的施政方针和客观形势相冲突，因而太宗选择沙汰僧尼，限制佛教发展。道教尽管在名义上受到尊崇，实际上命运、处境同佛教处于伯仲之间。[1]

与佛道相比，儒学更有利于治国安民，唐代帝王虽然追溯老子为远祖，但唐初统治者都十分清楚地认识到儒学是封建国家立国之本。如此一来，儒学在三教关系中便处于中心地位。因此，唐初佛、道二教虽然相互攻击，但都不敢轻易非议儒学，都力图依属儒学来取胜对方。[2]

（二）以儒兴学

唐初复兴儒学的根本措施就是以儒兴学，选拔人才。

义宁二年（618）五月，尚未称帝的李渊下令："国子学置生七十二员，取三品已上子孙；太学置生一百四十员，取五品已上子孙；四门学生一百三十员，取七品已上子孙。上郡学置生六十员，中郡五十员，下郡四十员。上县学并四十员，中县三十员，下县二十员。"[3] 武德元年(618)，诏令皇族子孙及功臣子弟，在秘书外省别立小学。这是针对炀帝后期战乱日兴、教育荒废，"师徒怠散，盗贼群起"[4] 的情况而发，是争取人心的举措，但在政局未稳的前提下，只能流于形式。唐初真正将学校教育落到实处，是武德七年二月唐高祖所下的《置学官备释奠礼诏》与《兴学敕》，一致表达了对儒学的尊崇和以儒兴学的期望：

> 六经茂典，百王仰则；四学崇教，千载垂范。是以西胶东序，春诵夏弦，悦《礼》敦《诗》，本仁祖义，建邦立极，咸必由之。自叔世浇讹，雅道沦缺，绵历岁纪，儒风莫扇。隋季已来，丧乱滋甚，眷言篇籍，皆为煨烬。周孔之教，阙而不修，庠塾之仪，泯焉将坠。非所以阐扬徽烈，敦尚风轨，训民调俗，垂裕后昆。朕受命膺期，握图驭宇，思弘至道，冀宣德化，永言坟索，深存讲习。所以据摭遗逸，招集散亡，诸生胄子，特加奖劝。然而凋敝之余，堙替日多，

[1] 郭绍林：《唐太宗与佛教》，《史学月刊》1997年第2期。

[2] 许凌云：《中国儒学史·隋唐卷》，广东教育出版社1998年版，第160页。

[3] 《旧唐书》卷一百八十九《儒学上》，中华书局1975年版，第4940页。

[4] 《隋书》卷七十五《儒林传》，中华书局1973年版，第1707页。

学徒尚少，经术未隆，《子衿》之叹，无忘寝兴。方今函夏既清，干戈渐戢，搢绅之业，此则可兴。宜下四方诸州，有明一经以上未被升擢者，本属举送，具以名闻，有司议等，加阶叙用。其有吏民子弟，识性开敏，志希学艺，亦具名申送入京，量其差品，并即配学，明设考课，各使厉精，琢玉成器，庶其非远。州县及乡里，并令置学。……[1]

自古为政，莫不以学为先，学则仁、义、礼、智、信五者俱备，故能为利深博。朕今欲敦本息末，崇尚儒宗，开后生之耳目，行先王之典训。而三教虽异，善归一揆，岂有沙门事佛，灵宇相望；朝贤宗儒，辟雍顿废，王公已下，宁得不惭？朕今亲自观讲，仍征集四方胄子，冀日就月将，并得成业，礼让既行，风教渐改。使期门介士，比屋可封；横经庠序，皆遵雅俗。诸公王子弟，并宜率先，自相劝励。[2]

这两道诏书固然体现了唐高祖对儒学和教育的重视，但也从客观上反映出唐立国以来教育方面确实没太大的进展："凋敝之余，堙替日多，学徒尚少，经术未隆。"高祖还特别将儒教与佛教进行了对比："沙门事佛，灵宇相望；朝贤宗儒，辟雍顿废"，这很不正常，因此他要广泛征集四方学子，令各地"申送入京，量其差品，并即配学，明设考课"，培养朝廷的栋梁之材。那些明经而未被录用者，则予以提拔；至于各州县，也都置办学校，以便培养不同类别的人才。

唐太宗登基后，继续推进高祖的重儒兴学政策。贞观二年（628），太宗与谏议大夫王珪讨论用人得失。太宗认为"为政之要，惟在得人，用非其才，必难致治。今所任用，必须以德行、学识为本"。王珪附议，并引汉昭帝之言，建议"公卿大臣，当用经术明于古义者"，君臣达成了共识。因此"大收天下儒士，赐帛给传，令诣京师，擢以不次，布在廊

[1] 宋敏求：《唐大诏令集》卷一百五《崇儒·置学官备释奠礼诏》，中华书局2008年版，第537页。

[2] 宋敏求：《唐大诏令集》卷一百五《崇儒·兴学敕》，中华书局2008年版，第537页。

庙者甚众。学生通一大经已上，咸得署吏”[1]。“百官中有学业优长、兼识政体者，多进其阶品，累加迁擢焉”[2]。

贞观五年（631），太宗数次莅临国学，并根据实际需要增加学舍四百多间。[3] 国子、太学、四门、广文也都增置生员，书、算各置博士、学生，人数达到三千多员。甚至连屯营飞骑等部门也设置博士，授以经业。不久，高丽、百济、新罗、高昌、吐蕃诸国也纷纷派遣子弟进入国学学习，于是“国学之内，鼓箧升讲筵者，几至万人，儒学之兴，古昔未有也”[4]。高宗显庆二年（657），黄门侍郎刘祥道上奏说“今庠序遍于四海，儒生溢于三学”[5]，正是贞观以来重儒政策效应的体现。

二、经学的统一与《五经正义》的编撰

唐初复兴儒学的另一重要举措是整理经籍文本与统一义疏。

唐初的政府藏书主要是隋代藏书的劫余。高祖武德五年（622），秦王李世民击败王世充，“尽收其图书及古迹焉”，但在水运前往京师的途中，“行经底柱，多被漂没，其所存者，十不一二”。[6] 在同一年，秘书监令狐德棻向朝廷提出：“今乘丧乱之余，经籍亡逸，请购募遗书。重加钱帛，增置楷书，专令缮写。”[7] 建议被采纳，数年间，朝廷一直致力此事，到太宗时期，“秘府图籍，粲然毕备”。

魏徵于贞观二年（628）任秘书监，“以丧乱之后，典章纷杂，奏引学者校定四部书”[8]。很可能受其影响，太宗于次年下诏，令前中书侍郎颜师古考定五经。此前最早的儒家经典官方定本是东汉的熹平石经。

---

[1] 吴兢：《贞观政要》卷七《崇儒学》，上海古籍出版社 1978 年版，第 219、215 页。

[2] 吴兢：《贞观政要》卷一《政体》，上海古籍出版社 1978 年版，第 14 页。

[3] 笔者按：四百多间学舍的记载出于《贞观政要》卷七《崇儒学》，而《通典》卷五十三《礼十三》中记载为一千二百多间，《新唐书》卷四十四《选举志》与《通典》同。

[4] 吴兢：《贞观政要》卷七《崇儒学》，上海古籍出版社 1978 年版，第 216 页。

[5] 杜佑：《通典》卷十七《选举五·杂议论中》，王文锦、王永兴等点校本，中华书局 1988 年版，第 404—405 页。

[6] 《隋书》卷三十二《经籍志一》，中华书局 1973 年版，第 908 页。

[7] 王溥：《唐会要》卷三十五《经籍》，中华书局 1955 年版，第 642 页。

[8] 《旧唐书》卷七十一《魏徵传》，中华书局 1975 年版，第 2548 页。

蔡邕因校书于东观，“以经籍去圣久远，文字多谬，俗儒穿凿，疑误后学”，于是与五官中郎将堂谿典、光禄大夫杨赐、谏议大夫马日磾、议郎张驯和韩说、太史令单飏等奏请“正定六经文字”，[1] 得到灵帝的允许，“乃诏诸儒正定五经，刊于石碑，为古文、篆、隶三体书法以相参检，树之学门，使天下咸取则焉”[2]。每天前往观读摹写者甚多，“车乘日千余两，填塞街陌”[3]。石经订误正伪，平息了因传抄引起的纷争，为士子们提供了儒家经典教材的范本。汉末董卓之乱中，熹平石经遭到严重损毁，曹魏恢复太学后，曾下诏将石经补刻修复，称为正始石经。南北朝时期，官学时开时停，经学各有师承，在流传过程中更易于以讹传讹，谬误流传。因此魏徵“校定四部书”的建议很快得到了唐太宗的支持，尤以经部书籍为首。

贞观初年主持五经文字校订工作的颜籀，字师古，是颜之推的孙子。颜氏“其先本居琅琊，世仕江左。及之推，历事周、齐，齐灭，始居关中”。师古“少传家业，博览群书，尤精诂训，善属文”。[4] 颜师古家族由南而北迁移，治学不可能不受到北学的影响，“尤精诂训”或可视为其体现。但他所考定的五经，竟以晋、宋等南方相传的古本为主，这或许可以理解为其家学仍保留了较多的江左之风。颜师古所做的工作主要是校勘五经的“文字讹谬”，因此所耗时日并不长，贞观七年（633）十一月“颁新定五经”[5]。但校订工作在此前就已完成，只是太宗比较慎重，在颁布五经定本之前，特令房玄龄召集诸儒进行讨论：

> 贞观四年，太宗以经籍去圣久远，文字讹谬，诏前中书侍郎颜师古于秘书省考定五经。及功毕，复诏尚书左仆射房玄龄集诸儒重加详议。时诸儒传习师说，舛谬已久，皆共非之，异端蜂起。而师古辄引晋、宋已来古本，随方晓答，援据详明，皆出其意表，诸儒莫不叹服。太宗称善者久之，赐帛五百匹，加授通直散骑常侍，颁

[1]《后汉书》卷六十下《蔡邕列传》，中华书局1965年版，第1990页。
[2]《后汉书》卷七十九上《儒林列传》，中华书局1965年版，第2547页。
[3]《后汉书》卷六十下《蔡邕列传》，中华书局1965年版，第1990页。
[4]《旧唐书》卷七十三《颜师古传》，中华书局1975年版，第2594页。
[5]《旧唐书》卷三《太宗本纪下》，中华书局1975年版，第43页。

其所定书于天下，令学者习焉。[1]

这是对两晋南北朝隋数百年五经版本和文字的一次大清理，稍有变动必然会引起儒生们的不适应，甚至抵制，但颜师古学问根柢深厚，“所有奇书难字，众所共惑者，随疑剖析，曲尽其源”[2]，质疑逐一被其击破，令诸儒深为赞叹和佩服。太宗于是下令颁行全国，作为中央官学及地方州县各级学校的标准教科书。

五经的文本解决后，下一步应该是立即对已有的“文学多门，章句繁杂”[3]问题进行梳理和辨别。但事实上，这项工作一直推迟至贞观十二年（638）才开始。[4]其中的原因，有学者解释为当时正在进行修礼工作，且此后负责《五经正义》编纂工作的孔颖达也参与其中，[5]无法分身。笔者赞成这一看法。虽然《通典》与《唐会要》称这一任务完成于贞观七年，[6]但《旧唐书》中颜师古传和孔颖达传都系于贞观十一年，[7]笔者以为倘若修礼完成于贞观七年，《五经正义》的编纂搁置那么久就有些说不通，因此，贞观十一年的说法似乎更为合理。

孔颖达被唐太宗任命为梳理五经章句义疏的主笔，首先是因为其经

[1] 吴兢：《贞观政要》卷七《崇儒学》，上海古籍出版社 1978 年版，第 220 页。《旧唐书》卷七十三《颜师古传》中的文字与《贞观政要》基本雷同。

[2] 《旧唐书》卷七十三《颜师古传》，中华书局 1975 年版，第 2595 页。

[3] 吴兢：《贞观政要》卷七《崇儒学》，上海古籍出版社 1978 年版，第 220 页。

[4] 笔者按：《五经正义》具体编撰的年代，史无明文记载，参照诸书，学术界一般认为始于贞观十二年。参见申屠炉明：《孔颖达 颜师古评传》，南京大学出版社 2011 年版，第 37 页。许道勋、徐洪兴：《中华文化通志・经学志》，上海人民出版社 1998 年版，第165 页。

[5] 许道勋、徐洪兴：《中华文化通志・经学志》，上海人民出版社 1998 年版，第 165 页。

[6] 《通典》卷四十一《礼一・礼序》记载：“太宗践祚，诏礼官学士修改旧仪，著《吉礼》六十一篇，《宾礼》四篇，《军礼》十二篇，《嘉礼》四十二篇，《凶礼》六篇，《国恤》五篇，总百三十篇，为百卷。贞观七年，始令颁示。”《唐会要》卷三十七《五礼篇目》记曰：“贞观初，诏中书令房玄龄、秘书监魏徵，礼官学士，备考旧礼……（贞观）七年正月二十四日献之，诏行用焉。”

[7] 《旧唐书》卷七十三《颜师古传》称：“（颜师古）又奉诏与博士等撰定五礼，（贞观）十一年，礼成。”《旧唐书》卷七十三《孔颖达传》称：“（贞观）十一年，（孔颖达）又与朝贤修定五礼，所有疑滞，咸谘决之。”

学造诣精湛。“八岁就学，日诵千余言。及长，尤明《左氏传》《郑氏尚书》《王氏易》《毛诗》《礼记》，兼善算历，解属文”。他曾与当时“名重海内”的刘焯辩论经义，“焯初不之礼，颖达请质疑滞，多出其意表，焯改容敬之”。隋炀帝征召诸郡儒官至东都，与国子秘书学士进行辩论，孔颖达表现最为卓异。贞观年间，“与诸儒议历及明堂，皆从颖达之说”。[1] 因此，孔颖达可谓是隋末唐初最为杰出的经学家。

其次，孔颖达与唐太宗关系比较亲密，深受其赏识。张玄素就说“窃见孔颖达、赵弘智等，非惟宿德鸿儒，亦兼达政要”[2]。李世民平定王世充后，将当时隐居避世的孔颖达收入麾下，成为秦王府文学馆十八学士之一。贞观初年，封曲阜县男，转给事中。“留心庶政，颖达数进忠言，益见亲待”。贞观十七年（643），孔颖达因年老致仕，次年画像进入凌烟阁。贞观二十二年卒，陪葬昭陵。[3] 当时十八学士中同为“太学博士”者仅有孔颖达与陆德明。陆德明的经学成就也甚高，“大业中，广召经明之士，四方至者甚众。遣德明与鲁达、孔褒俱会门下省，共相交难，无出其右者”。[4] 但陆氏贞观三年就去世了，这样一来，孔颖达对于整理五经的义疏自然就责无旁贷了。

当然，孔颖达一人之力并不足以完成这样一项庞大而复杂的工作。正如唐初修“八史”是众多学者集体合作一样，对五经义疏的整理也大致如此。如《周易正义》，孔颖达说“恐鄙才短见，意未周尽”，于是与马嘉运、赵乾叶等“对共参议，详其可否”。[5]《尚书正义》与王德韶、李子云等“谨共铨叙”[6]。《毛诗正义》与王德韶、齐威等“对共讨论，辨详得失”。[7]《礼记正义》与朱子奢、李善信、贾公彦、柳士宣、范义頵、张权等“对共量定”[8]。《春秋正义》与谷那律、杨士勋、朱长才等

---

[1]《旧唐书》卷七十三《孔颖达传》，中华书局 1975 年版，第 2601、2602 页。

[2] 吴兢：《贞观政要》卷四《规谏太子》，上海古籍出版社 1978 年版，第 143 页。

[3]《旧唐书》卷七十三《孔颖达传》，中华书局 1975 年版，第 2603 页。

[4]《旧唐书》卷一百八十九上《陆德明传》，中华书局 1975 年版，第 4945 页。

[5]《周易正义序》，见《十三经注疏》，北京大学出版社 2000 年版，第 4 页。

[6]《尚书正义序》，见《十三经注疏》，北京大学出版社 2000 年版，第 4 页。

[7]《毛诗正义序》，见《十三经注疏》，北京大学出版社 2000 年版，第 4 页。

[8]《礼记正义序》，见《十三经注疏》，北京大学出版社 2000 年版，第 4 页。

“对共参定”[1]。

五经义疏的整理初稿完成于贞观十四年（640），[2] 最初名曰《义赞》，太宗下诏改为《五经正义》，[3] 褒奖孔颖达等“博综古今，义理该洽，考前儒之异说，符圣人之幽旨，实为不朽”[4]。令书交付国子监施行。但是曾参与整理《周易正义》的太学博士马嘉运认为《五经正义》“颇多繁杂，每掎摭之”[5]，这一批评得到了其他一些学者的支持。于是贞观十六年，太宗让孔颖达组织人手进行订正。修订人员包括此前的编修者，但也有增加，“对敕”者，《周易正义》增加了苏德融，《尚书正义》增加了朱长才、苏德融、随德素、王士雄，《毛诗正义》增加了赵乾叶、贾普耀，《礼记正义》增加了周元达、赵君赞、王士雄，《春秋正义》增加了马嘉运、王德韶、苏德融、随德素，五经的“覆更详审”工作则都由赵弘智担任。[6] 但贞观十七年，孔颖达以年老致仕，马嘉运也在贞观十九年去世，于是修订工作未能完成。永徽二年（651），高宗下诏令太尉赵国公长孙无忌及中书、门下、国子三馆博士及弘文馆学士共同刊正《五经正义》，“傍摭群书，释左氏之膏肓，翦古文之烦乱，探曲台之奥趣，索连山之元言，囊括百家，森罗万有”[7]。永徽四年，“太尉无忌、左仆射张行成、侍中高季辅及国子监官，先受诏修改《五经正义》，至是功毕。进之，诏颁于天下。每年明经，依此考试”[8]。

《五经正义》的编写，从经学统一的角度来说，主要体现在如下方面：

1. 从众多的注本中选择流传最广者。

《周易正义》的注本，孔颖达指出西汉有丁、孟、京、田，东汉有

---

[1] 《春秋正义序》，见《十三经注疏》，北京大学出版社 2000 年版，第 5 页。

[2] 《资治通鉴》卷一百九十五，太宗贞观十四年二月，中华书局 1956 年版，第 6153 页。

[3] 王溥：《唐会要》卷七十七《论经义》，中华书局 1955 年版，第 1405 页。

[4] 《旧唐书》卷七十三《孔颖达传》，中华书局 1975 年版，第 2602—2603 页。

[5] 《旧唐书》卷七十三《马嘉运传》，中华书局 1975 年版，第 2603 页。

[6] 以上名单参见《五经正义》各序。

[7] 长孙无忌：《进五经正义表》，见《全唐文》卷一三六，中华书局 1983 年版，第 1375 页。

[8] 王溥：《唐会要》卷七十七《论经义》，中华书局 1955 年版，第 1405 页。

荀、刘、马、郑，“大体更相祖述，非有绝伦。唯魏世王辅嗣之注独冠古今。所以江左诸儒，并传其学；河北学者，罕能及之”[1]。认为王弼注为最优。《隋书·经籍志》的说法略有不同，指出梁丘、施氏、高氏注亡于西晋；孟氏、京氏注有书无师。梁、陈时期郑玄、王弼二注并列于国学。但隋以后，“王注盛行，郑学浸微，今殆绝矣”[2]。

《尚书正义》选孔安国传，孔颖达追溯其源流道：

> 汉氏大济区宇，广求遗逸，采古文于金石，得今书于齐鲁。其文则欧阳、夏侯二家之所说，蔡邕碑石刻之。古文则两汉亦所不行。安国注之，寔遭巫蛊，遂寝而不用。历及魏晋，方始稍兴。故马郑诸儒莫睹其学，所注经传时或异同。晋世皇甫谧独得其书，载于《帝纪》，其后传授乃可详焉。但古文经虽然早出，晚始得行。其辞富而备，其义弘而雅，故复而不厌，久而愈亮。江左学者，咸悉祖焉。近至隋初，始流河朔。[3]

与《隋书·经籍志》比较，差别最大者，是孔颖达提出孔安国传由西晋皇甫谧发现，而非东晋梅赜，并对孔传颇多溢美之词。《隋书·经籍志》则指出：“梁、陈所讲，有孔、郑二家，齐代唯传郑义。至隋，孔、郑并行，而郑氏甚微。自余所存，无复师说。”[4]

《毛诗正义》和《礼记正义》都是选择郑玄笺注。《毛诗》选郑注是因其为集大成者，“申公腾芳于鄢郢，毛诗光价于河间，贯长卿传之于前，郑康成笺之于后”。因此“晋、宋、二萧之世，其道大行；齐、魏两河之间，兹风不坠”。[5] 这与《隋书·经籍志》的记载大致相同：“《齐诗》，魏代已亡；《鲁诗》亡于西晋；《韩诗》虽存，无传之者。唯《毛诗郑笺》，至今独立。”[6] 《礼记正义》也选郑玄注，孔颖达只说是由于

---

[1] 《周易正义序》，见《十三经注疏》，北京大学出版社2000年版，第3页。
[2] 《隋书》卷三十二《经籍志一》，中华书局1973年版，第913页。
[3] 《尚书正义序》，见《十三经注疏》，北京大学出版社2000年版，第3页。
[4] 《隋书》卷三十二《经籍志一》，中华书局1973年版，第915页。
[5] 《毛诗正义序》，见《十三经注疏》，北京大学出版社2000年版，第4页。
[6] 《隋书》卷三十二《经籍志一》，中华书局1973年版，第918页。

"去圣逾远，异端渐扇，故大、小二戴，共氏而分门；王、郑两家，同经而异注。爰从晋、宋，逮于周、隋，其传《礼》业者，江左尤盛"[1]，但没讲清原因。《隋书·经籍志》则简单明了，称三礼"唯《郑注》立于国学，其余并多散亡，又无师说"[2]。

《春秋左传正义》选《左传》杜预注。孔颖达认为，西汉传《左传》者，有张苍、贾谊、尹咸、刘歆，东汉有郑众、贾逵、服虔、许惠卿，各为诂训，都是杂取《公羊》《穀梁》以释《左传》，"此乃以冠双履，将丝综麻，方凿圆枘，其可入乎？"西晋世杜预作《春秋左氏经传集解》，以丘明之传释孔氏之经，"所谓子应乎母，以胶投漆，虽欲勿合，其可离乎？今校先儒优劣，杜为甲矣，故晋宋传授，以至于今"。[3] 至于为何舍弃《春秋》其余二传，没有任何说明，《隋书·经籍志》则记载《穀梁》范甯注、《公羊》何休注、《左氏》服虔、杜预注，都曾立于国学。"然《公羊》《穀梁》，但试读文，而不能通其义"。隋代"杜氏盛行，服义及《公羊》《穀梁》浸微，今殆无师说"。[4]

可见，《五经正义》各个注本的选择，都是由当时的学术发展形势所决定。

2. 广泛参考吸收前人的注疏成果。

《五经正义》中的"正义曰"部分，基本都有参考并吸收前人的义疏成果。唯《周易正义》以王弼注为本，没有另外吸收其他义疏，因孔颖达认为江南十余家义疏，"皆辞尚虚玄，义多浮诞"，甚至"义涉于释氏，非为教于孔门也。既背其本，又违于注"。因此他表示"考察其事，必以仲尼为宗；义理可诠，先以辅嗣为本"。[5] 如此才可信而有征、文简而理约。

《尚书正义》和《毛诗正义》都以隋代刘焯和刘炫的义疏为主。孔颖达对二刘评价甚高："焯、炫并聪颖特达，文而又儒，擢秀干于一时，骋绝辔于千里，固诸儒之所揖让，日下之所无双，于其作疏内特为殊绝。"

[1]《礼记正义序》，见《十三经注疏》，北京大学出版社 2000 年版，第 3—4 页。

[2]《隋书》卷三十二《经籍志一》，中华书局 1973 年版，第 926 页。

[3]《春秋正义序》，见《十三经注疏》，北京大学出版社 2000 年版，第 4 页。

[4]《隋书》卷三十二《经籍志一》，中华书局 1973 年版，第 933 页。

[5]《周易正义序》，见《十三经注疏》，北京大学出版社 2000 年版，第 3、4 页。

但也有不足："焯、炫等负恃才气，轻鄙先达，同其所异，异其所同，或应略而反详，或宜详而更略。准其绳墨，差忒未免，勘其会同，时有颠踬。"[1] 刘焯"织综经文，穿凿孔穴，诡其新见，异彼前儒，非险而更为险，无义而更生义"。刘炫"嫌焯之烦杂，就而删焉。虽复微稍省要，又好改张前义，义更太略，辞又过华"，因此，对于二人的研究"存其是而去其非，削其烦而增其简"。[2]

《礼记正义》的义疏基本参考皇甫侃和熊安生。虽然《礼记》在南朝和北朝都有流传，南人有贺循、贺玚、庾蔚之、崔灵恩、沈重、范宣、皇甫侃等，北人有徐遵明、李业兴、李宝鼎、侯聪、熊安生等，大多已失传，存世者唯有皇、熊二家而已。熊氏违背本经，多引外义，"犹之楚而北行，马虽疾而去逾远矣"。解释经文，"唯聚难义，犹治丝而棼之，手虽繁而丝益乱也"。皇氏"虽章句详正，微稍繁广，又既遵郑氏，乃时乖郑义。此是木落不归其本，狐死不首其丘"。两家都称不上完善，但二者相比，皇氏为优，因此孔颖达的正义"仍据皇氏以为本，其有不备，以熊氏补焉"。[3]

《春秋左传正义》在义疏方面以刘炫为本，"其有疏漏，以沈氏（文何）补焉"。历代为《左传》作义疏者，主要有沈文何、苏宽、刘炫。孔颖达认为沈氏"于义例粗可，于经传极疏"。苏氏"全不体本文，唯旁攻贾、服，使后进之学者钻仰无成"。刘炫在四人中"实为翘楚"，"聪惠辩博，固亦罕俦"，而"探赜钩深，未能致远。其经注易者，必具饰以文辞；其理致难者，乃不入其根节。又意在矜伐，性好非毁"，规杜预之失达一百五十余条，但义多浅近，并不能令人信服。但在诸义疏中，犹有可观者，因此以刘氏为本，沈氏为辅，"若两义俱违，则特申短见"。[4]

3. 基本遵循"注不驳经、疏不破注"的原则。

"注不驳经、疏不破注"八字虽由晚清学者皮锡瑞所提出，却是对《五经正义》注疏特点的准确总结。简而言之，就是《五经正义》对所采

[1] 《毛诗正义序》，见《十三经注疏》，北京大学出版社 2000 年版，第 4 页。
[2] 《尚书正义序》，见《十三经注疏》，北京大学出版社 2000 年版，第 3—4 页。
[3] 《礼记正义序》，见《十三经注疏》，北京大学出版社 2000 年版，第 4 页。
[4] 《春秋正义序》，见《十三经注疏》，北京大学出版社 2000 年版，第 4、5 页。

纳的前人旧注予以深层次的阐释，但不会违背旧注，这样有利于避免后人在阅读五经时产生歧义，是经学实现统一最为重要的方式。

《五经正义》在所引注、疏之外，又旁征博引，汇集众家经说，取其长者。

如《周易·咸卦》“九五：咸其脢，无悔”。“脢”字，诸家解释不同，郑玄云：“脢，脊肉也。”王肃云：“脢在背而夹脊。”《说文》云：“脢，背肉也。”王弼释为：“‘脢’者，心之上，口之下。”孔颖达等认为“虽诸说不同，大体皆在心上”，更认同王弼之说。《周易正义》引之曰：“‘脢’者心之上，口之下也。四已居体之中，为心神所感，五进在于四上，故所感在脢，脢已过心，故‘进不能大感’，由在心上，‘退亦不能无志’，志在浅末，故‘无悔’而已。”也就是说，“脢”“浅于心神，厚于言语”。[1]

又如《诗经·小雅·皇皇者华》“载驰载驱，周爰咨询”，《毛传》云：“亲戚之谋为询。兼此五者，虽有中和，当自谓‘无所及成于六德’也。”郑玄笺云：“中和，谓忠信也。五者：咨也，諏也，谋也，度也，询也。虽得此于忠信之贤人，犹当云‘已将无所及于事，则成六德’。言慎其事。”孔颖达等征引韦昭、张逸之说，表明“郑氏之言实有所据”。王肃则认为《毛传》云“虽有中和”者，即上“每，虽。怀，和”，该说法得到孙毓的支持。今传《诗》本中都有“每，虽”字样，那么王肃之说并非无理。孔颖达诸人无法取舍，于是表示“郑、王并是大儒，俱云述传，未知谁得其旨，故兼载申说之焉”。[2]

另如《礼记·内则》云“后王命冢宰，降德于众兆民”，其中“后王”之义，郑玄注：“后，君也，谓诸侯也。王，天子也。”卢植云：“后，王后也。王，天子也。”孙炎、王肃云：“后王，君王也。”孔颖达等对诸说评论道：“卢氏云：后谓天子之妃者不定。后妃唯主内事，不得降德于众兆民。孙炎、王肃皆云：后王，君王，谓天子也。此经论教训法则是司徒所掌，不可独据冢宰。卢与孙、王之说，其义皆非，故郑以

[1] 《周易正义》卷四《咸》，见《十三经注疏》，北京大学出版社 2000 年版，第166 页。

[2] 《毛诗正义》卷九《鹿鸣之什》，见《十三经注疏》，北京大学出版社 2000 年版，第661—663 页。

为据诸侯言也，但杂陈王事耳。”[1] 虽然最终采纳的是郑玄注，但卢、孙、王诸家的解释也被保留了下来。

《五经正义》将汉魏以来的诸家经说加以整理，编纂成书，克服了师说多门的弊病，实现了统一的目标，唐高宗令其颁行天下，作为统一的官方经学课本来分科取士。自此由唐至宋，明经取士皆遵此本，“以经学论，未有统一若此之大且久者”[2]。虽然元代以后，科举考试改用朱熹的《四书章句集注》，但儒家经学自唐代达到空前统一之后，历宋元明清，再也没有出现大的变化。[3] 这足以说明《五经正义》在中国经学史、学术史、文化史上的地位和影响。

第二节　儒学对唐初修史观念的影响——以“八史”为中心

唐初官方史学异常发达，在中国历史上可谓盛况空前。贞观三年(629)，史馆被移至禁中，隶属于门下省，宰相负责监修国史。贞观三年至十年史馆先后修成《周书》《北齐书》《梁书》《陈书》《隋书》等五史，贞观二十年至二十二年修成《晋书》，贞观十七年至高宗显庆四年（659）李延寿撰成《南史》《北史》，大唐王朝以三十年的时间、八部正史的规模，完成了对西晋至隋三百余年历史的总结，这不能不令人惊叹。

唐初君主将尊儒重经作为治国之道，这或多或少都会在唐代官修史书的编纂中有所体现，具体可从唐初所修史书的儒学观和具有儒学风格的史论两个方面展开讨论。

一、唐初史书的儒学观

唐初“八史”对朝廷重视儒学的直接回应，就是在每一部书中都有

[1] 《礼记正义》卷二十七《内则》，见《十三经注疏》，北京大学出版社 2000 年版，第 965、966 页。

[2] 皮锡瑞撰：《经学历史》七《经学统一时代》，周予同注本，中华书局 2012 年版，第 139 页。

[3] 陈启智：《中国儒学史·隋唐卷》，北京大学出版社 2011 年版，第 305 页。

专门的《儒林传》。自司马迁在《史记》中首次为儒学人士设立列传，此后班固的《汉书》与范晔的《后汉书》都设立此传。司马迁与班固所生活的汉代，正是儒家经学确立独尊地位的时代，即“自武帝立五经博士，开弟子员，设科射策，劝以官禄，讫于元始，百有余年，传业者浸盛，支叶蕃滋，一经说至百余万言，大师众至千余人，盖禄利之路然也”[1]。因此，《史》《汉》中设立此传是对当时儒学独尊地位的客观反映。物盛而衰，固其变也。魏晋以后儒学衰落，玄学兴盛，《三国志》《宋书》《南齐书》都未有《儒林传》，可谓在很大程度上反映了儒学没落的事实。唐初所修的“八史”，全部都有《儒林传》，则充分体现了儒学地位再度上升的新变局。

唐初史书的儒学观，集中体现在以下两个方面：

首先是对儒学价值的高度认可。

贞观三年（629），成书最早的《周书·儒林传·序》对儒学的价值做了充分揭示：

> 自书契之兴，先哲可得而纪者，莫不备乎经传。若乃选君德于列辟，观遗烈于风声，帝莫高于尧、舜，王莫显于文、武。是以圣人祖述其道，垂文于六学；宪章其教，作范于百王。自兹以降，三微骤迁，五纪递袭，损益异术，治乱殊涂。秦承累世之基，任刑法而殄灭；汉无尺土之业，崇经术而长久。雕虫是贵，魏道所以陵夷；玄风既兴，晋纲于焉大坏。考九流之殿最，校四代之兴衰，正君臣，明贵贱，美教化，移风俗，莫尚于儒。故皇王以之致刑措而反淳朴，贤达以之镂金石而雕竹素。儒之时义大矣哉！[2]

文中将秦汉魏晋的历史一一作对比，指出秦“任刑法而殄灭”，汉“崇经术而长久”，魏因“雕虫是贵”而陵夷，晋因玄风兴盛而纲纪废弛，可见凡是儒学不振的王朝，都是短命的。四朝的治乱兴衰，充分证明“正君臣，明贵贱，美教化，移风俗，莫尚于儒”，因此史官们不禁宣扬道：

[1]《汉书》卷八十八《儒林传》，中华书局1962年版，第3620页。

[2]《周书》卷四十五《儒林传》，中华书局1971年版，第805页。

“儒之时义大矣哉！”将是否重视儒学与王朝的命运直接联系在了一起。

稍后的《北齐书》《陈书》《隋书》《晋书》《南史》《北史》等，都对儒学的重要性有不同程度的说明。《北齐书》和《陈书》基本附和班固对儒学的看法，《陈书》甚至完全沿袭《汉书·儒林传》中的观点：“斯则王教之典籍，先圣所以明天道，正人伦，致治之成法也。”[1]《北齐书》则综合了《汉书》的《艺文志》和《儒林传》：“儒家者流，盖出于司徒之官，助人君顺阴阳，行教化者也。圣人所以明天道，正人伦，是以古先哲王率由斯道。”赞中又补充说：“大道既隐，名教是遵，以斯建国，以此立身。”[2]《晋书》中提出西晋南朝儒学衰微，玄学风行，“指礼法为流俗，目纵诞以清高”，于是导致“宪章弛废，名教颓毁，五胡乘间而竞逐，二京继踵以沦胥，运极道消”。[3]这是将儒学地位下降、纲纪废弛直接与五胡乱华的后果相联系。

儒学在国家和社会中所具有的功能，尤以《隋书》的阐述最为全面且具有代表性：

> 儒之为教大矣，其利物博矣。笃父子，正君臣，尚忠节，重仁义，贵廉让，贱贪鄙，开政化之本源，凿生民之耳目，百王损益，一以贯之。虽世或污隆，而斯文不坠，经邦致治，非一时也。涉其流者，无禄而富，怀其道者，无位而尊。故仲尼顿挫于鲁君，孟轲抑扬于齐后，荀卿见珍于强楚，叔孙取贵于隆汉。其余处环堵以骄富贵，安陋巷而轻王公者，可胜数哉！……《传》曰：“学者将植，不学者将落。”然则盛衰是系，兴亡攸在，有国有家者可不慎欤！[4]

儒学无论是对于维持君臣父子间的人伦关系，还是树立仁义忠信的社会风尚，都具有决定性的引导作用，并由此成为“盛衰是系，兴亡攸在”的重要因素。后来《北史·儒林传·序》中几乎原封不动地重申了以上

[1]《陈书》卷三十三《儒林传》，中华书局1972年版，第433页。
[2]《北齐书》卷四十四《儒林传》，中华书局1972年版，第581、597页。
[3]《晋书》卷九十一《儒林传》，中华书局1974年版，第2346页。
[4]《隋书》卷七十五《儒林传》，中华书局1973年版，第1705、1707页。

看法。说明这部由魏徵所监修的《隋书·儒林传·序》，代表了唐初官方对于儒学的基本判断，[1] 具有纲领性的意义。不仅如此，《隋书·经籍志·序》中还对经籍的作用作了深入的发掘：

> 夫经籍也者，机神之妙旨，圣哲之能事，所以经天地，纬阴阳，正纪纲，弘道德，显仁足以利物，藏用足以独善。学之者将殖焉，不学者将落焉。大业崇之，则成钦明之德；匹夫克念，则有王公之重。其王者之所以树风声，流显号，美教化，移风俗，何莫由乎斯道？故曰："其为人也，温柔敦厚，《诗》教也；疏通知远，《书》教也；广博易良，《乐》教也；洁静精微，《易》教也；恭俭庄敬，《礼》教也；属辞比事，《春秋》教也。"遭时制宜，质文迭用，应之以通变，通变之以中庸。中庸则可久，通变则可大。其教有适，其用无穷。实仁义之陶钧，诚道德之橐籥也。其为用大矣，随时之义深矣，言无得而称焉。故曰："不疾而速，不行而至。"……夫仁义礼智，所以治国也，方技数术，所以治身也；诸子为经籍之鼓吹，文章乃政化之黼黻，皆为治之具也。[2]

虽然此处的"经籍"并非单指儒家典籍，但显然以儒家为根本。子部儒家类小序，也突出说明了儒者的作用：

> 儒者，所以助人君明教化者也。圣人之教，非家至而户说，故有儒者宣而明之。其大抵本于仁义及五常之道，黄帝、尧、舜、禹、汤、文、武，咸由此则。《周官》：太宰以九两系邦国之人，其四曰儒，是也。其后陵夷衰乱，儒道废阙。仲尼祖述前代，修正六经，三千之徒，并受其义。至于战国，孟轲、子思、荀卿之流，宗而师之，各有著述，发明其指。所谓中庸之教，百王不易者也。[3]

---

[1] 许凌云、许强：《中国儒学通论》，广东教育出版社 2002 年版，第 156 页。
[2] 《隋书》卷三十二《经籍志一》，中华书局 1973 年版，第 903、909 页。
[3] 《隋书》卷三十四《经籍志三》，中华书局 1973 年版，第 999 页。

这对《汉书·艺文志》有明显的承袭，但也有改动，如《汉书·艺文志》中说“儒家者流，盖出于司徒之官，助人君顺阴阳明教化者也”，《隋志》剔除了原文中的“顺阴阳”三字，并强调儒家的“中庸之教，百王不易”。

其次，是对魏晋南北朝隋代儒学的梳理和评价。

《三国志》《宋书》《南齐书》无《儒林传》，是魏晋以后儒学衰落状况的反映。且看唐初诸史的叙说：

> 魏正始以后，仍尚玄虚之学，为儒者盖寡。时荀颛、挚虞之徒，虽删定新礼，改官职，未能易俗移风。自是中原横溃，衣冠殄尽；江左草创，日不暇给；以迄于宋、齐，国学时或开置，而劝课未博，建之不及十年，盖取文具，废之多历世祀，其弃也忽诸。乡里莫或开馆，公卿罕通经术。朝廷大儒，独学而弗肯养众；后生孤陋，拥经而无所讲习。三德六艺，其废久矣。[1]
>
> 有晋始自中朝，迄于江左，莫不崇饰华竞，祖述虚玄，摈阙里之典经，习正始之余论，指礼法为流俗，目纵诞以清高……[2]
>
> 魏、晋浮荡，儒教沦歇，公卿士庶，罕通经业矣。[3]

这是《梁书》《晋书》及《陈书》对魏晋以后南朝儒学没落的描述，三书的看法基本一致：“中原横溃，衣冠殄尽；江左草创，日不暇给”，“公卿罕通经术”，后生“拥经而无所讲习”，“摈阙里之典经，习正始之余论”。有学者并不同意这样的看法，认为对于魏晋玄学之盛不能过于夸大，应该看到洛阳城外无玄学，洛阳第一流世族之外，更无玄学。即使西晋玄学极盛时期，玄学也并未迈出洛阳一步，并没有能像《晋书·儒林传》所描述的那样，“摈阙里之经典，使宪章弛废，名教颓坏”。洛阳之外的地方仍是儒家天下。[4]

但事实上，我们应当知道对魏晋以后儒学衰微的看法，并非唐初才

[1] 《梁书》卷四十八《儒林传·序》，中华书局1973年版，第661页。
[2] 《晋书》卷九十一《儒林传》，中华书局1974年版，第2346页。
[3] 《陈书》卷三十三《儒林传》，中华书局1972年版，第433页。
[4] 何兹全、张国安：《魏晋南北朝史》，人民出版社2013年版，第341—343页。

出现。曹魏史家鱼豢在《魏略》中就有如下描述：

从初平之元，至建安之末，天下分崩，人怀苟且，纲纪既衰，儒道尤甚。……太学诸生有千数，而诸博士率皆麄疏，无以教弟子。弟子本亦避役，竟无能习学。冬来春去，岁岁如是。……正始中，有诏议圜丘，普延学士。是时郎官及司徒领吏二万余人，虽复分布，见在京师者尚且万人，而应书与议者略无几人。又是时朝堂公卿以下四百余人，其能操笔者未有十人，多皆相从饱食而退。[1]

儒学沦落，竟止于此！南朝刘宋武帝刘裕在镇守京口时，曾寄信给三礼名家臧焘说：

顷学尚废弛，后进颓业，衡门之内，清风辍响。良由戎车屡警，礼乐中息，浮夫恣志，情与事染，岂可不敷崇坟籍，敦厉风尚。……今经师不远，而赴业无闻，非唯志学者鲜，或是劝诱未至邪。[2]

梁武帝萧衍认为"魏、晋浮荡，儒教沦歇，风节罔树"[3]。历仕宋、齐、梁三朝的沈约，也有类似看法：

自魏氏膺命，主爱雕虫，家弃章句，人重异术。又选贤进士，不本乡闾，铨衡之寄，任归台阁。以一人之耳目，究山川之险情，贤否臆断，万不值一。由是仕凭借誉，学非为己，崇诡遇之巧速，鄙税驾之迟难，士自此委笥植《经》，各从所务，早往晏退，以取世资。庠序黉校之士，传经聚徒之业，自黄初至于晋末，百余年中，儒教尽矣。[4]

[1]《三国志》卷十三《魏书·王朗传》，中华书局1982年版，第420—421页。
[2]《宋书》卷五十五《臧焘传》，中华书局1974年版，第1544页。
[3]《梁书》卷四十八《儒林传·序》，中华书局1973年版，第662页。
[4]《宋书》卷五十五"史臣曰"，中华书局1974年版，第1552—1553页。

宋、齐、梁、陈政权更迭频繁，“承前代离乱，衣冠殄尽，寇贼未宁，既日不暇给，弗遑劝课。……稍置学官，虽博延生徒，成业盖寡”[1]。国学时置时废，公卿士庶，罕通经业，是当时官方儒学没落的写照。

尽管如此，唐初姚察所修的《梁书》与《陈书》，还是尽量阐幽发微，对成绩平平的两朝儒学发展状况予以拾遗补阙式的记录。《梁书》中记载，梁武帝有感于儒学没落，试图有所振兴，设置五经博士各一人，并广开馆宇，以平原明山宾、吴兴沈峻、建平严植之、会稽贺玚补博士，各主一馆。“馆有数百生，给其饩廪。其射策通明者，即除为吏。十数年间，怀经负笈者云会京师”。还选派学生前往会稽云门山何胤门下受业，分遣博士祭酒至州郡立学。天监七年（508），下诏：“建国君民，立教为首，砥身砺行，由乎经术。……今声训所渐，戎夏同风，宜大启庠斅，博延胄子，务彼十伦，弘此三德，使陶钧远被，微言载表。”于是皇太子、皇子、宗室、王侯纷纷就业。高祖亲屈舆驾，释奠于先师先圣。当时涌现伏曼容、何佟之、范缜、严植之、贺玚、司马筠、卞华、崔灵恩、孔佥、卢广、沈峻、太史叔明、孔子袪、皇侃等儒学名家。其中伏曼容、何佟之、范缜“有旧名于世”；为时儒者，严植之、贺玚等“首膺兹选”。[2]《陈书》中记录陈朝世祖文帝陈蒨“崇尚儒术”，“留意经史，举动方雅，造次必遵礼法”，[3] 曾设置学官，但“博延生徒，成业盖寡”。因此《儒林传》中所列的儒家学者如沈文阿（又作文何）、沈洙、戚衮、郑灼、张崖、陆诩、沈德威、贺德基、全缓、张讥、顾越、沈不害、王元规等，“盖亦梁之遗儒云”。[4]

相比南朝而言，北朝儒学对两汉儒学有更多的传承和发展。北齐的《魏书》中有《儒林传》，本身就可以说明一些问题。北魏道武帝拓跋珪“始建都邑，便以经术为先，立太学，置五经博士生员千有余人”。这一重儒方针被后世继承，“于是人多砥尚，儒林转兴”，“燕齐赵魏之间，横经著录，不可胜数。大者千余人，小者犹数百”。[5] 儒学在北方的发展

[1] 《陈书》卷三十三《儒林传·序》，中华书局 1972 年版，第 434 页。
[2] 《梁书》卷四十八《儒林传·序》，中华书局 1973 年版，第 662 页。
[3] 《陈书》卷三《世祖本纪》，中华书局 1972 年版，第 61、45 页。
[4] 《陈书》卷三十三《儒林传·序》，中华书局 1972 年版，第 434 页。
[5] 《魏书》卷八十四《儒林传·序》，中华书局 1974 年版，第 1841、1842 页。

可谓盛极一时。唐初所修《隋书》也盛赞道："暨夫太和之后，盛修文教，搢绅硕学，济济盈朝，缝掖巨儒，往往杰出，其雅诰奥义，宋及齐、梁不能尚也。"[1]

《北齐书》《周书》的《儒林传》对北魏之后儒学的发展情况有进一步的补充。《北齐书·儒林传·序》说高欢即位之前，"虽庠序之制有所未遑，而儒雅之道遽形心虑"，征召名儒为诸子师友，授皇太子诸王经术。可惜即位后，诸皇子"多骄恣傲狠，动违礼度"，"世胄之门，罕闻强学"。因此，北齐官方儒学总体来说不太理想："齐氏司存，或失其守，师、保、疑、丞皆赏勋旧，国学博士徒有虚名，唯国子一学，生徒数十人耳。欲求官正国治，其可得乎？胄子以通经仕者唯博陵崔子发、广平宋游卿而已，自外莫见其人。"但地方儒学颇有发展，"横经受业之侣，遍于乡邑；负笈从宦之徒，不远千里。伏膺无怠，善诱不倦"。[2] 经学诸生，大多出自魏末大儒徐遵明的门下。

由《周书·儒林传》的记载，可知北周的官方儒学远胜于北齐：

> 自有魏道消，海内版荡，彝伦攸斁，戎马生郊。先王之旧章，往圣之遗训，扫地尽矣。及太祖受命，雅好经术。求阙文于三古，得至理于千载，黜魏、晋之制度，复姬旦之茂典。卢景宣学通群艺，修五礼之缺；长孙绍远才称洽闻，正六乐之坏。由是朝章渐备，学者向风。世宗纂历，敦尚学艺。……圆冠方领执经负笈之生，著录于京邑。济济焉足以逾于向时矣。洎高祖……定山东，降至尊而劳万乘，待熊生以殊礼。是以天下慕向，文教远覃。衣儒者之服，挟先王之道，开黉舍延学徒者比肩；励从师之志，守专门之业，辞亲戚甘勤苦者成市。虽遗风盛业，不逮魏、晋之辰，而风移俗变，抑亦近代之美也。[3]

北周太祖文帝宇文泰"雅好经术"，在其影响下，世宗明帝宇文毓、高祖

[1]《隋书》卷七十五《儒林传·序》，中华书局1973年版，第1705页。
[2]《北齐书》卷四十四《儒林传·序》，中华书局1972年版，第582—583页。
[3]《周书》卷四十五《儒林传·序》，中华书局1971年版，第805—806页。

武帝宇文邕都采取重儒的政策，“是以天下慕向，文教远覃”，被唐初史家褒奖为“风移俗变”，“近代之美”。

《隋书·儒林传·序》肯定隋文帝在一统天下后，试图改变“三百年，师说纷纶，无所取正”的局面，“贲旌帛以礼之，设好爵以縻之，于是四海九州强学待问之士靡不毕集焉”。这些强学之士整理经籍，“考正亡逸，研核异同，积滞群疑，涣然冰释”，诸儒得到厚赏，奇秀者得以擢用。自京城至四方，广设学校，齐、鲁、赵、魏学者尤多，“负笈追师，不远千里，讲诵之声，道路不绝”。唐初史家对此予以高度的赞赏：“中州儒雅之盛，自汉、魏以来，一时而已。”[1] 可惜文帝晚年不悦儒术，且废学校，炀帝即位后有所纠偏，却未能持久。

最晚成书的《南史》与《北史》，也在广泛综合此前诸史的基础上，对南北儒学的发展和演变各自作了简要的概括。《南史·儒林传·序》说：“盖今之儒者，本因古之六学，以弘风正俗，斯则王政之所先也。”指出曹魏正始以后，朝野崇尚玄虚，公卿士庶，罕通经业。直至梁武帝时期立国学、州郡学，五经博士，“怀经负笈者云会”，儒学出现短暂的兴盛局面，但不久发生侯景之乱，“衣冠殄瘁”。陈虽稍置学官，博延生徒，但成业者甚少。[2]

《北史·儒林传·序》首先重申了《隋书·儒林传·序》中关于儒学重要价值的观点，然后按时代先后顺序概述了北朝儒学的发展和演变。北魏道武帝“初定中原，便以经术为先，立太学，置五经博士”，太武帝继“令州郡各举才学”，“于是人多砥尚，儒术转兴”。孝文帝“钦明稽古，笃好坟籍，坐舆据鞍，不忘讲道”，于是出现“斯文郁然，比隆周、汉”的盛况，但孝明帝孝昌之后，“海内淆乱，四方校学，所存无几”。北齐孝武帝永熙中，“复释奠于国学”，“至兴和、武定之间，儒业复盛”；但天保、大宁、武平诸朝对儒学都不甚重视，国学博士多徒有虚名。宇文泰掌握西魏政权后，“黜魏、晋之制度，复姬旦之茂典”，周明帝宇文毓也十分重视儒学，武帝宇文邕平定山东后，礼敬名儒熊安生，“是以天下慕向，文教远覃”。隋文帝、炀帝父子早期都曾兴学重儒，但未能一以

[1] 《隋书》卷七十五《儒林传·序》，中华书局1973年版，第1706页。

[2] 《南史》卷七十一《儒林传·序》，中华书局1975年版，第1729、1730页。

贯之，尤其炀帝后期“外事四夷，戎马不息，师徒怠散，盗贼群起”，终于儒风渐坠，以至灭亡。[1]

综上来看，唐初所修史书不仅将儒学视为国家“盛衰是系，兴亡攸在”的关键因素，予以高度评价，而且在这一思想的指导下，将魏晋以来的南北儒学作为史书中不可或缺的重要内容，对其发展和演变的历程进行了较为系统的梳理和客观的评价，具有重要的学术价值。

二、儒学与唐初“八史”的史论

唐初儒学对史学的影响，在“八史”的史论中有多方面的体现，本文仅选取施政方针、民族关系、人伦道德三个方面略作讨论，以此说明儒家思想在唐初不同层面的影响。

(一)“仁义礼制，政之本也”[2]

“尊崇儒学最根本的表现是用儒家的道德人伦作为道德教化、移风易俗、改善政治的根本指导原则和具体政策”[3]。唐太宗登基之后，几度重申以仁义诚信作为治国之道：

> 贞观元年，太宗曰：“朕看古来帝王以仁义为治者，国祚延长，任法御人者，虽救弊于一时，败亡亦促。既见前王成事，足是元龟。今欲专以仁义诚信为治。望革近代之浇薄也。”
>
> 贞观二年，太宗谓侍臣曰：“……为国之道，必须抚之以仁义，示之以威信，因人之心，去其苛刻，不作异端，自然安静，公等宜共行斯事也。”
>
> 贞观十三年，太宗谓侍臣曰：“……夫仁义之道，当思之在心，常令相继，若斯须懈怠，去之已远。犹如饮食资身，恒令腹饱，乃可存其性命。”[4]

---

[1] 《北史》卷八十一《儒林传·序》，中华书局 1974 年版，第 2704—2707 页。

[2] 《隋书》卷七十四《酷吏传》，中华书局 1973 年版，第 1691 页。

[3] 许凌云：《中国儒学史·隋唐卷》，广东教育出版社 1998 年版，第 114 页。

[4] 吴兢：《贞观政要》卷五《仁义》，上海古籍出版社 1978 年版，第 149、150 页。

以仁义治国，国祚绵长，否则，任法御人，败亡立至。这与唐太宗宣称自己“所好者，惟在尧、舜之道，周、孔之教，以为如鸟有翼，如鱼依水，失之必死，不可暂无耳”[1] 的政策倾向是完全一致的。

在此基础上，魏徵进一步向唐太宗提出以德治国的施政方针。如贞观七年（633），魏徵提出：“五帝、三王，不易人而化。行帝道则帝，行王道则王，在于当时所理，化之而已。”唐太宗表示赞同：“每力行不倦，数年间，海内康宁，突厥破灭。”[2] 贞观十一年，魏徵上疏说：“臣闻求木之长者，必固其根本；欲流之远者，必浚其泉源；思国之安者，必积其德义。”他还区分了君主之德的三个层次，居安思危，无为而治，属于“德之上”；“亿兆悦以子来，群生仰而遂性”，属于“德之次”；贪欲无穷，劳役不休，则是“人不见德”。第三种正是君主最需要警惕的。“凡百元首，承天景命，莫不殷忧而道著，功成而德衰。有善始者实繁，能克终者盖寡”[3]，居安思危才可能慎始善终。

对于朝廷的这一重要政策导向，唐初所修的史书中自然会有所反映，因“《隋史》序论，皆徵所作，《梁》《陈》《齐》各为总论”[4]。魏徵以德治国理念对诸史的渗透，尤以《隋书》最具代表性。该书《酷吏传》序曰：

> 夫为国之体有四焉：一曰仁义，二曰礼制，三曰法令，四曰刑罚。仁义礼制，政之本也，法令刑罚，政之末也。无本不立，无末不成。然教化远而刑罚近，可以助化而不可以专行，可以立威而不可以繁用。[5]

《刑法志》序曰：

> 仁恩以为情性，礼义以为纲纪，养化以为本，明刑以为助。上

[1] 吴兢：《贞观政要》卷六《慎所好》，上海古籍出版社 1978 年版，第 195 页。
[2] 吴兢：《贞观政要》卷一《政体》，上海古籍出版社 1978 年版，第 18 页。
[3] 吴兢：《贞观政要》卷一《君道》，上海古籍出版社 1978 年版，第 8 页。
[4] 《旧唐书》卷七十一《魏徵传》，中华书局 1975 年版，第 2550 页。
[5] 《隋书》卷七十四《酷吏传》，中华书局 1973 年版，第 1691 页。

有道，刑之而无刑；上无道，杀之而不胜也。《记》曰："教之以德，齐之以礼，则人有格心。教之以政，齐之以刑，则人有遁心。"[1]

"仁义礼制，政之本也"，行仁政、重教化，是治国施政的根本方针，刑法只能作为辅助手段，不可"专行"和"泛用"。这是唐太宗和魏徵等君臣总结历史的经验教训，特别是秦、隋二朝以严刑苛法致二世而亡的教训而得出的认识："其隋之得失存亡，大较与秦相类。始皇并吞六国，高祖统一九州，二世虐用威刑，炀帝肆行猜毒，皆祸起于群盗，而身殒于匹夫。原始要终，若合符契矣。"[2]具体表现为隋文帝时期，"不尚道德，专任法令，严察临下。吏存苟免，罕闻宽惠"[3]，炀帝后期更是变本加厉，"淫荒无度，法令滋章，教绝四维，刑参五虐，锄诛骨肉，屠剿忠良，受赏者莫见其功，为戮者不知其罪。骄怒之兵屡动，土木之功不息，频出朔方，三驾辽左，旌旗万里，征税百端，猾吏侵渔，人不堪命。乃急令暴条以扰之，严刑峻法以临之，甲兵威武以董之，自是海内骚然，无聊生矣"。最终"土崩鱼烂，贯盈恶稔，普天之下，莫匪仇雠，左右之人，皆为敌国……宇宙崩离，生灵涂炭，丧身灭国，未有若斯之甚也"。[4]隋朝短暂而亡的教训可谓殷鉴不远。因此，魏徵倡导以仁义礼制作为治国之本，就具有积极的现实意义。

其他的史书也体现了相似的理念。如《北齐书》说："先王疆理天下，司牧黎元，刑法以禁其奸，礼教以防其欲。"[5]《北史》沿袭了《北齐书》中的观点，并进而认为："虽为政以德，理实殊涂，百虑一致，在斯而已。"[6]《北史·酷吏传》还几乎全部引用了《隋书·酷吏传序》，并在最后的史论中表示"宽猛相资，德刑互设。然不严而化，君子所先"[7]。

治国应以仁义礼制作为根本，因为孔子认为"禹、汤、文、武、成

[1]《隋书》卷二十五《刑法志》，中华书局1973年版，第695页。
[2]《隋书》卷七十《杨玄感传》，中华书局1973年版，第1636页。
[3]《隋书》卷七十三《循吏传》，中华书局1973年版，第1673页。
[4]《隋书》卷四《炀帝纪下》，中华书局1973年版，第95—96页。
[5]《北齐书》卷四十六《循吏传》，中华书局1972年版，第637页。
[6]《北史》卷八十六《循吏传》，中华书局1974年版，第2867页。
[7]《北史》卷八十七《酷吏传》，中华书局1974年版，第2904页。

王、周公未有不谨于礼者也”。唐初史家对此深表认同，提出“败国丧家亡人，必先废其礼”。“增辉风俗，广树堤防，非礼威严，亦何以尚！”[1]但他们也认识到礼义教化应建立在一定的物质基础之上，“夫厥初生人，食货为本。圣王割庐井以业之，通货财以富之。富而教之，仁义以之兴，贫而为盗，刑罚不能止”。因此，朝廷在经济政策方面应该“因其所利而劝之，因其所欲而化之”，取之以道，用之有节，不夺农时，轻徭薄赋，此乃“活国安人之大经”，“五帝三皇不易之教也”。[2] 此外，“富而教之”的责任，需要大量循吏来承担，“易俗移风，服教从义，不资于明察，必藉于循良者也”。循吏对百姓“养之以仁，使之以义，教之以礼，随其所便而处之，因其所欲而与之，从其所好而劝之”，“故人敬而悦之，爱而亲之”，[3] 国泰民安、天下太平就不难实现。

除了国家的大政方针应以仁义礼制为本外，君主个人的德行也十分重要。唐初所修的史书中对此有不少的阐述。《隋书·杨玄感传》中说：“古先帝王之兴也，非夫至德深仁格于天地，有丰功博利，弘济艰难，不然，则其道无由矣。”开国帝王都懂得仁德的重要性，但关键是慎始善终者少之又少。

如隋炀帝蒙故业，践丕基，“矜历数之在己，忽王业之艰难，不务以道恤人，将以申威海外。运拒谏之智，骋饰非之辩，耻辙迹之未远，忘德义之不修”。上欲无厌，下不堪命，炀帝最终“身弃南巢之野，首悬白旗之上，子孙剿绝，宗庙为墟”。[4]

又如梁武帝萧衍早期“剪暴夷凶，万邦乐推”，“治定功成，远安迩肃”，“征赋所及之乡，文轨傍通之地，南超万里，西拓五千”，达于极盛。但其晚年，“委事群幸。然朱异之徒，作威作福，挟朋树党”，朝政混乱，赏罚无度，“遂使滔天羯寇，承间掩袭，鹫羽流王屋，金契辱乘舆，涂炭黎元，黍离宫室”。[5] 魏徵也称赞梁武帝雄才大略，布德施惠，“开荡荡之王道，革靡靡之商俗”，“大修文教，盛饰礼容”，阐扬儒业，

[1] 《隋书》卷六《礼仪志一》，中华书局 1973 年版，第 105、106 页。
[2] 《隋书》卷二十四《食货志》，中华书局 1973 年版，第 673、671 页。
[3] 《隋书》卷七十三《循吏传》，中华书局 1973 年版，第 1688、1673 页。
[4] 《隋书》卷七十《杨玄感传》，中华书局 1973 年版，第 1634—1636 页。
[5] 《梁书》卷三《武帝本纪下》，中华书局 1973 年版，第 97、98 页。

推行仁义，声震寰宇，“济济焉，洋洋焉，魏、晋已来，未有若斯之盛”。可惜晚年“惑于听受，权在奸佞……衅起萧墙，祸成戎羯，身殒非命，灾被亿兆”，“自古以安为危，既成而败，颠覆之速，书契所未闻也”。[1]

另如陈宣帝“爰自在田，雅量宏廓，登庸御极，民归其厚，惠以使下，宽以容众”，因此“师出有名，扬旆分麾，风行电扫，辟土千里，奄有淮、泗，战胜攻取之势，近古未之有也”。但不久君侈民劳，将骄卒堕，因为“数战数胜，数战则民疲，数胜则主骄，以骄主御疲民，未有不亡者也”。“高宗（陈宣帝）始以宽大得人，终以骄侈致败，文、武之业，坠于兹矣”。魏徵还进一步总结道：

> 遐观列辟，纂武嗣兴，其始也皆欲齐明日月，合德天地，高视五帝，俯协三王，然而靡不有初，克终盖寡，其故何哉？并以中庸之才，怀可移之性，口存于仁义，心怵于嗜欲。仁义利物而道远，嗜欲遂性而便身。便身不可久违，道远难以固志。佞谄之伦，承颜候色，因其所好，以悦导之，若下坂以走丸，譬顺流而决壅。非夫感灵辰象，降生明德，孰能遗其所乐，而以百姓为心哉？此所以成、康、文、景千载而罕遇，癸、辛、幽、厉靡代而不有，毒被宗社，身婴戮辱，为天下笑，可不痛乎！[2]

君主们靡不有初、克终盖寡的原因在于“仁义利物而道远，嗜欲遂性而便身。便身不可久违，道远难以固志”，未能做到真正摒弃私欲，始终“以百姓为心”，因而败家亡国之事层出不穷，永远不会绝迹。

唐太宗为晋武帝司马炎所撰写的评论，也重点关注其“善始于初，而乖令终于末”：晋武帝“仁以御物，宽而得众，宏略大度，有帝王之量”，于是民和俗静，家给人足，聿修武用，开疆拓土，“天人之功成矣，霸王之业大矣”。但自此骄泰之心日长，“见土地之广，谓万叶而无虞；睹天下之安，谓千年而永治。不知处广以思狭，则广可长广；居治而忘危，则治无常治”。加之建立非所，委寄失才，“藩翰变亲以成疏，连兵

[1]《梁书》卷六《敬帝本纪》，中华书局 1973 年版，第 150、151 页。
[2]《陈书》卷六《后主本纪》，中华书局 1972 年版，第 118、119 页。

竞灭其本；栋梁回忠而起伪，拥众各举其威”，于是数年间，纲纪大乱，海内版荡，宗庙播迁。“帝道王猷，反居文身之俗；神州赤县，翻成被发之乡”。对此，唐太宗深表遗憾，“虽则善始于初，而乖令终于末，所以殷勤史策，不能无慊慨焉”。[1]

（二）“务安诸夏，不事要荒”[2]

儒家的民族思想，还影响了唐初朝廷处理民族关系的态度，并进而辐射到“八史”对少数民族历史的记载实践中。

唐朝初年，针对如何安置突厥降户的问题，展开了一场激烈的讨论。突厥自公元552年在漠北建立汗国后，一直都是中原王朝强大的威胁。贞观三年（629），李靖出击突厥，次年三月俘颉利可汗，东突厥灭亡，投降唐朝者达几十万人。如何安置这样一大批外来民族，朝廷内外形成了不同的意见，中书令温彦博与秘书监魏徵之间争论尤为激烈，“数年不决”。[3]《贞观政要》卷九《安边》中详细记载了二人各自的观点。大致来说，温彦博主张依光武帝时处置南匈奴于五原塞下例，将突厥降户安置在“河南”地区（今内蒙古河套一带，大唐境内），“全其部落，得为捍蔽，又不离其土俗，因而抚之，一则实空虚之地，二则示无猜之心，是含育之道也”。魏徵则主张将突厥“遣发河北，居其旧土”，因为“非我族类，强必寇盗，弱则卑伏，不顾恩义，其天性也”。倘若安置于“河南”，数年后将为心腹之患。给事中杜楚客、凉州都督李大亮支持魏徵，但唐太宗“方务怀柔，未之从也，卒用彦博策，自幽州至灵州，置顺、祐、化、长四州都督府以处之，其人居长安者近且万家”。[4]

温彦博与魏徵的分歧，反映了儒家华夷观中两种不同的理念。从孔子以来，“华夷之辨”和“用夏变夷”就是儒家民族思想中最为核心的两个方面。并在此基础上延伸出“尊王攘夷”“内诸夏而外夷狄”“华贵夷贱”“华夷之防”，或“来远人”“华夷一统”“华夷一家”“王者爱及四夷”等思想观念。[5] 魏徵的主张偏重于“华夷之辨”“内诸夏而外夷

[1]《晋书》卷三《武帝纪》，中华书局1974年版，第81、82页。
[2]《隋书》卷八十三《西域传》，中华书局1973年版，第1860页。
[3]《旧唐书》卷六十一《温彦博传》，中华书局1975年版，第2361页。
[4] 吴兢：《贞观政要》卷九《安边》，上海古籍出版社1978年版，第274、275页。
[5] 樊文礼：《儒家民族思想研究：先秦至隋唐》，齐鲁书社2011年版，第204页。

狄”，温彦博则倾向于“王者爱及四夷”“用夏变夷”。唐太宗在执政早期主张对周边民族实施怀柔政策，宣称“夷狄亦人耳，其情与中夏不殊。人主患德泽不加，不必猜忌异类。盖德泽洽，则四夷可使如一家；猜忌多，则骨肉不免为仇敌”[1]，“自古皆贵中华，贱夷狄，朕独爱之如一”[2]。温彦博“天子之于万物也，天覆地载，有归我者则必养之。……所谓死而生之，亡而存之，怀我厚恩，终无叛逆”的说法正与唐太宗的观念一致，因此其建议被采纳。但贞观十三年（639），突利可汗弟中郎将阿史那结社率众叛乱，太宗深感后悔，“悔处其部众于中国，还其旧部于河北，建牙于故定襄城”，并对侍臣说：“中国百姓，实天下之根本，四夷之人，乃同枝叶，扰其根本以厚枝叶，而求久安，未之有也。初不纳魏徵言，遂觉劳费日甚，几失久安之道。”[3] 唐太宗的羁縻政策并未取得理想的效果，最终仍然选择了魏徵的主张，这也反映了其在民族关系上的矛盾而不坚定的态度。

贞观时期的民族政策，必然对史书的编撰产生不同程度的影响。《北齐书》与《周书》承认北齐与北周的历史为正史，贞观后期所修的《晋书》也以“载记”的形式记录了十六国政权，在相当大程度上体现了对少数民族历史的尊重。诸史还对少数民族的首领予以积极的评价。如称西戎中吐谷浑“率东胡之余众，掩西羌之旧宇，网疏政暇，地广兵全，廓万里之基，贻一匡之训，弗忘忠义，良可嘉焉”。称其子吐延“高节不群，亦殊藩之秀也”。[4] 前秦苻坚“雅量瑰姿，变夷从夏……遵明王之德教，阐先圣之儒风，抚育黎元，忧勤庶政”，在王猛诸贤的辅佐下，文武兼施，德刑备举，平燕定蜀，擒代吞凉，“跨三分之二，居九州之七，遐荒慕义，幽险宅心，因止马而献歌，托栖鸾以成颂，因以功侔曩烈，岂直化洽当年！虽五胡之盛，莫之比也”。[5] 南燕慕容德“禀倜傥之雄

[1] 《资治通鉴》卷一百九十七，贞观十八年十二月，中华书局1956年版，第6215、6216页。

[2] 《资治通鉴》卷一百九十八，贞观二十一年五月庚辰，中华书局1956年版，第6247页。

[3] 吴兢：《贞观政要》卷九《安边》，上海古籍出版社1978年版，第277页。

[4] 《晋书》卷九十七《四夷传》，中华书局1974年版，第2551页。

[5] 《晋书》卷一百十五《苻丕载记》，中华书局1974年版，第2956页。

姿，韫从横之远略，属分崩之运，成角逐之资，跨有全齐，窃弄神器，抚剑而争衡秦魏，练甲而志静荆吴，崇儒术以弘风，延谠言而励己，观其为国。有足称焉”[1]。北周与北狄结姻，与西戎通好，“德刑具举，声名遐洎。卉服毡裘，辐凑于属国；商胡贩客，填委于旗亭。虽东略漏三吴之地，南巡阻百越之境，而国威之所肃服，风化之所覃被，亦足为弘矣”[2]。以上评论表明唐初史家虽肯定少数民族英雄人物在开疆拓土、强国富民方面的功绩，但更欣赏他们对儒家文化的接受，如“弗忘忠义”“变夷从夏”“尊明王之德教，阐先圣之儒风”“崇儒术以弘风”。

不过“八史”中对于处理民族关系的态度，更多倾向于敌对隔离而非友好交往。西晋江统曾作《徙戎论》，提出如下看法：

> 《春秋》之义，内诸夏而外夷狄。……四夷之中，戎狄为甚。弱则畏服，强则侵叛。虽有圣贤之世，大德之君，咸未能以通化率导，而以恩德柔怀也。……非我族类，其心必异，戎狄志态，不与华同。……戎晋不杂，并得其所，上合往古即叙之义，下为盛世永久之规。纵有猾夏之心，风尘之警，则绝远中国，隔阂山河，虽为寇暴，所害不广。[3]

《周书》虽肯定北周与北狄、西戎建立友好关系，彰显了国威，弘扬了儒家教化，但对夷夏关系的认识仍与《徙戎论》一致：

> 雁海龙堆，天所以绝夷夏也；炎方朔漠，地所以限内外也。况乎时非秦、汉，志甚嬴、刘，违天道以求其功，殚民力而从所欲，颠坠之衅，固不旋踵。是以先王设教，内诸夏而外夷狄；往哲垂范，美树德而鄙广地。虽禹迹之东渐西被，不过海及流沙；《王制》之自北徂南，裁称穴居交趾。岂非道贯三古，义高百代者乎。[4]

---

[1] 《晋书》卷一百二十八《慕容超载记》，中华书局 1974 年版，第 3186 页。
[2] 《周书》卷四十九《异域传上》，中华书局 1971 年版，第 884 页。
[3] 《晋书》卷五十六《江统传》，中华书局 1974 年版，第 1529—1532 页。
[4] 《周书》卷四十九《异域传上》，中华书局 1971 年版，第 883 页。

贞观后期成书的《晋书》不仅肯定"《徙戎》之论，实乃经国远图"[1]，而且强调：

考羲轩于往统，肇承天而理物；讯炎昊于前辟，爰制地而疏疆。袭冠带以辨诸华，限要荒以殊遐裔，区分中外，其来尚矣。九夷八狄，被青野而亘玄方；七戎六蛮，绵西宇而横南极。繁种落，异君长，遇有道则时遵声教，钟无妄则争肆虔刘，趋扇风尘，盖其常性也。详求遐议，历选深谟，莫不待以羁縻，防其猾夏。[2]

《周书》还从地理环境决定论的角度提出华夷人性的差异：

凡民肖形天地，禀灵阴阳，愚智本于自然，刚柔系于水土。故雨露所会，风流所通，九川为纪，五岳作镇，此之谓诸夏。生其地者，则仁义出焉。昧谷、嵎夷、孤竹、北户，限以丹徼紫塞，隔以沧海交河，此之谓荒裔。感其气者，则凶德成焉。若夫九夷八狄，种落繁炽，七戎六蛮，充牣边鄙，虽风土殊俗，嗜欲不同，至于贪而无厌，狠而好乱，强则旅拒，弱则稽服，其揆一也。斯盖天之所命，使其然乎。[3]

史家们未能认识到这是文化发展程度不同造成的差异，这些保守甚至带有歧视的看法与唐太宗初期的怀柔羁縻政策存在较大的距离，而接近贞观后期的民族隔离政策。

比较而言，《隋书》对于周边民族的看法较为客观，会根据实际情况做出不同的评价。如《东夷传》中说九夷虽与中土悬隔，"然天性柔顺，无犷暴之风"。辽东诸国，深受中土先哲遗风的影响，衣冠饮食，近于华

[1]《晋书》卷五十六《江统传》，中华书局 1974 年版，第 1547 页。
[2]《晋书》卷九十七《四夷传》，中华书局 1974 年版，第 2531 页。
[3]《周书》卷四十九《异域传上》，中华书局 1971 年版，第 899 页。

夏，好尚经术，爱乐文史，游学于京都者络绎不绝，有人甚至终老于此。“故孔子曰：‘言忠信，行笃敬，虽蛮貊之邦行矣。’诚哉斯言。其俗之可采者，岂徒楛矢之贡而已乎？”[1] 可见周边民族并非全是落后未开化的蛮夷。北狄则全然不同，因“四夷之为中国患也久矣，北狄尤甚焉”。“事无恒规，权无定势，亲疏因其强弱，服叛在其盛衰。衰则款塞顿颡，盛则弯弓寇掠，屈申异态，强弱相反。正朔所不及，冠带所不加，唯利是视，不顾盟誓”。[2]

唐初史家在强调坚守《春秋》大义、“内诸夏而外夷狄”的同时，也呼吁“美树德而鄙广地”。他们批判秦始皇的穷兵黩武与汉武帝的好大喜功，认为“秦皇鞭笞天下，黩武于遐方；汉武士马强盛，肆志于远略。匈奴既却，其国已虚；犬马既来，其民亦困”[3]。这种反对以侵略征服周边各族来扩张领土的主张，在《隋书》中尤为突出：

> 兵志有之曰：“务广德者昌，务广地者亡。”然辽东之地，不列于郡县久矣。诸国朝正奉贡，无阙于岁时，二代震而矜之，以为人莫若己，不能怀以文德，遽动干戈。内恃富强，外思广地，以骄取怨，以怒兴师。若此而不亡，自古未之闻也。然则四夷之戒，安可不深念哉！[4]
>
> 古者哲王之制，方五千里，务安诸夏，不事要荒。岂威不能加，德不能被？盖不以四夷劳中国，不以无用害有用也。是以秦戍五岭，汉事三边，或道殣相望，或户口减半。隋室恃其强盛，亦狼狈于青海。此皆一人失其道，故亿兆罹其毒。若深思即叙之义，固辞都护之请，返其千里之马，不求白狼之贡，则七戎九夷，候风重译，虽无辽东之捷，岂及江都之祸乎！[5]

在中国古代历史上，民族关系的好坏常常与朝代兴亡紧密相关。四处征

[1]《隋书》卷八十一《东夷传》，中华书局1973年版，第1828页。
[2]《隋书》卷八十四《北狄传》，中华书局1973年版，第1884页。
[3]《周书》卷四十九《异域传上》，中华书局1971年版，第883页。
[4]《隋书》卷八十一《东夷传》，中华书局1973年版，第1829页。
[5]《隋书》卷八十三《西域传》，中华书局1973年版，第1860页。

讨、扩张领土，极易导致盛极而衰，成为灭亡的前兆。

综合来看，《周书》的以下观点或许值得借鉴：

> 《易》称“见机而作”，《传》云“相时而动”。夫时者，得失之所系；几者，吉凶之所由。况乎诸夏之朝，治乱之运代有；戎狄之地，强弱之势无恒。若使臣畜之与羁縻，和亲之与征伐，因其时而制变，观其几而立权，则举无遗策，谋多上算，兽心之虏，革面匪难，沙幕之北，云撤何远。安有周、秦、汉、魏优劣在其间哉。[1]

因时制变，观几立权，这才是处理民族关系的务实态度。

（三）“忠孝大节也”[2]

忠孝观念大约在西周出现，春秋时已经成为普遍的认识，被人们用作政治事件和政治行为的评估标准或选择依据。孔子竭力倡行孝道：“其为人也孝弟，而好犯上者，鲜矣；不好犯上，而好作乱者，未之有也。君子务本，本立而道生。孝弟也者，其为仁之本与！”[3] 忠孝之道后来逐渐成为儒家的伦理核心。两汉时期，统治者把忠孝奉为至德要道，视之为维护汉家天下的“大经大法”，用于规范观念和制约行为选择的政治伦理准则。汉以孝治天下，《孝经》风行天下，同时又大张忠德，《忠经》应运而生。把忠君与孝亲结合起来，充分说明忠孝已经成为两汉帝王治道的主干。[4]

东汉末年，曹操三次发布求贤令，刻意强调要选用所谓“不忠”“不孝”“盗嫂”“受金”之徒，对儒家的忠孝和名节观念提出异议。西晋以后门阀制度的确立，促使孝道实践具有更大的经济与政治作用，亲先于君、孝先于忠的观念得以形成。同时，现实的政治也进一步加强了这种观点。无论魏代汉、晋代魏、宋代晋、齐代宋、梁代齐、陈代梁，都是

---

[1] 《周书》卷五十《异域传下》，中华书局1971年版，第921页。

[2] 《周书》卷十一《晋荡公护传》“史臣曰”，中华书局1971年版，第182页。

[3] 《论语注疏》卷一《学而》，见《十三经注疏》，北京大学出版社2000年版，第3—4页。

[4] 林存光主编：《中国政治思想通史·秦汉卷》，中国人民大学出版社2014年版，第391页。

夺权篡位，于是只能提倡孝道以作掩饰。与两汉相比，此时的忠孝关系发生了变化。在汉代，当忠和孝冲突时，人们基本上是选择忠。六朝政权频繁更替，世家大族都不停变更政治上的合作对象，个人要获得政治权力，常需借助家族的力量。而且，个人的所作所为也代表着整个家族的意愿和利益，这样，孝就成为凝聚家族成员的纽带。因此，在面临忠孝冲突时，往往舍忠取孝，这是世族获得安身立命的理论根据。“后世往往不满于五朝士大夫那种对于王室兴亡漠不关心的态度，其实在门阀制度下培养起来的士大夫可以从家族方面获得他所需要的一切，而与王室的恩典无关，加上自晋以来所提倡的孝行足以掩护其行为，因此他们对于王朝兴废的漠视是必然的，而且是心安理得的”[1]。我们也需指出，魏晋南朝期间孝道并非始终高于忠节，在晋室南渡之后，儒家的忠君观念已经表现出不断加强的趋势，到东晋后期，更促使谢安等士族代表人物置皇权于家族利益之上。[2]

无论如何，孝道的过分膨胀必然会妨碍到忠节，而舍忠取孝的观念在大一统的时代显然不合时宜。贞观十四年（640），唐太宗幸国子学，亲观释奠，祭酒孔颖达讲《孝经》。太宗针对“夫子门人，曾、闵俱称大孝，而今独为曾说，不为闵说”提出疑问，孔颖达“曾孝而全”的答复遭到太宗驳斥：“参于父，委身以待暴怒，陷父于不义，不孝莫大焉。”孔颖达无以应对。太宗还由此引申道：

> 诸儒各生异意，皆非圣人论孝之本旨也。孝者，善事父母，自家刑国，忠于其君，战陈勇，朋友信，扬名显亲，此之谓孝。具在经典，而论者多离其文，迥出事外，以此为教，劳而非法，何谓孝之道耶！[3]

唐太宗指出“孝”的“本旨”是“善事父母，自家刑国，忠于其君，战陈勇，朋友信，扬名显亲”，可谓得《孝经》“移孝为忠”之精髓：“君子

[1] 唐长孺：《魏晋南北朝史论拾遗》，中华书局1983年版，第236页。
[2] 王心扬：《东晋士族的双重政治性格研究》，上海古籍出版社2010年版，第169页。
[3] 《旧唐书》卷二十四《礼仪志四》，中华书局1975年版，第916—917页。

之事亲孝，故忠可以移于君。事兄悌，故顺可移于长。居家理，故治可移于官。”这正是对六朝舍忠取孝观念的纠正。

唐太宗对忠孝合一观念的倡导，在唐初所修的史书中产生了积极影响，影响了诸史对历史事件和人物的评价。官史性质更为明确[1]的《周书》中，对忠孝观念进行了大力弘扬。

> 士有不因学艺而重，不待爵禄而贵者何？亦云忠孝而已。若乃竭力以奉其亲者，人子之行也；致身以事其君者，人臣之节也。斯固弥纶三极，囊括百代。[2]
>
> 语曰：“君使臣以礼，臣事君以忠。”然则效忠之迹或殊，处臣之理斯一，榷言指要，其维致命乎。是以典午擅朝，葛公休为之投袂；新都篡盗，翟仲文所以称兵。及东郡诛夷，竟速汉朝之祸；淮南覆败，无救魏室之亡。而烈士贞臣，赴蹈不已，岂忠义所感，视死如归者欤。[3]

凡是为国尽忠、视死如归者，虽败犹荣，反之，则受到史家的贬斥。如晋荡公宇文护早年跟随宇文泰与东魏多次交战，功勋卓著，宇文泰病逝后接掌国政，逼迫西魏恭帝禅位于宇文觉，建立北周。对此，唐初史家充分肯定其功绩：“有周受命之始，宇文护实预艰难。及太祖崩殂，诸子冲幼，群公怀等夷之志，天下有去就之心。卒能变魏为周，俾危获乂者，护之力也。”但此后三年内宇文护竟连杀宇文觉、拓跋廓、宇文毓三帝，后被周武帝杀死，如此乱臣贼子的行径，自然难逃史家的恶评：

> 向使加之以礼让，继之以忠贞，桐宫有悔过之期，未央终天年之数，则前史所载，焉足以道哉。然护寡于学术，昵近群小，威福在己，征伐自出。有人臣无君之心，为人主不堪之事。忠孝大节也，违之而不疑；废弑至逆也，行之而无悔。终于身首横分，妻孥为戮，

[1] 瞿林东：《中国史学史纲》，北京出版社1999年版，第295页。
[2] 《周书》卷四十《尉迟运传》，中华书局1971年版，第725页。
[3] 《周书》卷三十《窦炽传》，中华书局1971年版，第530页。

不亦宜乎。[1]

本来可以仿效周公，成就一代美名，岂料却行篡弑谋逆之举，最终落得身首异处、家破人亡的下场，可谓罪有应得。

《周书》还抨击了近代以来顾家忘国的不良世风，并建议采取明教化、优爵赏、布恳诚等相关措施来改良社会习俗，重建忠孝节义的观念：

> 淳源既往，浇风愈扇。礼义不树，廉让莫修。若乃绾银黄，列钟鼎，立于朝廷之间，非一族也，其出忠入孝，轻生蹈节者，则盖寡焉。积龟贝，实仓廪，居于闾巷之内，非一家也，其悦礼敦诗，守死善道者，则又鲜焉。斯固仁人君子所以兴叹，哲后贤宰所宜属心。如今明教化以救其弊，优爵赏以劝其善，布恳诚以诱其进，积岁月以求其终，则今之所谓少者可以为多矣，古之所谓为难者可以为易矣。[2]

至于其他自有家学传承的史书，如《梁书》《陈书》与《南史》《北史》，在忠孝观念方面，虽不如《周书》那么突出，却也基本表现出与朝廷一致的态度。如《梁书·孝义传》提出："经云：'夫孝，德之本也。'此生民之为大，有国之所先欤!"[3] 同时，对于那些忠臣义士，也予以高度的认可，称赞他们"捐躯殉节，赴死如归，英风劲气，笼罩今古，君子知梁代之有忠臣焉"。并强调："若夫义重于生，前典垂诰，斯盖先哲之所贵也。故孟子称生者我所欲，义亦我所欲，二事必不可兼得，宁舍生而取义。"[4] 李延寿的《南史·孝义传》对两汉与六朝时期忠孝风气的差异做了一番对比，强调士大夫应当忠孝兼顾：

> 汉世士务修身，故忠孝成俗，至于乘轩服冕，非此莫由。晋、宋以来，风衰义缺，刻身厉行，事薄膏腴。若使孝立闺庭，忠被史策，多发

[1]《周书》卷十一《晋荡公护传》，中华书局 1971 年版，第 182 页。
[2]《周书》卷四十六《孝义传》，中华书局 1971 年版，第 825—826 页。
[3]《梁书》卷四十七《孝行》，中华书局 1973 年版，第 647 页。
[4]《梁书》卷四十三《韦粲传》，中华书局 1973 年版，第 612 页。

沟畎之中，非出衣簪之下。以此而言声教，不亦卿大夫之耻乎？[1]

这段话并非原创，几乎全部因袭《宋书·孝义传》，却也表明李延寿对以上观念的认可和肯定。事实上，前文已述及，"风衰义缺"、忠孝分离的现象并不是晋宋时期独有，而是贯穿于整个六朝。隋王朝虽然完成了统一大业，但在思想建设方面少有成绩，忠孝观念方面的问题更未曾提上日程。李延寿在此重申这一论调，显然是对唐太宗忠孝合一观念的积极呼应。其《北史》中也有类似的表达："仁道不远，则杀身以徇；义重于生，则捐躯而践。"他赞扬历史上的忠臣烈士，"不惮于危亡，以蹈忠贞之节"，即使功未存于社稷，力无救于危亡，"然视彼苟免之徒，贯三光而洞九泉矣"。[2]

综上所述，唐初儒学地位的提升，对修史观念造成十分重大的影响：不仅儒学价值得到高度的认可，也充实了史书的内容，使"儒林传"成为史书必不可少的重要组成部分；还深刻渗透到"八史"的史论中，特别是在施政方针、民族关系、人伦道德等方面留下了深刻的烙印，表明儒家思想在唐初不仅是治国之道的根本，也是处理民族关系的准则，还是人伦道德建设的依据。但这并不意味着唐初史学仍然走回了两汉史学的老路，重新成为经学的附庸。事实上，自魏晋以来，经史开始分途，无论是史书数量的剧增，目录分类的变化，还是教育中经史科目的分别设立，都表明史学摆脱经学而走向独立。但毫无疑问，史学的发展也不可能脱离原有的学术基础——经学。[3] 魏晋南北朝时代，儒学对史学的影响仍远远大于玄佛道，史学还是强调以史为政，但分裂割据时代的风格更为明显，如重正统之争、门阀世族史学兴盛、少数民族史学突出等等，[4] 而且受玄学和佛教的影响，史学呈现出玄化[5]、佛化的特点。这些南北分立与儒学衰落时代的史学风貌，在唐代大一统及儒学地位提高的局势下已难觅其踪，因而儒学对史学的影响也就显得尤为突出。

---

[1] 《南史》卷七十四《孝义传下》，中华书局 1975 年版，第 1851 页。

[2] 《北史》卷八十五《节义传》，中华书局 1974 年版，第 2842 页。

[3] 胡宝国：《汉唐间史学的发展》，商务印书馆 2003 年版，第 32、49 页。

[4] 许凌云主编：《儒学与中国史学》，第 141—147 页。

[5] 汪高鑫：《中国经史关系史》，黄山书社 2017 年版，第 152—166 页。

第八章　唐代中期的崇经观念与史学

唐代中期的儒学在唐初经学统一的基础上没有太大的发展，但在不同的学者身上，体现出不同的偏好，并由此对他们的史学活动产生影响，从而使中唐时期的史学呈现出多彩的面貌。以下将选取刘知幾、吴兢与杜佑作为讨论的对象展开论述。

第一节　刘知幾的“激扬名教”思想与史学

刘知幾在唐代历史上以“疑古”“惑经”而知名，但我们不可否认其仍是本色的儒家知识分子。他将儒家典籍如《尚书》《春秋》《左传》等纳入史部，并特别强调《左传》的纪事意义，也正因此，说明他的史学仍奠基于经学，经史并未完全分离。他一再倡导史书应“激扬名教”，正是突出的体现。

一、刘知幾的儒学观

刘知幾（661—721）是唐代著名史学家，曾三入史馆，参修《三教珠英》《唐书》《高宗实录》《中宗实录》《则天大圣皇后实录》《姓族系录》等，独撰《史通》《刘氏家乘》《刘氏谱考》，宋代学者黄震将其与吴竞并列为“唐史之巨擘”[1]。

刘知幾在史学上的成就，与其对史学的特别偏好分不开。他自述早年对经史的不同态度道：

> 予幼奉庭训，早游文学。年在纨绮，便受《尚书》古文。每苦其辞艰琐，难为讽读。虽屡逢捶挞，而其业不成。尝闻家君为诸兄讲《春秋左氏传》，每废书而听。逮讲毕，即为诸兄说之。因窃叹曰：“若使书皆如此，吾不复怠矣。”先君奇其意，于是始授以《左氏》，期年而讲诵都毕。于时年甫十有二矣。所讲虽未能深解，而大义略举。父兄欲令博观义疏，精此一经。辞以获麟已后，未见其事，乞且观余部，以广异闻。次又读《史》《汉》《三国志》。既欲知古今沿革，历数相承，于是触类而观，不假师训。自汉中兴已降，迄乎皇家实录，年十有七，而窥览略周。[2]

少年时代的刘知幾，对言辞“艰琐”、难以讽诵的古文《尚书》十分抗拒，而偏好记述史事的《左传》，虽然父兄希望其能博览《左传》义疏，以经学名家，但其“欲知古今沿革”继而读《史记》《汉书》《三国志》等史籍，花了五六年时间，对汉至唐代的各类史书“窥览略周”。刘知幾不仅直言自己对经学的抵触和对史学的偏好，而且还公开在《史通》中宣称“疑古”和“惑经”，这必然会遭到当时和后世正统学者们的斥责，“妄诬圣哲”[3]“以春秋乱臣贼子臆度前圣”[4]“诽议上圣”“为名教罪人”[5]，这一类的负面评价也就不足为奇了。

但是，我们也往往忽视刘知幾自述“仆幼闻《诗》《礼》”，十一二

[1] 黄震：《黄氏日钞》卷四十九《李林甫》，见《黄震全集》第五册，浙江大学出版社2013年版，第1629页。

[2] 刘知幾：《史通》卷十《自叙》，浦起龙通释，上海古籍出版社2009年版，第267—268页。

[3] 晁公武：《郡斋读书志》卷七《史评类》，孙猛校证本，上海古籍出版社1990年版，第296页。

[4] 胡应麟：《少室山房笔丛》卷十六《史书占毕四》，上海书店出版社2009年版，第160页。

[5] 钱大昕：《十驾斋养新录》卷十三“《史通》”条，上海书店1983年版，第303页。

岁后才对于“史传之言，尤所耽悦”。[1] 而且在高宗永隆元年（680），刘知幾20岁时以进士“射策登朝”[2]。唐代出身入仕者，有秀才、明经、进士、明法、书算等多种方式，尤以明经和进士为主。高宗、武后以后，朝野皆重进士而轻明经。[3] 进士科最初仅试策问，贞观八年（634）下诏要求进士加读经、史一部，高宗调露二年（680）四月刘思立任考功员外郎，认为进士科的考试内容太过庸浅，“奏请帖经，及试杂文。自后因以为常式”[4]。“凡进士，试时务策五道、帖一大经，经、策全通为甲第；策通四、帖过四以上为乙第”。其中贴经具体又可细分：“《礼记》《春秋左氏传》为大经，《诗》《周礼》《仪礼》为中经，《易》《尚书》《春秋公羊传》《穀梁传》为小经。”[5] 因此，进士虽以文词为主，仍需在经术方面下点功夫。而且史载其“少与兄知柔俱以词学知名”，兄长刘知柔“代传儒学之业”，[6] 刘知幾自己纵然更偏好史学，也不能不受到家庭耳濡目染的影响。

刘知幾对儒学的研究，从目前流传的文献来看，集中体现于其晚年关于《孝经》等书展开的一场辩论。开元七年（719）三月一日，玄宗下诏让诸儒讨论《孝经》《尚书》古文本孔、郑注的得失，又令儒官论次《孝经》孔、郑注，子夏《易传》和《老子》王注诸书的长短。其诏曰：“《孝经》者，德教所先。自顷以来，独宗郑氏。孔氏遗旨，今则无闻。又子夏《易传》，近无习者。辅嗣注《老子》，亦甚甄明。诸家所传，互有得失，独据一说，能无短长，其令儒官详定其长，令明经者习读。”[7] 但遭反对，于是暂停。四月七日，时任左庶子的刘知幾上呈《孝经注议》，提出了他对诸书的看法。

[1] 刘知幾：《史通》卷二十《忤时》，浦起龙通释本，上海古籍出版社2009年版，第554页。

[2] 刘知幾：《史通》卷十《自叙》，浦起龙通释本，上海古籍出版社2009年版，第268页。

[3] 陈寅恪：《唐代政治史述论稿》，上海古籍出版社1997年版，第18页。

[4] 王溥：《唐会要》卷七十六《贡举中·进士》，中华书局1955年版，第1379页。

[5] 《新唐书》卷四十四《选举志上》，中华书局1975年版，第1162、1160页。

[6] 《旧唐书》卷一百二《刘知幾传》，中华书局1975年版，第3168、3174页。

[7] 王溥：《唐会要》卷七十七《贡举下·论经义》，中华书局1955年版，第1405页。

关于《孝经》，唐初时有今文、古文两种版本。今文十八章，据说为东汉郑玄注；古文二十二章，西汉孔安国注，前者盛行于世。刘知幾认为今文《孝经》并非郑玄所注，并提出十二条证据。大约可分为以下三个方面：一、郑玄本人所作的自序中，仅说注《礼》、古文《尚书》、《毛诗》、《论语》、《周易》，未提注《孝经》。二、郑玄弟子关于老师著作的追论《郑志》和“分授门徒，各述师言”的《郑记》中，都没有言及郑注《孝经》。三、其他文献也都没有郑玄注《孝经》的记载。如赵商的《郑先生碑铭》、荀勖的《晋中经簿》（又名《中经新簿》）、《后汉书·郑玄传》、王肃《孝经传》及魏晋朝贤的论辩等等，都缺乏记载。仅《春秋纬演孔图》和宋均《诗纬序》说郑玄对《春秋》《孝经》有评论。在广泛搜罗证据的基础上，刘知幾提出“凡此证验，易为讨核，而代之学者，不觉其非，乘彼谬说，竞相推举，诸解不立学官，此注独行于代。观夫言语鄙陋，义理乖疏，固不可以示彼后来，传诸不朽”。孔安国注“语其详正，无俟商榷”，可惜历代亡佚，未曾流传，直至隋开皇十四年(594)，校书学士王孝逸寻得此书，送与著作郎王劭，王劭评价该书“经文尽正，传义甚美”。因此，刘知幾主张以之取代郑注。

至于子夏《易传》，刘知幾指出《汉书·艺文志》中《易》有十二家，无子夏，阮孝绪《七录》中才载有子夏《易》六卷，比较可疑，“岁越千龄，时经百代，其所著述，沈翳不行，岂非后来，假凭先哲？亦犹石崇谬称阮籍，郑璞滥名周宝。必欲行用，深以为疑”[1]。

刘知幾的相关看法，“宰相宋璟等不然其论，奏与诸儒质辩”[2]。中书门下奏曰：“子玄博识，诚则纯儒，全非众家，亦则未可。”而且《孝经》郑注、《老子》河上公注已流行多时，子夏《易传》也不能以片言被废。“令诸儒与子玄对质定。必须理胜义成，不得饰词争辨者”。[3] 在这

[1] 刘知幾：《孝经老子注易传议》，见《文苑英华》卷七百六十六，中华书局 1966 年版，第 4033 页。

[2] 《新唐书》卷一百三十二《刘子玄传》，中华书局 1975 年版，第 4522 页。

[3] 王钦若：《册府元龟》卷六百四《学校部·奏议三》，周勋初等校订本，凤凰出版社 2006 年版，第 6964 页。

种情况下，国子博士[1]司马贞等“阿意，共黜其言”[2]。司马贞认为虽然确实有很多人怀疑郑玄注《孝经》，但正如荀昶集解《孝经》序中所云：“以郑为主，是先达博选，以此注为优。且其注纵非郑氏所作，而义旨敷畅，将为得所。”至于古文《孝经》孔安国传，后来失传，“近儒欲崇古学，妄作此传，假称孔氏，辄穿凿改更，又伪作《闺门》一章。刘炫诡随，妄称其善”，也并不可信。但是司马贞仍提出了折中的办法：“今议者欲取近儒诡说，残经缺传，而废郑注，理实未可。望请准式，《孝经》郑注，与孔传依旧俱行。”至于子夏《易传》，司马贞与刘知幾看法类似，“其书错谬多矣，无益后学，不可将帖正经”。[3]

刘知幾对司马贞的批评作了回应。他引孔子“行夏之时，乘殷之辂，服周之冕”的话来说明今古循环，愚智往复，“岂前者必是，而后者独非乎？”典籍的流传兴衰，往往是因为好尚的不同。他自信满满地说“臣才虽下劣，而学实优长，窃自不逊，以为近古已来，未之有也”。确认郑氏《孝经》、河上公《老子》二书，“讹舛不足流行，孔、王两家，实堪师授”。请求玄宗皇帝即刻颁行孔传与王弼注，“不可使随流腐儒，参论其义”。[4]

但刘知幾在争论中处于孤立无援的境地，因为“司马贞与学生郗常等十人尽非子玄”，于是朝廷“卒从诸儒之说”。[5] 玄宗下诏：“间者诸儒所传，颇乖通议。敦孔学者，冀郑门之息灭。尚今文者，指古传为诬伪。岂朝廷并列书府、以广儒术之心乎？其河、郑二家，可令依旧行用。王、孔所注，传习者稀，宜存继绝之典，颇加奖饰。子夏传逸篇既广，前令帖易者停。”[6] 这是在批评刘知幾未能避免门户之见。笔者以为，

[1] 笔者按：唐玄宗《孝经正义·御制序并注》中记载“国子博士司马贞议曰”，《册府元龟》卷六百四中载“礼部奏议曰：臣得国子博士司马贞等议”。《唐会要》卷七十七《论经义》中载“国子祭酒司马贞”当属误记。

[2]《新唐书》卷一百三十二《刘子玄传》，中华书局 1975 年版，第 4522 页。

[3] 王溥：《唐会要》卷七十七《论经义》，中华书局 1955 年版，第 1408、1409 页。

[4] 刘知幾：《重论孝经老子注议》，见《全唐文》卷二百七十四，中华书局 1983 年版，第 2786 页。

[5] 李隆基：《孝经正义·御制序并注》，见《十三经注疏》，北京大学出版社 2000 年版，第 12 页。

[6] 王溥：《唐会要》卷七十七《论经义》，中华书局 1955 年版，第 1409—1410 页。

刘知幾对《孝经》郑注的怀疑和否定论证充分而合理，但是对久已失传、隋代又出现的孔传则有轻信之嫌；而且司马贞引用荀昶的序中所言郑注由“先达博选”，自有其长处，即使不出自郑玄之手，也仍有不可替代的价值。刘知幾的考虑不尽全面，两相比较，司马贞的意见更为合理，自然采信者多。

刘知幾对世俗通行的《孝经》郑注的怀疑，其实正与其《史通》中“疑古”“惑经”的态度一致。他说自己读书“触类而观，不假师训”，“自小观书，喜谈名理，其所悟者，皆得之襟腑，非由染习”。[1] 这种独立钻研、不迷信前人成说和师训的精神，不仅体现在“读班、谢两《汉》，便怪前书不应有《古今人表》，后书宜为更始立纪”[2]，怀疑《孝经》郑注、倡导孔注的态度正与其一脉相承。但是，“多讥往哲、喜述前非”是为了“辨其指归，殚其体统”，[3] 具体到经学方面，刘知幾怀疑和批判的目的也不在于否定孔子和儒家经典，而只是不满于“庸儒末学，文过饰非，使夫问者缄辞杜口，怀疑不展”，“儒教传授，既欲神其事，故谈过其实”[4] 的学术现状，试图在扫除盲目迷信的前提下重新认识经典。

在当时，刘知幾也并不缺乏同调。长安三年（703），四门博士王元感上呈《尚书纠谬》十卷、《春秋振滞》二十卷、《礼记绳愆》三十卷，遭到宏文馆学士祝钦明、崇文馆学士李宪、赵元亨，成均博士郭山恽等“专守先儒章句”者的讥讽，刘知幾与徐坚、魏知古、张思敬却予以声援，并连表举荐。朝廷后来下诏，褒奖这位“少举明经”者“掎前达之失，究先圣之旨，是谓儒宗，不可多得”。魏知古也称赞其书：“信可谓五经之指南也。”[5] 可见，王元感虽然对儒家典籍做了“纠谬”“振滞”

[1] 刘知幾：《史通》卷十《自叙》，浦起龙通释本，上海古籍出版社 2009 年版，第 268 页。

[2] 刘知幾：《史通》卷十《自叙》，浦起龙通释本，上海古籍出版社 2009 年版，第 268 页。

[3] 刘知幾：《史通》卷十《自叙》，浦起龙通释本，上海古籍出版社 2009 年版，第 271 页。

[4] 刘知幾：《史通》卷十四《惑经》，浦起龙通释本，上海古籍出版社 2009 年版，第 369、386 页。

[5] 《旧唐书》卷一八九《儒学下》，中华书局 1975 年版，第 4963 页。

“绳愆”这类批判性的工作，但并不影响其作为“儒宗”的身份。

刘知幾自然也是如此。虽然在《史通》中他申明“义涉儒家，言非史氏，今并不书于此”[1]，但我们还是能清晰看出他对孔子与儒家的强烈认同感。首先，他对孔子是极为景仰的，称“仲尼以睿圣明哲，天纵多能”，删《诗》、赞《易》、修《春秋》、述《职方》，“其文不刊，为后王法”。[2]“孔宣父以大圣之德，应运而生，生人已来，未之有也”[3]。“孔父贱为匹夫，栖皇放逐，而能祖述尧、舜，宪章文、武，亦何必居九五之位，处南面之尊，然后谓之连类者哉!”[4]并称“恨不得亲膺洒扫，陪五尺之童；躬奉德音，抚四科之友”[5]。他还将“孔门之教义”与“夏时之正朔”类比，称“虽地迁陵谷，时变质文，而此道常行，终莫之能易也”。[6]其次，对于儒家典籍，刘知幾也是褒扬有加。他说“尼父裁经，义在褒贬，明如日月，持用不刊”[7]。特别是《尚书》和《春秋》，他称作“师范亿载，规模万古，为述者之冠冕，实后来之龟镜”[8]。“盖《尚书》古文，六经之冠冕也，《春秋左氏》，三传之雄霸也”[9]。虽然幼年时期因为《尚书》难读难懂而比较抗拒，但他成年后却一再称赞该书，“七经之冠冕，百氏之襟袖。凡学者必先精此书，次览

---

[1] 刘知幾：《史通》卷五《补注》，浦起龙通释本，上海古籍出版社 2009 年版，第 123 页。

[2] 刘知幾：《史通》卷十《自叙》，浦起龙通释本，上海古籍出版社 2009 年版，第 269 页。

[3] 刘知幾：《史通》卷十四《惑经》，浦起龙通释本，上海古籍出版社 2009 年版，第 369 页。

[4] 刘知幾：《史通》卷八《模拟》，浦起龙通释本，上海古籍出版社 2009 年版，第 206 页。

[5] 刘知幾：《史通》卷十四《惑经》，浦起龙通释本，上海古籍出版社 2009 年版，第 369 页。

[6] 刘知幾：《史通》卷二《本纪》，浦起龙通释本，上海古籍出版社 2009 年版，第 33 页。

[7] 刘知幾：《史通》卷六《浮词》，浦起龙通释本，上海古籍出版社 2009 年版，第 147 页。

[8] 刘知幾：《史通》卷六《叙事》，浦起龙通释本，上海古籍出版社 2009 年版，第 153 页。

[9] 刘知幾：《史通》卷七《鉴识》，浦起龙通释本，上海古籍出版社 2009 年版，第 191 页。

群籍。譬夫行不由径，非所闻焉”。[1] 至于六经的传注，刘知幾也承认其功绩甚大，“如韩、戴、服、郑，钻仰六经，裴、李、应、晋，训解三史，开导后学，发明先义，古今传授，是曰儒宗”[2]。再次，刘知幾的赋中所宣扬的也主要是儒家观念。如“窃以仁为百行之首”[3]，“君子严其墙仞，戒以心胸，知耽味之易入，俾回邪而不容。其慎德也，白圭是闻其三复；其好贤也，缁衣必荐其九重。……所爱者礼，所怀者仁，君由之而乂国，士用之以防身。……好之者儒，以多闻为润屋。立义为分社，孝既慕于参乎！学愿从于回也”[4]。所以，我们绝不可以因为刘知幾有“疑古”“惑经”的行为，而忽视或否认其作为本色的儒家知识分子和孔子学说的信徒[5]这一事实。

二、刘知幾的“激扬名教”思想与史学

（一）刘知幾对经史关系的认识

关于经史关系，刘知幾曾提出如下看法：

> 昔圣人之述作也，上自《尧典》，下终获麟，是为属词比事之言，疏通知远之旨。子夏曰：“《书》之论事也，昭昭然若日月之代明。”扬雄有云：“说事者莫辨乎《书》，说理者莫辨乎《春秋》。”然则意指深奥，诰训成义，微显阐幽，婉而成章，虽殊途异辙，亦各有差焉。谅以师范亿载，规模万古，为述者之冠冕，实后来之龟镜。既而马迁《史记》，班固《汉书》，继圣而作，抑其次也。故世之学

[1] 刘知幾：《史通》卷四《断限》，浦起龙通释本，上海古籍出版社 2009 年版，第 90 页。

[2] 刘知幾：《史通》卷五《补注》，浦起龙通释本，上海古籍出版社 2009 年版，第 122 页。

[3] 刘知幾：《思慎赋并序》，见《文苑英华》卷九十二，中华书局 1966 年版，第 416 页。

[4] 刘知幾：《京兆试慎所好赋以“重译献珍，信非宝也”为韵》，见《文苑英华》卷九十二，中华书局 1966 年版，第 419 页。

[5] 许凌云：《中国儒学史·隋唐卷》，广东教育出版社 1998 年版，第 385 页。

者，皆先曰五经，次云三史，经史之目，于此分焉。

尝试言之曰：经犹日也，史犹星也。夫杲日流景，则列星寝耀；桑榆既夕，而辰象粲然。故《史》《汉》之文，当乎《尚书》《春秋》之世也，则其言浅俗，涉乎委巷，垂翅不举，懘钥无闻。逮于战国已降，去圣弥远，然后能露其锋颖，倜傥不羁。故知人才有殊，相去若是，校其优劣，讵可同年？自汉已降，几将千载，作者相继，非复一家，求其善者，盖亦几矣。夫班、马执简，既五经之罪人；而《晋》《宋》杀青，又三史之不若。[1]

自魏晋开始，史学逐步摆脱经学的束缚而获得独立，经史并称的现象越来越常见，无论是目录分类还是教育科目的分置都对此有所体现。[2] 但无论是经史或五经三史的说法，都表明史居于次要的地位。对此，刘知幾不仅没有异议，而且还进一步指出经史犹如日与星的关系："经犹日也，史犹星也。夫杲日流景，则列星寝耀；桑榆既夕，而辰象粲然。"史只有在"去圣弥远，然后能露其锋颖"，与经之间的优劣对比，一目了然。

但是，另一方面，刘知幾又将《尚书》《春秋》《左传》等经典纳入史学的范围。《史通》内篇《六家》中说"古往今来，质文递变，诸史之作，不恒厥体。榷而为论，其流有六"：《尚书》家、《春秋》家、《左传》家、《国语家》、《史记》家、《汉书》家。《尚书》"本于号令，所以宣王道之正义，发话言于臣下"。《春秋》则是孔子"观周礼之旧法，遵鲁史之遗文；据行事，仍人道；就败以明罚，因兴以立功；假日月而定历数，籍朝聘而正礼乐"；通过属辞比事，"为不刊之言，著将来之法。故能弥历千载，而其书独行"。《左传》释经"言见经文而事详传内，或传无而经有，或经阙而传存。其言简而要，其事详而博，信圣人之羽翮，而述者之冠冕也"。此后"孔子云没，经传不作"，史籍才日益增多。外篇《古今正史》中，刘知幾所述的"正史"也是从《尚书》《春秋》《左传》

[1] 刘知幾：《史通》卷六《叙事》，浦起龙通释本，上海古籍出版社2009年版，第153页。

[2] 胡宝国：《汉唐间史学的发展》，商务印书馆2003年版，第31—32页。

等开始。

其中《左传》特别受重视，刘知幾称其作为《春秋》三传之一，“虽义释本经，而语杂它事。遂使两汉儒者，嫉之若仇”[1]，但这不过是“一时所尚，非百王不易之道也”。《左传》“虽暂废于一朝，终独高于千载”[2]，因为《左传》有三长：“所有笔削及发凡例，皆得周典，传孔子教，故能成不刊之书，著将来之法。其长一也”。“广包它国，每事皆详。其长二也”。“凡所采摭，实广闻见。其长三也”。[3] 而《公羊传》《穀梁传》则有五短，大致体现为“彼二家者，师孔氏之弟子，预达者之门人，才识本殊，年代又隔，安得持彼传说，比兹亲受者乎！加以二传理有乖僻，言多鄙野，方诸《左氏》，不可同年”[4]。无论纪事还是释经，都有很多缺漏。即使《左传》在义理方面并不突出，也无愧于《春秋》：

> 语曰：仲尼修《春秋》，逆臣贼子惧。又曰：《春秋》之义也，欲盖而彰，求名而亡，善人劝焉，淫人惧焉。寻《左传》所录，无愧斯言。此则传之与经，其犹一体，废一不可，相须而成。[5]

因此，刘知幾屡屡强调“《左氏》之书，为传之最”，“《春秋左氏》，三传之雄霸也”。[6] 不过，综合来看，刘知幾如此重视《左传》，原因主要还是其补充了《春秋》纪事的不足：

[1] 刘知幾：《史通》卷十三《疑古》，浦起龙通释本，上海古籍出版社2009年版，第353页。

[2] 刘知幾：《史通》卷十八《杂说下》，浦起龙通释本，上海古籍出版社2009年版，第491页。

[3] 刘知幾：《史通》卷十四《申左》，浦起龙通释本，上海古籍出版社2009年版，第390页。

[4] 刘知幾：《史通》卷七《鉴识》，浦起龙通释本，上海古籍出版社2009年版，第190页。

[5] 刘知幾：《史通》卷十四《申左》，浦起龙通释本，上海古籍出版社2009年版，第393页。

[6] 刘知幾：《史通》卷七《鉴识》，浦起龙通释本，上海古籍出版社2009年版，第190、191页。

> 向使孔经独用，《左传》不作，则当代行事，安得而详者哉？……若无左氏立传，其事无由获知。然设使世人习《春秋》而唯取两传也，则当其时二百四十年行事茫然阙如，俾后来学者兀成聋瞽者矣。且当秦、汉之世，《左氏》未行，遂使五经、杂史、百家诸子，其言河汉，无所遵凭。……或以先为后，或以后为先，日月颠倒，上下翻覆。古来君子，曾无所疑。及《左传》既行，而其失自显。语其弘益，不亦多乎？而世之学者，犹未之悟，所谓忘我大德，日用而不知者焉。[1]

不仅如此，《左传》的编年体例还对后世产生深远影响，裴子野、吴均、何之元、王劭等所著书，书名虽异，“大抵皆依《左传》以为的准焉”[2]。刘知幾认为史书六家中“所可祖述者”，唯有《左传》与《汉书》。

刘知幾将《尚书》《春秋》《左传》等经籍纳入史部，并特别凸显《左传》的纪事意义，试图由此建立以《左传》为主干的史学体系，[3]但也正因此，他的史学仍奠基于经学，经史并未完全分离，他屡屡倡导史书应“激扬名教”，或可视为突出的表现。

（二）“激扬名教”与史学

刘知幾称其撰写《史通》，是“伤当时载笔之士，其义不纯。思欲辨其指归，殚其体统”。因此，虽然该书以史为主，而余波所及，“上穷王道，下掞人伦，总括万殊，包吞千有”。其为义也，“有与夺焉，有褒贬焉，有鉴诫焉，有讽刺焉”。[4]王道、人伦等显然都是儒家所倡导的观念，具体可化为君臣之礼，父子之戚，夫妇之义，刘知幾在《史通》中

[1] 刘知幾：《史通》卷十四《申左》，浦起龙通释本，上海古籍出版社2009年版，第393—395页。

[2] 刘知幾：《史通》卷一《六家》，浦起龙通释本，上海古籍出版社2009年版，第11页。

[3] 龚鹏程：《唐代思潮》，商务印书馆2007年版，第197—201页。

[4] 刘知幾：《史通》卷十《自叙》，浦起龙通释本，上海古籍出版社2009年版，第271页。

侧重讨论了君臣父子这两个方面，因“君臣父子，名教之本也”[1]。

刘知幾尊奉孔子的教诲，对“名”予以充分重视，“孔子曰：‘唯名不可以假人。’又曰：‘名不正则言不顺。’‘必也正名乎！’是知名之折中，君子所急。况复列之篇籍，传之不朽者邪！”[2] 所以，他认为史书中应高度重视这一问题。司马迁著《史记》，以天子为本纪，“考其宗旨，如法《春秋》”[3]。但其竟然为项羽立本纪，刘知幾批评此乃“僭盗而纪之曰王，此则真伪莫分，为后来所惑者也”[4]。因为“盖纪之为体，犹《春秋》之经，系日月以成岁时，书君上以显国统”[5]。项羽并未称帝，仅号西楚霸王，刘知幾评价说：“霸王者，即当时诸侯。诸侯而称本纪，求名责实，再三乖谬。”但很多史家并未循名责实，“位终北面，一概人臣”者纷纷被收入本纪，如曹操虽大权在握，实同王者，但毕竟未登帝位，国未建元，陈寿的《三国志》竟然“权假汉年，编作《魏纪》，犹两《汉书》首列秦、莽之正朔也”。另有魏收的《魏书》，“编景穆于本纪，以戾园虚谥，间厕武、昭”。[6] 至于世家，刘知幾认为司马迁记诸国历史，“其编次之体，与本纪不殊”，但考虑到“当周之东迁，王室大坏，于是礼乐征伐自诸侯出”，“欲抑彼诸侯，异乎天子，故假以他称，名为世家”。可见，世家这一体例，体现了司马迁的贬斥之意。此外，刘知幾提出“世家之为义也，岂不以开国承家，世代相续？”秦末农民起义的首领陈涉，出身于“群盗”，称王六月而死，子孙绝嗣，社稷无闻，

---

[1] 袁宏：《后汉纪》卷二十六《献帝纪一》，张烈点校本，中华书局 2002 年版，第 509 页。

[2] 刘知幾：《史通》卷四《称谓》，浦起龙通释本，上海古籍出版社 2009 年版，第 99 页。

[3] 刘知幾：《史通》卷一《六家》，浦起龙通释本，上海古籍出版社 2009 年版，第 8 页。

[4] 刘知幾：《史通》卷四《称谓》，浦起龙通释本，上海古籍出版社 2009 年版，第 99 页。

[5] 刘知幾：《史通》卷二《本纪》，浦起龙通释本，上海古籍出版社 2009 年版，第 34 页。

[6] 刘知幾：《史通》卷二《本纪》，浦起龙通释本，上海古籍出版社 2009 年版，第 34 页。

“无世可传，无家可宅，而以世家为称，岂当然乎?”[1] 还有列传，刘知幾论述其与本纪的关系道：“盖纪者，编年也；传者，列事也。编年者，历帝王之岁月，犹《春秋》之经；列事者，录人臣之行状，犹《春秋》之传。《春秋》则传以解经，《史》《汉》则传以释纪。”[2] 列传与本纪的关系是“传以释纪”，具体体现为：“纪者，既以编年为主，唯叙天子一人。有大事可书者，则见之于年月，其书事委曲，付之列传。此其义也。”[3] 也正是从这个角度出发，他批评《史记·项羽本纪》“上下同载，君臣交杂，纪名传体，所以成嗤”[4]。

除了史书体例应注意君臣之分，刘知幾还特别强调史书记载的内容也应隐恶扬善，从而达到“激扬名教”的效果。他说：“肇有人伦，是称家国。父父子子，君君臣臣，亲疏既辨，等差有别。盖‘子为父隐，直在其中’，《论语》之顺也；略外别内，掩恶扬善，《春秋》之义也。自兹已降，率由旧章。史氏有事涉君亲，必言多隐讳，虽直道不足，而名教存焉。”[5] “子为父隐，直在其中”，虽然出自《论语》，但体现的正是掩恶扬善的《春秋》大义。“古者刊定一史，纂成一家，体统各殊，指归咸别。夫《尚书》之教也，以疏通知远为主；《春秋》之义也，以惩恶劝善为先”[6]。在《史通》中，刘知幾不厌其烦地多次宣扬这一主张：

史之为务，厥途有三焉。何则？彰善贬恶，不避强御，若晋之董狐，齐之南史，此其上也。编次勒成，郁为不朽，若鲁之丘明，

[1] 刘知幾：《史通》卷二《世家》，浦起龙通释本，上海古籍出版社 2009 年版，第 37、38 页。

[2] 刘知幾：《史通》卷二《列传》，浦起龙通释本，上海古籍出版社 2009 年版，第 41 页。

[3] 刘知幾：《史通》卷二《本纪》，浦起龙通释本，上海古籍出版社 2009 年版，第 35 页。

[4] 刘知幾：《史通》卷二《列传》，浦起龙通释本，上海古籍出版社 2009 年版，第 42 页。

[5] 刘知幾：《史通》卷七《曲笔》，浦起龙通释本，上海古籍出版社 2009 年版，第 182—183 页。

[6] 刘知幾：《史通》卷二十《忤时》，浦起龙通释本，上海古籍出版社 2009 年版，第 555 页。

汉之子长，此其次也。高才博学，名重一时，若周之史佚，楚之倚相，此其下也。苟三者并阙，复何为者哉？[1]

夫人之生也，有贤不肖焉。若乃其恶可以诫世，其善可以示后，而死之日名无得而闻焉，是谁之过欤？盖史官之责也。[2]

盖史之为用也，记功司过，彰善瘅恶，得失一朝，荣辱千载。苟违斯法，岂曰能官。[3]

夫能申藻镜，别流品，使小人君子臭味得朋，上智中庸等差有叙，则惩恶劝善，永肃将来，激浊扬清，郁为不朽者矣。[4]

苟史官不绝，竹帛长存，则其人已亡，杳成空寂，而其事如在，皎同星汉。用使后之学者，坐披囊箧，而神交万古，不出户庭，而穷览千载，见贤而思齐，见不贤而内自省。若乃《春秋》成而逆子惧，南史至而贼臣书，其记事载言也则如彼，其劝善惩恶也又如此。由斯而言，则史之为用，其利甚博，乃生人之急务，为国家之要道。有国有家者，其可缺之哉！[5]

史学的首要任务、史官的职责与史学的功用在劝善惩恶方面达成了一致，这不可不谓神奇。

史书应尽量做到彰善瘅恶，倘若善可示后者，“事皆阙如，何以申其褒奖？”而恶“不足以曝扬，其罪不足以惩戒”，“聚而为录，不其秽乎？”[6] 可见，为了“激扬名教”，史书必须直书其人其事，“人伦臧否，

---

[1] 刘知幾：《史通》卷十《辨职》，浦起龙通释本，上海古籍出版社 2009 年版，第 261 页。

[2] 刘知幾：《史通》卷八《人物》，浦起龙通释本，上海古籍出版社 2009 年版，第 220—221 页。

[3] 刘知幾：《史通》卷七《曲笔》，浦起龙通释本，上海古籍出版社 2009 年版，第 185 页。

[4] 刘知幾：《史通》卷七《品藻》，浦起龙通释本，上海古籍出版社 2009 年版，第 175 页。

[5] 刘知幾：《史通》卷十一《史官建置》，浦起龙通释本，上海古籍出版社 2009 年版，第 280—281 页。

[6] 刘知幾：《史通》卷八《人物》，浦起龙通释本，上海古籍出版社 2009 年版，第 223 页。

在我笔端，直道而行，夫何所让?”[1] 这即是他所鼓吹的“良史以实录直书为贵”[2]。对于舞词弄札、饰非文过类的曲笔，他斥为“作者之丑行，人伦所同疾也”，“记言之奸贼，载笔之凶人，虽肆诸市朝，投畀豺虎可也”。[3] 曲笔固然有现实因素的考虑，史家“宁顺从以保吉，不违忤以受害”，但正是因为世途多隘、实录难遇，刘知幾大力倡导“仗气直书，不避强御”，“肆情奋笔，无所阿容”，并赞扬这类秉笔直书的史家“虽周身之防有所不足，而遗芳余烈，人到于今称之”，足以“贯三光而洞九泉”，永垂不朽。[4]

但是什么才符合实录直书呢?“苟爱而知其丑，憎而知其善，善恶必书，斯为实录”[5]。“夫所谓直笔者，不掩恶，不虚美，书之有益于褒贬，不书无损于劝诫。但举其宏纲，存其大体而已。非谓丝毫必录，琐细无遗者也”[6]。可见，实录直笔与劝善惩恶是密不可分的，并以后者占主导，直笔仍需服务、屈从于名教:“夫臣子所书，君父是党，虽事乖正直，而理合名教”[7]。“史氏有事涉君亲，必言多隐讳，虽直道不足，而名教存焉”[8]。刘知幾赞成为尊者、亲者、贤者讳，以激扬名教，但也指出避讳并不能无所顾忌，他反对“国家事无大小，苟涉嫌疑，动称

[1] 刘知幾:《史通》卷十四《惑经》，浦起龙通释本，上海古籍出版社2009年版，第371页。

[2] 刘知幾:《史通》卷十四《惑经》，浦起龙通释本，上海古籍出版社2009年版，第381页。

[3] 刘知幾:《史通》卷七《曲笔》，浦起龙通释本，上海古籍出版社2009年版，第183页。

[4] 刘知幾:《史通》卷七《直书》，浦起龙通释本，上海古籍出版社2009年版，第179、180页。

[5] 刘知幾:《史通》卷十四《惑经》，浦起龙通释本，上海古籍出版社2009年版，第374页。

[6] 刘知幾:《史通》卷十八《杂说下》，浦起龙通释本，上海古籍出版社2009年版，第493—494页。

[7] 刘知幾:《史通》卷十四《惑经》，浦起龙通释本，上海古籍出版社2009年版，第377页。

[8] 刘知幾:《史通》卷七《曲笔》，浦起龙通释本，上海古籍出版社2009年版，第182—183页。

耻讳，厚诬来世”[1]。说明实录直书观念在一定程度上也制约着名教观念的恶性膨胀。[2]

关于君臣之伦，刘知幾鼓吹史书应“激扬名教”，“以劝事君者”，因此改朝换代之际忠臣义士的史事特别受其关注。“夫王室将崩，霸图云构，必有忠臣义士，捐生殉节”[3]，“盖霜雪交下，始见贞松之操；国家丧乱，方验忠臣之节”。如汉末的董承、耿纪，晋初的诸葛、毌丘，刘宋的刘秉、袁粲，北周末年的王谦、尉迥，“斯皆破家殉国，视死犹生”。但史书中竟然都将他们称为逆臣，这都是从新朝的立场出发和评价，有失公允，“将何以激扬名教，以劝事君者乎!”[4]《春秋》出而乱臣贼子惧，后世的史书竟然令忠臣义士蒙羞，这实在令人愤慨。刘知幾指出确实有因时代太近、禁忌仍在，“迫于当世，难以直言”的情况，尚属情有可原；但在“时无逼畏，事须矫枉，而皆仍旧不改”，仍因袭旧史，不知刊正者，就完全不可原谅了：“书事如此，褒贬何施?”[5]

至于父子之伦，刘知幾认为史书中自叙“苟能隐己之短，称其所长，斯言不谬，即为实录”。言及家世，“固当以扬名显亲为主，苟无其人，阙之可也”。倘若盛矜自己，厚辱先祖，无异于证父攘羊，学子名母，“必责以名教，实三千之罪人也”。[6] 此论是有为而发，因贞观年间所修的史书，“朝廷贵臣，必父祖有传，考其行事，皆子孙所为”[7]，但与流俗故老所知者多不同，可见也是曲笔，这也是不利于“激扬名教”的。

---

[1] 刘知幾：《史通》卷十四《惑经》，浦起龙通释本，上海古籍出版社 2009 年版，第 377 页。

[2] 谢保成：《隋唐五代史学》，商务印书馆 2007 年版，第 179 页。

[3] 刘知幾：《史通》卷五《因习》，浦起龙通释本，上海古籍出版社 2009 年版，第 129 页。

[4] 刘知幾：《史通》卷七《曲笔》，浦起龙通释本，上海古籍出版社 2009 年版，第 185 页。

[5] 刘知幾：《史通》卷五《因习》，浦起龙通释本，上海古籍出版社 2009 年版，第 129 页。

[6] 刘知幾：《史通》卷九《序传》，浦起龙通释本，上海古籍出版社 2009 年版，第 238 页。

[7] 刘知幾：《史通》卷七《曲笔》，浦起龙通释本，上海古籍出版社 2009 年版，第 185 页。

刘知幾注重人伦道德、极力鼓吹“激扬名教”，势必难以避免陷入道德评价的泥淖，从而限制其史学的视野和成就，[1] 这是其局限。但在唐初以来儒学复兴的大背景下，不仅符合时代需要，而且合情合理、无可厚非。

第二节　吴兢的“崇儒”思想与史书编撰

吴兢史作甚多，但仅有《贞观政要》一书存世，另有数篇奏议，主要谈论“夺礼”之事。他坚持为母守丧三年，还曾毫不避讳地批评玄宗有违孝道，在这当时是十分少见的，由此可见他是一个坚定的儒家知识分子。这种“崇儒”的思想，不仅体现在他的立身处世中，更影响了《贞观政要》一书的编撰。

一、吴兢的“崇儒”思想

吴兢（669—749），与刘知幾并称为“唐史之巨擘”，著史四十余年，撰述颇多。有《梁史》《齐史》《周史》各十卷，《陈史》五卷，《隋史》二十卷，《唐书》一百卷，《唐春秋》三十卷，《太宗勋史》一卷，《唐书备阙记》十卷，《续皇王宝运录》十卷，《开元升平源记》一卷，《唐名臣奏》十卷，《贞观政要》十卷；与人合著则有《则天实录》二十卷，《高宗后修实录》十九卷，《中宗实录》二十卷，《睿宗实录》五卷，《姓族系录》二百卷。[2] 惜仅《贞观政要》存世。

吴兢“少厉志，贯知经史”[3]。同僚苏颋褒奖其“祗服言行，贯穿典籍，蕴良史之才，擅巨儒之义”[4]，推荐其担任著作郎兼昭文馆学士。

[1] 瞿林东：《史学志》，上海人民出版社 1998 年版，第 338 页。

[2] 《旧唐书》卷一百八十九《儒学下》，中华书局 1975 年版，第 4972 页。

[3] 《新唐书》卷一百三十二《吴兢传》，中华书局 1975 年版，第 4525 页。

[4] 苏颋：《授吴兢著作郎制》，见《文苑英华》卷四百，中华书局 1966 年版，第 2030 页。

吴兢被刘知幾视为知己，称“言议见许，道术相知。所有榷扬，得尽怀抱”[1]。二人在儒学立场上基本一致。

唐玄宗先天元年（712），吴兢丁母忧，[2] 开元三年（715）服除。在此期间，他曾三次上呈《让夺礼表》，一定程度上体现了儒家思想对其立身处世的影响。“夺礼”，即夺服，或称“夺丧”“夺情”，指丧期未满，官员应诏而除丧服，出任官职。《礼记·曾子问》中有“金革夺丧”之说，是指在战争等紧急情况下，父母去世，官员可以不解官居丧，或者因国家政务之需要，皇帝强制中断官员守丧，提前回朝复职。能被皇帝“夺服”的官员，自然非常荣耀。自东汉开始，皇帝为守丧大臣“夺服”慢慢形成一种惯例，无论国家有无战争等紧急情况，大臣为父母守丧至三月、或百日卒哭后，即被皇帝下诏释服，后世称为“夺情起复”。南北朝时期，大致的情况是北朝鼓励守丧，而南朝赞成夺服[3]。

唐初天下既定，“群臣居丧者皆夺服”[4]。武德二年（619），尚书左丞崔善为奏疏指出：“欲求忠臣，必于孝子，比为时多金革，颇遵墨缞之义，丁忧之士，例从起复，无识之辈，不复戚容。如不纠劾，恐伤风俗。”[5] 唐高祖接受其议，下诏令文官遭父母丧者听其去职。但“犹时以权迫不能免，如房玄龄、褚遂良者众矣”[6]。高宗仪凤二年（677），太常少卿韦万石上奏太常博士弟子等有遭丁忧者，请于百日卒哭之后赴任，遭到侍御史刘思立的反对，“窃以移风易俗，莫善于乐。睦亲化人，莫先于孝。所以三年之礼，贵贱咸遵，金革之事，始有墨缞。……若遣释服作乐，则甚紊礼经。带绖理音，又全亏国体。”武则天长安三年（703）下令“三年之丧，自非从军更籍者，不得辄奏请起复”[7]。不过，

---

[1] 刘知幾：《史通》卷十《自叙》，浦起龙通释本，上海古籍出版社 2009 年版，第 269 页。

[2] 李万生：《新旧唐书〈吴兢传〉史实辩证》，载《贵州师范大学学报》（社会科学版）1989 年第 4 期。

[3] 丁凌华：《五服制度与传统法律》，商务印书馆 2013 年版，第 245、254 页。

[4] 《新唐书》卷九十一《崔善为传》，中华书局 1975 年版，第 3796 页。

[5] 王溥：《唐会要》卷三十八《夺情》，中华书局 1955 年版，第 688 页。

[6] 《新唐书》卷九十一《崔善为传》，中华书局 1975 年版，第 3796 页。

[7] 王溥：《唐会要》卷三十八《夺情》，中华书局 1955 年版，第 689 页。

朝廷的禁令并不能完全扭转以夺情起复为荣的风气。《旧唐书》载：“景龙中，（张说）丁母忧去职，起复授黄门侍郎，累表固辞，言甚切至，优诏方许之。是时风教颓紊，多以起复为荣，而说固节恳辞，竟终其丧制，大为识者所称。”[1] 像张说这样不愿起复并最终守丧三年的官吏，在当时实属凤毛麟角，因此才广受称赞。也正是因此，唐代宗广德二年（764）二月敕令：“三年之丧，谓之达礼。自非金革，不可从权。其文官自今以后，并许终制，一切不得辄有奏闻。”[2]

在这样一种风气下，吴兢却坚持夺服不起。针对朝廷“恩敕，追臣赴京，起复尚书水部郎中，依旧兼判刑部郎中，知国史事”，他表示“闻命惊号，心手无措”。[3] 因为此时母亲的三年丧期尚未结束，而朝廷竟欲恢复其官职，并令其修国史，这让吴兢深感不安，因此连上三个表，总结来看，大约表达以下几个方面的意思：一、请求朝廷准许其能坚守三年丧期。“三年之制，贵贱同遵，四时之悲，几筵是托。乞归身苫壤，趋侍松茔，既不负素心，亦不玷皇化”[4]。因为守孝未满期而任官，这是不忠不孝、违背礼教的行为：“在家称孝，居国必忠，苟违斯理，实亏礼教。”二、担任史官者，更需严格遵守人伦。倘若夺礼，则特别不宜担任“知国史事”：“焉有躬婴荼毒，而迹忝南史，首伏苫庐，而名叨东观，将何以发挥帝典，褒贬人伦，定一代之是非，为百王之准的？”[5] 这与吴兢对史书功能的认识有关，史书应“褒贬有章，使人伦知劝，典谟大训，与日月俱悬”[6]。“史官之任，为代准的。若苟亏情礼，辄徇恩荣，

[1] 《旧唐书》卷九十七《张说传》，中华书局1975年版，第3051页。

[2] 王溥：《唐会要》卷三十八《夺情》，中华书局1955年版，第689页。

[3] 吴兢：《让夺礼表》，见《文苑英华》卷五百七十九，中华书局1966年版，第2992页。

[4] 吴兢：《让夺礼表第三表》，见《文苑英华》卷五百七十九，中华书局1966年版，第2993页。

[5] 吴兢：《让夺礼表》，见《文苑英华》卷五百七十九，中华书局1966年版，第2992页。

[6] 吴兢：《让夺礼表第三表》，见《文苑英华》卷五百七十九，中华书局1966年版，第2993页。

靦目强颜，操简书事，适足玷圣朝之孝理，何以树终古之风声?”[1] 史官执笔书事，应褒贬人伦，申以劝诫，树之风声，这与刘知幾的看法几乎完全一致。不仅如此，吴兢认为史官既然担此重任，更应以身作则，垂范世人。三、他向唐玄宗提出“伏愿陛下敦孝理之风，全通丧之典”[2] 的恳求。这显然因为当时普遍存在“权夺”的现象，吴兢说：

> 自昔墨缞，本因兵革，权宜变礼，不为文儒。后来浮薄，罕存丧纪。事匪军容，亦从权夺。陛下休明抚运，景业惟新，伏望革近代之浇漓，复先王之至德。[3]
>
> 伏愿陛下敦孝理之风，全通丧之典，追收纶涣，俯纳恳诚，许其毕疚私庭，终服凶次，获申负土之礼，用展攀柏之悲。则虽死之年，犹生之日，无任荒迫之至。[4]

吴兢意识到仅仅凭御史大夫解琬、黄门侍郎张说、工部侍郎苏颋及自己等少数几人的力量，并不足以扭转这种“浮薄”“浇漓”的风气，必须依靠朝廷自上而下的倡导，才能从根本上解决。

吴兢连上三表，朝廷最终准许了其守丧三年的请求，但这也仅是不多见的个案，如果寄望于玄宗“敦孝理之风，全通丧之典”，大概是要失望的，因为唐玄宗自己都做不到严格遵循礼教。开元五年（717），吴兢听闻玄宗定于次年五月五日驾临东都，群臣猜测“陛下至长春宫及沙苑，当有畋猎之事。今东土耆艾、关河士女，莫不欣跃舞忭，翘望帝车，延颈企踵”。吴兢不禁“冒死上陈”，表示反对，因为睿宗去世才一年多，“陛下缞服虽除，心丧未已。四海之内，八音尚遏，岂可遽将犬马为娱，

[1] 吴兢：《让夺礼表第二表》，见《文苑英华》卷五百七十九，中华书局 1966 年版，第 2992 页。

[2] 吴兢：《让夺礼表》，见《文苑英华》卷五百七十九，中华书局 1966 年版，第 2992 页。

[3] 吴兢：《让夺礼表第二表》，见《文苑英华》卷五百七十九，中华书局 1966 年版，第2992 页。

[4] 吴兢：《让夺礼表》，见《文苑英华》卷五百七十九，中华书局 1966 年版，第 2992 页。

鹰隼是务？必或如此，则恐伤人子之道，亏天地之经。欲令万方，何所取则？”《礼记·中庸》曰：“三年之丧，达乎天子。父母之丧，无贵贱一也。”《孟子·滕文公》曰：“三年之丧……自天子达于庶人。”倘若未除丧而去畋猎，有违孝道，“岂所谓明王之孝理天下乎？而望德教加于百姓，必不可得也”。[1] 吴兢的直言劝谏是否被采纳，由于缺乏史料记载，我们不得而知。我们所能了解的是，从其坚持为母守丧三年及毫不客气地批评玄宗有违孝道来看，他是一个坚定的儒家知识分子，或许我们可以借用其《贞观政要》中的篇目“崇儒”来形容他的这一立场。

二、“崇儒”思想与《贞观政要》的编撰

吴兢的“崇儒”思想不仅体现在立身处世中，更影响了他对史书的编撰，我们以其传世文献《贞观政要》为例，对此略作分析。

《贞观政要》的成书与上呈时间至今仍有很大的争议。有的学者认为该书先呈于中宗、再呈于玄宗，[2] 呈给玄宗的时间也未定论，有开元八、九年间[3]和开元十七年（729）[4] 两种。这是因为吴兢历经数朝，从唐高宗至玄宗，几十年间，李唐皇室经历了多次统治阶级内部的争权夺利斗争，先是武周取代李唐，武则天退位后短短八年间，发生七次政变，皇帝更换四次，政局极为动荡不安。这与此前“除隋之乱，比迹汤、武；致治之美，庶几成、康。自古功德兼隆，由汉以来未之有也”[5] 的贞观之治相去甚远。于是武则天被迫退位的神龙元年（705），就有人提

[1] 吴兢：《谏畋猎表》，见《文苑英华》卷六百二十，中华书局 1966 年版，第3214 页。

[2] 牛致功：《试论〈贞观政要〉的中心思想》，载《唐研究》第一卷，北京大学出版社 1995 年版。黄永年《唐史史料学》、原田种成《旧钞本〈贞观政要〉考》也提出以上观点。具体参见牛致功文。

[3] 《玉海》首倡此说，当代学者李万生多次撰文证之。参见《关于吴兢〈贞观政要〉的成书时间问题》，载《贵州师范大学学报》1993 年第 1 期；《三论〈贞观政要〉的成书时间》，载《贵州师范大学学报》1995 年第 2 期。

[4] 参见瞿林东：《论吴兢——纪念吴兢逝世 1230 周年》，《唐代史学论稿》，北京师范大学出版社 1989 年版；谢保成：《试解〈贞观政要〉成书之“谜”》，载《史学月刊》1993 年第 2 期；许道勋、赵克尧：《唐玄宗传》，人民出版社 1993 年版。

[5] 《新唐书》卷二《太宗本纪》，中华书局 1975 年版，第 48 页。

出“制尽依贞观、永徽故事”[1]，但野心勃勃的韦后集团却企图“行则天故事”[2]。睿宗即位后，“改中宗之政，依贞观故事，有志者莫不想望太平”[3]。

如景云二年（711），左补阙辛替否上疏曰：“太宗文皇帝，陛下之祖，得至治之体，设简要之方，省其官，清其吏，举天下之职司，无一虚授；用天下之财帛，无一枉费，不多造寺观，而福德日至，不多度僧尼，而殃咎自灭。自古帝王，未有若斯之神圣也，陛下何不取而则之？”[4] 但此时政局仍然动荡，“依贞观故事”难以推行，于是这一任务就落到了稳定政局的玄宗君臣身上。姚崇向玄宗提出“十事要说”，可谓“依贞观故事”的具体化，继任者宋璟也以贞观之治作为榜样，史称其“欲复贞观之政”[5]。由此可见，仿效贞观之治是自中宗以来大唐朝廷有识之士的强烈愿望。吴兢也说：“比尝见朝野士庶，有论及国家政教者，咸云若陛下之圣明，克遵太宗之故事，则不假远求上古之术，必致太平之业。”《贞观政要》无疑就是这股潮流的产物，吴兢称：“微臣以早居史职，莫不成诵在心，其有委质策名、立功树德、正词鲠义，志在匡君者，并随事载录，用备劝戒。”[6] 这是一部心血之作，反映了大家共同的心声：“庶乎有国有家者克遵前轨，择善而从，则可久之业益彰矣，可大之功尤著矣，岂必祖述尧、舜，宪章文、武而已哉！”[7]

《贞观政要》全书10卷，大致按照君道政体、任贤纳谏、为民择官、教诫太子、伦理规范、正身修德、崇儒尚文、固本宽刑、征伐安边、善始慎终等十个方面予以排列，君道、任贤、求谏纳谏、君臣鉴戒、尊敬师傅、仁义、忠义、孝友、公平、诚信、谦让、仁恻、崇儒、礼乐、辨

[1] 《旧唐书》卷五十《刑法志》，中华书局1975年版，第2149页。

[2] 《旧唐书》卷五十一《后妃传上》，中华书局1975年版，第2172页。

[3] 刘餗：《隋唐嘉话》卷下，程毅中点校本，中华书局1979年版，第47页。

[4] 王溥：《唐会要》卷五十六《左右补阙拾遗》，中华书局1955年版，第970页。

[5] 《资治通鉴》卷二百一十一，开元五年九月，中华书局1956年版，第6729页。

[6] 吴兢：《上贞观政要表》，见《全唐文》卷二百九十八，中华书局1983年版，第3023页。

[7] 吴兢：《贞观政要》卷首《序》，上海古籍出版社1978年版，第1页。

兴亡、慎终等类目充分体现出这是一部深入渗透了儒家思想精华的史著。[1] 它既是贞观时期军国大政的反映，又表达了吴兢治国安民的政治理想："望纡天鉴，择善而行，引而伸之，触类而长之。《易》不云乎：'圣人久于其道，而天下化成'。伏愿行之而有恒，思之而不倦，则贞观巍巍之化，可得而致矣。昔殷汤不如尧舜，伊尹耻之。陛下傥不修祖业，微臣亦耻之。"[2] 他希望玄宗在"依贞观故事"的治国实践中，择善而从，扬长避短，实现长治久安。前文已经提及，吴兢认为史官执笔书事应当注意褒贬人伦，劝善惩恶，但与刘知幾侧重"激扬名教"、面向各个阶层有所不同，吴兢所劝诫的对象主要是君臣等治国者，因此，将《贞观政要》视为封建政治的历史教科书[3]的说法是可以成立的。《贞观政要》的历史教育面十分广泛，下面选取君臣的行为规范、君臣关系与皇室子弟的培养等影响封建统治的根本问题予以讨论。

（一）为君之道

君道是中国古代帝王治理国家时所遵循的基本原则和规范。从传世文献来看，较早对君道进行讨论的是春秋战国时期的诸子百家。春秋战国是一个大变动的时代，诸子们纷纷著书立说，为政治秩序的重建出谋划策。他们几乎一致认为君主在国家治乱中起着决定性的作用，于是普遍重视为君之道。君道具体体现在君主的施政活动中，怎样保持势位、如何设立规章制度、怎样用人、如何修德等构成其主要内容，先秦儒、道、法诸家对这些问题都有讨论。"德治"几乎是诸家的共识。即君主是否有"德"是国家治乱的关键，要实现天下国家的安定，最后必基于君主修"德"。但是诸家对君德的理解却不相同，大致来看，君德论可概括为两个主要话语系统：一是由孔子所开创的"仁"的系统，二是由老子

[1] 许凌云：《中国儒学史·隋唐卷》，广东教育出版社 1998 年版，第 394 页。

[2] 吴兢：《上贞观政要表》，见《全唐文》卷二九八，中华书局 1983 年版，第3023 页。

[3] 牛致功：《试论〈贞观政要〉中心思想》，见《唐研究》第一卷，北京大学出版社 1995 年版；施丁：《论吴兢撰〈贞观政要〉》，载《贵州文史丛刊》1996 年第 1 期；许凌云：《中国儒学史·隋唐卷》，广东教育出版社 1998 年版，第 394 页。

所开创的“虚静”系统。[1] 后世儒家知识分子自然是遵循孔子的仁义说，吴兢也不例外。

吴兢在《贞观政要》中以《君道》开篇，开宗明义，充分显示了他对君道的重视。唐太宗说：

> 为君之道，必须先存百姓。若损百姓以奉其身，犹割股以啖腹，腹饱而身毙。若安天下，必须先正其身，未有身正而影曲，上治而下乱者。朕每思伤其身者不在外物，皆由嗜欲以成其祸。若耽嗜滋味，玩悦声色，所欲既多，所损亦大，既妨政事，又扰生民。且复出一非理之言，万姓为之解体，怨讟既作，离叛亦兴。朕每思此，不敢纵逸。[2]

魏徵认为他的认识符合古代圣哲之主推己及人的传统，“未闻身理而国乱者”。治国之要，首在修身，这是儒家修身齐家治国平天下的理论模式，与吴兢的理念正相吻合。“若安天下，必须先正其身”，吴兢借唐太宗、魏徵之口道出了君主修身节欲的重要，并指出节欲应具体从提倡俭约、戒除奢纵和贪鄙，减少行幸与畋猎等方面去身体力行。

唐太宗大力倡导俭约之风，但仍有未尽如人意者。如贞观十一年(637)，马周指出百姓为徭役所困，道路相继，兄去弟还，首尾不绝，无休无止。太宗虽常勒令官府减省徭役，却成为一纸空文，百姓颇有怨愤之情。他向太宗敲起了警钟：“陛下少处民间，知百姓辛苦，前代成败，目所亲见，尚犹如此，而皇太子生长深宫，不更外事，即万岁之后，固圣虑所当忧也。”唐太宗知过能改，承认引起百姓怨声载道乃“朕之过误”。[3] 这种精神在吴兢看来也是君主的必备素质，为此而专列《悔过》一章。

---

[1] 柴永昌：《先秦儒家、道家、法家君道论研究》，西北大学 2014 年博士学位论文，第 200—201 页。

[2] 吴兢：《贞观政要》卷一《君道》，上海古籍出版社 1978 年版，第 1 页。

[3] 吴兢：《贞观政要》卷六《奢纵》，上海古籍出版社 1978 年版，第 208 页。

历史上，君主贪鄙的现象也并不鲜见，他们不懂得“为主贪，必丧其国”[1]。吴兢认为人主戒“贪”，就要在日常生活中尽量克制喜行幸、好畋猎的欲望。隋炀帝广造宫室，行幸四方，自西京至东都，离宫别馆，道路相望，驰道宽至数百步，路旁广植树木，大规模的劳役终于令“人力不堪，相聚为贼，逮至末年，尺土一人，非复已有”，过度的纵欲只会造成“天下怨叛，身死国灭”的下场。[2]

吴兢还认为君主应注意自己的言行及可能导致的后果，谨慎选择个人爱好。因为“下之所行，皆从上之所好”。唐太宗在此方面可谓表率。他反对沉迷佛道、妄求神仙，而爱好“尧、舜之道，周、孔之教，以为如鸟有翼，如鱼依水，失之必死，不可暂无耳”。[3] 帝王的言辞一向被奉为金科玉律，太宗因此不敢含糊，分外谨小慎微，“欲出一言，即思此一言于百姓有利益否，所以不敢多言”[4]。

吴兢还认为君主应做到仁义、公平、诚信，并推广于治国实践中，唐太宗在这些方面也值得仿效。他意识到以仁义治国，国家才会长治久安；反之，推行严刑峻法，虽救弊于一时，但最终加速了败亡。“为国之道，必须抚之以仁义，示之以威信，因人之心，去其苛刻，不作异端，自然安静”。仁义是其施政的根本着眼点，“夫仁义之道，当思之在心，常令相继，若斯须懈怠，去之已远”。[5] 公平与诚信则是治国的基本态度和方式，“君人者，以天下为公，无私于物”，“理国要道，在于公平正直”。[6] “君之所保，惟在于诚信”[7]。吴兢对诚信的倡导，在其奏疏中也有体现。开元十三年（725），时为太子左庶子的吴兢上表，提出“居上临民之道，经邦纬俗之规，必在推诚，方能感物。抑又闻欲用天下之智力者，莫若使天下信之也”[8]。

---

[1] 吴兢：《贞观政要》卷六《贪鄙》，上海古籍出版社 1978 年版，第 210 页。
[2] 吴兢：《贞观政要》卷十《行幸》，上海古籍出版社 1978 年版，第 281 页。
[3] 吴兢：《贞观政要》卷六《慎所好》，上海古籍出版社 1978 年版，第 195 页。
[4] 吴兢：《贞观政要》卷六《慎言语》，上海古籍出版社 1978 年版，第 197 页。
[5] 吴兢：《贞观政要》卷五《仁义》，上海古籍出版社 1978 年版，第 149、150 页。
[6] 吴兢：《贞观政要》卷五《公平》，上海古籍出版社 1978 年版，第 163 页。
[7] 吴兢：《贞观政要》卷五《诚信》，上海古籍出版社 1978 年版，第 180 页。
[8] 王溥：《唐会要》卷七十四《选部上·论选事》，中华书局 1955 年版，第 1339 页。

除了修身养德，君主还应勇于求谏，积极纳谏。吴兢在《贞观政要》中强调谏言对人君求治十分重要，唐太宗正因为积极求谏，从谏如流，“故外事必闻，刑戮几措，礼义大行”[1]。唐太宗积极求谏，力图做一位兼听的明君。他懂得君主谦让是大臣进谏的前提：“凡为天子，若惟自尊崇，不守谦恭者，在身倘有不是之事，谁肯犯颜谏奏?”“若其位居尊极，炫耀聪明，以才陵人，饰非拒谏，则上下情隔，君臣道乖，自古灭亡，莫不由此也。”[2] 吴兢自然同意此论，《谦让》篇即表明了他的态度。

唐太宗意识到和谐的君臣关系是大臣进谏的前提，“今天下安危，系之于朕。故日慎一日，虽休勿休。然耳目股肱，寄于卿辈，既义均一体，宜协力同心，事有不安，可极言无隐。傥君臣相疑，不能备尽肝膈，实为国之大害也”[3]，即君臣应彼此信赖，协力同心。他还认识到君臣应同治乱、共安危，“君臣本同治乱，共安危，若主纳忠谏，臣进直言，斯故君臣合契，古来所重。若君自贤，臣不匡正，欲不危亡，不可得也。君失其国，臣亦不能独全其家”[4]。唐太宗对君臣之间彼此信赖、互为依存关系的清醒认识，值得充分肯定。在进谏与纳谏关系中，君主占有更大的主动性与决定权，因此君主必须礼贤下士，魏徵的话充分说明了这一点：“陛下导臣使言，臣所以敢言。若陛下不受臣言，臣亦何敢犯龙鳞、触忌讳也。”[5] 唐太宗也深知大臣进谏的难处，为了消除大臣的顾虑，避免出现官员不敢说真话，他又表示：“朕今志在君臣上下，各尽至公，共相切磋，以成治道。公等各宜务尽忠谠，匡救朕恶，终不以直言忤意，辄相责怒”。“每有谏者，纵不合朕心，朕亦不以为忤”。[6] 唐太宗在贞观前期基本上做到了言行一致。无论大臣对他的批评多么激烈，他都能虚心接受。如张玄素斥责他兴修乾元殿的恶劣影响，比隋炀帝有过之而无不及，乃至与桀纣无异，他听后命令停止力役，并褒奖张玄素的忠直。类似的规谏，唐太宗多以赏赐鼓励，并采纳他们的意见。“每以

[1] 《新唐书》卷一百三十二《吴兢传》，中华书局 1975 年版，第 4527 页。
[2] 吴兢：《贞观政要》卷六《谦让》，上海古籍出版社 1978 年版，第 191、192 页。
[3] 吴兢：《贞观政要》卷一《政体》，上海古籍出版社 1978 年版，第 16 页。
[4] 吴兢：《贞观政要》卷三《君臣鉴戒》，上海古籍出版社 1978 年版，第 77 页。
[5] 吴兢：《贞观政要》卷二《任贤》，上海古籍出版社 1978 年版，第 32 页。
[6] 吴兢：《贞观政要》卷二《求谏》，上海古籍出版社 1978 年版，第 52 页。

谏诤为心”的魏徵，其谏议在《贞观政要》中更比比皆是，唐太宗自己也表示“徵每犯颜切谏，不许我为非，我所以重之也”，“贞观之后，尽心于我，献纳忠说，安国利人，成我今日功业，为天下所称者，惟魏徵而已”。[1] 魏徵死后，太宗悲悼失去了“可以明得失”的人镜。尽管贞观后期唐太宗求谏与纳谏态度远不如从前，但对于批评仍能接受，并表示愿意改正。如贞观十二年（638），魏徵直接批评他近年来“不悦人谏”，唐太宗表示：“诚如公言，非公无能道此者。人皆苦不自觉，公向未道时，都自谓所行不变。及见公论说，过失堪惊。公但存此心，朕终不违公语。”[2] 十八年，刘洎指出唐太宗对于上书奏事言辞道理不称心意的人，有时当面穷加诘问，太宗也承认：“此言是也，当为卿改之。”[3]

唐太宗积极求谏、勇于纳谏的开阔胸襟与宏伟气魄，足以成为历代君主的楷模。吴兢曾上书唐玄宗，指出玄宗即位初年，犹有褚无量、张廷珪、韩思复、辛替否、柳泽、袁楚客等大臣数次上疏争论时政得失，而后来上疏言有可采者仅赏赐束帛而已，既未被召见，更未被提拔；忤旨者则朝堂决杖，传送本州，或死于流贬，导致大臣不敢进谏。吴兢提醒玄宗道：“夫人主居尊极之位，颛生杀之权，其为威严峻矣。开情抱，纳谏诤，下犹惧不敢尽，奈何以为罪？”倘若一味打击大臣进谏的积极性，势必导致“天下骨鲠士，以谠言为戒，挠直就曲，斫方为刓，偷合苟容，不复能尽节忘身，纳君于道矣”。[4] 吴兢还进一步指出：

> 夫帝王之德，莫盛于纳谏，故曰“木从绳则正，后从谏则圣”。又曰“朝有讽谏，犹发之有梳。猛虎在山林，藜藿为之不采”。忠谏之有益如此。……夫与理同道罔不兴，与乱同道罔不亡。人将疾，必先不甘鱼肉之味；国将亡，必先不甘忠谏之说。呜呼！惟陛下深鉴于兹哉。隋炀帝骄矜自负，以为尧舜莫己若，而讳亡憎谏，……

---

[1] 吴兢：《贞观政要》卷二《任贤》，上海古籍出版社 1978 年版，第 33 页。

[2] 吴兢：《贞观政要》卷二《纳谏》，上海古籍出版社 1978 年版，第 75 页。

[3] 吴兢：《贞观政要》卷二《纳谏》，上海古籍出版社 1978 年版，第 63 页。

[4] 吴兢：《上元宗皇帝纳谏疏》，见《全唐文》卷二九八，中华书局 1983 年版，第 3025 页。

> 自是蹇谔之士，去而不顾，外虽有变，朝臣钳口，帝不知也。身死人手，子孙剿绝，为天下笑。太宗皇帝好悦至言，时有魏徵、王珪、虞世南、李大亮、岑文本、刘洎、马周、褚遂良、杜正伦、高季辅咸以切谏，引居要职……当是时，有上书益于政者，皆黏寝殿之壁，坐望卧观，虽狂瞽逆意，终不以为忤，故外事必闻，刑戮几措，礼义大行。陛下何不遵此道，与圣祖继美乎？[1]

这与《贞观政要》中极力褒扬唐太宗积极求谏、从谏如流的倾向完全一致，目的则是希望玄宗能遵从此道，“与圣祖继美”。

吴兢还强调君主须注意居安思危、慎始善终。“开拨乱之业，其功既难；守已成之基，其道不易。故居安思危，所以定其业也；有始有卒，所以崇其基也”[2]。许多亡国之君的教训，就是因为安乐之际丧失了这种忧患意识，“自古失国之主，皆为居安忘危，处治忘乱，所以不能长久”[3]，“鲜蹈平易之途，多遵覆车之辙，何哉？在于安不思危，治不念乱，存不虑亡之所致也”[4]。君主倘若做不到居安思危，很容易出现欲望膨胀，从而导致徭役无时、干戈不休。隋炀帝可为典型代表，他在“统一寰宇，甲兵强锐，三十余年，风行万里，威动殊俗”的天威之下丧失了警觉，“恃其富强，不虞后患。驱天下以从欲，罄万物而自奉，采域中之子女，求远方之奇异。宫苑是饰，台榭是崇，徭役无时，干戈不戢”，终于“民不堪命，率土分崩”，自己身首异处，并殃及子孙，为天下所耻笑。[5]

吴兢罗列的材料表明唐太宗君臣时时将居安思危铭记于心。魏徵常

---

[1] 吴兢：《上元宗皇帝纳谏疏》，见《全唐文》卷二九八，中华书局 1983 年版，第 3025—3026 页。

[2] 吴兢：《贞观政要》卷十《灾祥》，上海古籍出版社 1978 年版，第 290 页。

[3] 吴兢：《贞观政要》卷一《政体》，上海古籍出版社 1978 年版，第 16 页。

[4] 吴兢：《贞观政要》卷八《刑法》，上海古籍出版社 1978 年版，第 247 页。

[5] 吴兢：《贞观政要》卷一《君道》，上海古籍出版社 1978 年版，第 5 页。

告诫太宗，“观自古帝王，在于忧危之间，则任贤受谏。及安乐，必怀宽怠，言事者惟令兢惧，日陵月替，以至危亡。圣人所以居安思危，正为此也”[1]，“自古帝王初即位者，皆欲励精为政，比迹于尧、舜；及其安乐也，则骄奢放逸，莫能终其善”[2]。唐太宗统治后期由创业走向守成，也极易出现这种倾向，因此魏徵的规谏具有很强的针对性，唐太宗本人也一再表示：“天下稍安，尤须兢慎，若便骄逸，必至丧败。今天下安危，系之于朕。故日慎一日，虽休勿休”[3]。“安不忘危，治不忘乱，虽知今日无事，亦须思其终始。常得如此，始是可贵也”。“观近古帝王有传位十代者，有一代两代者，亦有身得身失者。朕所以常怀忧惧，或恐抚养生民不得其所，或恐心生骄逸，喜怒过度”。魏徵对此予以肯定，并希望其保持这种可贵的意识，“陛下深思远虑，安不忘危，功业既彰，德教复洽，恒以此为政，宗社无由倾败矣”。“陛下圣德玄远，居安思危，伏愿陛下常能自制，以保克终之美，则万代永赖”。[4]《贞观政要》全书以“慎终”结篇，通过“万代永赖”来强调居安思危的重要性，自然也是饱含深意。

（二）“主欲知过，必藉忠臣”

吴兢在《贞观政要》中不仅重视君道，对臣道也十分关注。贞观之治离不开唐太宗君臣良好的协作关系，魏徵说“君为元首，臣作股肱，齐契同心，合而成礼，体或不备，未有成人。然则首虽尊高，必资手足以成体，君虽明哲，必藉股肱以致治”[5]。太宗本人也意识到远夷臣服、百谷丰稔、盗贼不作、内外宁静的局面，“非朕一人之力，实由公等共相匡辅”[6]。吴兢对此十分赞同，因此着力树立贞观时大臣忠于职守、修身节欲的光辉形象，作为后世大臣的样板。

---

[1] 吴兢：《贞观政要》卷一《君道》，上海古籍出版社1978年版，第11—12页。

[2] 吴兢：《贞观政要》卷十《慎终》，上海古籍出版社1978年版，第295页。

[3] 吴兢：《贞观政要》卷一《政体》，上海古籍出版社1978年版，第16页。

[4] 吴兢：《贞观政要》卷十《慎终》，上海古籍出版社1978年版，第292、302、301页。

[5] 吴兢：《贞观政要》卷三《君臣鉴戒》，上海古籍出版社1978年版，第80页。

[6] 吴兢：《贞观政要》卷十《慎终》，上海古籍出版社1978年版，第292页。

吴兢称唐太宗“雅好儒术”[1]，实际上这不仅是太宗本人的选择，也得到了魏徵等大臣的有力支持。贞观七年（633），太宗与秘书监魏徵等人讨论自古理政的得失，提出“今大乱之后，造次不可致化”。魏徵则认为“乱后易教，犹饥人易食也”，“五帝、三王，不易人而化。行帝道则帝，行王道则王，在于当时所理，化之而已”。虽然当时“咸以为不可”，而太宗“力行不倦”，于是数年间华夏安宁，远戎宾服。太宗归功于魏徵，并褒奖其道：“玉虽有美质，在于石间，不值良工琢磨，与瓦砾不别。若遇良工，即为万代之宝。朕虽无美质，为公所切磋，劳公约朕以仁义，弘朕以道德，使朕功业至此，公亦足为良工尔。”[2] 可见贞观时期的重儒弘道之风，离不开魏徵的推动。

吴兢通过史料排比，揭示贞观时期大臣的恪尽职守，与唐太宗的大力倡导有关。太宗多次以隋亡的经验教训来说明君臣同治乱、共安危：

> 人欲自照，必须明镜；主欲知过，必藉忠臣。主若自贤，臣不匡正，欲不危败，岂可得乎？故君失其国，臣亦不能独全其家。……公等每看事有不利于人，必须极言规谏。[3]
>
> 夫为人臣，当进思尽忠，退思补过，将顺其美，匡救其恶，所以共为治也。[4]
>
> 公等为朕思隋氏灭亡之事，朕为公等思龙逄、晁错之诛，君臣保全，岂不美哉！[5]

《纳谏》篇虽侧重于颂扬太宗的纳谏，但也反映了上至长孙皇后，下至地方都督李大亮、县丞皇甫德参，无一不兢兢业业，对太宗诸多不当行为，如兴土木、好行幸、徭役重、维护外戚、任用小人等分别予以规谏，并取得较好的效果。

---

[1] 吴兢：《贞观政要》卷一《政体》，上海古籍出版社 1978 年版，第 24 页。
[2] 吴兢：《贞观政要》卷一《政体》，上海古籍出版社 1978 年版，第 18、19 页。
[3] 吴兢：《贞观政要》卷二《求谏》，上海古籍出版社 1978 年版，第 46 页。
[4] 吴兢：《贞观政要》卷一《君道》，上海古籍出版社 1978 年版，第 10 页。
[5] 吴兢：《贞观政要》卷一《政体》，上海古籍出版社 1978 年版，第 17 页。

唐太宗自己恪守一定的原则，如提倡俭约、奉行谦让、积极纳谏、反对贪鄙，大臣对此都有不同程度的仿效。

唐太宗提倡节俭，认为“奢侈可以为戒，节俭者可以为师矣”。中书令岑文本、户部尚书戴胄、尚书右仆射温彦博及魏徵等显贵都积极响应，上行下效，无疑对整个社会形成节俭之风起了有力的推动作用。谦让之风在宗室中也得到发扬。“由是二十年间，风俗简朴，衣无锦绣，财帛富饶，无饥寒之弊”。[1]

唐太宗自己表示“常谦常惧，犹恐不称天心及百姓意”，这种谦让之风在宗室中也得到发扬。如河间王李孝恭功名甚著，累迁至礼部尚书，却“性惟退让，无骄矜自伐之色”。江夏王李道宗以将略驰名，且十分好学，“敬慕贤士，动修礼让”。二人在宗室中被推举为“莫与为比，一代宗英”[2]，足可成为楷模。

唐太宗还告诫大臣“为臣贪，必亡其身”，要求他们遵纪守法，勿纵贪欲，说“卿等若能小心奉法，常如朕畏天地，非但百姓安宁，自身常得欢乐。古人云：‘贤者多财损其志，愚者多财生其过。’此言可为深诫。若徇私贪浊，非止坏公法，损百姓，纵事未发闻，中心岂不常惧？恐惧既多，亦有因而致死”。“今人臣受任，居高位，食厚禄，当须履忠正，蹈公清，则无灾害，长守富贵矣。古人云：‘祸福无门，惟人所召。’然陷其身者，皆为贪冒财利，与夫鱼鸟何以异哉？卿等宜思此语为鉴诫”。[3]

魏徵还强调大臣也应善始慎终，“人臣初见任用者，皆欲匡主济时，追纵于稷、契；及其富贵也，则思苟全官爵，莫能尽其忠节。若使君臣常无懈怠，各保其终，则天下无忧不理，自可超迈前古也”[4]。唐太宗则告诫大臣也需居安思危，“莫以天下无事，四海安宁，便不存意”[5]。

大臣还须敢于进谏，不仅唐太宗如此要求，如他对褚遂良说：“朕所

[1] 吴兢：《贞观政要》卷六《俭约》，上海古籍出版社 1978 年版，第 185 页。
[2] 吴兢：《贞观政要》卷六《谦让》，上海古籍出版社 1978 年版，第 191、192 页。
[3] 吴兢：《贞观政要》卷六《贪鄙》，上海古籍出版社 1978 年版，第 210、211、213 页。
[4] 吴兢：《贞观政要》卷十《慎终》，上海古籍出版社 1978 年版，第 295 页。
[5] 吴兢：《贞观政要》卷一《政体》，上海古籍出版社 1978 年版，第 16 页。

为事，若有不当，或在其渐，或已将终，皆宜进谏。比见前史，或有人臣谏事，遂答云‘业已为之’，或道‘业已许之’，竟不为停改。此则危亡之祸，可反手而待也。”[1] 大臣也积极响应，如陈叔达向太宗表示：“臣以隋氏父子自相诛戮，以致灭亡，岂容目睹覆车，不改前辙？臣所以竭诚进谏。”[2] 太子李承乾被废前屡有荒唐事，李白药、于志宁、张玄素等都多次进谏，特别是于志宁，竟为此得罪李承乾，差点遭到刺杀。这就是吴兢所说的“自古人臣不谏则国危，谏则身危”。但是，他还是坚持“臣愚食陛下禄，不敢避身危之祸”。[3]

(三)“知百姓艰难，不可放纵”：皇子的教育

在中国古代，皇室内部经常为争夺皇位而明争暗斗、相互倾轧，甚至发生惨烈的血腥斗争，导致政局动荡，甚至亡国。吴兢认为太子诸王之间预先定分，是有效的防范措施。作为皇位继承人的太子，身负江山社稷的重任，如何对其进行有效教育，将其引上正途也至关重要。

李世民本人曾与李建成、李元吉手足相残，直至晚年仍心有余悸，因此早年十分重视在太子诸王之间立下定分。贞观七年 (633)，吴王李恪出任齐州都督，唐太宗的目的是“令其早有定分，绝觊觎之心，我百年后，使其兄弟无危亡之患也”[4]。但自贞观十年左右，太宗已有废李承乾立李泰为太子之意。魏徵大概也已发现太宗的心意，才告诫道：“殷人尚质，有兄终弟及之义。自周已降，立嫡必长，所以绝庶孽之窥窬，塞祸乱之源本。为国家者，所宜深慎。”[5] 贞观十一年，马周上疏指出，倘不预立定分，必招致祸乱，“汉、晋以来，诸王皆为树置失宜，不预立定分，以至于灭亡。人主熟知其然，但溺于私爱，故前车既覆而后车不改辙也”[6]。这显然是针对太宗宠李泰而发。十三年，褚遂良也因每日特供李泰府的财物超过太子，上疏指出太宗未能明立定分。十六年，太

---

[1] 吴兢：《贞观政要》卷二《求谏》，上海古籍出版社 1978 年版，第 53 页。
[2] 吴兢：《贞观政要》卷五《忠义》，上海古籍出版社 1978 年版，第 154 页。
[3] 吴兢：《上元宗皇帝纳谏疏》，见《全唐文》卷二九八，中华书局 1983 年版，第 3025 页。
[4] 吴兢：《贞观政要》卷四《太子诸王定分》，上海古籍出版社 1978 年版，第 113 页。
[5] 吴兢：《贞观政要》卷七《礼乐》，上海古籍出版社 1978 年版，第 229 页。
[6] 吴兢：《贞观政要》卷四《太子诸王定分》，上海古籍出版社 1978 年版，第 119 页。

宗询问国家何事最急，褚遂良提出太子、诸王，须有定分，为当今最急之事。吴兢收录以上材料，表明太宗实际上并未处理好太子诸王之间的定分，最终导致太子反叛被废。这无疑应成为后世君王的前车之鉴。

吴兢总结了唐太宗时期对皇室子弟的教育，如太宗多次以周成王及秦二世胡亥接受不同的教育，从而导致不同的结果做对比，说明环境对人的重要性。周成王即位时年龄虽幼，但有周、召二公为保傅，耳濡目染，终于成为一代圣君。秦胡亥以赵高为师傅，接受其重用严刑峻法的诱导，篡位后诛杀功臣，残害亲属，酷烈无比，旋踵而亡，唐太宗因此意识到“人之善恶诚由近习”[1]。因此他对太子、诸王师傅的人选十分慎重，挑选正直忠信的人士担任太子少师等职，并规定任期不可过长，以此禁绝师生之间因日久生情而图谋不轨。王府官僚，也不许超过四考，他希望“选良佐以为藩弼，庶其习近善人，得免于愆过尔”[2]。他所先后任命的太子师，如李纲、于志宁、杜正伦、李百药、孔颖达、张玄素等，都做到了恪尽师职。

从中国古代史学编纂史来看，《贞观政要》的体例比较特殊，因此对其认识也不一致。除了将其视为封建统治的教科书之外，有的称其为专题性的政治史，[3] 还有的称其为政论性的历史文献。[4] 这些分歧或许正反映了该书体例与性质的模糊性。事实上，我们如果视其为贞观时期的史料汇编也不会有大错，因为其中很少见到吴兢的评论，但该书的体例编排与资料的选择，无不体现了吴兢对唐太宗时期历史的主观解读，“垂世立教之美，典谟谏奏之词，可以弘阐大猷，增崇至道者……备加甄录”[5]，“崇儒”观念可谓发挥到了极致。

[1] 吴兢：《贞观政要》卷四《尊敬师傅》，上海古籍出版社 1978 年版，第 119 页。

[2] 吴兢：《贞观政要》卷四《教戒太子诸王》，上海古籍出版社 1978 年版，第 129—130 页。

[3] 瞿林东：《论吴兢——纪念吴兢逝世 1230 周年》，《唐代史学论稿》北京师范大学出版社 1989 年版。庄昭：《吴兢的史学著述与思想初探》，《中国史研究》1990 第 2 期。

[4] 吴枫：《评〈贞观政要〉》，载《吉林师范大学学报》1979 年第 1 期；许强：《试论文献学家的识见——读〈贞观政要〉的启示》，载《聊城师院学报》1997 年第3 期。

[5] 吴兢：《贞观政要》卷首《序》，上海古籍出版社 1978 年版，第 1 页。

第三节　杜佑的重礼思想与史学

杜佑出身名门，其家族“世业儒学”，他也以三不朽作为人生的重要价值取向。为了便于治国施政，他格外青睐侧重记载典章制度的三礼，《礼典》在《通典》中占据一半的分量，足见其重视程度。杜佑提出“致治”必须重视礼乐教化，但礼乐教化有其前提和实施基础，与食货、选举、职官、兵、刑、州郡、边防等各个方面都有深浅不一的联系，说明重礼观念影响了杜佑对《通典》整部书的建构与编排。

一、杜佑的重礼思想

杜佑（735—812）不仅是唐代中叶重要的政治家，“为国元臣，历事四朝，殆逾三纪。出专征镇，为诸侯帅，入赞台衮，为王室辅”[1]；也是杰出的学者，其“博闻强学，知历代沿革之宜；为政惠人，审群黎利病之要”[2]。他出身名门，西晋名将、经学家杜预是其先祖，杜氏家族自汉代以来就活跃于政治文化舞台。北朝以来，京兆杜氏家族往往多出武人，以军功致身通显；入唐以后，家族门风逐渐转向文史之学。[3] 杜佑的父亲杜希望仍以军功立足于朝，却也“爱重文学，门下所引如崔颢等皆名重当时”[4]。

杜佑喜好读书，或许受父亲影响，但更主要的是他自己奋发图强。因以荫补入仕，他自觉才不如人，于是“徒怀自强，颇玩坟籍。虽履历叨幸，或职剧务殷，窃惜光阴，未尝轻废”。杜佑不仅早年广泛涉猎各种书籍，以勤补拙，后位极将相，仍手不释卷，“质明视事，接对宾客，夜则灯下读书，孜孜不怠。与宾佐谈论，人惮其辩而伏其博，设有疑误，

[1] 白居易：《白居易文集》卷十八《杜佑致仕制》，谢恩炜校注本，中华书局 2011 年版，第 935 页。
[2] 《旧唐书》卷一百四十七《杜佑传》，中华书局 1975 年版，第 3981 页。
[3] 王力平：《中古杜氏家族的变迁》，商务印书馆 2006 年版，第 145、252 页。
[4] 《新唐书》卷一百六十六《杜佑传》，中华书局 1975 年版，第 5085 页。

亦能质正”。[1] 因此，时人称“公之为学也，冠冕六籍，衣裳群史，履屦百氏”[2]。杜佑之孙杜牧曾提到，“我家公相家，剑珮尝丁当。旧第开朱门，长安城中央。第中无一物，万卷书满堂。家集（按：指《通典》）二百编，上下驰皇王。多是抚州写，今来五纪强”[3]。“上都有旧第，唯书万卷”[4]。丰富的藏书正是杜佑孜孜不怠于学的见证。虽说杜佑“履屦百氏”，但仍以儒学为主，因为杜牧说“某世业儒学，自高、曾至于某身，家风不坠，少小孜孜，至今不怠”[5]。当时太常寺奉礼郎符载为杜佑作《写真赞》，也可看出杜佑在施政治民方面所体现的儒家风范：

> 夫蕴二仪、统万类、役百灵者，莫善于人。故得全气者为至圣，尧舜周孔是矣；得间气者为大贤，夔龙伊尹是矣。自敻古达于兹日，一时之理，百化之损益，未尝不繇是矣。……公参三才之粹气，包五行之灵用，以太和为正性，以至仁为厚德，以神明为视听，以礼乐为肢体，……公之为政也，根柢于诚信，柯干于刑赏，枝叶于禁忌，达时之通变，识人之好恶，听览而不察，宽裕而有制，故蒙泽者如膏雨，畏刑者如秋霜。万情浩扰，悬我条贯，生生之分，各得其性，得不谓民之父母欤？[6]

“以至仁为厚德”“以礼乐为肢体”“根柢于诚信”，都是浸润着鲜明儒家色彩的主张与理念。就流传下来的文献看，反映杜佑儒学观念的并不算多，却足以窥见他的基本立场。如贞元十七年（801），他在完成《通典》

[1] 《旧唐书》卷一百四十七《杜佑传》，中华书局1975年版，第3983页。

[2] 符载：《淮南节度使灞陵公杜佑写真赞并序》，见《文苑英华》卷七百八十三，中华书局1966年版，第4140页。

[3] 杜牧：《樊川文集》卷一《冬至日寄小侄阿宜诗》，陈允吉校点本，上海古籍出版社2009年版，第9页。

[4] 杜牧：《樊川文集》卷十六《上知己文章启》，陈允吉校点本，上海古籍出版社2009年版，第241页。

[5] 杜牧：《樊川文集》卷十二《上李中丞书》，陈允吉校点本，上海古籍出版社2009年版，第183页。

[6] 符载：《淮南节度使灞陵公杜佑写真赞并序》，见《文苑英华》卷七百八十三，中华书局1966年版，第4140页。

后，将书上献朝廷时说：

> 臣闻太上立德，不可庶几；其次立功，遂行当代；其次立言，见志后学。由是往哲递相祖述，将施有政，用乂邦家。……夫《孝经》、《尚书》、《毛诗》、《周易》、三传，皆父子君臣之要道，十伦五教之宏纲，如日月之下临，天地之大德，百王是式，终古攸遵。然多记言，罕存法制，愚管窥测，莫达高深，辄肆荒虚，诚为亿度。每念懵学，莫探政经，略观历代众贤著论，多陈紊失之弊，或阙匡拯之方。臣既庸浅，宁详损益，未原其始，莫畅其终。尚赖周氏典礼，秦皇荡灭不尽，纵有繁杂，且用准绳。至于往昔是非，可为来今龟镜。[1]

立德、立功、立言三不朽，出自《左传》："太上有立德，其次有立功，其次有立言。虽久不废，此之谓不朽。"其被历代儒家学者继承和发展，逐渐成为中国传统文化中理想人格构想的重要目标。[2] 杜佑也以三不朽作为人生的重要价值取向，但认为立德较难达到，立功施行于当代，立言可传诸后学。前贤往哲为了"将施有政，用乂邦家"，纷纷著书立说，《诗》《书》《易》《春秋》《孝经》等典籍可谓突出代表。它们阐述的君臣父子伦理，"百王是式，终古攸遵"，地位不可动摇，但诸书侧重记载言论，典制太少，且"多陈紊失之弊，或阙匡拯之方"，不利于治国施政。唯有三礼，虽然历经秦火之劫，仍可作为后世的参考，"往昔是非，可为来今龟镜"。[3] 三礼因侧重记载典章制度，而得到了杜佑的格外青睐。200 卷的《通典》中，《礼典》多达 100 卷，竟占一半的分量，其余八典也才 100 卷，这足以表明"礼"在杜佑心目中的头等重要地位。前 65 卷为历代礼典，记述历代礼仪制度的主要内容和源流沿革。采用唐初《贞观礼》的次序，即吉、嘉、宾、军、凶五礼排列，与《周礼》的吉、凶、军、宾、嘉次序有所不同。后 35 卷为《开元礼》的简编。

[1] 《旧唐书》卷一百四十七《杜佑传》，中华书局 1975 年版，第 3983 页。
[2] 江万秀：《儒家伦理与传统文化》，陕西人民出版社 1993 年版，第 83 页。
[3] 《旧唐书》卷一百四十七《杜佑传》，中华书局 1975 年版，第 3983 页。

杜佑在《礼一·礼序》中简明扼要地总结了自古至唐礼制的渊源、发展和演变。关于礼的起源，他引用《礼记·礼运》篇曰："礼必本于太一，分而为天地，转而为阴阳，变而为四时，列而为鬼神。其降曰令，其居人曰义。"礼是根据天地、五行、四时制定的，因此具有天然的合法性和权威性。礼的作用，他引用《礼记·礼运》中所载孔子的话作说明："夫礼，先王以承天之道，以理人之情，失之者死，得之者生。故圣人以礼示之，天下国家可得而正也。"说明礼既本于天道，也合乎人情，唯有遵礼而行，才可治国平天下。关于礼的发展演变，西周、两汉与唐是杜佑重点介绍的朝代。他提出伏羲以后，嘉、吉、军、宾、凶五礼逐渐出现，尧舜时期已比较完备，夏商二代，五礼多有散亡，西周时周公摄政，制礼作乐，"述文武之德，制《周官》及《仪礼》，以为后王法"。春秋时期东周王室衰落，礼崩乐坏，"诸侯僭忒，自孔子时已不能具"。西汉建立，叔孙通与诸儒大力建设礼乐，是礼学发展史上的重要阶段。此后魏晋南北朝无论是南北政权还是各世家大族，都十分重视五礼的研究和礼仪建设。隋朝"国初草昧，未暇详定"礼典，因此唐朝建立后于贞观、显庆与开元年间先后三次修订礼仪，撰成《贞观礼》《显庆礼》与《开元礼》等典籍。《显庆礼》是对"《贞观礼》节文未尽"的修正，《开元礼》则是在《显庆礼》的基础上"削去旧文，编以今事"。杜佑对于大唐王朝的这一宏业给予了高度赞扬："百代之损益，三变而著明，酌乎文质，悬诸日月，可谓盛矣。"[1]

至于历代沿革礼，多是采纳前人著述而成，但杜佑也常以三种不同方式发表个人的看法：

> 凡义有经典文字其理深奥者，则于其后说之以发明，皆云"说曰"。凡义有先儒各执其理，并有通据而未明者，则议之，皆云"议曰"。凡先儒各执其义，所引据理有优劣者，则评之，皆云"评曰"。

[1] 杜佑：《通典》卷四十一《礼一》，王文锦、王永兴等点校本，中华书局1988年版，第1119、1120、1122页。

他皆同此。[1]

“说曰”是阐发经典文字的深奥义理，“议曰”与“评曰”则是议论先儒的未明之义和观点优劣，这些都是杜佑对前人礼学研究成果的批评继承和发展。

35卷的《开元礼纂类》，是杜佑鉴于《开元礼》“为是国家修纂，今则悉依旧文，敢辄有删改。本百五十卷，类例成三十五卷，冀寻阅易周，览之者幸察焉”[2]。

杜佑对礼下了很大的功夫，不仅体现于百卷《礼典》中关于礼制的研究，特别值得一提的是他还致力于礼的实际运用，为此专门编写了十五卷的《新制唐礼图》。该书原文已佚，伯希和敦煌文书第2967号文书保存了其中《丧礼服制度》一卷。[3] 此卷中列有绖冠裳裙之图，每幅图下有文字详解，行文用语较为规范，解释制度与《通典》接近。文中多次引述《开元礼》、《仪礼·丧服》郑玄注及魏晋以降名家的礼学著作，是敦煌卷子中所见关于唐代丧衣制度最专门、规范和相对完整的著作，与《通典》和《开元礼》相比，更加详明而直观，是唐中期以后丧衣服制礼式的代表。[4]

不过，令人感到疑惑的是，如此重礼且“始终言行，无所玷缺”的杜佑，却在晚年正妻梁氏亡故后，“升嬖妾李氏为正室，封密国夫人，亲族子弟言之不从，时论非之”[5]。这一事件，今人的研究都证实无误。[6]

---

[1] 杜佑：《通典》卷四十二《礼二》，王文锦、王永兴等点校本，中华书局1988年版，第1167页。

[2] 杜佑：《通典》卷一百六《礼六十六·开元礼纂类一》，王文锦、王永兴等点校本，中华书局1988年版，第2761页。

[3] 韩昇：《杜佑及其名著〈通典〉新论》，见《传统中国研究集刊》第2辑，上海人民出版社2006年版，第113页。

[4] 吴丽娱：《唐礼摭遗中古书仪研究》，商务印书馆2002年版，第417页。

[5] 《旧唐书》卷一百四十七《杜佑传》，中华书局1975年版，第3983页。

[6] 陈尚君：《杜佑以妾为妻之真相》，载《文史》2012年第3期；王连龙：《跋唐杜佑妻李氏墓志》，载《中国国家博物馆馆刊》2012年第10期。陈弱水著《隐蔽的光景：唐代的妇女文化与家庭生活》（广西师范大学出版社2009年版）中考察唐代墓志，发现军人与地方豪家也有一些以妾为妻者。

反对以妾为妻，是汉代以来儒家的基本原则，如《毛诗·白华序》称《白华》是周人讽刺周幽王废申后，立宠姬褒姒，“以妾为妻，以孽代宗，而王弗能治”[1]。《春秋公羊传·僖公八年》云：“夫人何以不称姜氏，贬。曷为贬？讥以妾为妻也。”[2] 西晋武帝时，出于“嫡庶之别，所以辨上下，明贵贱”的考虑，下诏明令“不得登用妾媵以为嫡正”。[3]《唐律疏议》也明确规定禁止以妻为妾，也禁止以婢、妾、客女为妻，“妻者，齐也，秦晋为匹。妾通卖买，等数相悬，婢乃贱流，本非俦类。若以妻为妾，以婢为妻，违别议约，便亏夫妇之正道，黩人伦之彝则。颠倒冠履，紊乱礼经”[4]。以妾为妻，在唐代并非个案，[5] 但多受舆论的批评和指责。杜佑素来提倡礼法，但在私人生活中竟会立妾为妻，虽然我们今天从人之常情的角度可以理解这种举动，但公然违背名教礼法，言行不一，不能不令人感到迷惑和遗憾。

二、重礼观念与杜佑的史学

“夫礼，天之经也，地之义也，民之行也”[6]。从国家层面来说，三礼中的典制是中国古代政治制度的重要来源；从社会层面来说，礼是中国古代重要的社会规范，礼治社会是历代仁人志士所追求的理想社会形态。唐太宗曾下诏曰：“先王之辨方正位，体国经野，象天地以制法，通神明以施化。乐由内作，礼自外成，可以安上治民，可以移风易俗。揖

[1]《毛诗正义》卷十五《白华》，见《十三经注疏》，北京大学出版社 2000 年版，第 1084 页。

[2]《春秋公羊传注疏·僖公八年》，见《十三经注疏》，北京大学出版社 2000 年版，第 258 页。

[3]《晋书》卷三《武帝纪》，中华书局 1974 年版，第 63 页。

[4] 长孙无忌：《唐律疏议》卷十三《户婚》，刘俊文点校本，法律出版社 1999 年版，第 256 页。

[5] 以妾为妻者，两《唐书》中载有许敬宗、王缙、李齐运、李伊衡与杜佑，参见翁育瑄：《户婚律与家内秩序——唐代家庭的探讨》，见高明士编：《东亚传统家礼、教育与国法（二）：家内秩序与国法》，华东师范大学出版社 2008 年版，第 166 页。

[6]《春秋左传注疏·昭公二十五年》，见《十三经注疏》，北京大学出版社 2000 年版，第 1666 页。

让而天下治者，其唯礼乐乎。”[1] 在这种观念指导下的大唐朝廷，曾三次制定礼仪。唐礼不仅沿隋法汉上溯三代，而且依据社会现实的需要进行了大规模的改造，是三代以来礼制发展成果的全面总结与创新，因此，唐代可谓是中国古代礼制发展史上的一个高峰。[2] 但这不过是从官方角度立论，另一方面，我们也可以看到民间的实际情况似乎有些背道而驰。开元八年（720）七月，国子司业李元瓘上言指出：

> 今明经所习，务在出身。咸以《礼记》文少，人皆竞读，《周礼》经邦之轨则，《仪礼》庄敬之楷模，《公羊》《穀梁》历代宗习。今两监及州县，以独学无友，四经殆绝。[3]

安史之乱爆发后，朝野有识之士反思造成动乱的原因时，便有人指出“向使礼让之道弘，仁义之道著，则忠臣孝子比屋可封，逆节不得而萌也，人心不得而摇也”[4]。唐德宗也曾下诏说：“爰自近古，礼教凌夷，公郡法度，僭差殊制。姻族阙齿序之义，舅姑有拜下之礼。自家刑国，多愧古人。”[5] 这些都反映出礼仪在实践贯彻层面的匮乏。安史之乱不仅破坏统治秩序，对礼仪实践的推广也更为不利，因此，振兴儒学和礼制被视为重整大唐帝国的威仪，恢复臣忠子孝局面的当务之急。[6] 一方面是应付藩镇膨胀和加强王权，引起朝廷对陵寝之礼和国家郊祀之礼整备；一方面则是家礼散佚和私家礼仪逾制，引起朝廷及礼学家对士庶吉凶礼仪的整顿。[7]

这就是杜佑撰写《通典》的时代和社会背景，从这个角度我们才能

---

[1] 宋敏求：《唐大诏令集》卷八十一《颁行唐礼及郊庙新乐诏》，中华书局 2008 年版，第 465 页。

[2] 任爽：《唐代礼制研究》，东北师范大学出版社 1999 年版，第 4 页。

[3] 王溥：《唐会要》卷七十五《贡举上·帖经条例》，中华书局 1960 年版，第1376 页。

[4] 《旧唐书》卷一百一十九《杨绾传》，中华书局 1975 年版，第 3433 页。

[5] 《旧唐书》卷一百五十《德宗顺宗诸子传》，中华书局 1975 年版，第 4046 页。

[6] 黄正建主编：《中晚唐社会与政治研究》，中国社会科学出版社 2006 年版，第 210 页。

[7] 姜伯勤：《敦煌艺术宗教与礼乐文明：敦煌心史散论》，中国社会科学出版社 1996 年版，第 442 页。

理解他以一半的篇幅来撰写《礼典》的用意所在。毫无疑问，杜佑也是当时试图重振儒学、整顿礼仪队伍中的重要一员，只是与其他人相比，杜佑的经邦济世观念更为系统和全面。他在《通典》自序中说：

> 佑少尝读书，而性且蒙固，不达术数之艺，不好章句之学。所纂《通典》，实采群言，征诸人事，将施有政。夫理道之先在乎行教化，教化之本在乎足衣食。《易》称聚人曰财，《洪范》八政，一曰食，二曰货。《管子》曰："仓廪实知礼节，衣食足知荣辱。"夫子曰："既富而教。"斯之谓矣。夫行教化在乎设职官，设职官在乎审官才，审官才在乎精选举。制礼以端其俗，立乐以和其心。此先哲王致治之大方也。故职官设然后兴礼乐焉，教化隳然后用刑罚焉，列州郡俾分领焉，置边防遏戎敌焉。是以食货为之首，选举次之，职官又次之，礼又次之，乐又次之，刑又次之，州郡又次之，边防末之。或览之者庶知篇第之旨也。[1]

杜佑宣称《通典》的编撰，是"征诸人事，将施有政"，这与其在《进〈通典〉表》中指出历代众贤著论"多陈紊失之弊，或阙匡拯之方"互为呼应，表明了"将施有政，用乂邦家"的明确追求。在《通典》献给朝廷后，杜佑考虑到二百卷篇幅太大，于是另辑十卷，名曰《理道要诀》，三十三篇，于贞元十九年（803）二月再次上呈。杜佑称：

> 隋季文博《理道集》多主于规谏，而略于体要。臣颇探政理，窃究始终，遂假问答，方冀发明。第一至第三食货，四选举、命官，五礼教，六封建州郡，七兵刑，八边防，九、十古今异制议。[2]

---

[1] 杜佑：《通典》卷一《自序》，王文锦、王永兴等点校本，中华书局1988年版，第1页。

[2] 王应麟：《玉海艺文校证》卷十七《典故》，武秀成、赵庶洋校证，凤凰出版社2017年版，第814页。

《理道要诀》与《通典》相比，有一些变化。比如内容方面，仅有礼教而无乐，[1]“古今异制议”可能是将原文中的“杂议论”集合在一起，比如《选举典》《刑法典》中有此类内容。州郡部分则增加了“封建”；关于社会结构的先后次序也做了修改，州郡被调至兵刑之前。还有体例也有所变化，“凡三十三篇，皆设问答之辞”[2]。其实在《通典》中也有部分内容采用问答的方式。也就是说，《通典》原有的主体结构仍被保留下来了。

杜佑提出“理道之先在乎行教化，教化之本在乎足衣食”。治国首先要推行教化，而教化的前提是丰衣足食。这当然不是杜佑的发明，《周易》《尚书·洪范》《管子》、孔子等都有类似的看法，杜佑对此深为赞同，不仅在《通典》自序中列举以上说法，还在《食货七》中以“论曰”的方式重申：

> 昔贤云：“仓廪实知礼节，衣食足知荣辱。”夫子适卫，冉子仆，曰：“美哉，庶矣，既庶矣，又何加焉?”曰：“富之。”“既富矣，又何加焉?”曰：“教之。”固知国足则政康，家足则教从，反是而理者，未之有也。[3]

杜佑同时代的学者，如史家柳芳也说：“先王牧人之制，既富而聚之，以兴利也，俭则散之，以除害也，所以裒多益寡，称物平施，降及后代，亦克用乂。《礼记》曰：仓廪实而知荣辱，人苟不足而可理者，自古及今，未之有也。”[4] 撰写《政典》的刘秩也有相似观点：“人富溢则不可

[1] 笔者按：因《理道要诀》已佚，仅能看到收录于《玉海》中的少量内容。“礼教”是否是“礼乐”之误，不能断定，或是否附录了乐，也未可知。

[2] 陈振孙：《直斋书录解题》卷十《杂家类》，上海古籍出版社 1987 年版，第 306 页。

[3] 杜佑：《通典》卷七《食货七·丁中》，王文锦、王永兴等点校本，中华书局 1988 年版，第 156 页。

[4] 柳芳：《食货论》，见《全唐文》卷三七二，中华书局 1983 年版，第 3777—3778 页。

以赏劝，贫馁则不可以威禁。故法令不行，人之不理，皆由贫富之不齐也。”[1]

但杜佑与众不同的贡献在于，他将前贤时彦的零散看法与思想火花，发展成为一个较为系统的思想体系，并能以具体的制度框架去贯彻落实这些思想。后世褒扬《通典》“分门起例，由食货以讫边防，先养而后教，先礼而后刑，设官以治民，安内以驭外，本末次第，具有条理，亦恢恢乎经国之良模矣”[2]。洵为的论。当代学者认为杜佑对社会结构的新认识，超过了以前的史家，是当时人们对社会历史认识所能达到的高峰。[3] 只要和此前的史书稍作对比，我们就会承认这一看法也是合理的。自司马迁在《史记》中设立礼、乐、律、历、天官、封禅、河渠、平准等八书以来，后世的史书大多都以志来记载典章制度，如《汉书》在《史记》的基础上略有扩充，分为律历、礼乐、刑法、食货、郊祀、天文、五行、地理、沟洫、艺文十志。沈约《宋书》设有律、历、礼、乐、天文、符瑞、五行、州郡、百官九志。萧子显《南齐书》有礼、乐、天文、州郡、百官、舆服、祥瑞、五行八志。魏收《魏书》中有天象、地形、律历、礼、乐、食货、刑罚、灵征、官氏、释老十志。唐初所修《隋书》有礼仪、音乐、律历、天文、五行、食货、刑法、百官、地理、经籍十志等。此外，关于杜佑《通典》的原型，两《唐书》都认为是刘秩的《政典》，《旧唐书》的记载更为详细：

开元末，刘秩采经史百家之言，取《周礼》六官所职，撰分门书三十五卷，号曰《政典》，大为时贤称赏；房琯以为才过刘更生。佑得其书，寻味厥旨，以为条目未尽，因而广之，加以开元礼、乐，

[1] 杜佑：《通典》卷九《食货九·钱币下》，王文锦、王永兴等点校本，中华书局1988年版，第202页。

[2] 杜佑：《通典》附录一《御制重刻通典序》，王文锦、王永兴等点校本，中华书局1988年版，第5513页。

[3] 瞿林东：《中国史学史纲》，北京出版社1999年版，第329—330页。

书成二百卷，号曰《通典》。[1]

宋代晁公武的记载与其类似，“先是，刘秩采经史自黄帝迄唐天宝末制度沿革废置，论议得失，仿《周礼》六官法，为《政典》三十五篇”[2]。《政典》已佚，有学者依据以上两条文献所云“取《周礼》六官所职”“仿《周礼》六官法”，认为《政典》的体例按吏、户、礼、兵、刑、工六部分类。[3] 刘秩之父刘知幾以为书志源于三礼，“夫刑法、礼乐、风土、山川，求诸文籍，出于三礼。及班、马著史，别裁书志。考其所记，多效《礼经》”[4]。刘秩可能会受父亲影响。但《政典》的体例是采用《周礼》天官冢宰、地官司徒、春官宗伯、夏官司马、秋官司寇、冬官司空，还是隋唐的吏、户、礼、兵、刑、工，并不清楚。无论如何，我们可以看出杜佑的《通典》一方面参考吸收了前人的研究成果，同时又做了大量的取舍合并工作，摒弃了前人书志中不太切合施政的内容，如天文、艺文、五行、律历、符瑞（灵征）等，保留了有利于“将施有政，用乂邦家”的部分，如食货、礼乐、职官、刑法、州郡，增加了选举、兵、边防诸典，还将郊祀、舆服合并入礼。最为重要的是，杜佑还特别阐明了以上各典之间的联系：“夫理道之先在乎行教化，教化之本在乎足衣食。……行教化在乎设职官……职官设然后兴礼乐焉。教化隳然后用刑罚焉。列州郡俾分领焉。置边防遏戎狄焉。”逻辑严密，令人叹服。

在各个门类中，杜佑最为重视食货，他以发展经济作为治国的第一要务。“财足而食丰，人安而政洽，诚为邦之所急，理道之所先”[5]。这固然是因为安史之乱后，整顿经济和改善财政状况是当时人颇为关注的

[1] 《旧唐书》卷一百四十七《杜佑传》，中华书局1975年版，第3982页。

[2] 晁公武：《郡斋读书志》卷十四《类书类》，孙猛校证本，上海古籍出版社1990年版，第653页。

[3] 李之勤：《论杜佑〈通典〉与刘秩〈政典〉》，载《西北大学学报》（哲社版）1978年第3期。

[4] 刘知幾：《史通》卷三《书志》，浦起龙通释本，上海古籍出版社2009年版，第51—52页。

[5] 杜佑：《通典》卷十二《食货十二》，王文锦、王永兴等点校本，中华书局1988年版，第295页。

话题。肃宗以后的八九十年间，讨论经济建设的学者相继出现，如刘晏、杨炎、陆贽、齐抗、韩愈、李翱、白居易、杨于陵、李珏等。[1] 杜佑与诸人相比，他的长处是多年从事国家财赋管理工作，“充江西青苗使，转抚州刺史。改御史中丞，充容管经略使。杨炎入相，征入朝，历工部、金部二郎中，并充水陆转运使，改度支郎中，兼和籴等使。时方军兴，馈运之务，悉委于佑。迁户部侍郎、判度支”[2]。因此能够深刻体会社会经济发展与国家政治、文化的密切关系。他在《食货典》中将经济问题具体划分为田制、水利田、屯田、乡党、赋税、历代户口盛衰、丁中、钱币、漕运、盐铁、鬻爵、榷酤、算缗、杂税、平准、轻重（平籴、常平、义仓）等，如此细密的分类，此前的典籍中也是少见的。

在中国传统社会中，由于生产力水平十分低下，农业是维系国家和民众生存的命脉，因此，“重农务本”也就成为中国古代重要的治国思想。唐代也仍然如此，杜佑说：“农者，有国之本也。”[3] 他对农业生产中的谷、地、人三者与国政间的关系也有清晰的了解：

> 谷者，人之司命也；地者，谷之所生也；人者，君之所治也。有其谷则国用备，辨其地则人食足，察其人则徭役均。知此三者，谓之治政。[4]

唯有处理好粮食、土地与劳动人手这三个问题，才能实现“国用备”“人食足”“徭役均”的目标。杜佑特别强调要认清“国足”和“家足”的关系：“国足则政康，家足则教从”[5]。“宁积于人，无藏府库。百姓不足，君孰与足。是故钜桥盈而殷丧，成皋溢而秦亡。《记》曰：‘人散则财聚，

[1] 胡寄窗：《中国经济思想史》，上海财经大学出版社 1998 年版，第 388—476 页。

[2] 《旧唐书》卷一百四十七《杜佑传》，中华书局 1975 年版，第 3978 页。

[3] 杜佑：《通典》卷十二《食货十二》，王文锦、王永兴等点校本，中华书局 1988 年版，第 295 页。

[4] 杜佑：《通典》卷一《食货一》，王文锦、王永兴等点校本，中华书局 1988 年版，第 3 页。

[5] 杜佑：《通典》卷七《食货七》，王文锦、王永兴等点校本，中华书局 1988 年版，第 156 页。

财散则人聚。’此之谓也”[1]。那么如何才能“家足”呢？杜佑认为应该“辨其地”，打击土地兼并，反对“豪人占田过制”，“卖买由己”。[2] 同时“均徭役”，“夫欲人之安也，在于薄敛，敛之薄也，在于节用”。[3] 杜佑坚信只有在实现“人食足”“国用备”的前提条件下，礼义教化、王道政治才不会沦为空谈：

> 天下之田尽辟，天下之仓尽盈。然后行其轨数，度其轻重，化以王道，扇之和风，率循礼义之方，皆登仁寿之域，斯不以难矣。[4]
>
> 古之为理也，在于周知人数，乃均其事役，则庶功以兴，国富家足，教从化被，风齐俗和。夫然，故灾沴不生，悖乱不起，所以《周官》有比、闾、族、党、州、乡、县、遂之制，维持其政，纲纪其人。孟冬，司徒献民数于王，王拜而受之，其敬之守之如此之重也。[5]

这是立足于地方基层并熟悉地方财政事务的杜佑所发出的肺腑之言。

“仓廪实”“衣食足”仅是达到“仁寿之域”的前提条件，除此之外还需大力推行教化，这项工作必须仰仗于各级地方官吏。“行教化在乎设职官，设职官在乎审官才，审官才在乎精选举”[6]。选举制度是为职官制度服务的，是为了保证官吏的素质。三代时期选贤任能，“务勤其教，

[1] 杜佑：《通典》卷四《食货四》，王文锦、王永兴等点校本，中华书局 1988 年版，第 70 页。

[2] 杜佑：《通典》卷一《食货一》，王文锦、王永兴等点校本，中华书局 1988 年版，第 3 页。

[3] 杜佑：《通典》卷十二《食货十二》，王文锦、王永兴等点校本，中华书局 1988 年版，第 295 页。

[4] 杜佑：《通典》卷十二《食货十二》，王文锦、王永兴等点校本，中华书局 1988 年版，第 296 页。

[5] 杜佑：《通典》卷七《食货七·丁中》，王文锦、王永兴等点校本，中华书局 1988 年版，第 158 页。

[6] 杜佑：《通典》卷一《自序》，王文锦、王永兴等点校本，中华书局 1988 年版，第 1 页。

立庠塾于乡闾，建黉学于都邑，训公卿大夫之子弟，设俊、造之目而勖勉成之”，幼年入学，四十方仕，然后“行备业全，事理绩茂”。但秦汉以降，“行教也不深，其取材也务速，欲人浸渍于五常之道，皆登仁寿之域，何可及已”。[1] 曹魏的君主好文，晋、宋、齐、梁“风流弥扇，体非典雅，词尚绮丽，浇讹之弊，极于有隋”。杜佑认为“文词取士，是审才之末者；书判，又文词之末也”，反对以文取士。他说“三代以来，宪章可举，唯称汉室；继汉之盛，莫若我唐”。可惜大唐创业之初，承文弊之极，“群公不议救弊以质，而乃因习尚文，风教未淳，虑由于此”。他呼吁尽快进行变革，“以文字选士，循资授职，虽口诵律令，拳操斧钺，以临其人，无益也。非改之不可”。当时“州郡以德行贡士，礼闱以文词拣才，试官以帖问求学，铨曹以书判择吏”，杜佑都不看好，“惟德无形，惟才不器，搏之弗得，聆之弗闻，非在所知，焉能辨用?”他比较推崇唐虞三代“访于众”“择于乡庠，然后授任”“闾塾所推，犹本乎行”的人才选拔方式。[2]

“审官才在乎精”，这是杜佑针对当时唐代的现实问题而提出的变革主张。他于唐德宗建中年间“忝居户部，专掌邦赋。属河朔用师，经费或阙，百姓颇困，加赋攸难”。为朝廷能节省费用，他建议裁减官员，因为“设官之本，为理众庶，所以古昔计人置吏，故《周官》乡遂稍县畿，约人定员，吏无虚设”。开元、天宝时期四方无虞，百姓全实，编户九百余万，官吏人数虽多，但“人力有余，帑藏丰溢，纵或枉费，不足为忧”。安史之乱爆发后，经济凋敝，民生困苦，租赋所得仅能达到此前的三分之一。“出租赋者减耗若此，食租赋者岂可仍旧?”“十羊九牧，疲吏烦众”[3] 的状况必须予以改革。总之，“凡为国之本，资乎人甿；人之利害，系乎官政。欲求其理，在久其任；欲久其任，在少等级；欲少等级，在精选择；欲精选择，在减名目。俾士寡而农工商众，始可以省吏

[1] 杜佑：《通典》卷十三《选举一》，王文锦、王永兴等点校本，中华书局1988年版，第308页。

[2] 杜佑：《通典》卷十八《选举六》，王文锦、王永兴等点校本，中华书局1988年版，第456、454、446页。

[3] 杜佑：《通典》卷四十《职官二十二》，王文锦、王永兴等点校本，中华书局1988年版，第1107、1108页。

员，始可以安黎庶矣”[1]。

“职官设然后礼乐兴焉”。杜佑在论职官制度时曾提出“随时立制，遇弊变通，不必因循，重难改作”[2]，礼乐方面也同样如此，他批评喜好“非今是古”者为“滞儒”，虽然“礼经章句，名数尤繁，诸家解释，注疏庞杂”，但他们所从事的工作多是“方今不行之典，于时无用之仪”。[3] 他们不懂得“三代制度，或沿或革不同，皆贵适时，并无虚事。岂今百王之末，毕循往古之仪？……徒称古礼，是乖从宜之旨。《易》曰‘随时之义大矣哉’！先圣之言，不可诬也”[4]。《通典》65 卷的礼均以“沿革”标目，正体现了这一“随时”“从宜”的主旨。《开元礼纂类》将开元二十年（732）完成的150 卷的《开元礼》简化为35 卷，目的是便于阅读。《开元礼》本是国家修纂，“今则悉依旧文，敢辄有删改”[5]，至于开元二十年后礼仪的变更部分，则见于“沿革”篇中。

乐可以作为礼的补充。“因乐以著教，其感人深，乃移风俗，将欲闲其邪，正其颓，唯乐而已矣”[6]。音乐发乎心声，心哀则乐悲，心悦则乐和，反之，音乐也会影响人的性情。因此，圣人制乐的目的，就是利用音乐的力量来感召人性，趋于向善，“乐也者，圣人之所乐，可以善人心焉。所以古者天子、诸侯、卿大夫，无故不撤乐，士无故不去琴瑟，以平其心，以畅其志，则和气不散，邪气不干。此古先哲后立乐之方也”。可惜秦汉以后，古乐沦亡，胡乐日兴，成为持续一百多年五胡乱华

---

[1] 杜佑：《通典》卷十八《选举六》，王文锦、王永兴等点校本，中华书局 1988 年版，第 456 页。

[2] 杜佑：《通典》卷四十《职官二十二》，王文锦、王永兴等点校本，中华书局 1988 年版，第 1109 页。

[3] 杜佑：《通典》卷七十四《宾礼一》，王文锦、王永兴等点校本，中华书局 1988 年版，第 2015 页。

[4] 杜佑：《通典》卷五十八《嘉礼三》，王文锦、王永兴等点校本，中华书局 1988 年版，第 1652—1653 页。

[5] 杜佑：《通典》卷一百六《开元礼纂类一·序例上》，王文锦、王永兴等点校本，中华书局 1988 年版，第 2761 页。

[6] 杜佑：《通典》卷一百四十一《乐一》，王文锦、王永兴等点校本，中华书局 1988 年版，第 3588 页。

黑暗局面的先兆，“爰自永嘉，戎羯迭乱，事有先兆，其在于兹”[1]。杜佑强调乐与治道之间存在一定的联系，他认为胡声败坏中原习俗，足成亡国之音，“论乐岂须钟鼓，但问风化浅深，虽此胡声，足败华俗。非唯人情感动，衣服亦随之以变。……此兆先见，何以能立！形貌如此，心亦随之。亡国之音，亦由浮竞，岂唯哀细，独表衰微”[2]。直至贞观盛世，作《破阵乐》，华夏之音才有所恢复，但“人间胡戎之乐，久习未革”[3]，“易俗移风，实在时政”[4]，杜佑所寄望于朝廷者甚深。

“教化隳然后用刑罚焉”。虽然以礼治国被视为是王道仁政的体现，但礼义教化既非万能，也不排除刑法治国，二者共同构成统治策略的两面。杜佑引前人所论“鞭扑无弛于家，刑罚无废于国，征伐无偃于天下；但用之有本末，行之有次第尔”，正表明了他不废刑法的态度。事实上，礼法合流是唐代制度史上的重要特征。[5] 杜佑就说：“伯夷下礼法以导人。人习知礼，然后用刑也。”[6] 不过他强调：“原夫先王之制刑也，本于爱人求理，非徒害人作威。”他还总结出“历代盖治时少，罕遇轻刑；乱时久，多遭刑重”，这实为不幸。老子有云：“其政闷闷，其人淳淳；其政察察，其人缺缺。”说的就是若政教宽大，则百姓淳朴；若政教苛察，则百姓凋敝。杜佑对此深以为然，认为“条章严繁，虽决断必中，似不及条章轻简，而决断时漏”[7]，并大力颂扬大唐的宽刑政策：

[1] 杜佑：《通典》卷一百四十一《乐一》，王文锦、王永兴等点校本，中华书局 1988 年版，第 3587 页。

[2] 杜佑：《通典》卷一百四十二《乐二》，王文锦、王永兴等点校本，中华书局 1988 年版，第 3615 页。

[3] 杜佑：《通典》卷一百四十一《乐一》，王文锦、王永兴等点校本，中华书局 1988 年版，第 3588 页。

[4] 杜佑：《通典》卷一百四十二《乐二》，王文锦、王永兴等点校本，中华书局 1988 年版，第 3615 页。

[5] 任爽：《唐代礼制研究》，东北师范大学出版社 1999 年版，第 6—7 页。

[6] 杜佑：《通典》卷一百六十六《刑法四》，王文锦、王永兴等点校本，中华书局 1988 年版，第 4291 页。

[7] 杜佑：《通典》卷一百六十五《刑法三》，王文锦、王永兴等点校本，中华书局 1988 年版，第 4262、4263 页。

自海内兴戎，今以累纪，征缮未减，杼轴屡空，蒸庶无离怨心者，寔由刑轻之故。[1]

圣唐刑名，极于轻简。太宗文皇帝降隋氏大辟刑百六十三条入流、入徒免死，其下递减唯轻。开辟以来，未有斯比。如罪恶既著，制命已行，爱惜人命，务在哀矜，临于剿绝，仍令数覆。获罪自然引分，万姓由是归仁，感兹煦妪，藏于骨体。虽武太后革命二纪，安禄山倾陷两京，西戎侵轶，贼泚窃发，皇舆巡狩，宇内忧虞，亿兆同心，妖氛旋廓，刑轻故也。国家仁深德厚，固可侔于尧舜，夏殷以降，无足征矣。[2]

杜佑认为大唐刑法宽简，深得民心，因而即使历经动乱，仍能绝处逢生，这是仁德深厚的体现，足可媲美尧舜。

“列州郡俾分领焉，置边防遏戎狄焉”。这是各级官吏的行政职能。杜佑说：“夫天生烝人，树君司牧，是以一人治天下，非以天下奉一人，患在德不广，不患地不广。”反对以军事手段开疆拓土，指明其后果是“小则天下怨咨，群盗蜂起；大则殒命歼族，遗恶万代，不亦谬哉！”以前的地理书多辨区域、征因革，知要害、察风土，纤介毕书，树石无漏，动盈百轴，杜佑批评它们根本未能弄清“机要者”为何物。他倡导的是德化四夷，羁縻四方，“道德远覃，四夷从化，即人为治，不求其欲，斯盖羁縻而已，宁论封域之广狭乎！”[3] 但另一方面，也不能不在边疆加强防守，“其在边境，唯明烽燧，审斥候，立障塞，备不虞而已。实安边之良算，为国家之永图”[4]。这是因为虽然“古之人朴质，中华与夷狄同”，都有过祭立尸、以人殉葬、茹毛饮血、巢居穴处、不封不树、以手

[1] 杜佑：《通典》卷一百六十五《刑法三》，王文锦、王永兴等点校本，中华书局1988年版，第4263页。

[2] 杜佑：《通典》卷一百七十《刑法八》，王文锦、王永兴等点校本，中华书局1988年版，第4414页。

[3] 杜佑：《通典》卷一百七十一《州郡一》，王文锦、王永兴等点校本，中华书局1988年版，第4450、4451页。

[4] 杜佑：《通典》卷一百四十八《兵一》，王文锦、王永兴等点校本，中华书局1988年版，第3780页。

抟食、同姓婚娶、不讳名等现象，但“中华地中而气正，人性和而才惠，继生圣哲，渐革鄙风。今四夷诸国，地偏气犷，则多仍旧”。[1] 因此应当对其采取“外而不内，疏而不戚，来则御之，去则备之”[2] 的措施。

综上来看，杜佑提出“致治”必须重视礼乐教化，但礼乐教化应建立在丰衣足食的基础上，“食货”是施行教化的前提；然后制订选举与职官制度，培养推广教化的合格官吏，倘若教化无效，则辅以兵刑。礼、乐、兵、刑都是官吏的重要职能，州郡与边防则是以上职能实施的地域平台。杜佑认为礼与以上各个方面都有深浅不一的联系，倘若我们说重礼观念影响了他对《通典》整部书的建构与编排，应该并非虚妄之辞。

[1] 杜佑：《通典》卷四十八《吉礼七》，王文锦、王永兴等点校本，中华书局 1988 年版，第 1355 页。

[2] 杜佑：《通典》卷一百八十五《边防一》，王文锦、王永兴等点校本，中华书局 1988 年版，第 4980 页。

第九章　唐中后期新《春秋》学的兴起与史学

安史之乱是唐代历史上的重要转折点，直接酿成山河破碎，藩镇割据，朝廷的威势一落千丈。前贤云“拨乱世反之正，莫近于《春秋》”[1]，既然《春秋》具备这一救世道、挽人心的功能，那么必然会受到有识之士的青睐而随之兴起。新《春秋》学派与古文家之间关系密切，部分古文家已较为关注《春秋》及其微言大义，这些对于新《春秋》学在唐代中后期的发展有着不可忽视的影响。尤其值得注意的是，古文家中有部分人也曾任史官之职，他们有意识地将儒学观念特别是《春秋》大义贯彻于史学活动中，从而影响了唐代中后期的史学面貌。

第一节　政治、文化格局和新《春秋》学的兴起

安史之乱深刻影响了唐代中后期的政治与文化格局，导致经济凋敝，朝廷无力，藩镇割据，边防空虚，针对这一系列的危局，朝野兴起政治改革的呼声。文化方面，也有大臣开始从科举兴盛、士风不良的角度反思动乱出现的原因，一批古文家涌现，不仅主张变革浮华的文风，还倡导宗经复古，以儒学作为治世的指导思想。新《春秋》学在这样特定的背景下兴起。

---

[1]《史记》卷一百三十《太史公自序》，中华书局1959年版，第3297页。

一、唐中后期的政治与文化格局

唐代宗在安史之乱的尾声中登上帝位，即位的第二年，即宝应元年(762)，唐政府借回纥兵第二次收复洛阳，此后叛军的将领纷纷降唐。宝应二年正月，史思明之子史朝义自杀，标志着长达八年的动乱结束，但大唐盛世也一去不返。

这场空前的浩劫，使唐代的经济遭到巨大打击。天宝十四年（755），户数达890余万，人口5291余万，“此国家之极盛也”。战乱发生五年后，即肃宗乾元三年（760），户数只剩下193万余，人口仅1699万余，[1] 户数与人口的急剧减少，尤以中原为最，大量的土地荒芜，农业生产破坏殆尽。“回纥入东京，肆行杀掠，死者万计，火累旬不灭。朔方、神策军亦以东京、郑、汴、汝州皆为贼境，所过虏掠，三月乃已。比屋荡尽，士民皆衣纸”[2]。“关中数遭兵荒，州县萧条，无以供拟”[3]，“夫以东周之地，久陷贼中，宫室焚烧，十不存一。百曹荒废，曾无尺椽，中间畿内，不满千户。井邑榛棘，豺狼所嗥，既乏军储，又鲜人力。东至郑、汴，达于徐方，北自覃怀，经于相土，人烟断绝，千里萧条”[4]。由于战乱促使农民纷纷逃亡，地主也大量隐匿人口，国家掌握的户口人数大大减少了。唐王朝的财政收入主要依靠江淮一带，在当地征收各种苛捐杂税，终于导致农民起义此起彼伏。肃宗宝应元年（762）的袁晁起义是其中规模最大的一次，前后持续十余年。[5] 关于安史之乱对唐代社会经济与赋役制度的影响，史云：

> 至德之后，天下兵起，始以兵役，因之饥疠，征求运输，百役并作，人户凋耗，版图空虚。……科敛之名凡数百，废者不削，重

---

[1] 杜佑：《通典》卷七《食货七·历代盛衰户口》。《唐会要》卷八十四《户口数杂录》数据略有差别。

[2]《资治通鉴》卷二百二十二，肃宗宝应元年十月，中华书局1956年版，第7135页。

[3]《资治通鉴》卷二百二十二，肃宗宝应元年九月，中华书局1956年版，第7131页。

[4]《旧唐书》卷一百二十《郭子仪传》，中华书局1975年版，第3457页。

[5] 韩国磐：《隋唐五代史纲》，人民出版社1979年版，第277—281页。

者不去，新旧仍积，不知其涯。百姓受命而供之，沥膏血，鬻亲爱，旬输月送无休息。吏因其苛，蚕食于人。凡富人多丁者，率为官为僧，以色役免；贫人无所入则丁存。故课免于上，而赋增于下。是以天下残瘁，荡为浮人，乡居地著者百不四五，如是者殆三十年。[1]

政治上，唐朝廷已无力消灭安史残余势力，只得任命降将为节度使，在河朔形成藩镇割据的局面。割据一方的节度使父死子袭，官爵自封，拥兵自重，刑赏自专，户籍不报中央，赋税不纳朝廷。李怀仙与田承嗣、薛嵩、张忠志等"招还散亡，治城邑甲兵，自署文武将吏，私贡赋，天子不能制"[2]。"诸镇擅地，结为表里，日治兵缮垒，天子不能绳以法"[3]。"朝廷专事姑息，不能复制，虽名藩臣，羁縻而已"[4]。在剑南、山南、河南和岭南，甚至京畿还时常发生节度使或军将的叛变。德宗建中二年（781），承德节度使李宝臣死，其子李惟岳请求继任，遭到朝廷拒绝，于是导致成德、魏博、淄青、山南东道、淮西五镇连兵反叛的局面。贞元二年（786）朝廷与河北、河南诸强藩妥协，藩镇割据已是尾大不掉。[5]

边防方面，安史之乱期间，河西、陇右的军队大批征调入援，西北边防空虚，吐蕃军趁机进逼陇右、长安等地。如广德元年（763）仆固怀恩"为乡导，诱吐蕃十万入寇泾、邠州"，永泰元年（765）再次纠合诸蕃，号称二十万，南犯京师，"遣吐蕃之众自北道先寇醴泉、奉天，任

[1]《旧唐书》卷一百一十八《杨炎传》，中华书局1975年版，第3421页。

[2]《新唐书》卷二百一十二《李怀仙传》，中华书局1975年版，第5968页。

[3]《新唐书》卷五十一《食货志一》，中华书局1975年版，第1348页。

[4]《资治通鉴》卷二百二十三，代宗永泰元年五月，中华书局1956年版，第7175页。

[5] 张国刚提出唐代藩镇割据主要表现在河朔，而河朔割据又集中在三镇。此外的绝大多数藩镇，其节度使的调任和派遣基本上由唐朝中央决定。这是藩镇割据的区域性。东南型藩镇从财力上支撑朝廷，边疆型（西北）藩镇从武力上奠定了关中，中原型藩镇从军事上镇遏叛镇。河朔藩镇割据形势的变化，不光取决于河朔本身的势力消长，更大程度上取决于上述三类藩镇的动向。这一点，可以称之为藩镇割据的制约性。参见张国刚：《唐代藩镇研究》，中国人民大学出版社2010年版，第59页。

敷、郑庭、郝德自东道寇奉先、同州，羌、浑、奴剌之众自西道寇盩厔、凤翔。朝廷大骇”，其“连诸蕃之众，为国大患，士不解甲，粮尽馈军”，唐朝廷受到沉重打击。[1]“河、湟六镇既陷，岁发防秋兵三万戍京西，资粮百五十余万缗。而中官鱼朝恩方恃恩擅权，代宗与宰相元载日夜图之。及朝恩诛，帝复与载贰，君臣猜间不协，边计兵食，置而不议者几十年”[2]。吐蕃仍时时进犯，直到大历末年还时常在京畿附近“大掠人畜而去，百官往往遣家属出城窜匿”[3]。

代宗永泰元年（765）左拾遗独孤及（725—777）[4]的奏疏反映了当时的政治危局，并表达了渴求改革的呼声：

> 今师兴不息十年矣，人之生产，空于杼轴。拥兵者第馆亘街陌，奴婢厌酒肉，而贫人羸饿就役，剥肤及髓。长安城中白昼椎剽，吏不敢诘，官乱职废，将堕卒暴，百揆隳刺，如沸粥纷麻，民不敢诉于有司，有司不敢闻于陛下，茹毒饮痛，穷而无告。陛下不以此时思所以救之之术，臣实惧焉……陛下岂可持疑于改作，使率土之患日甚一日乎！[5]

但代宗不为所动。

文化方面，一些大臣已注意从科举兴盛、儒学不振的角度去反思“禄山一呼而四海震荡，思明再乱而十年不复”[6]的原因。肃宗乾元二年（759），萧颖士（717—768）在安史之乱初起时即已反思道：“昔先王之经国，仗文武之二事。苟兹道之不坠，实经天而纬地，邦家可得而理，祸乱无从而至。今执事者反诸，而儒书是戏，蒐狩鲜备。忠勇翳郁，浇

[1]《旧唐书》卷一百二十一《仆固怀恩传》，中华书局1975年版，第3488、3489页。
[2]《新唐书》卷五十一《食货志一》，中华书局1975年版，第1348页。
[3]《资治通鉴》卷二百二十五，大历十年九月，中华书局1956年版，第7232页。
[4] 笔者按：以下凡是古文运动成员，均标注生卒年代，以明时代先后与思想传承。
[5]《资治通鉴》卷二百二十三，代宗永泰元年三月，中华书局1956年版，第7173页。
[6]《旧唐书》卷一百一十九《杨绾传》，中华书局1975年版，第3433页。

风横肆，荡然一变而风雅殄瘁；故时平无直躬之吏，世难无死节之帅，其所由来者尚矣。”[1] 代宗广德元年（763），礼部侍郎杨绾上疏指出，自高宗以来：

> 进士加杂文，明经填帖，从此积弊，浸转成俗。幼能就学，皆诵当代之诗；长而博文，不越诸家之集。递相党与，用致虚声，六经则未尝开卷，三史则皆同挂壁。况复征以孔门之道，责其君子之儒者哉？祖习既深，奔竞为务。矜能者曾无愧色，勇进者但欲凌人，以毁讟为常谈，以向背为己任。投刺干谒，驱驰于要津；露才扬己，喧腾于当代。古之贤良方正，岂有如此者乎！朝之公卿，以此待士，家之长老，以此垂训。欲其返淳朴，怀礼让，守忠信，识廉隅，何可得也！譬之于水，其流已浊，若不澄本，何当复清。[2]

他批评了当时科举取士的弊病，建议依照古制，荐举精通经义的孝廉，“务取深义奥旨，通诸家之义”，停止道举、明经、进士等。“冀数年之间，人伦一变，既归实学，当识大猷。居家者必修德业，从政者皆知廉耻，浮竞自止，敦庞自劝，教人之本，实在兹焉”。[3] 杨绾的见解得到了给事中李廙与李栖筠、尚书左丞贾至、京兆尹兼御史大夫严武的支持。特别是出身明经科的贾至（718—772）[4] 表示“杨绾所奏，实为正论”，《旧唐书》详细记载了贾至的相关看法：

> 前代以文取士，本文行也，由辞以观行，则及辞也。……今试学者以贴字为精通，不穷旨义，岂能知迁怒贰过之道乎？考文者以声病为是非，唯择浮艳，岂能知移风易俗化天下之事乎？是以上失其源而下袭其流，波荡不知所止，先王之道，莫能行也。……忠信之凌颓，耻尚之失所，末学之驰骋，儒道之不举，四者皆取士之失

[1] 萧颖士：《登故宜城赋》，见《文苑英华》卷一百二十八，中华书局 1966 年版，第 586 页。

[2] 《旧唐书》卷一百一十九《杨绾传》，中华书局 1975 年版，第 3430—3431 页。

[3] 《旧唐书》卷一百一十九《杨绾传》，中华书局 1975 年版，第 3431—3432 页。

[4] 晁公武《郡斋读书志》卷四上记载：贾至于天宝十年（751）明经擢第。

也。……今取士试之小道，而不以远者大者，使干禄之徒，趋驰末术，是诱导之差也。……四人之业，士最关于风化。近代趋仕，靡然向风，致使禄山一呼而四海震荡，思明再乱而十年不复。向使礼让之道弘，仁义之道著，则忠臣孝子比屋可封，逆节不得而萌也，人心不得而摇也。[1]

贾至从科举、士风的角度反思了安史之乱出现的原因，认为进士、明经两种选拔人才的方式都不利于弘扬先王之道，以致忠信颓靡，耻尚失所，末学风行，儒道不振，乱臣贼子萌生，忠臣孝子匮乏，才造成“禄山一呼而四海震荡，思明再乱而十年不复”的局面。

天宝十五年（756），安禄山举兵南下，所到之处，特别是攻陷洛阳、长安两京以后，许多士子，包括已出仕为各级官吏者，或主动，或被迫，纷纷投入叛军麾下，既有宰相陈希烈、前宰相张说之子张均、张垍等显贵，也有天宝末年与萧颖士等并称的文学名家李华。唐军攻克洛阳后，发现在洛阳接受安禄山任命为官者竟有三百多人。[2] 这不能不令士大夫群体深感蒙羞。另一方面，士大夫也在很大程度上起到引领社会风气的作用，倘若屈服于淫威，不能坚守礼义廉耻、忠贞节义，那么在动乱爆发时，很可能会出现群起而仿效、混乱不堪的局面。因此，儒道不举，士人无耻，影响的是整个社会风气，贾至才会建议以儒家礼义来加强教化，维系世道人心。

杨绾、贾至等人试图寻求安史之乱的原因，探索重振唐王朝的道路，如此用心，值得肯定。特别是杨绾鉴于出身进士、明经之人“六经则未尝开卷，三史则皆同挂壁”，不谙古今治道，不解当代时事，于是建议“其策皆问古今理体及当时要务，取堪行用者”，说明他意识到培养实用性人才对于国家的重要性，但他的落脚点主要集中在转变“人伦”，即“居家者必修德业，从政者皆知廉耻”，[3] 对于能否选拔出符合时代需

[1]《旧唐书》卷一百一十九《杨绾传》，中华书局 1975 年版，第 3432—3433 页。

[2] 牛致功：《安禄山史思明评传》，三秦出版社 2000 年版，第 176 页。

[3]《旧唐书》卷一百一十九《杨绾传》，中华书局 1975 年版，第 3430、3431、3432 页。

要，能够解决现实政治、经济问题的人才，并没有进一步提出具体的方案。而贾至从科举败坏士风的角度反思了安史之乱蔓延的原因，后被宋代学者赞为“深知风俗盛衰为国家安危之本者也”[1]，但他无视天宝末年的政治腐败，将这场大规模的战乱仅仅归结为风化浇薄，以为只要推广仁义礼让之道，社会动乱就不会发生，说明他也未能抓住主要症结。

当然，我们也需承认，对科举选拔人才的方式不满，其实早在安史之乱爆发前就已出现。如开元二十五年（737）二月，玄宗下诏：“今之明经进士，则古之孝廉秀才，近日以来，殊乖本意。进士以声律为学，多昧古今，明经以帖诵为功，罕穷旨趣，安得为敦本复古，经明行修？以此登科，非选士取贤之道。”[2] 杨绾与贾至重申这一命题，赋予这一命题新的意义，从儒学没落的角度反思了科举的弊病，指出无论进士抑或明经，都疏离于经史，导致孔子之道乏人问津，君子之儒日益稀少，士风败坏，道德沦丧，人心动摇，乱臣贼子一呼百应，所向披靡，酿成大祸。代宗永泰二年（766）正月，鉴于“自至德后，兵革未息，国学生不能廪食，生徒尽散，堂墉颓坏，常借兵健居止”[3]，国子祭酒萧昕上言“请崇儒学，以正风教”[4]，正是沿袭了这一思路。德宗建中二年（781）十月，中书舍人权知礼部贡举赵赞重申：“明经之目，义以为先。比来相承，唯务习帖。至于义理，少有能通。经术寖衰，莫不由此。”[5]

贾至是天宝至大历年间的重要人物，其与前文曾提及的左拾遗独孤及都是中唐古文运动的早期健将。[6] 特别是贾至，受到古文运动其他参

[1] 晁补之：《鸡肋集》卷四十八《唐旧书杂论》，《四部丛刊初编》第 172 册，上海书店 1989 年版。

[2] 王溥：《唐会要》卷七十五《贡举上·贴经条例》，中华书局 1955 年版，第1377 页。

[3] 《旧唐书》卷二十四《礼仪四》，中华书局 1975 年版，第 922 页。

[4] 杜佑：《通典》卷五十三《礼十三·大学》，王文锦、王永兴等点校本，中华书局 1988 年版，第 1469 页。

[5] 王溥：《唐会要》卷七十五《贡举上·明经》，中华书局 1955 年版，第 1374 页。

[6] 陈弱水《论中唐古文运动的一个社会文化背景》一文中列举了中唐古文运动的主要领导者和支持者有萧颖士、李华、贾至、独孤及、元结、李翰、崔祐甫、梁肃、萧存、李舟、崔元翰、李观、韩愈、李翱、皇甫湜、吕温、柳宗元、刘禹锡等人，大约分为三个世代。见陈弱水：《唐代文士与中国思想的转型》，广西师范大学出版社 2009 年版，第 212—245 页。

与人物如独孤及、梁肃（753—793）的高度推崇，独孤及称：“天宝中，公（李华）与兰陵萧茂挺（萧颖士）、长乐贾幼幾（贾至）勃焉复起，用三代文章，律度当世。”[1] 这是将贾至与李华、萧颖士并列为唐代复兴中古文风的三大代表。独孤及的看法，自然会影响到其弟子，如梁肃不仅承认其论断，并将独孤及加入其中，并称为天宝以后复古思潮的四大领袖：

> 唐有天下几二百载，而文章三振。初则广汉陈子昂，以风雅革浮侈；次则燕国张公说，以宏茂广波澜；天宝已还，则李员外、萧功曹、贾常侍、独孤常州比肩而出，故其道益炽。[2]

独孤及的另一个门生李舟（740—787）[3] 也说：

> 先大夫尝因讲文谓小子曰：吾友兰陵萧茂挺、赵郡李遐叔、长乐贾幼幾，洎所知河南独孤至之，皆宪章六艺，能探古人述作之旨。[4]

文中的“先大夫”是指李舟的父亲李岑。既然李岑与李华、萧颖士、贾至是朋友，那么他即使不是古文运动的参与者，也至少是支持者。其看法与梁肃不谋而合，大致可以反映当时古文圈子对诸人的评价。

贾至与李华、萧颖士、独孤及等人所倡导的古文运动，不仅是要变革两汉之后浮华的文风，还鼓吹宗经复古，即独孤及所说的“以五经为泉源”，李岑说的“宪章六艺”。如贾至提出：“观象考历本乎元，辨方正

[1] 独孤及：《赵郡李公中集序》，见《文苑英华》卷七百二，中华书局1966年版，第3618页。

[2] 梁肃：《补阙李君前集序》，见《文苑英华》卷七百三，中华书局1966年版，第3626页。

[3] 严寅春：《李舟年谱考略》，载《西藏民族学院学报》2006年第5期。

[4] 李舟：《独孤常州集序》，见《文苑英华》卷七百二，中华书局1966年版，第3622页。

位稽乎极，体元御极莫先于教，教之大者，莫大于儒。”[1] 独孤及为贾至所写的祭文说：“追念夙昔，尝陪讨论。总核微言，揭厉孔门。匪究枝叶，必探本根。高论拔俗，精义入神。誓将以儒训齐斯民。”[2] 正是对贾至以儒为本思想的写照。至于萧颖士，自称“仆有识以来，寡于嗜好，经术之外，略不撄心”，“优游道术，以名教为己任”。[3] 可见仍以儒为主，并贯彻于治学为文中，主张求学“所务乎宪章典法、膏腴德义而已”，为文“所务乎激扬雅训、彰宣事实而已”。[4] 李华也宣称“华与二贤早相得，偕修君子之儒”[5]，告诫外孙之子“当学读《诗》《礼》《论语》《孝经》，此最为要也”[6]，并提出如下看法：

> 愚以为将求至理，始于学习经史。《左氏》《国语》《尔雅》、荀、孟等家，辅佐五经者也。及药石之方行于天下，考试仕进者宜用之。其余百家之说，谶纬之书，存而不用。至于丧制之缛，祭礼之繁，不可备举者，宜省之，考求简易中于人心者以行之，是可以淳风俗而不泥于坦明之路矣。[7]

他明确主张以儒道作为治世的指导思想。独孤及少年时“博究五经，举

[1] 贾至：《旌儒庙碑》，见《文苑英华》卷八百四十七，中华书局 1966 年版，第 4476 页。该文也见于姚铉《唐文粹》卷第二十二，但标题略有不同，名为《旌儒庙颂》。

[2] 独孤及：《祭贾尚书文》，见《文苑英华》卷九百八十一，中华书局 1966 年版，第 5164 页。

[3] 萧颖士：《萧茂挺文集·赠韦司业书》，《景印文渊阁四库全书》第 1072 册，台湾商务印书馆 1986 年版，第 341、339 页。

[4] 萧颖士：《萧茂挺文集·送刘太真诗序》，《景印文渊阁四库全书》第 1072 册，台湾商务印书馆 1986 年版，第 333 页。

[5] 李华：《李遐叔文集》卷一《卧疾舟中相里范二侍御先行赠别序》，《景印文渊阁四库全书》第 1072 册，台湾商务印书馆 1986 年版，第 361 页。

[6] 李华：《李遐叔文集》卷一《与外孙崔氏二孩书》，《景印文渊阁四库全书》第 1072 册，台湾商务印书馆 1986 年版，第 364 页。

[7] 李华：《李遐叔文集》卷二《质文论》，《景印文渊阁四库全书》第 1072 册，台湾商务印书馆 1986 年版，第 378 页。

其大略，而不为章句学”[1]，成年后继续沿着这一道路治学为文。其“述圣道以扬儒风”[2]的作品，主要体现于《陈留郡文宣王庙堂碑》及序文，文中独孤及对孔子可谓推崇备至：

夫子修《诗》《书》，以酌虞夏殷周之损益，而国风帝典备；约鲁史记以书二百四十二年之废兴，而乱臣贼子惧。於戏，不大坏何以见圣人之全功乎？粤若中都之制，立民极也，以匡颓风，防不为曲；两观之法，用重典也，以去奸宄，政不为苛；夹谷之会，诛无礼也，以尊两君，刑不为僭；三预是邦之政，而鲁至于道。向使凤鸟来，河图出，东周之化，其在鲁乎？呜呼，明王未兴，亢龙无辅，运匪我与，德兮何衰？盖弘其道以救物，处其顺以安时，行藏屈伸，与化推移也。其世衰也，揭仁义于天下；其大来也，启土宇于身后。出入百代，波流万方，孰不日用圣猷，钦若祀典，然后知素王之德与天地并。[3]

梁肃曾总结独孤及在早期古文运动中的功绩道：

唐兴，接前代浇醨之后，承文章颠坠之运，王风下扇，旧俗稍革，不及百年，文体反正。其后时寖和溢，而文亦随之。天宝中，作者数人，颇节之以礼。洎公为之，于是操道德为根本，摠经籍为冠带，以《易》之精义，《诗》之雅兴，《春秋》之褒贬，属之于辞。故其文宽而简，直而婉，辨而不华，博厚而高明。论人无虚美，比事为实录，天下凛然复睹两汉之遗风。[4]

[1] 梁肃：《朝散大夫使持节常州诸军事守常州刺史赐紫金鱼袋独孤公行状》，见《文苑英华》卷九百七十二，中华书局 1966 年版，第 5115 页。

[2] 梁肃：《常州刺史独孤及集后序》，见《文苑英华》卷七百三，中华书局 1966 年版，第 3625 页。

[3] 独孤及：《毗陵集》卷七《陈留郡文宣王庙堂碑并序》，《景印文渊阁四库全书》第 1072 册，台湾商务印书馆 1986 年版，第 212 页。

[4] 梁肃：《常州刺史独孤及集后序》，见《文苑英华》卷七百三，中华书局 1966 年版，第 3625 页。

崔祐甫曾总结独孤及的文章“大抵以立宪诫世，褒贤遏恶为用，故论议最长”[1]。梁肃完全赞同这一点，并进一步补充道：“公……孝弟积为文本，文艺成乎余力。凡立言必忠孝大伦，王霸大略，权正大义，古今大体，其中虽波腾雷动，起伏万变，而殊流会归，同志于道。”[2] 大历十二年（777）独孤及去世后，梁肃作为其最得意并能得其学术真传的弟子，团结李、萧的门人和子侄，承先师遗风，结友于文坛，成为后进的领袖。[3]《旧唐书》中说：“大历、贞元之间，文字多尚古学，效扬雄、董仲舒之述作，而独孤及、梁肃最称渊奥，儒林推重。”说的正是这一对师徒对于儒学复兴的贡献。后来韩愈也是在其基础上发扬光大，推动古文运动和儒学复兴走向高潮：“（韩）愈从其（指独孤及、梁肃）徒游，锐意钻仰，欲自振于一代。洎举进士，投文于公卿间，故相郑余庆颇为之延誉，由是知名于时。”[4]

萧颖士、李华、独孤及诸人弟子众多，在思想上也多倾向于尊孔崇儒。[5] 他们的宗经复古、以道统文、反对浮靡文风等观点，在当时具有改变学风与文风的积极意义。

啖助（724—770）、赵匡（生卒年不详，主要事迹在大历年间）与陆淳（？—806）的新《春秋》学就是诞生于这一政治与文化背景之下。

二、新《春秋》学的兴起

唐代的科举考试以明经和进士为主，尤其明经科仅考察记诵，十分不利于经学的发展。《五经正义》虽然统一了经学，事实上也统一了思

[1] 崔祐甫：《常州刺史独孤及神道碑铭》，见《文苑英华》卷九百二十四，中华书局1966年版。

[2] 梁肃：《常州刺史独孤及集后序》，见《文苑英华》卷七百三，中华书局1966年版，第3625页。

[3] 曲光：《盛唐李萧古文集团及其与中唐韩愈集团的关系》，载《文学遗产》1987年第4期。

[4]《旧唐书》卷一百六十《韩愈传》，中华书局1975年版，第4195页。

[5] 孙培青：《中国教育史研究·隋唐分卷》，华东师范大学出版社2009年版，第435页。

想，经学的发展不可避免地走向低谷。唐代宗大历年间以后，终于开始出现一批跳出官学的藩篱，敢于抒发己见的学派，尤以新《春秋》学派为代表。

（一）唐代中期以前社会对经学的态度

本书第七章已论述唐初统治者重视儒学，将尊儒重经作为治国之道，采取复兴儒学的相关措施，如确立“周孔之教”的正统地位，以儒兴学，整理经籍文本，统一义疏，修撰《五经正义》，从而极大地扭转了六朝以来儒学衰落的局面。

但唐初儒学这一良好发展的态势并未得到保持，唐高宗即位后，“政教渐衰，薄于儒术，尤重文吏。于是醇醲日去，华竟日彰，犹火销膏而莫之觉也”。武则天时期博士、助教“唯有学官之名，多非儒雅之实”，“生徒不复以经学为意，唯苟希侥幸。二十年间，学校顿时隳废矣”。[1]儒学中衰的现象，在陈子昂与韦嗣立的奏疏中都有反映。武则天垂拱元年，陈子昂上疏指出：“国家太学之废，积以岁月久矣。学堂芜秽，略无人踪。《诗》《书》《礼》《乐》，罕闻习者。”武则天圣历二年（699），韦嗣立上疏曰：“国家自永淳以来，二十余载，礼乐废散，胄子弃缺，时轻儒学之官，莫存章句之选。贵门后进，竞以侥幸升班；寒族常流，复因凌替弛业。考试之际，秀茂罕登。”[2] 直至唐玄宗即位以后，才再度重申尊儒重教。开元二十一年（733）敕令各州县学生，凡通一经以上，或未通经而有文词史学者，每年举选，可入四门学充俊士。开元二十六年下诏：“古者乡有序，党有塾，将以宏长儒教。诱进学徒，化民成俗，率由于是。其天下州县，每乡之内，各里置一学，仍择师资，令其教授。”[3] 开元二十七年下诏，追谥孔子为文宣王，并褒奖其道：“宏我王化，在乎师儒。能发明此道，启迪含灵，则生民以来，未有如夫子者也。所谓自天攸纵，将圣多能，德配乾坤，身揭日月，故能立天下之大本，成天下之大经。美政教，移风俗，君君臣臣，父父子子，民到于今受其

[1]《旧唐书》卷一百八十九《儒学上》，中华书局1975年版，第4942页。

[2] 王溥：《唐会要》卷三十五《学校》，中华书局1955年版，第633、634页。

[3] 王溥：《唐会要》卷三十五《学校》，中华书局1955年版，第635页。

赐。”[1] 以上是朝廷在不同时期对儒学的不同态度。

那么民间对儒家经学的态度又是如何呢？这与人才选拔的方式自然相关。“大唐贡士之法，多循隋制。上郡岁三人，中郡二人，下郡一人，有才能者无常数。其常贡之科，有秀才，有明经，有进士，有明法，有书，有算。自京师郡县皆有学焉”[2]。唐朝取士以科举为主，项目虽多，但最重要的是明经和进士两科。明经又分为五经、三经、二经、一经、三礼、三传、史科。具体所含经籍与学习时间如下：

> 凡《礼记》《春秋左氏传》为大经，《诗》《周礼》《仪礼》为中经，《易》《尚书》《春秋公羊传》《穀梁传》为小经。通二经者，大经、小经各一，若中经二。通三经者，大经、中经、小经各一。通五经者，大经皆通，余经各一，《孝经》《论语》皆兼通之。凡治《孝经》《论语》共限一岁，《尚书》《公羊传》《穀梁传》各一岁半，《易》《诗》《周礼》《仪礼》各二岁，《礼记》《左氏传》各三岁。[3]

具体考核方式为先帖文，然后口试，经问大义十条，答时务策三道，分为四等。明经科最初仅试十条经策，从九经中出题，以明辨义理为通。高宗时加试帖经，玄宗时再加试经义，试十条经策被改为试三条时务策。因此，玄宗时明经考试包括三场：帖经以帖十通六为及格，经义以问十通六为及格，时务策以粗有文理为通。

唐代的进士科，也是承袭隋代旧规，最初所试仅限于策问，高宗永隆二年（681）下令：“进士试杂文二篇，通文律者然后试策。”[4] 杂文其实就是诗赋。杂文通过后方有机会试策，因此中第与否，首先决定于诗赋的水平。“武后柄政，大崇文章之选，破格用人，于是进士之科为全国干进者竞趋之鹄的”[5]。当时朝廷诏敕都是骈俪文，大都是由进士出

---

[1] 王溥：《唐会要》卷三十五《褒崇先圣》，中华书局 1955 年版，第 637 页。

[2] 杜佑：《通典》卷十五《选举三·历代制下》，王文锦、王永兴等点校本，中华书局 1988 年版，第 353 页。

[3] 《新唐书》卷四十四《选举志上》，中华书局 1975 年版，第 1160 页。

[4] 《新唐书》卷四十四《选举志上》，中华书局 1975 年版，第 1163 页。

[5] 陈寅恪：《唐代政治史述论稿》，上海古籍出版社 1997 年版，第 202 页。

身的中书舍人和翰林学士起草，所以能文之士在仕途上往往更为顺利，较之明经更受重视。此外，唐代进士应考者多，录取者少，每年多不过三四十人，少则一二十人，录取比率约为百分之一二，而明经应试者少，录取率高达百分之一二十。进士及第的难度太高，一旦登第便名闻天下，仕途通达，因此唐代进士科为士人所归趋，朝廷所重视，社会所企羡。[1]

但无论明经还是进士，都以速成为务，往往并无实才，高宗时下诏抨击“明经射策，不读正经，抄撮义条，才有数卷。进士不寻史籍，惟诵文策，铨综艺能，遂无优劣”[2]。后来玄宗开元二十五年（737），对两科也有类似的批评：

> 今之明经进士，则古之孝廉秀才。近日以来，殊乖本意。进士以声韵为学，多昧古今，明经以帖诵为功，罕穷旨趣，安得为敦本复古，经明行修？以此登科，非选士取贤之道也。[3]

明经科的问题，主要表现为士子“不读正经，抄撮义条”，“以帖诵为功，罕穷旨趣”。“帖”即通常所说的“帖经”，具体方法是“以所习经掩其两端，中间开唯一行，裁纸为帖，凡帖三字，随时增损，可否不一，或得四、得五、得六者为通”。后来因为举人越来越多，为了增加淘汰率，“故其法益难，务欲落之，至有帖孤章绝句，疑似参互者以惑之。甚者，或上抵其注，下余一二字，使寻之难知，谓之‘倒拔’。既甚难矣，而举人则有驱联孤绝、索幽隐为诗赋而诵习之，不过十数篇，则难者悉详矣。其于平文大义，或多墙面焉”。[4] 这是选拔人才的方式“殊乖本意”而造成的后果，如此对经学研究带来的负面影响自然是极为严重的：“考试不求其文义，及第先取于帖经，遂使专门业废，请益无从，师资礼亏，

[1] 唐长孺：《魏晋南北朝隋唐史三论》，武汉大学出版社 1992 年版，第 397—398 页。

[2] 王溥：《唐会要》卷七十五《贡举上·贴经条例》，中华书局 1955 年版，第1375 页。

[3] 王钦若：《册府元龟》卷六百三十九《贡举部·条制一》，周勋初等校订本，凤凰出版社 2006 年版，第 7390—7391 页。

[4] 杜佑：《通典》卷十五《选举三·历代制下》，王文锦、王永兴等点校本，中华书局 1988 年版，第 356 页。

传受义绝。”[1] 开元八年（720）七月，国子司业李元瓘上疏指出：“三礼、三传及《毛诗》《尚书》《周易》等，并圣贤微旨，生人教业，必事资经远，则斯道不坠。今明经所习，务在出身，咸以《礼记》文少，人皆竞读。《周礼》经邦之轨则，《仪礼》庄敬之楷模，《公羊》《穀梁》，历代宗习。今两监及州县，以独学无友，四经殆绝。”[2] 高宗永徽四年（653），《五经正义》颁行天下，“每年明经，依此考试”[3]。《五经正义》包括《周易正义》《尚书正义》《毛诗正义》《礼记正义》《春秋左传正义》，李元瓘所说的其余四经《周礼》《仪礼》《公羊传》《穀梁传》都不在内，自然无人问津。即使是大经之一的《左传》，也因文字太多，而不受读书人欢迎，开元十六年，国子祭酒杨玚上奏：“今之明经，习《左氏》者十无一二，恐《左氏》之学废。”[4] 不仅如此，读书人竟然还耻居儒职，“承平日久，趋竞岁积，谓儒官为冗列，视之若遗，谓吏职为要津，求如不及”[5]，甚至出现州县博士“无吏职，惟主教授，多以醇儒处之。衣冠俊乂耻居此任”[6] 的局面。明经考察的内容凭背诵几乎就可过关，经学的学术性被大大降低。

此外，《五经正义》使儒家经学达到空前的统一，事实上的后果就是基本统一了士人的思想，导致经学的发展陷入停顿状态。经学的一些理论和原则虽仍为人所遵奉，但大家的态度是敬而远之，对经典的研究肯花力气的人不多，唐代以经学名家者更少，正是对这种情况的客观反映。而且除了唐初太宗以儒立国外，其余帝王大致都对儒、释、道三教并重，如唐玄宗一方面表示要“宏长儒教”，却又同时声称“道释二门，皆为圣教，义归弘济，礼在尊崇”，[7] 对道教尤为推崇，认为《道德经》一书

[1] 《旧唐书》卷一百四十九《归崇敬传》，中华书局1975年版，第4017页。

[2] 杜佑：《通典》卷十五《选举三·历代制下》，王文锦、王永兴等点校本，中华书局1988年版，第355页。

[3] 王溥：《唐会要》卷七十七《贡举下·论经义》，中华书局1955年版，第1405页。

[4] 王溥：《唐会要》卷七十五《贡举上·明经》，中华书局1955年版，第1373页。

[5] 宋敏求：《唐大诏令集》卷一百五《崇儒·求儒学诏》，中华书局2008年版，第538页。

[6] 封演：《封氏闻见记》卷一《儒教》，赵贞信校注本，中华书局2005年版，第3页。

[7] 王钦若：《册府元龟》卷五十三《帝王部·尚黄老一》，周勋初等校订本，凤凰出版社2006年版，第560页。

“义高象系，理贯希夷，非万代之能侔，岂六经之所拟”[1]。所以，号称盛世的唐王朝，在经学上鲜有什么建树。《春秋》学作为经学的一个组成部分，自然也难逃衰颓的命运。[2]

（二）新《春秋》学与古文运动的关系

《春秋》本是鲁国的编年史，孔子对其倾注诸多心血，予以删编，寄托微言大义，后来成为儒家经典之一。历代对该书的注解之作层出不穷，目前流传下来的最早的《春秋》注是《公羊传》《穀梁传》与《左传》三传。此后的历代学者在三传的基础上不断增益和改造，从而形成了不同时期各具特色的《春秋》学。

两汉时期，最为盛行《公羊》学，以《春秋》解说灾异，以《春秋》决狱，以《春秋》之义作为政治原则，《春秋》的经世功能被发挥到极致。魏晋以后虽然儒家经学整体走向衰落，但古文经学还在社会中产生较大影响，而今文经学则一蹶不振。具体到《春秋》学，自然以古文经学的《左传》为主流了。西晋时期《穀梁》范甯注、《公羊》何休注，《左氏》服虔、杜预注，俱立于国学。“然《公羊》《穀梁》，但试读文，而不能通其义。后学三传通讲，而《左氏》唯传服义。至隋，杜氏盛行，服义及《公羊》《穀梁》浸微，今殆无师说”[3]。

唐代修纂《五经正义》，《春秋》取《左传》杜预注，科举取士也是以《左传》为大经，《公羊传》《穀梁传》为小经，这直接导致唐前期的学子对三传仅知《左传》，不问《公》《穀》，只知《左传》的史事，不懂《公》《穀》的义理。其实前文已谈及，士子为了科举考试的便利，多读《礼记》，而少有人读《左传》，更遑论《公》《穀》二书了。《左传》本身以史书为特质，鲜有发挥经义者，因此对现实政治的指导意义远不如《公羊传》。杜预注也基本遵循这一思路，如对《春秋》性质的认识，仅仅视为史书，完全不提其蕴含大义：

---

[1] 李隆基：《分道德为上下经诏》，见《全唐文》卷三十一，中华书局1983年版，第353页。

[2] 赵伯雄：《〈春秋〉学在唐代的历史命运》，见张国刚主编：《中国社会历史评论》第三卷，中华书局2001年版，第518页。

[3]《隋书》卷三十二《经籍志四》，中华书局1973年版，第933页。

《春秋》者，鲁史记之名也。记事者，以事系日，以日系月，以月系时，以时系年，所以纪远近、别同异也。故史之所记，必表年以首事。年有四时，故错举以为所记之名也。[1]

唐初的《春秋左传正义》也秉承这一观念。将《春秋》界定为史书，那么即使有人研治《左传》，也基本是疏离于现实政治和社会，《春秋》的经世功能几乎被遗忘了。因少有人读《春秋》三传，唐代中期以前无论皇帝的诏书，还是大臣的奏议，都很少引用《春秋》经义，甚至在当时《左传》几乎成了《春秋》的同义语，时人引用的“春秋”之义大都出自《左传》，甚至《左传》之传义被直接说成是“春秋”之义。[2]

代宗大历以后，学术界出现一批研究五经的学者，“大历已后[3]，专学者有蔡广成《周易》，强象《论语》，啖助、赵匡、陆质（本名陆淳）《春秋》，施士丐《毛诗》，刁彝、仲子陵、韦彤、裴茝讲《礼》，章廷珪、薛伯高、徐润并通经”[4]。唐代经学在《五经正义》定于一尊后沉寂多年，至此终于开始跳出官学的藩篱，出现了敢于抒发已见的学派。其中以啖助、赵匡为先驱，由陆淳集其大成的新《春秋》学派在当时和后世影响最大。《春秋》救世道、挽人心的功能，终于因符合时代需要再度被发掘，事实上，只有具备解释现实、回应现实的作用，经典才会焕发出新的生命力。

啖、赵、陆的新《春秋》学与古文运动之间存在一定的联系，当时“凡以古文名者，莫不与异儒共声气”[5]，“异儒”指的就是此三人，“质

[1] 杜预：《春秋左氏传序》，见《十三经注疏》，北京大学出版社 2000 年版，第 3、6 页。
[2] 赵伯雄：《春秋学史》，山东教育出版社 2014 年版，第 274、275 页。
[3] 《新唐书》参考了李肇《唐国史补》的说法，但将“大历已后”改为“大历时”，不够准确。啖、赵、陆之书至早也在大历十年才在扬州形成，其学说的实际影响应在陆淳入京后才会产生，至早也是大历后的事。因此李肇所记较近史实。详见查屏球：《唐学与唐诗：中晚唐诗风的一种文化考察》，商务印书馆 2000 年版，第 26—27 页。
[4] 李肇：《唐国史补》卷下，上海古籍出版社 1979 年新一版，第 54 页。
[5] 蒙文通：《中国史学史》，上海人民出版社 2006 年版，第 70 页。

(陆淳)有经学，尤深于《春秋》，少师事赵匡，匡师啖助。[1] 助、匡皆为异儒，颇传其学，由是知名"[2]。从目前流传下来的文献来看，啖助的师承渊源不明，而赵匡曾受业于萧颖士门下。萧颖士于天宝年间"奉使括遗书赵、卫间，淹久不报，为有司劾免，留客濮阳"，趁这一机会，赵匡与尹征、王恒、卢异、卢士式、贾邕、阎士和、柳并等"皆执弟子礼，以次授业，号萧夫子"。[3] 萧颖士虽以古文名家，但对《春秋》也曾有所涉猎，他认为："周德既衰，史官失守，孔圣断唐虞以下，删帝王之书，因鲁史记而作《春秋》，托辞以示褒贬，全身远害之道博，惩恶劝善之功大，韩宣子见之曰：'周礼尽在鲁矣。吾乃今知周公之德，与周之所以王也。'"[4] 可见并未将《春秋》视为纯粹的史书，而强调其蕴含褒善贬恶的大义。独孤及对《春秋》也有与萧颖士类似的看法："昔周道衰，孔子作《春秋》以绳当代，而乱臣贼子惧。谥法亦《春秋》之微旨也，在惩恶劝善，不在哀荣，在议美恶，不在字多。"[5] 稍后的另一位古文运动参与者李翰，也直接宣称：

> 《春秋》之义，以功覆过，咎繇之典，容过宥刑，故大易之戒，遏恶扬善；为国之体，录用弃瑕，今众议巡罪，是废君臣之教，绌忠义之节，不以功掩过，不以刑恕情，善遏恶扬，录瑕弃用，非所以奖人伦，明劝戒也。[6]

由此可见，古文运动的领导者们已对《春秋》的微言大义有所关注了。

---

[1] 查屏球在《唐学与唐诗：中晚唐诗风的一种文化考察》中详细考察了啖助、赵匡的关系，指出二人仅在大历五年有过往来，是志同道合的关系，陆淳作为啖助弟子，在啖助逝世后问学于赵匡。三人的关系是啖、赵共同论学，陆师啖，并问学于赵。

[2] 《旧唐书》卷一百八十九下《儒学下·陆质传》，中华书局 1975 年版，第 4977 页。

[3] 《新唐书》卷二百二《萧颖士传》，中华书局 1975 年版，第 5768 页。

[4] 萧颖士：《萧茂挺文集·赠韦司业书》，《景印文渊阁四库全书》第 1072 册，台湾商务印书馆 1986 年版，第 3494 页。

[5] 独孤及：《毗陵集》卷六《故江陵尹兼御史大夫吕諲谥议》，《景印文渊阁四库全书》第 1072 册，台湾商务印书馆 1986 年版，第 204 页。

[6] 李翰：《进张巡中丞传表》，见《唐文粹》卷二十五，《四部丛刊初编》第 317 册，上海书店 1989 年版，第 12 页。

当然，我们并不能由此断定新《春秋》学完全受古文运动的影响，但陈寅恪曾指出：

> 盖古文运动之初起，由于萧颖士、李华、独孤及之倡导与梁肃之发扬。此诸公者，皆身经天宝之乱离，而流寓于南土，其发思古之情，怀拨乱之旨，乃安史变叛刺激之反应也。唐代当时之人既视安史之变叛，为戎狄之乱华，不仅同于地方藩镇之抗拒中央政府，宜乎尊王必先攘夷之理论，成为古文运动之一要点矣。[1]
>
> 唐代古文运动一事，实由安史之乱及藩镇割据之局所引起。安史为西胡杂种，藩镇又是胡族或胡化之汉人，故当时特出之文士自觉或不自觉，其意识中无不具有远则周之四夷交侵，近则晋之五胡乱华之印象，“尊王攘夷”所以为古文运动中心之思想也。[2]

注重夷夏之辨、强调尊王攘夷，是孔子的重要观念，也是《春秋》的基本宗旨。孔子曾提出“裔不谋夏，夷不乱华”[3]的看法，后成为夷夏之防的根本原则。政治上抵抗夷狄的侵犯，文化上反对夷狄的浸染，尊王攘夷是重要的面向：

> 子贡曰：“管仲非仁者与？桓公杀公子纠，不能死，又相之。”子曰：“管仲相桓公，霸诸侯，一匡天下，民到如今受其赐。微管仲，吾其被发左衽矣。”[4]

后世的公羊学家进一步将尊王攘夷与大一统相结合。大一统以天子作为核心和最高权威，春秋时期夷狄“亟病中国，南夷与北狄交，中国不绝若线”，是造成周天子势微的重要原因，尊王攘夷成为维护大一统的前提条件，受到公羊学者的赞扬和肯定：“桓公救中国，而攘夷狄，卒怗荆，

---

[1] 陈寅恪：《元白诗笺证稿》，古典文学出版社1958年版，第145页。

[2] 陈寅恪：《金明馆丛稿初编》，生活·读书·新知三联书店2001年版，第329页。

[3]《春秋左传正义·定公十年》，见《十三经注疏》，北京大学出版社2000年版，第1827页。

[4]《论语注疏·宪问》，见《十三经注疏》，北京大学出版社2000年版，第218页。

以此为王者之事也。”[1]

既然尊王攘夷是儒家和公羊学的重要观念，在唐代又成为古文运动的要点与中心思想，那么新《春秋》学派即使不是受古文运动的影响，也至少是同声共气，互为同调。

古文运动早期的健将们不仅对国家层面的尊王攘夷比较重视，也关心下层百姓的民生利病。尤以独孤及为代表，他曾写诗表达对朝廷平定安史之乱的欣喜之情：“天子初受命，省方造区宇。斩鲸安溟波，截鳌作天柱。三微复正统，五玉归文祖。不图汉官仪，今日忽再睹。”[2] 另一方面，安史之乱之后，社会仍是乱象丛生：拥兵者擅自占据甲第，在京城中四处剽掠抢劫，官员竟然不敢问责；百姓饥饿不得衣食，茹毒饮痛，无处申诉，无以为生，独孤及称之为“累卵之危”，希望代宗励精图治，拨乱反正，扭转危局。独孤及不仅寄希望于朝廷，自己在地方任职期间，也致力于恢复社会秩序，以移风易俗为己任。如任濠州刺史时，“以淮士轻剽，承兵革之后，率多不法，长吏不能制，遂先董之以威，格之以政，然后用恺弟宽厚，渐渍其俗，三年而阖境大穰”，移拜舒州刺史。第二年吴楚大旱，“饿夫聚于萑蒲者十七八，唯舒安阜，近者悦，远者来，犬牙之境，草窃不入”，于是擢拜常州刺史本州都团练使。常州作为江左大郡，“兵食之所资，财赋之所出，公家之所给，岁以万计”，独孤及“削其烦苛，均其众寡，物有制，事有伦，刑罚罕用，颇类自息”[3]，“宣中和平易之教，务振人毓德之体，百姓蒙化迁善，不知所以安而安之。吏不忍欺，路不拾遗，余粮栖亩，膏露降之”[4]。可谓政绩斐然。贾至也有类似的对国事时局的深切关怀：

[1]《春秋公羊传注疏·僖公四年》，见《十三经注疏》，北京大学出版社 2000 年版，第 249 页。

[2] 独孤及：《毗陵集》卷一《季冬自嵩山赴洛道中作》，《景印文渊阁四库全书》第 1072 册，台湾商务印书馆 1986 年版，第 167 页。

[3] 梁肃：《朝散大夫使持节常州诸军事守常州刺史赐紫金鱼袋独孤公行状》，见《文苑英华》卷九百七十二，中华书局 1966 年版，第 5116 页。

[4] 崔祐甫：《常州刺史独孤及神道碑铭》，见《文苑英华》卷九百二十四，中华书局 1966 年版，第 4865 页。

兵兴十年，九州残弊，生人凋丧，植物耗竭。行者罹锋刃之艰，处者困求夺之累。岂不以连率之败类、使臣之无耻？……今朝廷多故，戎狄未服，塞门不扃，人心惊骇，鱼盐之殷，舳舻之富，海陵所入也；齿革羽毛，元纁玑组，东南所育也；匡时之谟，富人之术，幕府所画也。岂伊方隅是赖，得不勉欤？[1]

“匡时之谟，富人之术”，这正是安史乱后的大唐所最为需要的东西。

国家层面的尊王攘夷，下层百姓的民生利病，不仅是古文运动领导者们关心的问题，也是新《春秋》学的重要宗旨。新《春秋》学派与古文家或是师徒关系、友人关系、亲属关系，[2] 因为资料有限，我们很难理清到底是谁影响在前，也许彼此影响、相互呼应是比较合适的说法。

（三）新《春秋》学的主要内容

啖助淹博经术，尤深于《春秋》，考核三传同异长短，历经十年著成《春秋集传》《春秋统例》，书已佚，清人马国翰辑有《春秋集传》一卷，遗说散见于陆淳的《春秋集传纂例》。赵匡曾补订啖助的《集传》与《统例》，并自撰《春秋阐微纂类义统》，书也已失传，遗说保存于《春秋集传纂例》中。陆淳后改名质，师事啖助，与赵匡为友，综合二人之说，撰《春秋集传纂例》10卷、《春秋微旨》3卷、《春秋集传辨疑》7卷（今本为10卷）。

新《春秋》学对现实的回应，从赵匡对明经弊端的揭露中可见其端倪：“疏以释经，盖筌蹄耳。明经读书，勤苦已甚，其口问义，又诵疏文，徒竭其精华，习不急之业，而当代礼法，无不面墙。及临人决事，取办胥吏之口而已。”[3] 至于“当代礼法”，他提出：“议礼度者，贵识其安上治民之大体，若夫服章、名数之差品，礼之末节也。……孔圣既

[1] 贾至：《送蒋十九丈奏事毕正拜殿中归淮南幕府序》，见《全唐文》卷三百六十八，中华书局1983年版，第3737页。

[2] 户崎哲彦著，龚颖译：《关于中唐新〈春秋〉学——以其创始者啖助的学说为中心》，见林庆彰、蒋秋华主编：《啖助新春秋学派研究论集》，“中研院”文哲所1991年版，第486页。

[3] 杜佑：《通典》卷十七《选举五·杂议论中》，王文锦、王永兴等点校本，中华书局1988年版，第419—420页。

丧之后，学者莫识大本，所务唯此而已。故《左氏传》及《国语》，并戴圣《礼记》，多记此等，学者当求其远大。"[1] 学业当求远大，显然不应局限于章句训诂，而需懂得治国安民的根本。

新《春秋》学首先对《春秋》的宗旨提出了新认识，这在一定程度上与诠释者的政治见解相关。杜预的《春秋左氏经传集解》提出："《春秋》者，周公之志也，暨乎周德衰，典礼丧，诸所记注，多违旧章；宣父因鲁史成文，考其行事，而正其典礼，上以遵周公之遗制，下以明将来之法。"何休《春秋公羊解诂》则称孔子作《春秋》的目的是："将以黜周王鲁，变周之文，从先代之质。"范宁《春秋穀梁传集解》则认为："平王东迁，周室微弱，天下板荡，王道尽矣，夫子伤之，乃作《春秋》，所以明黜陟，著劝戒，成天下之事业，定天下之邪正，使夫善人劝焉，淫人惧焉。"[2]

啖助称："三家之说，诚未达乎《春秋》大宗，安可议其深指？可谓宏纲既失，万目从而大去者也"，并逐一驳斥道："杜氏所论褒贬之指，唯据《周礼》"，何氏"黜周王鲁"之说"悖礼诬圣，反经毁传，训人以逆，罪莫大焉"，范氏"粗陈梗概，殊无深指"。啖助否定三家传注，或许因为它们均依据《周礼》解释《春秋》。《周礼》主张实行分封制，如《地官·司徒·大司徒》记载了五等爵的分封情况：诸公之地，封疆方五百里；诸侯之地，封疆方四百里；诸伯之地，封疆方三百里；诸子之地，封疆方二百里；诸男之地，封疆方百里。《夏官·司马·职方氏》也记载："凡邦国，千里。封公以方五百里则四公，方四百里则六侯，方三百里则七伯，方二百里则二十五子，方百里则百男。"这有可能被唐代藩镇割据势力拿来利用，因此啖助贬斥《周礼》道：

> 武王、周公承殷之弊，不得已而用之。周公既没，莫知改作，故其颓弊甚于二代，以至东周，王纲废绝，人伦大坏。夫子伤之，

[1] 陆淳：《春秋集传辨疑》卷二《取郜大鼎于宋纳于太庙》，中华书局 1985 年版，第 17 页。

[2] 陆淳：《春秋啖赵集传纂例》卷一《春秋宗指议第一》，中华书局 1985 年版，第 1 页。

曰：虞夏之道，寡怨于民；殷周之道，不胜其弊。又曰：后代虽有作者，虞帝不可及已。盖言唐虞淳化，难行于季末，夏之忠道，当变而致焉。[1]

在他看来《周礼》致使“王纲废绝，人伦大坏”，《春秋》因时纠偏，“救周之弊，革礼之薄”，“从宜救乱，因时黜陟”，“拨乱反正，归诸王道”。以夏政之“忠”取代周之“文”，乃是势在必行，“参用二帝三王之法，以夏为本，不全守周典礼，必然矣”。[2]

赵匡虽也指责三家“宏意大指，多未之知，褒贬差品，所中无几”，但他说“为后王法，何必从夏乎?”反对变周从夏。他提出《春秋》“亦世之针药也”，《周礼》仅能防患于未然，动乱一旦爆发，礼是无能为力的，《春秋》正可弥补其不足，“相助救世”，其救世的宗旨体现在“尊王室，正陵僭，举三纲，提五常，彰善瘅恶”。[3]

陆淳认为《春秋》有微旨：

《传》曰：“唯天为大，唯尧则之。”“《韶》尽美矣，又尽善也；《武》尽美矣，未尽善也。”又曰：“禹，吾无间然矣。”推此而言，宣尼之心，尧舜之心也；宣尼之道，三王之道也。故《春秋》之文，通于礼经者，斯皆宪章周典，可得而知矣。其有事或反经，而志协乎道，迹虽近义，而意实蕴奸，或本正而末邪，或始非而终是，贤智莫能辨，彝训莫能及，则表之圣心，酌乎皇极，是生人以来，未有臻斯理也。岂但拨乱反正，使乱臣贼子知惧而已乎?[4]

他认为《春秋》与《周礼》断事的原则不完全吻合，即也是“不全守周

[1] 陆淳：《春秋啖赵集传纂例》卷一《春秋宗指议第一》，中华书局1985年版，第1—3页。

[2] 陆淳：《春秋啖赵集传纂例》卷一《春秋宗指议第一》，中华书局1985年版，第2页。

[3] 陆淳：《春秋啖赵集传纂例》卷一《赵氏损益义第五》，中华书局1985年版，第6页。

[4] 陆淳：《春秋集传微旨序》，见《春秋微旨》，中华书局1991年版，第1页。

典”，而贯穿着“尧舜之心”“三王之道”。

啖助、赵匡与陆淳对《春秋》宗旨的认识不尽一致，但都否认《春秋》完全恪守《周礼》，申明《春秋》是为了救乱世，革薄礼，尊王室，正陵僭。

赵匡非常强调《春秋》的经世价值，说“《春秋》一字之义，为经邦大训”[1]，“《春秋》之作，以为经国大训，故一字之义，劝戒存焉”[2]。陆淳也屡屡申明“《春秋》之作，圣人所以明微也”[3]，“《春秋》之作，圣人所以明微”[4]，“《春秋》之作，圣人本以明微”[5]。提法略有不同，但无论“经邦”还是“明微”，重点都在强调《春秋》尊王室、正陵僭的用意。

为了尊王室，啖、赵都注意突出天子至高无上的地位。啖助指出孔子正是如此：“夫子伤主威不行，下同列国，首王正以大一统，先王人以黜诸侯，不书战以示莫敌，称天王以表无二尊；唯王为大，邈矣崇高。”[6] 赵匡则直接宣扬“天子大夫士虽微，亦在诸侯上，尊王室也”[7]。在“王纲废绝、人伦大坏”之际，尊王室莫过于举王纲，正君则，赵匡认为《春秋》正是“正王纲之大节”[8]，啖助也说《春秋》“举王纲，正君则，而治道兴矣”[9]。

---

[1] 陆淳：《春秋集传辨疑》卷一《三年君氏卒》，中华书局1985年版，第6页。

[2] 陆淳：《春秋集传辨疑》卷七《秦人来归僖公成风之襚》，中华书局1985年版，第78页。

[3] 陆淳：《春秋微旨》卷中《夏楚屈完来盟于师盟于召陵》，中华书局1991年版，第33页。

[4] 陆淳：《春秋微旨》卷中《十有九年冬，梁亡》，中华书局1991年版，第37页。

[5] 陆淳：《春秋微旨》卷中《四年夏六月乙酉郑公子归生弑其君夷》，中华书局1991年版，第50页。

[6] 陆淳：《春秋啖赵集传纂例》卷一《春秋宗指议第一》，中华书局1985年版，第2页。

[7] 陆淳：《春秋啖赵集传纂例》卷六《都叙会例第十八》，中华书局1985年版，第127页。

[8] 陆淳：《春秋集传辨疑》卷七《文公十二年春王正月郕伯来奔》，中华书局1985年版，第79页。

[9] 陆淳：《春秋啖赵集传纂例》卷七《奔逃例第二十八》，中华书局1985年版，第156页。

正君则要求君主自身应遵守君道。郑臣祭仲驱逐其君郑伯，《春秋》记载说“郑伯突出奔蔡”。陆淳分析“逐君之臣，其罪易知也。君而见逐，其恶甚矣。圣人之教，在乎端本清源。故凡诸侯之奔，皆不书所逐之臣，而以自奔为名，所以儆乎人君也”[1]。郑伯厌恶大将高克，使其领军驻扎在外，久不召回，后被晋战败，高克逃往陈国，《春秋》书为“郑弃其师”，不书其奔。陆淳认为孔子的用意在于“高克见恶于君，其罪易知也。郑伯恶其卿，而不能退之以礼，兼弃其人，失君之道矣，故圣人异其文而深讥焉”[2]。

正君则还要求大臣恪守君臣之义。陆淳多次重申说：“君臣之义也，君有过，臣有犯而无隐……君虽不君，臣不可以不臣”，“兄弟之亲，不可不爱也；君臣之义，不可不立也”[3]，“君臣之义，死生一也”[4]，“为臣之礼，君虽无道，岂容不禀其命，专自行乎？”[5]但陆淳并不赞成臣盲目忠君，“夫人臣之义，可则竭节而进，否则奉身而退”[6]，“非辅弼之臣，居于淫乱之邦，不能去位，而行强谏，乃是取死之道，故君子不贵也”[7]。

安史之乱后的唐王朝中央权威受到严重削弱，各藩镇节度使雄踞一方，礼制对他们已形同虚设，因此“正僭陵”就成为“尊王室”的必要补充。赵匡认为“观《春秋》之盟，有以见王政不行而天下无贤侯也”[8]。《春秋》中庄、僖、顷三王崩而未书，是“哀王室之无人，著诸

[1] 陆淳：《春秋微旨》卷上《十五年五月郑伯突出奔蔡》，中华书局1991年版，第10页。
[2] 陆淳：《春秋微旨》卷中《十有二月郑弃其师》，中华书局1991年版，第29页。
[3] 陆淳：《春秋微旨》卷上《秋公子牙卒》，中华书局1991年版，第24页。
[4] 陆淳：《春秋微旨》卷中《九月甲申公孙敖卒于齐》，中华书局1991年版，第45页。
[5] 陆淳：《春秋集传辨疑》卷七《三月宋司马华孙来盟》，中华书局1985年版，第81页。
[6] 陆淳：《春秋微旨》卷中《十有二月郑弃其师》，中华书局1991年版，第29页。
[7] 陆淳：《春秋微旨》卷中《九年陈杀其大夫泄治》，中华书局1991年版，第50页。
[8] 陆淳：《春秋啖赵集传纂例》卷四《盟会例第十六》，中华书局1985年版，第77页。

侯之不臣也，嗣王即位皆不书，不能施令于天下也，罪诸侯不臣而莫之承也，哀王道积微而莫之兴也”[1]，同样朝聘的简略，也是“伤王室之微，著诸侯之不臣也”[2]，可谓都是现实政治的折射。

正陵僭体现为反对诸侯霸业，尤其反对诸侯会盟、恃强凌弱。啖助宣扬：“天下有道，诸侯各守疆域，非有王事，未尝敢自出其竟。”[3] 赵匡提出“诸侯结盟，本非正道，有何合礼”[4]，霸主“当以讨罪正邪为心”[5]。庄公二十二年（前 672）七月，齐国贵卿高侯与庄公会盟，《春秋》书为“七月丙申，及齐高傒盟于防”。赵匡认为孔子因“齐恃霸主，强使卿与公盟，故特书以示讥”[6]。三十二年庄公死，公子庆父弑新君子般后逃往齐国，《春秋》书为“冬十月已未，子般卒，公子庆父如齐”。陆淳评论说：“齐为霸主，而不能讨，又许其来，恶可知也。”[7] 这是以赵匡“霸主当以讨罪正邪为心”作为评价尺度，指责齐国纵容乱臣贼子。陆淳提出诸侯之间虽有强弱大小之分，但地位平等，反对恃强凌弱。成公十三年（前 578）晋侯为盟主，郤铸到鲁国招兵，《春秋》却书为“乞师”，陆淳分析道：“晋之于鲁，霸主也。其使之来，召兵而已，而云乞师者，用明列国之礼，小大虽殊，不相统属。鲁兵非晋所宜有，又非王

---

[1] 陆淳：《春秋啖赵集传纂例》卷三《崩薨卒葬例第十四》，中华书局 1985 年版，第 44 页。

[2] 陆淳：《春秋啖赵集传纂例》卷四《朝聘如例第十五》，中华书局 1985 年版，第 73 页。

[3] 陆淳：《春秋啖赵集传纂例》卷十《地名谱第四十》，中华书局 1985 年版，第 240 页。

[4] 陆淳：《春秋集传辨疑》卷一《宋公齐侯卫侯盟于瓦屋》，中华书局 1985 年版，第 9 页。

[5] 陆淳：《春秋集传辨疑》卷五《僖四年公会齐侯宋公陈侯卫侯郑伯许男曹伯侵蔡蔡溃》，中华书局 1985 年版，第 54 页。

[6] 陆淳：《春秋微旨》卷上《七月丙申及齐高傒盟于防》，中华书局 1991 年版，第 20 页。

[7] 陆淳：《春秋微旨》卷上《齐十月乙未子般卒公子庆父如齐》，中华书局 1991 年版，第 25 页。

命，且讥之也。”[1] 他们尤其反对强国对弱国的侵略吞并。赵匡说：“诸侯无王命入人之国，罪已大矣。又使大夫守之，不容诛矣。”[2] 陆淳也说：“诸侯之大夫，取他国之邑，相与而城之，非正也。”[3] 庄公四年（前690）齐灭纪国后，安葬纪伯姬，陆淳指责齐侯“恃其强大，并人之国，而礼葬其妻，是谓豺狼之行而为妇人之仁也”[4]。但王对不归顺的诸侯有征讨之权，“王者之于天下也，盖之如天，容之于地，其有不庭之臣，则告谕之，训诲之，而又不至，则增修德而问其罪，故曰：王者之师，有征无战”[5]。赵匡对定公十三年（前497）晋赵鞅自立叛国，勾结韩、魏威胁其君，后又入晋的评论，表明他也反对大臣拥有土地和兵力，避免构成对中央朝廷的威胁：“据礼，臣无专土藏兵之义，今乃欲以私邑之强而正国朝，则是末大而本小也，是黜君而进臣也，岂其然乎？”[6] 赵匡分析了王纲兴衰与诸侯顺逆的关系，认为“王纲坏，则诸侯恣而仇党行，故干戈以敌仇，盟誓以固党，天下行之，遂为常焉。若王政举，则诸侯莫敢相害，盟何为焉？贤君立，则信著而义达，盟可息焉”[7]。王政举、贤君立，是消除诸侯战祸连年、争权夺利的根本。

陆淳认为贤君应是这样的：

> 天生民而树之君，所以司牧之，故尧禅舜，舜禅禹，非贤非德，莫敢居之。……《语》曰：“唯天为大，唯尧则之。”“《韶》尽美矣，又尽善也；《武》尽美矣，未尽善也。”“禹，吾无间然矣。”达斯语者，其知《春秋》之旨乎！[8]

---

[1] 陆淳：《春秋微旨》卷下《十有三年春晋侯使郤錡来乞师》，中华书局1991年版，第58页。

[2] 陆淳：《春秋集传辨疑》卷一《公及齐侯郑伯入许》，中华书局1985年版，第12页。

[3] 陆淳：《春秋微旨》卷下《襄公二年仲叔蔑等遂虎牢》，中华书局1991年版，第60页。

[4] 陆淳：《春秋微旨》卷上《六月乙丑齐侯葬纪伯姬》，中华书局1991年版，第16页。

[5] 陆淳：《春秋微旨》卷下《成公元年秋王师败绩于茅戎》，中华书局1991年版，第55页。

[6] 陆淳：《春秋集传辨疑》卷十《定十三年冬晋赵鞅归于晋》，中华书局1985年版，第118页。

[7] 陆淳：《春秋啖赵集传纂例》卷四《盟会例第十六》，中华书局1985年版，第77页。

[8] 陆淳：《春秋微旨》卷上《纪侯大去其国》，中华书局1991年版，第16页。

理想的君主应以尧、舜、禹等贤德者作为榜样，为民谋福。“春秋时，诸侯恣矣！朝聘盟会，侵伐围袭，迁追奔逃，如入出居之类，未尝休息也。甚者逾一二年，越数千里，而不知有社稷人民之守，夫子恶之”[1]，啖助通过对春秋时诸侯争霸征战的贬斥，道出了他心目中的贤君形象：以社稷百姓为重，而不是满足个人野心。陆淳进一步阐释为：“诸侯之孝，在乎保其社稷而和其民人者也。”[2]

他们都强调君王应识“安上治民之大体”，“知有社稷人民之守”，将人民与社稷并提，甚至认为百姓利益重于社稷，关心民生利病，与古文运动领袖们的主张互为呼应。啖助、赵匡等尤其重视与民生密切相关的赋税、徭役，啖助要求“观民以定赋，量赋以制用，于是经之以文，董之以武，使文足以经纶，武足以御寇。故静以自保，则为礼乐之邦；动而救乱，则为仁义之师”。反之，在“政弛民困”之际大兴兵力，劳民以奉私欲，则是“危亡之道”[3]。赵匡也说：“赋税者，国之所以治乱也。”“民，国之本也。取之甚，则流亡，国必危矣，故君子慎之”。[4] 啖助认为劳役“皆当以农隙之时”，“（《春秋》）凡兴作必书，重民力也。观其时而是非昭矣”。[5]。陆淳作注补充道：“书秋夏，则知非时；书春冬，则知得时。”[6] 可见陆淳也是十分重视民生的。弟子吕温在《祭陆给事文》中记载了老师对自己的厚望：“良时未来，吾老子少，异日河图出，凤鸟至，天子咸临泰阶，清问理本，其能以生人为重、社稷次之之义，发吾君聪明，跻盛唐于雍熙者，子若不死，吾有望焉。”[7]

[1] 陆淳：《春秋啖赵集传纂例》卷十《地名谱第四十》，中华书局1985年版，第240页。

[2] 陆淳：《春秋微旨》卷中《三十三年夏四月辛巳晋人及姜戎败秦师于殽》，中华书局1991年版，第42页。

[3] 陆淳：《春秋啖赵集传纂例》卷六《军旅例第十九》，中华书局1985年版，第130页。

[4] 陆淳：《春秋啖赵集传纂例》卷六《赋税例第二十一》，中华书局1985年版，第132页。

[5] 陆淳：《春秋啖赵集传纂例》卷六《兴作例第二十二》，中华书局1985年版，第133、134页。

[6] 陆淳：《春秋啖赵集传纂例》卷六《兴作例第二十二》，中华书局1985年版，第134页。

[7] 吕温：《吕衡州文集》卷八《祭陆给事文》，中华书局1985年版，第88页。

赵匡、陆淳等还回应了独孤及的改革呼声，“国之所以树者，法制也，法制所以限尊卑，诸侯而行天子之礼，非周公之意也，其用乎庄，又僭也”[1]。针对法制遭破坏的现实，赵匡提出：“法者，以保邦也，中才守之，久而有敝，况淫君邪臣从而坏之哉？故革而上者比于治，革而下者比于乱。察其所革，而兴亡兆矣。”[2] 陆淳作《春秋微旨》，希望“其有与我同志，思见唐虞之风者，宜乎齐心极虑，于此得端本清源之意，而后周流乎二百四十二年褒贬之义，使其道贯于灵府，其理浃于事物，则知比屋可封，重译而至，其犹指诸掌尔！宣尼曰：如有用我者，期月而已可矣。岂虚言哉！岂虚言哉”！[3] 他将赵匡的改革思想付诸政治实践，与王叔文、韦执谊、柳宗元、刘禹锡、吕温、李景俭、韩泰、韩晔、陈谏等结为“死交”，直接参加了“永贞革新”。《旧唐书》记载：“时执谊得幸，顺宗寝疾，与王叔文等窃弄权柄。上（宪宗）在春宫，执谊惧，质（陆淳）已用事，故令质入侍，而潜伺上意，因用解。及质发言，上果怒曰：‘陛下令先生与寡人讲义，何得言他。’”[4] 柳宗元(773—819) 也记述陆淳“永贞年，侍东宫，言其所学，为《古君臣图》以献，而道达乎上”。但陆淳不久便去世，“道之存也以书，不及施于政”。[5] 尽管如此，陆淳等人的著作却在革新派中流传开来。虽然“永贞革新”以王伾、王叔文被杀，八司马被贬而告终，但陆淳等人的新《春秋》学却因受这些革新派推崇而流传于世，并在政治上产生了一定的影响。[6]

---

[1] 陆淳：《春秋啖赵集传纂例》卷二《郊庙雩社例第十二》，中华书局 1985 年版，第 26 页。

[2] 陆淳：《春秋啖赵集传纂例》卷六《改革例第二十三》，中华书局 1985 年版，第 135 页。

[3] 陆淳：《春秋微旨序》，见《春秋微旨》，中华书局 1991 年版，第 1 页。

[4] 《旧唐书》卷一百八十九下《陆质传》，中华书局 1975 年版，第 4977—4978 页。

[5] 柳宗元：《柳宗元集》卷九《唐故给事中皇太子侍读陆文通先生墓表》，中华书局 1979 年版，第 209、210 页。

[6] 查屏球：《唐学与唐诗：中晚唐诗风的一种文化考察》，商务印书馆 2000 年版，第 33 页。

第二节　新《春秋》学与中晚唐史学褒贬义例的运用

前文已经提及，新《春秋》学派与古文家之间或是师徒，或是友人，或是亲属，关系密切，部分古文家已较为关注《春秋》及其微言大义，这些对于新《春秋》学在唐代中后期的发展自然有着不可忽视的影响。值得注意的是，古文家中有部分人也曾任史官之职，如萧颖士被史官韦述推荐，自代“召诣史馆待制”[1]，后因不附于宰相李林甫而免官。柳冕（734？—805）[2]“世史官，父（柳芳，约714—794）[3]子并居集贤院。历右补阙、史馆修撰”[4]。沈既济（约750—约800）“史笔尤工，吏部侍郎杨炎见而称之。建中初，炎为宰相，荐既济才堪史任，召拜左拾遗、史馆修撰”[5]。韩愈（768—824）“执政览其文而怜之，以其有史才，改比部郎中、史馆修撰”[6]。李翱（772—844）在元和初，“转国子博士、史馆修撰”[7]。此外，还有一些古文家虽未担任史职，却对修史也比较感兴趣，如李华、皇甫湜（约777—约835）。此后则有刘轲（约782—840）[8]与孙樵（约825—885）。他们有意识地将儒学观念特别是《春秋》大义贯彻于史学活动中，从而直接导致唐代中后期的史学呈现出

[1]《新唐书》卷二百二《萧颖士传》，中华书局1975年版，第5268页。

[2]《新唐书》一百三十二《柳冕传》记载柳冕曾与陆淳共事：“（柳）冕以吏部郎中摄太常博士，与荐及司封郎中徐岱、仓部郎中陆质修饬仪矩。”倘若说二人在学术思想上曾有过交流，应该不会有太大的问题。

[3]郝润华：《柳芳〈唐历〉及其史学价值》，见《古代文献研究论稿》，甘肃人民出版社2001年版，第119页。

[4]《新唐书》卷一百三十二《柳芳传柳冕附》，中华书局1975年版，第4537页。

[5]《旧唐书》卷一百四十九《沈传师传》，中华书局1975年版，第4034页。

[6]《旧唐书》卷一百六十《韩愈传》，中华书局1975年版，第4198页。

[7]《旧唐书》卷一百六十《李翱传》，中华书局1975年版，第4205—4206页。

[8]汤华泉：《刘轲生平事迹考》，载《故宫学术季刊》1997年第3期。

特有的面貌。新《春秋》学对唐代史学的影响已有一定的研究成果，[1]但仍有深入探讨的空间，新《春秋》学对中晚唐史学褒贬义例运用的影响，就是值得关注的一个方面。

一、修史讲褒贬义例成为共识

成书于唐中宗景龙四年（710）的《史通》，曾在总结古往今来史书体裁的发展演变后，提出“所可祖述者，唯《左氏》及《汉书》二家而已”[2]；并说六朝以来，“班、荀二体，角力争先，欲废其一，固亦难矣”[3]。《左传》“释经”的方式是“言见经文而事详传内，或传无而经有，或经阙而传存”，对于微言大义罕有发明。至于《汉书》，“寻其创造，皆准子长”，司马迁的《史记》“始以天子为本纪，考其宗旨，如法《春秋》”，但其所书之事，“皆言罕褒讳，事无黜陟”，《汉书》与其如出一辙，《春秋》的褒贬大义几乎被人遗忘。[4]

唐代官修史书成为定制。唐太宗在禁中设史馆，专修国史，由宰相监修，以纪传体修撰前朝史完全被皇家所垄断。在四十余年内，完成了八部纪传体史书：《晋书》《梁书》《陈书》《北齐书》《周书》《隋书》《南史》《北史》。关于修撰史书的目的，唐高祖表示“司典序言，史官记事，考论得失，究尽变通。所以裁成义类，惩恶劝善，多识前古，贻鉴将

[1] 谢保成：《中唐〈春秋〉学对史学的影响》，载《社会科学研究》1991 年第 3 期；付丽敏：《中晚唐〈春秋〉学研究》吉林大学 2008 年硕士论文；汪高鑫、马新月：《唐代疑古惑经思潮探研》，载《河南师范大学学报》（哲学社会科学版）2016 年第 4 期。

[2] 刘知幾：《史通》卷一《六家》，浦起龙通释本，上海古籍出版社 2009 年版，第 22 页。

[3] 刘知幾：《史通》卷二《二体》，浦起龙通释本，上海古籍出版社 2009 年版，第 26 页。

[4] 刘知幾：《史通》卷一《六家》，浦起龙通释本，上海古籍出版社 2009 年版，第 10、20、8 页。

来"[1]。唐太宗则强调："朕睹前代史书彰善瘅恶，足为将来之戒"，"将欲览前王之得失，为在身之龟镜"[2]。可见，虽然"惩恶劝善"是修史目的之一，但唐初君主更关注的是史书的借鉴功能。

唐代中期以前的编年体，据《新唐书》卷五十八《艺文志二》记载，有杜延业《晋春秋略》二十卷、张大素《隋后略》十卷、吴兢《唐春秋》三十卷、柳芳《唐历》四十卷、韦述《唐春秋》三十卷等。[3] 关于本朝的历史，是后三部。吴兢在武则天长安年间至中宗景龙间一直担任史官，武三思、张易之等先后监领，"阿贵朋佞，酿泽浮辞，事多不实。兢不得志，私撰《唐书》《唐春秋》，未就"。当时张说罢宰相，也在家中修史，"大臣奏国史不容在外，诏兢等赴馆撰录"。[4] 《唐历》是柳芳于肃宗上元中坐事徙黔，高力士也同被贬至巫州，"因从力士质开元、天宝及禁中事，具识本末。时国史已送官，不可追刊，乃推衍义类，仿编年法，为《唐历》四十篇"[5]。韦述的《唐春秋》成于其早年："举进士，述时方少，仪质陋俶，考功员外郎宋之问曰：'童子何业?'述曰：'性嗜书，所

[1]《旧唐书》卷七十三《令狐德棻传》，中华书局 1975 年版，第 2597 页。

[2] 王钦若等：《册府元龟》卷五百五十四《国史部·恩奖》，周勋初等校订本，凤凰出版社 2006 年版，第 6348 页。

[3] 笔者按：谢保成《隋唐五代史学》中提出面对皇家垄断纪传体修撰，学人只能"微用编年之法"编纂史籍，并列举高宗时期有刘允济《鲁后春秋》二十卷，中宗时有元行冲《魏典》三十卷、丘悦《三国典略》三十卷。但两唐志中《鲁后春秋》入"杂史"类，元行冲《魏典》在《新唐书·艺文志》中仍入"杂史"类，《旧唐书·经籍志》未收该书，仅《旧唐书》卷一百二《元行冲传》中说"行冲以本族出于后魏，而未有编年之史，乃撰《魏典》三十卷"。元行冲《魏典》在陈振孙《直斋书录解题》卷五中也被收入"杂史"类，三十卷，解题称该书"多寡不同，岁月首尾不具，殆类钞节，似非全书"。《崇文总目》卷三称该书"凡例微用编年之法，文约事详"。可见该书的性质有争论，但依陈振孙所言"岁月首尾不具"，似不当视为编年体。丘悦《三国典略》在《新唐书·艺文志》中也入"杂史"类，《崇文总目》入"编年"类。《旧唐书》卷一百九十仅记载"（悦）开元初卒。撰《三国典略》三十卷，行于时"。体例尚存疑，故三书均未列入本文中。

[4]《新唐书》卷一百三十二《吴兢传》，中华书局 1975 年版，第 4528—4529 页。

[5]《新唐书》卷一百三十二《柳芳传》，中华书局 1975 年版，第 4536 页。

撰《唐春秋》三十篇，恨未毕。”[1] 以上唐初以来的编年体史书，都是私撰，仍然沿袭《左传》的编纂方式：

> 系日月而为次，列时岁以相续，中国外夷，同年共世，莫不备载其事，形于目前。理尽一言，语无重出。……至于贤士贞女，高才俊德，事当冲要者，必盱衡而备言；迹在沉冥者，不枉道而详说。如绛县之老，杞梁之妻，或以酬晋卿而获记，或以对齐君而见录。其有贤如柳惠，仁若颜回，终不得彰其名氏，显其言行。[2]

编年体史书以年代顺序记载历史大事，倘若与此无关，即使是贤德之人也不会被收录，至于《春秋》“就败以明罚，因兴以立功，假日月而定历数，籍朝聘而正礼乐”[3]，通过属辞比事寄寓的微言大义更是缺乏关注。

有鉴于此，开元二十九年（741），萧颖士在给韦述的信中率先对此提出异议，并试图予以变革。他首先高度评价了孔子的《春秋》：“周德既衰，史官失守，孔圣断唐虞以下，删帝王之书，因鲁史记而作《春秋》，托微词以示褒贬，全身远害之道博，惩恶劝善之功大，韩宣子见之曰：‘周礼尽在鲁矣。吾乃今知周公之德，与周之所以王也。’”[4] 他所推崇的正是《春秋》的褒贬大义与惩恶劝善之功。其次，他指出了纪传体的不足。汉代纪传体创立，司马迁、班固前后相继，“其文复而杂，其体漫而疏，事同举措，言殊卷帙，首末不足以振纲维，支条适足以助繁乱，于是圣明之笔削，褒贬之文废矣”。影响所及，极为深远，“后进因循，学犹不及”。唐初朝廷大规模组织人手所修的“八史”可谓集中体现。虽然自东汉末年荀悦改编《汉书》为《汉纪》开始，“编年之作，亦往往而闻。其间体裁非无优劣，终未能摧汉臣僭伪之锋，接《鲁》《论》

---

[1] 《新唐书》卷一百三十二《韦述传》，中华书局1975年版，第4530页。

[2] 刘知幾：《史通》卷二《二体》，浦起龙通释本，上海古籍出版社2009年版，第25页。

[3] 刘知幾：《史通》卷一《六家》，浦起龙通释本，上海古籍出版社2009年版，第7页。

[4] 萧颖士：《赠韦司业书》，《文苑英华》卷六百七十八，中华书局1966年版，第3494页。

之绪，附庸班范，曾何足云。雄铓独断，抑非诸君子之事也。诚智小谋大，绠短汲深”[1]。可见，萧颖士虽然肯定《汉纪》以后编年体对纪传体的抗衡，但他承认二者力量悬殊，编年体并不足以分庭抗礼，更无力对其取而代之，他评价此前的史家是“智小谋大，绠短汲深”，他自己试图另辟蹊径：

> 思欲依鲁史编年，著《历代通典》[2]，起于汉元十月，终于义宁二年，约而删之，勒成百卷。应正数者，举年以系代；分土宇者，附月以表年。于《左氏》取其文，《穀梁》师其简，《公羊》得其核，综三传之能事，标一字以举凡，扶孔、左而中兴，黜迁、固为放命。[3]

萧颖士在此表达了对《春秋》三传各取所长，中兴编年体的宏愿。他希望“加之数年，可以集事。尝愿得秘书省一官，登蓬莱，阅典籍，冀三四年内，绝笔之秋，使孟浪之谈，一朝见信”[4]。可惜在得到韦述的推荐后，萧颖士以父丧为借口不肯见李林甫，李林甫大怒，他便作《樱桃赋》讥之，不久就被免官，一腔宏愿终成泡影。

李华与萧颖士二人在提倡古文方面立场一致，关于史学的思想也有相通之处，都倡导史书应承担起褒贬惩劝的职责。李华认为“文之大司，是为国史，职在褒贬惩劝，区别昏明”[5]，并大力赞扬孔子与左丘明的

[1] 萧颖士：《赠韦司业书》，见《全唐文》卷三百二十三，中华书局 1983 年版，第 3278 页。

[2] 关于萧颖士在信中所提及的“历代通典”，应为书名，只是后来的文献中几乎没有出现此名，如《新唐书》卷二百二《萧颖士传》曰：“起汉元年讫隋义宁编年，依《春秋》义类为传百篇。”宋代的《玉海》卷四十七《艺文》、《山堂考索》前集卷十六对该书的记载，大致都本于《新唐书》。王应麟《困学纪闻》卷十四《考史》说“其书今无传焉。略见于本传，而不著《通典》之名”。

[3] 萧颖士：《赠韦司业书》，见《全唐文》卷三百二十三，中华书局 1983 年版，第 3278 页。

[4] 萧颖士：《赠韦司业书》，见《全唐文》卷三百二十三，中华书局 1983 年版，第 3278 页。

[5] 李华：《著作郎厅壁记》，见《全唐文》卷三百十六，中华书局 1983 年版，第 3204 页。

修史之功：

> 《小雅》寝周，圣人生鲁，道尊而文武将坠，德至而天地不通，感于获麟，叹于与蜡，爰制国典，丘明传之。因历象以正时元，假鬼神而讨有罪，善人劝焉，淫人惧焉，百代之英，所由用也。向若前代阙能文之史，旷记事之官，虽舜禹之烈无闻焉，有国有家，何以直道而行也？[1]

李华的宗子李翰，“尝有斯志，约乎旧史”[2]，推崇以《春秋》大义来评价历史事件与人物功过，“昔夫子制《春秋》，明褒贬，齐桓将封禅，略而不书；晋文公召王河阳，书而讳之；盖以匡戴之功大，可以掩僭禅之过也”。特别强调史书应“遏恶扬善”，因此他为御史中丞张巡撰写传记一卷，“有善必纪，无微不录”，希望以后能被收入史书，“傥以臣所撰编列史官，虽退死丘壑，骨而不朽”。[3]

或许正是因为萧颖士、李华、李翰诸人都主张史书应褒善贬恶，柳芳的《唐历》与其背道而驰，“不立褒贬义例，为诸儒讥讪”[4]。此处的“诸儒”很有可能就是萧、李。因柳芳与萧颖士、李华、邵轸、殷寅、颜真卿、陆据等“同志友善，故天宝中语曰：殷颜柳陆萧李邵赵，以其重行义，敦交道也”[5]。但柳芳“不立褒贬义例”遭古文家们批评，毕竟仍是局限在一个较为狭小的圈内，影响十分有限。如与柳芳大约同一时期的陆长源（？—799）著《唐春秋》六十卷，仍是遵循流行的编年体例，并不强调褒贬惩劝。说明萧颖士的主张虽然在古文圈内略有应和，但毕竟远未形成气候，甚至作为友人的柳芳都未接受。直到陆淳受“八

---

[1] 李华：《著作郎厅壁记》，见《全唐文》卷三百十六，中华书局 1983 年版，第 3204—3205 页。

[2] 李翰：《通典序》，见杜佑：《通典》，王文锦、王永兴等点校本，中华书局 1988 年版，第 2 页。

[3] 李翰：《进张巡中丞传表》，见《唐文粹》卷二十五，《四部丛刊初编》第 317 册，上海书店 1989 年版，第 13 页。

[4]《新唐书》卷一百三十二《柳芳传》，中华书局 1975 年版，第 4536 页。

[5]《旧唐书》卷一百八十七下《赵晔传》，中华书局 1975 年版，第 4907 页。

司马及同时辈流之所共事”[1]，新《春秋》学因受革新派推崇而广泛流传，并借助于科举扩大了影响，[2]效法《春秋》治史才逐渐发展成为一股潮流。

柳冕的史学思想与萧颖士比较接近，但又不尽相同。如关于孔子修《春秋》，柳冕也是极力褒扬其功绩：

> 昔《大雅》丧然后颂声寝，王泽竭然后《诗》不作，诸侯放恣，处士横议，孔子惧，作《春秋》，以一王法。于是记言事以为褒贬，尽闻见以为实辞，举凡例以为异同，此夫子之所见也，故书之；所闻异同，此夫子之所闻也，故书之；所传闻异同，此夫子之所传闻也，故书之。非此三者，夫子不书，此圣人之志也。……六经之作，圣人所以明天道，正人伦，助治乱。苟非大者，君子不学；苟非远者，君子不言。[3]

同时批评司马迁有重大的过错，即编撰史书时舍弃了“凡例褒贬”：

> 迁之过，在不本于儒教以一王法，使杨朱墨子得非圣人，此儒之罪也，不在于叙远古，示将来也。足下岂不谓然乎？夫圣人之于《春秋》，所以教人善恶也。修经以志之，书法以劝之，立例以明之，恐人之不至也，恐人之不学也。苟不以其道示人，则圣人不复修《春秋》矣。不以其法教人，则后世不复师圣人矣。故夫求圣人之道，在求圣人之心，求圣人之心，在书圣人之法。法者，凡例褒贬是也，而迁舍之，《春秋》尚古，而迁变古，由不本于经也。[4]

---

[1] 章士钊：《柳文指要》，见《章士钊全集》，文汇出版社2000年版，第217页。

[2] 查屏球：《唐学与唐诗：中晚唐诗风的一种文化考察》，商务印书馆2000年版，第34—37页。

[3] 柳冕：《答孟判官论宇文生评史官书》，见《唐文粹》卷八十二，《四部丛刊初编》第319册，上海书店1989年版。

[4] 柳冕：《答孟判官论宇文生评史官书》，见《唐文粹》卷八十二，《四部丛刊初编》第319册，上海书店1989年版。

可见柳冕并未反对纪传这一体例，而是认为史书要“求圣人之道”“求圣人之心”“书圣人之法”，应该坚持“凡例褒贬”。

德宗建中元年（780）七月，左拾遗史馆修撰沈既济上疏，提出：

> 史氏之作，本乎惩劝。以正君臣，以维邦家。前端千古，后法万代。使其生不敢差，死不忘惧。纬人伦而经世道，为百王准的。不止属辞比事，以日系月而已。故善恶之道，在乎劝诫。劝诫之柄，在乎褒贬。是以《春秋》之义，尊卑轻重，升降几微，仿佛一字二字，必有微旨存焉。况鸿名大统，其可以贷乎？[1]

沈既济的看法，明显与新《春秋》学接近。不仅其本人重视《春秋》，其子沈传师也“能治《春秋》”[2]，可见治《春秋》或可称为其家学。沈既济与陆淳同为吴郡人，二人何时开始交往，从目前的文献来看并不清晰。沈既济曾在《枕中记》提及：“建中二年，既济自左拾遗与金吾将军裴冀、京兆少尹孙成、户部郎中崔需、右拾遗陆淳，皆谪居东南。自秦徂吴，水陆同道。”[3] 沈既济与陆淳都是受杨炎的牵连而被贬。唐德宗避难奉天之时，陆贽向德宗举荐了良才十三人，其中就包括了陆淳与沈既济。[4] 可见陆、沈的政治倾向比较一致。此外，沈既济与萧颖士之子萧存交好，史载萧存“亮直有父风，能文辞，与韩会、沈既济、梁肃、徐岱等善”[5]。由此我们大致推断沈既济关于《春秋》的认识，可能受到陆淳和萧存的共同影响。沈既济撰有《建中实录》，该书始于大历十四年（779）德宗即位，终于建中二年十月史官被免日，凡例有五：“举终必见始，善恶必评，月必举朔，史官虽卑，出入必书，太子曰薨”，自谓

[1] 王溥：《唐会要》卷六十三《修国史》，中华书局1955年版，第1095页。

[2] 《新唐书》卷一百三十二《沈传师传》，中华书局1975年版，第4540页。

[3] 李昉：《太平广记》卷四百五十二《狐七·任氏》，中华书局1961年版，第3697页。

[4] 陆贽：《陆贽集》卷十四《奉天荐袁高等状》，王素点校本，中华书局2004年版，第433页。

[5] 《新唐书》卷二百二《萧颖士传》，中华书局1975年版，第5770页。

“虽不足，而书法无隐”。[1] “善恶必评”，正是遵循其所主张的《春秋》大义，所谓“善恶之道，在乎劝诫。劝诫之柄，在乎褒贬”[2]。

韩愈在贞元十一年（795）曾表示欲“求国家之遗事，考贤人哲士之所终始，作唐之一经，垂之于无穷，诛奸谀于既死，发潜德之幽光”[3]。元和八年（813）他作《答刘秀才论史书》[4]，也说：“愚以为凡史氏褒贬大法，《春秋》已备之矣。后之作者，在据事迹实录，则善恶自见。”显然认可《春秋》的褒贬大义。皇甫湜作为韩愈的弟子，在史学方面也继承了其强调褒贬的思想，但他反对拘泥于编年一体：

> 古史编年，至汉史司马迁始更其制而为纪传，相承至今，无以移之。历代论者以迁为率私意，荡古法，纪传烦漫，不如编年。湜以为合圣人之经者，以心不以迹，得良史之体者，在适不在同，编年纪传，系于时之所宜，才之所长者耳，何常之有？[5]

他不赞成前人对司马迁的批评，提出“合圣人之经者，以心不以迹，得良史之体者，在适不在同”，反对形式上的模拟。采用编年抑或纪传，是依据时代和个人才能而定，并无固定的模式。

唐文宗时被人称为“文章与韩柳齐名”[6]的刘轲，曾“师于寿春杨生”，习《春秋》学，认为“三代圣王死，而其道尽留于《春秋》。《春秋》之道，某以不下床而求之，求之必谋吾无传不失其指”，[7] 后撰《三传指要》，主张会通三传来研究《春秋》，反对舍经习传：

---

[1] 王尧臣：《崇文总目》卷二《实录类》，中华书局1985年版，第54页。

[2]《旧唐书》卷一百四十九《沈传师传》，中华书局1975年版，第4034页。

[3] 韩愈：《韩昌黎文集》卷三《答崔立之书》，马其昶校注，马茂元整理本，上海古籍出版社1986年版，第168页。

[4] 刘秀才即刘轲。

[5] 皇甫湜：《皇甫持正文集》卷二《编年纪传论》，《四部丛刊初编》第119册，上海书店1989年版。

[6] 王定保：《唐摭言》卷十一《反初及第》，上海古籍出版社1978年版，第120页。

[7] 刘轲：《与马植书》，见《唐文粹》卷八十二，《四部丛刊初编》第319册，上海书店1989年版。

轲常病先儒各固所习，互相矛楯，学者准裁无所，岂先圣后经以辟后生者邪？抑守文持论败溃失据者之过邪？次又病今之学者，涉流而迷源，舍经以习传，摭直言而不知其所以言，此所谓去经纬而从组缋者矣。既传生于经，亦所以纬于经也。三家者，盖同门而异户，庸得不要其终以会其归乎？愚诚颛蒙，敢会三家必当之言，列于经下，撰成十五卷，目之曰《三传指要》，冀始涉者，开卷有以见圣贤之心焉。[1]

这正是新《春秋》学的研究路数。他又从业于隐士茅君习史，[2] 因而“以史才直史馆”[3]。他对前人的经史研究均不甚满意，“念既往者未及孔门之宫墙，自谓与回牛相上下；传经意者，家家自以为商偃；执史笔者，人人自以为迁固；此愚所以愤悱。思欲以圣人之为市南宜僚，以解其纷，以衡石轻重，俾将来者知圣代有谯周焉”。具体到史学方面，刘轲评价道：

自东观至武德已来，其间作者遗草有未行于时，及修撰未既者，如闻并藏于史阁，固非外学者可得究诸。予虽无闻良史，至于实录品藻，增损详略，亦各有新意，岂无班马之文质董史之遗直者邪？盖有之矣，我未之见也。

正因为对前人的史学不满意，刘轲“欲以《春秋》条贯，删补冗阙，掇拾众美，成一家之尽善”[4]，想另外撰写一部能体现“圣贤之心”的编年体通史，只是可能没有成功。[5]

---

[1] 刘轲：《三传指要序》，见《唐文粹》卷九十五，《四部丛刊初编》第319册，上海书店1989年版。

[2] 刘轲：《与马植书》，见《唐文粹》卷八十二，《四部丛刊初编》第319册，上海书店1989年版。

[3] 《旧唐书》卷一百七十三《李绅传》，中华书局1975年版，第4500页。

[4] 刘轲：《与马植书》，见《唐文粹》卷八十二，《四部丛刊初编》第319册，上海书店1989年版。

[5] 《新唐书》卷五十八《艺文志》载其另著有《帝王历数歌》一卷，史部编年类。《直斋书录解题》卷四载其《帝王照略》一卷，编年类，陈振孙说：“唐志及《馆阁书目》有刘轲《帝王历数歌》一卷，疑即此书也。”《宋史》卷二百三《艺文志》还载其有《唐年历》一卷，与《帝王历数歌》都属于别史类。

此外，前文提及孙樵（皇甫湜的再传弟子[1]）因不满于陆长源的《唐春秋》，“乃编年杂录”，而做了一番改编：“因掇其体切峭独可以示惩劝者，掷其丛冗秃屑不足以警训者，自为十八通书，号《孙氏西斋录》。”[2]《孙氏西斋录》的义例如下：

> 首庙号以表元，首日月以表事。尚功力，正刑名。登崇善良，荡戮凶回，有所鲠避，则微文示讥；无所顾栗，则直书志慝。[3]

“有所鲠避，则微文示讥；无所顾傈，则直书志慝”，这与孙樵在《与高锡望书》中所讲的“夫史家条序人物，宜存警训，不当徒以官大宠浓，讲文张字，故大恶大善，虽贱必纪，尸生浪职，虽贵得黜”[4]的记人原则是一致的，显然是要效法《春秋》来著史。

自萧颖士倡导复兴编年体，并要注重褒贬劝诫后，他的主张得到一部分古文家的支持，尤其在新《春秋》学兴起后，影响进一步扩大。效法《春秋》治史、讲褒贬义例逐渐成为很多学者的共识，这是唐代中后期史学的重要变化。

二、褒贬义例在中晚唐史学中的运用

因受新《春秋》学的影响，唐代中后期的史家十分重视褒贬义例，并有意识地运用于史学活动中。下面拟就褒贬义例向纪传体的渗透、褒贬义例对史事与人物评价的影响两个方面展开论述。

---

[1] 《孙樵集》卷二《与王霖秀才书》中说：“樵尝得为文真诀于来无择，来无择得之于皇甫持正，皇甫持正得之于韩吏部退之。”该书同卷《与友人论文书》也说：“尝得为文之道于来公无择，来公无择得之皇甫公持正，皇甫持正得之韩先生退之，其所闻者，如前所述，岂樵所能臆说乎。”

[2] 孙樵：《孙樵集》卷五《孙氏西斋录》，《四部丛刊初编》第128册，上海书店1989年版。

[3] 孙樵：《孙樵集》卷五《孙氏西斋录》，《四部丛刊初编》第128册，上海书店1989年版。

[4] 孙樵：《孙樵集》卷二《与高锡望书》，《四部丛刊初编》第128册，上海书店1989年版。

(一) 褒贬义例向纪传体的渗透

以《春秋》《左传》为代表的编年体虽更早出现，但自《史记》《汉书》等纪传体问世以后，仿效者蜂起，“世有著述，皆拟班、马，以为正史，作者尤广。一代之史，至数十家”[1]。唐初以纪传体修八部前朝史，表明这种体裁已占据主导，编年体退居其后。范晔曾比较二体长短说：“《春秋》者，文既总略，好失事形，今之拟作，所以为短。纪传者，史、班之所变也，网罗一代，事义周悉，适之后学，此焉为优，故继而述之。”[2] 大概可以说是代表性的看法。唐初史家不仅在《隋书·经籍志》史部中首列正史，次列古史（编年），而且对以编年著书的史家如干宝、孙盛等也有微词：“有良史之才，而所著之书惜非正典。”[3] 这是批评他们未能采用纪传体，浪费了良史之才。中唐时期的刘知幾与官方史学立场略有不同，他认为两种体裁各有所长，彼此都不能取而代之。

萧颖士在这样一种学术背景下，竟然公开抨击纪传体文体复杂漫疏，特别是导致“圣明之笔削，褒贬之文废矣”，这自然是为其复兴编年体而立论，但在当时应该还是需要相当大的勇气。因此李华说他“志与时多背，恒见诟于人”[4]，连作为知己都不能完全认同他的看法。李华虽然也赞同史书应注重褒贬劝诫，但他对纪传体没有负面看法，不仅对晋以后的史家如陈寿、庾亮、徐爰、何承天、沈约、裴子野、陆云、姚察、顾野王、张正见、崔光、高允、邢子才、魏收、苏亮、柳虬、虞绰、王劭等做了正面的肯定，称之为“史材之美……皆一朝名选”，而且对唐初以纪传体修前朝史也极力赞颂：“天子亲秉笔削，与《春秋》合符，巍巍乎史氏之光耀也。”[5] 他还评价萧颖士“贬恶太亟，奖善太重”，“取其中节之举，是可以为人师矣”。[6] 可见他不太认同萧颖士褒编年而贬纪

[1] 《隋书》卷三十三《经籍志二》，中华书局1973年版，第957页。

[2] 《隋书》卷五十八《魏澹传》引范晔语，中华书局1973年版，第1419页。

[3] 《晋书》卷八十二《陈寿等传》，中华书局1974年版，第2159页。

[4] 李华《李遐叔文集》卷二《三贤论》，《景印文渊阁四库全书》第1072册，台湾商务印书馆1986年版，第374页。

[5] 李华：《李遐叔文集》卷三《著作郎壁记》，《景印文渊阁四库全书》第1072册，台湾商务印书馆1986年版，第403页。

[6] 李华《李遐叔文集》卷二《三贤论》，《景印文渊阁四库全书》第1072册，台湾商务印书馆1986年版，第374页。

传的做法，认为有失偏颇。

柳冕肯定孔子修《春秋》“记言事以为褒贬”，是出于“明天道，正人伦，助治乱”的目的，并据此批评了司马迁擅自变古，不“本于儒教以一王法”的做法，但他并未像萧颖士那样全盘否定司马迁，而承认司马迁“继圣人之志”“得圣人之旨”的功劳：

> 昔周公制礼五百年，而夫子修《春秋》；夫子没五百年，而子长修《史记》。迁虽不得圣人之道，而继圣人之志；不得圣人之才，而得圣人之旨。自以为命世而生，亦信然也。且迁之没，已千载矣。迁之史，未有继之者，谓之命世，不亦宜乎？噫！迁承灭学之后，修废起滞，以论天人之际，以通古今之变，而微迁叙事，广其所闻，是轩辕之道几灭矣。推而广之，亦非罪也。[1]

柳冕对司马迁与孔子之间关系的认识是可以成立的，因为司马迁曾表示：

> 余闻董生曰：“周道衰废，孔子为鲁司寇，诸侯害之，大夫壅之。孔子知言之不用，道之不行也，是非二百四十二年之中，以为天下仪表，贬天子，退诸侯，讨大夫，以达王事而已矣。”子曰：“我欲载之空言，不如见之于行事之深切著明也。”夫《春秋》，上明三王之道，下辨人事之纪，别嫌疑，明是非，定犹豫，善善恶恶，贤贤贱不肖，存亡国，继绝世，补敝起废，王道之大者也。[2]

可见司马迁认为《春秋》是孔子宣传、推广王道的手段。他景仰孔子，推崇《春秋》，于是立志承担起继写《春秋》的重任。“先人有言：‘自周公卒五百岁而有孔子。孔子卒后至于今五百岁，有能绍明世，正《易传》，继《春秋》，本《诗》《书》《礼》《乐》之际？’意在斯乎！意在斯乎！小子何敢让焉”[3]。因此柳冕评价司马迁道：“迁虽不得圣人之道，而继圣人之志，不得圣人之才，而得圣人之旨。”但是他又提出：“以迁

[1] 柳冕：《答孟判官论宇文生评史官书》，见《唐文粹》卷八十二，《四部丛刊初编》第319册，上海书店1989年版。

[2]《史记》卷一百三十《太史公自序》，中华书局1959年版，第3297页。

[3]《史记》卷一百三十《太史公自序》，中华书局1959年版，第3296—3297页。

之雄才，奋史笔，不虚美，不隐恶，守凡例而书之，则与左氏并驱争先矣。”[1] 他认为《史记》只有遵循《春秋》的褒贬凡例后，才足以与《左传》并驾齐驱，这说明柳冕对纪传体还是有所保留的。

皇甫湜更偏好纪传体，他认为“编年记事，束于次第，牵于混并，必举其大纲，而简序事，是以多阙载，多逸文”，“合之则繁，离之则异，削之则阙”，缺点甚多；纪传体“首尾具叙述，表里相发明，庶为得中”，更为全面可取，所以编年体的衰落是势之必然。即使仍有《汉纪》《宋略》等编年体著作相继面世，也是“强欲复古”，“然其善语嘉言，细事详说，所遗多矣。如览正史，方能备明，则其密漏得失，章章于是矣”。因此，皇甫湜提出：“今之作者，苟能遵纪传之体制，同《春秋》之是非，文敌迁固，直如南董，亦无上矣。”至于其他形式上的模拟，譬如“服仲尼之服，手绝麟之笔，等古人之章句，署王正之月日”，只能称之为好古，没有什么实际价值。[2] 李翱附和皇甫湜的看法，试图“用仲尼褒贬之心”来“笔削国史，成不刊之书”，[3] 可见也是倾向于纪传体。

刘轲说“自《史记》、班《汉》已来，秉史笔者，予尽知其人矣”，并如数家珍，罗列自汉至唐代的史家：

> 言东汉有若陈宗、尹敏、伏无忌、边韶、崔实、马日磾、蔡邕、卢植、司马彪、华峤、范晔、袁宏，言国志有若卫觊、缪袭、应璩、王沈、傅玄、茅曜、薛莹、华覈、陈寿，言晋洛京史有若陆机、束皙、王诠、诠子隐，言江左史有若邓粲、孙盛、王韶之、檀道鸾、何法盛、臧荣绪，言宋史有若何承天、裴松之、苏宝圭、沈约、裴子野，言齐史有若江文通、吴均，言梁史有若周兴嗣、鲍行卿、何之元、刘璠，言陈史有若顾野王、傅宰、陆琼、姚察、察子思廉，言十六国史有若崔鸿，言魏史有若邓渊、崔浩、浩弟览、高允、张伟、刘横、李彪、邢峦、温子昇、魏收，言北齐史有若祖孝徵、陆

[1] 柳冕：《答孟判官论宇文生评史官书》，见《唐文粹》卷八十二，《四部丛刊初编》第319册，上海书店1989年版。

[2] 皇甫湜：《皇甫持正文集》卷二《编年纪传论》，《四部丛刊初编》第119册，上海书店1989年版。

[3] 李翱：《李文公集》卷六《答皇甫湜书》，《四部丛刊初编》第119册，上海书店1989年版。

> 元规、汤休之、杜台卿、崔子发、李德林、林子百药，言后周史有若柳虬、牛弘、令狐德棻、岑文本，言隋书有若王师邵、王胄、颜师古、孔颖达、于志宁、李延寿，言皇家受命有若温大雅、魏郑公、房梁公、长孙赵公、许敬宗、刘胤之、杨仁卿、顾胤、牛凤及刘子玄、朱敬则、徐坚、吴兢，次而修者，亦近在耳目。[1]

以上史家的著述，有编年，也有纪传，虽各有创新，但缺乏“班马之文质、董史之遗直”，更未能体现“圣人之道”，都不能令人满意，刘轲才想“掇拾众美，成一家之尽善”，以《春秋》大义综合诸书另撰一部通史。[2] 他没有说明是采用编年还是纪传，从其对“班马”“迁固”的提及频率与认可态度来看，大约表明他并未否定纪传体。

受新《春秋》学的影响，唐代中后期很多学者接受了编撰史书应当贯彻褒贬义例的观念，但除了萧颖士坚持要以编年体修史外，其他的学者基本没有排斥纪传体，而仅是接受了纪传体也要讲求褒贬劝诫的思想，这表明唐代纪传体在完全具有压倒性优势的前提下，也未能抵制褒贬义例的渗透。不仅纪传体如此，前文还提及沈既济撰写《建中实录》，主张“善恶必评”，可见实录体也受到了影响。

（二）褒贬义例对史事与人物评价的影响

《春秋》讲褒贬大义，还影响了学者对历史事件与人物的评判。

前文中提及的萧颖士《历代通典》，是一部最终未能完稿的编年体通史，[3] 关于该书的大致内容，在《新唐书》中略有记载：

---

[1] 刘轲：《与马植书》，见《唐文粹》卷八十二，《四部丛刊初编》第319册，上海书店1989年版。

[2] 刘轲：《与马植书》，见《唐文粹》卷八十二，《四部丛刊初编》第319册，上海书店1989年版。

[3] 陈登武：《唐代古文运动的史学思想——以先驱古文家为中心》，见傅璇琮、罗联添主编：《唐代文学研究论著集成》第八卷（上册），三秦出版社，第355页。陈氏提出萧颖士可能没有完成该书，但仅是推断，没有提供史料予以说明。事实上，李华在《李遐叔文集》卷二《三贤论》中有相关记载：“萧（颖士）以史书为烦，尤罪子长不编年陈事而为列传，后代因之，非典训也，将正其失。自《春秋》三家之后，非训齐生人不录，次序缵修，以迄于今，志未就而殁。”“志未就而殁”，明确说明《历代通典》未能完稿，两唐志及后来的目录著作都没有收录该书，也可以从另一角度证实。

> （萧颖士）尝谓："仲尼作《春秋》，为百王不易法，而司马迁作本纪、书、表、世家、列传，叙事依违，失褒贬体，不足以训。"乃起汉元年讫隋义宁编年，依《春秋》义类为传百篇。在魏书高贵崩，曰："司马昭弑帝于南阙。"在梁书陈受禅，曰："陈霸先反。"又自以梁枝孙，而宣帝逆取顺守，故武帝得血食三纪；昔曲沃篡晋，而文公为五伯，仲尼弗贬也。乃黜陈闰隋，以唐土德承梁火德，皆自断，诸儒不与论也。[1]

萧颖士依据《春秋》褒贬大义，重新书写历史。如魏晋鼎革，高贵乡公曹髦的结局，在《三国志》中仅记载为"（甘露五年）五月己丑，高贵乡公卒，年二十"。[2] 只有结合裴松之注所补充的习凿齿《汉晋春秋》，世人才知道事件的始末：曹髦对司马氏的专横跋扈十分不满，向尚书王经等提出"司马昭之心，路人所知也。吾不能坐受废辱，今日当与卿自出讨之"。带领僮仆数百余人讨伐，但行动被司马昭知晓，在司马昭心腹贾充的指使下，曹髦被武士成济弑杀。萧颖士对《三国志》的记载相当不满，仿效《春秋》书曰："司马昭弑帝于南阙。"此外，梁、陈之际的禅代，正史中的记载也隐晦不明。《梁书》中记载说：太平二年（557），梁敬帝萧方智"逊位别宫，敬禅于陈，一依唐虞、宋齐故事"。陈霸先即位后，"奉帝为江阴王，薨于外邸，时年十六，追谥敬皇帝"。[3] 《南史》卷八《梁本纪下》中的相关记载与其基本雷同。《陈书》中的记载也是一派禅让之风："梁帝逊于别宫。高祖谦让再三，群臣固请，乃许。"[4] 关于梁敬帝的死亡，也是模糊带过。仅《南史》中才有详细的记载："梁敬帝在内殿，师知常侍左右。及将加害，师知诈帝令出，帝觉，绕床走曰：'师知卖我，陈霸先反。我本不须作天子，何意见杀。'师知执帝衣，行事者加刃焉。既而报陈武帝曰：'事已了。'"[5] 萧颖士对于《梁书》《陈书》中的讳而不言自然也是愤慨的，他直接改记为"陈霸先反"。

---

[1] 《新唐书》卷二百二《萧颖士传》，中华书局1975年版，第5768页。

[2] 《三国志》卷四《三少帝纪》，中华书局1982年版，第143页。

[3] 《梁书》卷六《敬帝纪》，中华书局1973年版，第150页。

[4] 《陈书》卷一《高祖纪上》，中华书局1972年版，第25页。

[5] 《南史》卷六十八《刘师知传》，中华书局1975年版，第1667页。

萧颖士从《春秋》褒贬大义的角度出发，反对“叙事依违”，强调直书与实录，这无疑是值得肯定的。但是，寓褒贬、别善恶的《春秋》笔法主观性太强，史家自身极易陷入为一己私利辩护的泥淖，萧颖士也未能幸免。关于陈朝地位的评价就体现了这一点。

陈霸先病逝后，其侄陈蒨即位，陈蒨死，遗诏太子陈伯宗继位，但次年被陈蒨弟陈顼所废，陈顼自立为陈宣帝。对于陈氏家族内部的皇位篡夺，萧颖士也是颇有看法的：“宣帝逆取顺守，故武帝得血食三纪”，并指出历史上其实曾有过类似事件，即“曲沃篡晋”，晋国庶系曲沃武公在杀死三位嫡系晋侯后，尽并晋国土地，被周天子承认为晋君。后来武公之孙晋文公成为春秋五霸之一，公元前632年晋文公在践土与诸侯会盟，名义上在此朝见周襄王，实际上是晋文公召来周襄王，以此确定自己的霸主地位。《春秋·僖公二十八年》记载说：“天王狩于河阳。”这一事件孔子仅做了隐讳的记录，没有贬责晋文公。萧颖士似乎表现出比孔子更为严格的褒贬立场，“黜陈闰隋，以唐土德承梁火德”，以此表达对陈、隋两朝皇族内部嫡庶不明、终成乱阶的否定态度。萧颖士的看法在当时仅有萧梁名将王僧辩的裔孙、太原王绪响应，王绪撰《永宁公辅梁书》，“黜陈不帝”，因此得到萧颖士的支持。萧氏还为此另著《梁萧史谱》及《梁不禅陈论》，“以发绪义例，使光明云”[1]。“以唐土德承梁火德”是唐代德运问题讨论和争议中影响力最小的一种，[2]还因为萧、王二人的南朝后裔身份，被当代学者视为“为梁辩护之私说，非出天命人心之公”[3]。吕思勉在抗日战争期间、身陷上海“孤岛”时所写的史书中，还从夷夏大防的角度批判了萧颖士：

> 案颖士所为，纯出私见。所谓《春秋》义类，特藉六艺以文奸言耳。夷夏之防，即今民族独立之义，实《春秋》之所重，故孔子有微管之褒。当梁诸王相残，引敌自助，王僧辩又徒恤其私，甘弃

[1] 《新唐书》卷二百二《萧颖士传》，中华书局1975年版，第5768页。
[2] 吕博：《唐代德运之争与正统问题：以“二王三恪”为线索》，载《中国史研究》2012年第4期。
[3] 汪文学：《正统论：发现东方政治智慧》，陕西人民出版社2002年版，第271页。

前功而作降虏，使无陈武帝，吾其被发左衽矣。然则武帝诚有大功，合君华夏，而颖士乃以私意妄贬之，自比于逆乱，设淫辞而助之攻，宁非《春秋》所欲诛之乱臣贼子邪？[1]

萧颖士虽秉持《春秋》大义，却存其小而遗其大，忽视陈霸先的克敌卫国、存亡续绝之功，故而难以令人信服，且萧颖士与王绪的看法本身也不符合历史的客观面貌，确有牵强附会之嫌。由此也可知，《春秋》褒贬义例对萧颖士的影响，并不全是积极正面的。

此后，皇甫湜对萧颖士的看法既有继承，但更多修改。他提出："陈氏自树而夺，无容于言，况隋兼江南，一天下，而授之于我，故推而上，我受之隋，隋得之周，周取之梁，推梁而上，以至于尧、舜，得天统矣。"[2] 皇甫湜认为唐代历运承袭周、隋，这符合唐初及玄宗初期官方的立场，[3] 但他与萧颖士一样，不承认陈的正统地位。此外，皇甫湜还对北魏与东晋孰为正统的问题提出了看法：

惠帝无道，群胡乱华，晋之南迁，实曰元帝。与夫祖乙之圮耿，盘庚之徙亳，幽王之灭戏，平王之避戎，其事同，其义一矣。而拓跋氏种实匈奴，来自幽、代，袭有先王之桑梓，自为中国之位号，谓之灭邪？晋实未改；谓之禅邪，已无所传，而往之著书者，有帝元，今之为录者，皆闰晋，可谓失之远矣。[4]

唐玄宗天宝七年（748）下诏，将北魏帝胄立为三恪，表明唐朝开始正式承认北魏的正统合法地位，进而将其纳入唐正统渊源序列。虽然此后数年曾有变动，但天宝十二年（753）以后，隋、北周、北魏再次被确立为

[1] 吕思勉：《隋唐五代史》下，北京联合出版公司 2014 年版，1020 页。

[2] 皇甫湜：《皇甫持正文集》卷二《东晋元魏帝正闰论》，《四部丛刊初编》第 119 册，上海书店 1989 年版。笔者按：书中目录无"帝"字。

[3] 吕博：《唐代德运之争与正统问题：以"二王三恪"为线索》，载《中国史研究》2012 年第 4 期。

[4] 皇甫湜：《皇甫持正文集》卷二《东晋元魏帝正闰论》，《四部丛刊初编》第 119 册，上海书店 1989 年版。

“二王三恪”，北朝的历史发展脉络得到认同，这一正统渊源的合法性构建最终得以确立，终唐之世，不复更改。[1] 皇甫湜对这一官方正统的传承谱系提出了不同意见：

或曰元之所据，中国也。对曰：所以为中国者，以礼义也，所以为夷狄者，无礼义也。岂系于地哉？杞用夷礼，杞即夷矣。子居九夷，夷不陋矣。沐纣之化，商士而为顽人矣。因戎之迁，伊川为陆浑矣，非系于地也。晋之南渡，人物攸归，礼乐咸在，风流善政，史实存焉。魏氏恣其强暴，虐此中夏，斩伐之地，鸡犬无余，驱士女为肉篱，委之戕杀，指衣冠为刍狗，逞其屠刈，种落繁炽，历年滋多。此而帝之，则天下之士，有蹈海而死，天下之人，有登山而饿，忍食其粟，而立于朝哉？至于孝文，始用夏变夷，而易姓更法，将无及矣。且授受无所，谓之何哉？

皇甫湜虽指出北魏拓跋氏的“夷狄”身份，但并不特别强调血统，而从文化的角度来解读“中国”，“所以为中国者，以礼义也，所以为夷狄者，无礼义也。岂系于地哉？”即使占有中原的土地，也不代表就是“中国”。东晋虽然偏安一隅，却保存了华夏文明，“人物攸归，礼乐咸在，风流善政，史实存焉”。北魏则以武力手段横行于世，“恣其强暴，虐此中夏，斩伐之地，鸡犬无余，驱士女为肉篱，委之戕杀，指衣冠为刍狗，逞其屠刈，种落繁炽，历年滋多”。即使孝文帝推行改革，“用夏变夷”，“易姓更法”，也改变不了其野蛮不识礼义的本性。何况其得国不正，“谓之灭邪？晋实未改；谓之禅邪，已无所传”，因此，他下结论道：“陈奸于南，元闰于北，其不昭昭乎！其不昭昭乎！”[2] 他将东晋、宋、齐、梁与北周、隋、唐的历史演进连接为一个传承系统，否认陈的历史，自然也和萧颖士一样，存在无法自圆其说的漏洞，尤其是没有对“周取之梁”

[1] 吕博：《唐代德运之争与正统问题：以“二王三恪”为线索》，载《中国史研究》2012 年第 4 期。

[2] 皇甫湜：《皇甫持正文集》卷二《东晋元魏帝正闰论》，《四部丛刊初编》第 119 册，上海书店 1989 年版。

做任何说明，这也是一个重大缺陷。

此外，沈既济因受新《春秋》学的影响，反对为武则天立本纪。前文已经谈及，沈既济与陆淳和萧颖士之子萧存均有交往，或许正是受到他们的影响而接受新《春秋》学。沈既济在建中年间“以吴兢撰《国史》，以则天事立本纪，奏议非之”。唐代《国史》主要出自吴兢之手，后经过韦述增补删改，“吴兢撰《唐史》，自创业迄于开元，凡一百一十卷。述因兢旧本更加笔削，刊去《酷吏传》，为纪、志、列传一百二十卷”[1]。吴兢曾因不徇张说的私情而“世谓今董狐云”[2]，但与现实政治关系密切的国史，撰写时要完全做到实录直笔，似乎没有那么容易。“凡史修于易代之后，考覆既确，未有不据事直书，若实录、国史修于本朝，必多回护。观《旧书》回护之多，可见其全用实录、国史，而不暇订正也”[3]。赵翼考证指出《旧唐书》的前半部多用唐代国史和实录的原文，对武则天多有回护。

沈既济反对为武则天立本纪，明确提出史书的褒贬劝诫作用，并与《春秋》大义联系。他虽然也肯定武则天当皇后期间“以聪明睿哲，内辅时政，厥功茂矣”，但中宗即位，武则天以太后身份临朝，后废中宗，立睿宗，此后进而自立为帝，改国号为周，这一系列篡夺皇权的行动被沈既济总结为“牝司燕啄之踪，难乎备述”。后武则天重病期间，大臣拥立中宗复位，恢复大唐国号。武则天死前遗制称“则天大圣皇太后，去帝号”，“祔乾陵”。[4] 自中宗到玄宗，武则天的名号一再变更，直到天宝八年（749），玄宗为其“加谥则天顺圣皇后”[5]，此后一直沿用，武则天的帝王身份被否定了。[6] 也就是在这样的基调下，沈既济提出应该给武则天“正名”，因为孔子说凡事要正名分，吴、楚、越之君称王者达百

[1] 马端临：《文献通考·经籍考》卷十九《史·正史》，华东师范大学出版社 1985 年版，第 469 页。

[2] 《新唐书》卷一百三十二《吴兢传》，中华书局 1975 年版，第 4529 页。

[3] 赵翼：《廿二史札记》卷十六《旧唐书前半全用实录国史旧本》，王树民校证本，中华书局 1982 年版。

[4] 《新唐书》卷七十六《则天武皇后传》，中华书局 1975 年版，第 3484 页。

[5] 《新唐书》卷四《则天皇后本纪》，中华书局 1975 年版，第 105 页。

[6] 韩宏韬：《武则天入纪公案与“正统”论》，载《文史哲》2014 年第 6 期。

余年，《春秋》仅书为“子”。具体到武则天，“必将义以亲隐，礼从国讳，苟不及损，当如其常，安可横绝彝典，超居帝籍?”此外，武则天“废国家历数，用周正朔，废国家太庙，立周七庙。鼎命革矣，徽号易矣，旗裳服色，既已殊矣，今安得以周氏年历而列为《唐书》帝纪？征诸礼经，是谓乱名”。所以，唐代国史中不应给武则天立本纪，“史臣追书，当称之太后，不宜曰‘上’”。中宗虽被废，但“体元继代，本吾君也，史臣追书，宜称曰‘皇帝’，不宜曰‘庐陵王’”。至于睿宗景龙之前，“天命未集，徒禀后制，假临大宝，于伦非次，于义无名，史臣书之，宜曰‘相王’，未宜曰‘帝’”。沈既济主张严格按照名分来记载这一段历史，并强调“若以得失既往，遂而不举，则是非褒贬，安所辨正，载笔执简，谓之何哉?”他还指出虽然《史记》《汉书》中为吕后立本纪，但与武则天的情况并不相同，“昔高后称制，因其旷嗣，独有分王诸吕，负于汉约，无迁鼎革命之甚。况其时孝惠已殁，孝文在下，宫中二子，非刘氏种，不纪吕后，将纪谁焉？虽云其然，议者犹为不可，况迁鼎革命者乎?”[1]

那么武则天期间的历史该如何系年呢？沈既济主张仿照《春秋》“公在乾侯”例来记载，因为中宗“虽尊名中夺，而天命未改，足以首事，足以表年”，所以他建议将《天后纪》与《孝和（中宗）纪》合并，“每于岁首，必书孝和所在以统之，书曰某年春正月，皇帝在房陵，太后行某事，改某制云云。则纪称孝和，而事述太后，俾名不失正，而礼不违常；名礼两得，人无间矣。”至于武则天的姓氏名讳、入宫缘由、历位之资、才艺智略、年辰崩葬等情况，另入《皇后传》，列于废后王庶人之下，题曰“则天顺圣武后”。[2]

沈既济的看法在当时虽受史家称赞，但并未被官方采纳，到宋代才产生广泛影响。陈振孙称：“武氏罪大恶极，固不应复入唐庙，而题主犹有‘圣帝’之称。至开元中，礼官有言，乃去之。武氏不应有实录，犹

[1]《旧唐书》卷一百四十九《沈传师附沈既济传》，中华书局1975年版，第4034、4035页。

[2]《旧唐书》卷一百四十九《沈传师附沈既济传》，中华书局1975年版，第4036页。

正史之不应有本纪。皆沿袭《史》《汉》吕后例，惟沈既济之论为正，而范氏《唐鉴》用之。"[1] 王应麟称："沈既济书中宗曰'帝在房陵'，孙之翰、范淳夫用其例，《春秋》'公在乾侯'之比也。……朱文公诗，以为范太史受伊川。然既济之议，乃其始也。"[2]

此外，孙樵的《孙氏西斋录》在新《春秋》学的影响下，对唐代历史人物与事件也做了改写和新评价。如书"高祖杀太子建成"，目的是"黜功循爱，讥失教也"。因为李世民立下大功，宜嗣有天下，高祖却立李建成为太子，才会发生玄武门之变，导致建成被杀。书"李勣立皇后武氏"，目的是"忘谏赞慝，惩废命也"。因为李勣为顾命大臣，倘若坚谏不夺，高宗不敢立武氏为后。将废王皇后配祀高宗，目的是"登嫌黜冢，不可谓顺，予惧后世疑于禘祼也"。因为高宗废王后，立武后，武氏"乃贞观侍女，何以列昭穆？故时以王后配高宗，示天后有嫌于禘祼矣"。此处将武则天才人的妃嫔身份改为"侍女"，明显有避讳用意。另外"条天后擅政之年，下系中宗"，目的是"紫色闰位，不可谓正。予惧后世牵以称临也"。因为"女子不得改元者，政也"。另如书"张守珪以安禄山叛"，目的是"贷刑佛教，稔祸阶也"。因为安禄山是张守珪部将，安盗羊案发，张曲江令张守珪杀之，"守珪不从，卒使乱天下，故书张守珪以安禄山叛"。[3] 此类记载，不一而足，孙樵总结道：

> 称天下杀者何？罪暴天下，示众与杀也。称天子杀者何？罪非其罪，示众不与杀也。臣或不书卒者何？不以直终，去卒以示贬也。君或不书葬者何？不以正终，去葬以示讥也。惧怠去瑞，示戒志沴，尚德必书贱，尸位则黜贵，皆所以驱邪合正，俾归大义，操实寘例以示惩劝。呜呼！宰相升沉人于十数年间，史官出没人于千百岁后，

[1] 陈振孙：《直斋书录解题》卷四《起居注类》，徐小蛮点校本，上海古籍出版社1987年版，第123页。

[2] 王应麟：《困学纪闻》卷六《春秋》，栾保群等全校本，上海古籍出版社2015年版，第140—141页。

[3] 孙樵：《孙樵集》卷五《孙氏西斋录》，《四部丛刊初编》第128册，上海书店1989年版。

是史官与宰相分挈死生权也。为史官者，不能忭直骨于枯坟，脔谄魄于下泉，磨毫黩扎，从阁饱帙，岂国家任史官意耶？[1]

“史官与宰相分挈死生权”之说，与唐代前期史官朱敬则有关。侍中韦安石尝读朱敬则所撰的史稿，感叹说：“董狐何以加！世人不知史官权重宰相，宰相但能制生人，史官兼制生死。古之圣君贤臣所以畏惧者也。”[2]孙樵认同这一说法，强调史官身负重任，应直书善恶，发潜德之幽光，诛奸谀于既死。孙樵以《春秋》大义评判历史事件和人物，显然比萧颖士、皇甫湜、沈既济走得更远。

新《春秋》学对史学带来了一定的消极影响。此前，史学的对象侧重探讨治乱兴衰、以史为鉴，如今却偏向注重伦理道德，对历史人物的褒贬评价占据主导，不仅史学的功能被缩减了，而且史学强调文直事核、不虚美、不隐恶的实录精神也遭到了一定的冲击，萧颖士、皇甫湜枉顾客观历史事实所作出的论断，都证明了这一点。

中晚唐时期，史学受新《春秋》学的影响而出现新的变化，但唐代后期的史学总体走向衰落，如穆宗长庆二年（822），谏议大夫殷侑提出：“伏惟国朝故事，国子学有文史直者，宏文馆宏文生，并试以《史记》、两《汉书》、《三国志》。又有一史科，近日以来，史学都废，至于有身处班列，朝廷旧章，昧而莫知。况乎前代之载，焉能知之？”[3]这一新变未能蓬勃发展，直至宋代才产生较大的回响。

[1] 孙樵：《孙樵集》卷五《孙氏西斋录》，《四部丛刊初编》第128册，上海书店1989年版。

[2] 《新唐书》卷一百一十五《朱敬则传》，中华书局1975年版，第4220页。

[3] 王溥：《唐会要》卷七十六《三传》，中华书局1955年版，第1398页。

第十章 唐代后期的儒学新风与史学的变化

安史之乱后，唐代的君臣中不少人都有重振国威、再造盛世的梦想。至于如何实现这一目标，看法则不尽相同：

> 今天下白屋之士，有角立秀出者，或能以黄老言，或能以儒术言，或能以刑法言，思愿吐一奇、设一策，使司化源者开目而见四方之事。[1]

在中国古代历史上，体用兼备的学说，大约主要就是儒、道、法三家。每当世变之际，就会有学者提出不同的应对方案。[2] 新《春秋》学属于解决方案之一，此外还有以韩愈为代表所开创的儒学新风，其与新《春秋》学虽然都属于儒学范畴，但二者差别较大，单独予以阐述。

韩愈所开创的儒学新风，对史学带来的变化，在韩愈本人身上并不突出，到了弟子李翱、皇甫湜，才有了比较显著的表现。但无论是韩愈、李翱，或是皇甫湜，本质上都以孔子个人的是非观和价值观作为撰史的根本原则，从而史学对象也发生变化，转为注重伦理道德的内心自省，探寻帝王的心术修养等。

---

[1] 刘轲：《刘轲集校注·上韦右丞书》，林梓宗校注，广东人民出版社 2012 年版，第 52 页。

[2] 陈启智：《中国儒学史·隋唐卷》，北京大学出版社 2011 年版，第 622 页。

第一节　唐代后期的儒学新风

安史之乱对大唐王朝带来的重创，使举国上下无不怀念贞观之治和开元盛世，渴望大唐的复兴。依据现存史料，可知德宗朝以后，开元与贞观被相提并论的频率大大提高。[1] 如崔祐甫在德宗即位后，拜门下侍郎，同中书门下平章事，《旧唐书》称其“谋猷启沃，多所弘益，天下以为可复贞观、开元之太平也”[2]。《新唐书》沿袭其说法：“时议者韪其谟谋，谓可复贞观、开元之治。”[3] 当时人留下的文献中也多有记载。如韩愈说：“建中初，天子嗣位，有意贞观、开元之丕绩，在廷之臣争言事”[4]；“建中初，天子始纪年更元，命官司举贞观、开元之烈，群臣惕慄奉职，命材登良，不敢私违”[5]。白居易的文中更多：“返贞观之升平，复开元之富寿”[6]；“贞观、开元之风，复见于今日矣”[7]；“但陛下嗣贞观之功，弘开元之理，必将光二宗而福万叶矣”[8]。杜牧记时人言：“使公相天子，贞观、开元之俗，可期而见也”[9]；“昔贞观、开元之为

[1] 廖宜方：《唐代的历史记忆》，台大出版中心 2011 年版，第 173—174 页。

[2]《旧唐书》卷一百一十九《崔祐甫传》，中华书局 1975 年版，第 3441 页。

[3]《新唐书》卷一百四十二《崔祐甫传》，中华书局 1975 年版，第 4688 页。

[4] 韩愈：《韩昌黎文集》卷四《送王秀才序》，马其昶校注，马茂元整理本，上海古籍出版社 1986 年版，第 258 页。

[5] 韩愈：《韩昌黎文集》外集上卷《河南府同官记》，马其昶校注，马茂元整理本，上海古籍出版社 1986 年版，第 681 页。

[6] 白居易：《白居易文集》卷第十《礼部试策五道第五道》，谢恩炜校注本，中华书局 2011 年版，第 439 页。

[7] 白居易：《白居易文集》卷第二十一《请拣放后宫内人》，谢恩炜校注本，中华书局 2011 年版，第 1215 页。

[8] 白居易：《白居易文集》卷第十《才识兼茂明于体用科策一道》，谢恩炜校注本，中华书局 2011 年版，第 413 页。

[9] 杜牧：《樊川文集》卷十四《唐故银青光禄大夫检校礼部尚书御史大夫充浙江西道都团练观察处置等使上柱国清河郡开国公食邑二千户赠吏部尚书崔公行状》，上海古籍出版社 2009 年版，第 210 页。

理也，远隐必见，情伪必知，天下如一家，兆庶如一人”[1]。李绛说：“我贞观、开元之化，备在青史，垂于不朽”[2]；“贞观、开元之盛，复睹于今”[3]。元稹也说：“我国家贞观、开元，同符三代，风俗归厚，礼让偕行。”[4] 以上记载，或为君臣对贞观、开元的追慕，或为臣僚对帝王的期许，都反映了唐代后期君臣的美好愿望，韩愈是其中的一员，并为此做出了孜孜不倦的努力。

一、韩愈开创的儒学新风

韩愈开创儒学新风，主要是为了和佛教抗衡，重振儒学，在思想领域树立儒家孔孟之道的统治地位。他将排斥佛教与复兴儒学融为一体，提出道统论，突破了此前单纯反佛的旧格局，从而开启了儒学的新风。韩门弟子中的李翱、皇甫湜，后学中的孙樵与皮日休，都进一步推动了新儒学的发展。

（一）背景概述

韩愈在《潮州刺史谢上表》中说：

> 高祖创制天下，其功大矣，而治未太平也。太宗太平矣，而大功所立，咸在高祖之代。非如陛下承天宝之后，接因循之余，六七十年之外，赫然兴起，南面指麾，而致此巍巍之治功也。[5]

高祖创立唐室，功劳甚大，但未能实现太平；太宗任内华夷一统，但“大功所立，咸在高祖之代”；玄宗天宝后期“政治少懈，文致未优”，特

---

[1] 杜牧：《樊川文集》卷十七《韦有翼除御史中丞制》，上海古籍出版社 2009 年版，第 255 页。

[2] 李绛：《李相国论事集》卷一《上问德贤兴化事对》，中华书局 1985 年版。

[3] 李绛：《李相国论事集》卷四《贺德音状》，中华书局 1985 年版。

[4] 元稹：《元稹集》卷四十《戒励风俗德音》，冀勤点校本，中华书局 2010 年版，第 962 页。

[5] 韩愈：《韩昌黎文集》卷八《潮州刺史谢上表》，马其昶校注，马茂元整理本，上海古籍出版社 1986 年版，第 619 页。

别是安史之乱酿成藩镇割据的尾大不掉之势，不朝不贡达六七十年之久。韩愈一生经历的代、德、顺、宪、穆五朝，正处于安史之乱后中央集权国家同地方割据势力之间激烈斗争的时期，直至宪宗“躬亲听断，旋乾转坤”，于元和十二年讨平淮西镇，后成德、淄青、卢龙亦相继平服，实现了统一，这即是韩愈所说的“南面指麾，而致此巍巍之治功也”。虽然，此时韩愈因为谏迎佛骨被贬至潮州，环境艰苦，“忧惶惭悸，死亡无日”，[1] 向宪宗上呈谢表，是希望得到宽赦还归，因此文中的阿谀溢美之意十分明显。但韩愈的称颂并非全是虚文，《旧唐书》说：

史臣蒋系曰：宪宗嗣位之初，读列圣实录，见贞观、开元故事，竦慕不能释卷，顾谓丞相曰：“太宗之创业如此，玄宗之致理如此，既览国史，乃知万倍不如先圣。当先圣之代，犹须宰执臣僚同心辅助，岂朕今日独能为理哉！”自是延英议政，昼漏率下五六刻方退。自贞元十年已后，朝廷威福日削，方镇权重。德宗不委政宰相，人间细务，多自临决，奸佞之臣，如裴延龄辈数人，得以钱谷数术进，宰相备位而已。及上自籓邸监国，以至临御，讫于元和，军国枢机，尽归之于宰相。由是中外咸理，纪律再张，果能剪削乱阶，诛除群盗。睿谋英断，近古罕俦，唐室中兴，章武而已。[2]

《新唐书》赞曰：

宪宗刚明果断，自初即位，慨然发愤，志平僭叛，能用忠谋，不惑群议，卒收成功。自吴元济诛，强藩悍将皆欲悔过而效顺。当此之时，唐之威令，几于复振。[3]

唐宪宗在结束分裂动乱、恢复中央集权方面立下的功劳，得到了不同时

---

[1] 韩愈：《韩昌黎文集》卷八《潮州刺史谢上表》，马其昶校注，马茂元整理本，上海古籍出版社 1986 年版，第 620、618 页。

[2] 《旧唐书》卷十五《宪宗本纪下》，中华书局 1975 年版，第 472 页。

[3] 《新唐书》卷七《德宗顺宗宪宗本纪》，中华书局 1975 年版，第 219 页。

代学者的公认，可见韩愈对宪宗的评价还是基本可信的。这是政治层面大一统的完成。

那么文化层面呢？唐朝初年，高祖与太宗在复兴儒学方面做了大量努力，尊儒重经成为治国的主导思想，这虽然在很大程度上扭转了六朝以降颓微的趋势，但儒学再也难以回到两汉时期的独尊局面。儒释道三教兼容是唐代的基本国策，这种统治方针从高祖李渊时就已确立。当然，在不同的时期，儒释道三教并非均衡发展，而是此强彼弱，迭有起伏。这三股势力的强弱，自然与统治者个人的喜好密切相关。唐代三教之间的矛盾和冲突，更多发生于儒学与佛教之间。唐代 290 多年的历史上，曾发生 6 次“诏迎佛骨”之事，前后延续 200 余年，可以说是大唐王朝例行的盛事，从而直接促使佛教得到空前的繁荣。虽然也发生过唐武宗会昌灭佛，但佛教势力很快又卷土重来，因此，唐代可谓是佛教发展的黄金岁月。以《五经正义》为代表的官方儒学，仍是属于汉学系统，并未形成新的理论，自然无法同佛教的精密哲学体系相抗衡，更遑论取而代之了。儒学的振兴必须依赖于新儒学理论的产生。韩愈以其独有的卓识，敏锐地捕捉了这一重要问题，并给予了解答。

为重振大唐，韩愈所开出的应对方案是复兴儒学，他认为天下的安危系于纪纲的理乱，“善计天下者，不视天下之安危，察其纪纲之理乱而已矣”[1]。因此，欲平治天下，应振兴纪纲。这种观点并非韩愈所首创，如《尚书·五子之歌》云：“今失厥道，乱其纪纲，乃底灭亡。”[2]《礼记·乐记》云：“圣人作为父子君臣，以为纪纲。纪纲既正，天下大定。”[3] 可见，君臣父子是构成纪纲的基本要素。东汉时期的《白虎通》对纪纲做了详细的阐发：

> 三纲者，何谓也？谓君臣、父子、夫妇也。六纪者，谓诸父、兄弟、族人、诸舅、师长、朋友也。故含文嘉曰：君为臣纲，父为

[1] 韩愈：《韩昌黎文集》卷一《杂说二》，马其昶校注，马茂元整理本，上海古籍出版社 1986 年版，第 33 页。

[2] 《尚书正义·五子之歌》，见《十三经注疏》，北京大学出版社 2000 年版，第214 页。

[3] 《礼记注疏·乐记》，见《十三经注疏》，北京大学出版社 2000 年版，第 1309 页。

子纲，夫为妻纲。又曰：敬诸父兄，六纪道行，诸舅有义，族人有序，昆弟有亲，师长有尊，朋友有旧。何谓纲纪？纲者，张也，纪者，理也；大者为纲，小者为纪，所以张理上下，整齐人道也。[1]

唐代孔颖达为《礼记·乐记》所做的疏，与《白虎通》基本符合：

"作为父子君臣，以为纪纲"者，按《礼纬·含文嘉》云："三纲，谓君为臣纲，父为子纲，夫为妻纲矣。六纪，谓诸父有善，诸舅有义，族人有叙，昆弟有亲，师长有尊，朋友有旧，是六纪也。"[2]

韩愈的说法自然也不会超出这个范围。所以，韩愈说以纪纲治理天下，其实就是以儒家思想治国，必须在思想领域树立儒家孔孟之道的统治地位，而非与冲击纲纪的佛、道三分天下。

(二) 韩愈的儒学观与道统论

韩愈三岁而孤，"随兄（韩会）播迁韶岭。兄卒，鞠于嫂氏，辛勤来归"[3]，"自以孤子，幼刻苦学儒，不俟奖励"[4]。韩会与萧颖士之子萧存交好，"（萧存）亮直有父风。能文辞，与韩会、沈既济、梁肃、徐岱等善"，韩愈本人也"少为存所知"。[5] 韩会还受到李华的赏识，"（李）华爱奖士类，名随以重，若独孤及、韩云卿、韩会、李纾、柳识、崔祐甫、皇甫冉、谢良弼、朱巨川，后至执政显官"[6]。贞元八年（792），25 岁的韩愈因翰林学士梁肃举荐而登第，名列第十四。韩愈不仅自幼是在大历、贞元时代复古思潮的中心漩涡一带长大，[7] "生七岁而读书，

[1] 班固：《白虎通》卷三下《三纲六纪》，中华书局 1985 年版，第 203 页。

[2] 《礼记注疏·乐记》，见《十三经注疏》，北京大学出版社 2000 年版，第 1310 页。

[3] 李汉：《昌黎先生集序》，见《韩愈全集校注》附录四，屈守元、常思春主编本，四川大学出版社 1996 年版，第 3076 页。

[4] 《旧唐书》卷一百六十《韩愈传》，中华书局 1975 年版，第 4195 页。

[5] 《新唐书》卷二百二《萧颖士传》，中华书局 1975 年版，第 5770 页。

[6] 《新唐书》卷二百三《李华传》，中华书局 1975 年版，第 5776 页。

[7] 吴光兴：《八世纪诗风：探索唐诗义中"沈宋的世纪"（705—805）》，社会科学文献出版社 2013 年版，第 636 页。

十三而能文”[1]，而且沿着前贤的道路继续迈进，“大历、贞元之间，文字多尚古学，效杨雄、董仲舒之述作，而独孤及、梁肃最称渊奥，儒林推重。愈从其徒游，锐意钻仰，欲自振于一代”[2]。

韩愈对儒学的笃好与坚守是泛观博览后的选择，“性本好文学，因困厄悲愁无所告语，遂得究穷于经传史记百家之说，沉潜乎训义，反复乎句读，砻磨乎事业，而奋发乎文章”[3]。“仆少好学问，自五经之外，百氏之书，未有闻而不求、得而不观者，然其所志惟在其意义所归”[4]。“意义所归”在此处并不明晰，结合其他文，可知正是六经之旨、尧舜之道。“今有人生二十八年矣，名不著于农工商贾之版，其业则读书著文歌颂尧舜之道……其所读皆圣人之书，杨墨释老之学无所入于其心。其所著皆约六经之旨而成文……妖淫谀佞诪张之说，无所出于其中”[5]。“行之乎仁义之途，游之乎《诗》《书》之源，无迷其途，无绝其源，终吾身而已矣”。这显然是一个漫长的过程，“将蕲至于古之立言者，则无望其速成，无诱于势利，养其根而竢其实，加其膏而希其光”[6]。“口不绝吟于六艺之文，手不停披于百家之编。记事者必提其要，纂言者必钩其玄。贪多务得，细大不捐。焚膏油以继晷，恒兀兀以穷年”[7]。长期浸淫的结果，就是“杨墨释老之学，无所入于其心”，“己之道乃夫子、孟轲、扬雄所传之道也”。[8]

---

[1] 韩愈：《韩昌黎文集》卷三《与凤翔邢尚书书》，马其昶校注，马茂元整理本，上海古籍出版社 1986 年版，第 203 页。

[2] 《旧唐书》卷一百六十《韩愈传》，中华书局 1975 年版，第 4195 页。

[3] 韩愈：《韩昌黎文集》卷二《上兵部李侍郎书》，马其昶校注，马茂元整理本，上海古籍出版社 1986 年版，第 143 页。

[4] 韩愈：《韩昌黎文集》卷三《答侯继书》，马其昶校注，马茂元整理本，上海古籍出版社 1986 年版，第 164 页。

[5] 韩愈：《韩昌黎文集》卷三《上宰相书》，马其昶校注，马茂元整理本，上海古籍出版社 1986 年版，第 155 页。

[6] 韩愈：《韩昌黎文集》卷三《答李翊书》，马其昶校注，马茂元整理本，上海古籍出版社 1986 年版，第 170、169 页。

[7] 韩愈：《韩昌黎文集》卷一《进学解》，马其昶校注，马茂元整理本，上海古籍出版社 1986 年版，第 45 页。

[8] 韩愈：《韩昌黎文集》卷二《重答张籍书》，马其昶校注，马茂元整理本，上海古籍出版社 1986 年版，第 136 页。

韩愈宣称自己所坚守的是孔孟扬雄之道，他说："始吾读孟轲书，然后知孔子之道尊，圣人之道易行；王易王，霸易霸也。以为孔子之徒没，尊圣人者，孟氏而已。晚得扬雄书，益尊信孟氏。因雄书而孟氏益尊，则雄者，亦圣人之徒欤！"[1] 韩愈如此推崇扬雄，可谓眼光独特。因为扬雄的儒学在数百年间几乎未能产生什么影响，魏晋以后的人们更注重扬雄辞赋方面的成就，常常将他和司马相如并列，这种评价一直延续到中唐。[2] 韩愈首次对此提出异议：

> 昔扬子云著《太玄》，人皆笑之，子云之言曰："世不我知无害也；后世复有扬子云，必好之矣。"子云死近千载，竟未有扬子云，可叹也！其时桓谭亦以为雄书胜老子。老子未足道也。子云岂止与老子争强而已乎？此未为知雄者。[3]

据《汉书》记载，扬雄去世后，大司空王邑、纳言严尤对桓谭说："子尝称扬雄书，岂能传于后世乎？"谭曰："必传。顾君与谭不及见也。……昔老聃著虚无之言两篇，薄仁义，非礼学，然后世好之者尚以为过于五经，自汉文景之君及司马迁皆有是言。今扬子之书文义至深，而论不诡于圣人，若使遭遇时君，更阅贤知，为所称善，则必度越诸子矣。"[4] 韩愈对桓谭的看法并不满意，认为老子根本无法与扬雄相提并论，并说"未为知雄者"，言外之意，只有自己才是扬雄的知音。韩愈对此的认知无疑是值得称道的，中唐以后，在韩愈的倡导下，一股推重扬雄的思潮开始兴起。扬雄在儒学史上的地位到北宋时，终于获得官方的认可，并得以从祀孔庙。[5]

韩愈虽然推许扬雄，但我们也需指出，在其心中，孟子比扬雄重要

---

[1] 韩愈：《韩昌黎文集》卷一《读荀》，马其昶校注，马茂元整理本，上海古籍出版社1986年版，第36页。

[2] 刘成国：《论唐宋的"尊扬"思潮与古文运动》，载《文学遗产》2011年第3期。

[3] 韩愈：《韩昌黎文集》卷三《与冯宿论文书》，马其昶校注，马茂元整理本，上海古籍出版社1986年版，第197页。

[4]《汉书》卷八十七下《扬雄传》，中华书局1962年版，第3585页。

[5] 刘成国：《论唐宋的"尊扬"思潮与古文运动》，载《文学遗产》2011年第3期。

得多。他说："孟氏醇乎醇者也。荀与扬，大醇而小疵。"[1] 早在贞元十四年（798），韩愈在进士策问中就有关于孟子的内容：

问：夫子既没，圣人之道不明。盖有杨墨者，始侵而乱之，其时天下咸化而从焉。孟子辞而辟之，则既廓如也。今其书尚有存者，其道可推而知不可乎？其所守者何事？其不合于道者几何？孟子之所以辞而辟之者何说？今之学者有学于彼者乎？有近于彼者乎？其已无传乎？其无乃化而不自知乎？其无传也，则善矣；如其尚在，将何以救之乎？诸生学圣人之道，必有能言是者，其无所为让。[2]

询问的内容涉及对孟子思想的认识、孟子学说的传承，表明韩愈对孟子已有了较为深入的思考。诚然，唐代学者重视孟子并非始于韩愈。代宗广德元年（763），礼部侍郎杨绾上疏，请求把《孟子》增为明经科目，与《论语》《孝经》并列："《论语》《孝经》，圣人深旨，《孟子》，儒门之达者，望兼习此三者为一经。"[3] 虽未获允许，但此举开启了《孟子》由子入经的先声。贞元十三年（797）、十八年权德舆主持的两次策问中，都涉及孟子，[4] 不过，《孟子》尚与其他儒家典籍并列。而韩愈的策问中，孟子却成为唯一的主体内容，这体现了韩愈对孟子的重视。

韩愈认为孔门弟子虽多，却只有孟子最为醇正，是唯一的正宗传人：

孔子之道大而能博，门弟子不能遍观而尽识也，故学焉而皆得其性之所近。……自孔子没，群弟子莫不有书，独孟轲氏之传得其

[1] 韩愈：《韩昌黎文集》卷一《读荀》，马其昶校注，马茂元整理本，上海古籍出版社1986年版，第37页。

[2] 韩愈：《韩昌黎文集》卷二《进士策问》，马其昶校注，马茂元整理本，上海古籍出版社1986年版，第103页。

[3] 王钦若等：《册府元龟》卷六百四十《贡举部·条制二》，周勋初等校订本，凤凰出版社2006年版，第7396页。

[4] 兰翠：《唐代孟子学研究》，北京大学出版社2014年版，第116页。

宗，故吾少而乐观焉。[1]

因此，他主张“求观圣人之道，必自孟子始”[2]。元和十五年（820），韩愈解释了自己推崇孟子的另一个原因：

孟子云：今天下不之杨则之墨，杨墨交乱，而圣贤之道不明，则三纲沦而九法斁，礼乐崩而夷狄横，几何其不为禽兽也！故曰：“能言拒杨墨者，皆圣人之徒也。”扬子云云：“古者杨墨塞路，孟子辞而辟之，廓如也。”夫杨墨行，正道废，且将数百年，以至于秦，卒灭先王之法，烧除其经，坑杀学士，天下遂大乱。及秦灭，汉兴且百年，尚未知修明先王之道；其后始除挟书之律，稍求亡书，招学士，经虽少得，尚皆残缺，十亡二三；故学士多老死，新者不见全经，不能尽知先王之事，各以所见为守，分离乖隔，不合不公，二帝三王群圣人之道于是大坏。后之学者无所寻逐，以至于今泯泯也，其祸出于杨墨肆行而莫之禁故也。孟子虽贤圣，不得位，空言无施，虽切何补？然赖其言，而今学者尚知宗孔氏，崇仁义，贵王贱霸而已。其大经大法皆亡灭而不救，坏烂而不收，所谓存十一于千百，安在其能廓如也？然向无孟氏，则皆服左衽而言侏离矣：故愈尝推尊孟氏，以为功不在禹下者，为此也。[3]

元和十五年距韩愈去世仅四年，应可视为其晚年定论。此文指出孟子在杨墨横行、儒家式微的情况下崛起，捍卫孔子学说，崇尚王道仁义，“赖其言，而今学者尚知宗孔氏，崇仁义，贵王贱霸”，因此，功劳可与大禹媲美。韩愈欲在思想领域树立儒家的统治地位，势必要与佛道展开针锋相对的斗争，孟子当年抗击杨墨等异端学说的先例正可作为其效仿的榜

[1] 韩愈：《韩昌黎文集》卷四《送王秀才序》，马其昶校注，马茂元整理本，上海古籍出版社 1986 年版，第 261 页。

[2] 韩愈：《韩昌黎文集》卷四《送王秀才序》，马其昶校注，马茂元整理本，上海古籍出版社 1986 年版，第 262 页。

[3] 韩愈：《韩昌黎文集》卷三《与孟尚书书》，马其昶校注，马茂元整理本，上海古籍出版社 1986 年版，第 214 页。

样。虽然，韩愈也意识到仅凭一已之力，影响十分有限，“释老之害过于杨墨，韩愈之贤不及孟子，孟子不能救之于未亡之前，而韩愈乃欲全之于已坏之后。呜呼！其亦不量其力，且见其身之危，莫之救以死也”。但他仍然坚定地捍卫孔孟之道：“使其道由愈而粗传，虽灭死万万无恨!”[1] 这是何等的勇气！在“公不见信于人，私不见助于友，跋前踬后，动辄得咎。暂为御史，遂窜南夷。三年博士，冗不见治。命与仇谋，取败几时。冬暖而儿号寒，年丰而妻啼饥。头童齿豁，竟死何裨”的窘境之下，韩愈仍然一心向道，“觝排异端，攘斥佛老。补苴罅漏，张皇幽眇；寻坠绪之茫茫，独旁搜而远绍，障百川而东之，回狂澜于既倒”[2]。这又是何等的坚毅！这正应了韩愈所说的“士之特立独行，适于义而已，不顾人之是非，皆豪杰之士，信道笃而自知明者也”[3]。

韩愈抨击两汉以后鼓吹释老、压制儒学的做法：“汉氏已来，群儒区区修补，百孔千疮，随乱随失，其危如一发引千钧，绵绵延延，浸以微灭。于是时也，而唱释老于其间，鼓天下之众而从之。呜呼，其亦不仁甚矣!”[4] 因此，他不惜“障百川而东之，回狂澜于既倒”，对释老大力抨击。对道教，他公开提出“老子未足道也”[5]，并将道家之“道”与儒家之“道”做了明确区分：

> 博爱之谓仁，行而宜之之谓义；由是而之焉之谓道，足乎己，无待于外之谓德。仁与义，为定名，道与德，为虚位。故道有君子小人，而德有凶有吉。老子之小仁义，非毁之也，其见者小也。坐井而观天，曰天小者，非天小也。彼以煦煦为仁，孑孑为义，其小

[1] 韩愈：《韩昌黎文集》卷三《与孟尚书书》，马其昶校注，马茂元整理本，上海古籍出版社 1986 年版，第 215 页。

[2] 韩愈：《韩昌黎文集》卷一《进学解》，马其昶校注，马茂元整理本，上海古籍出版社 1986 年版，第 46、45 页。

[3] 韩愈：《韩昌黎文集》卷一《伯夷颂》，马其昶校注，马茂元整理本，上海古籍出版社 1986 年版，第 65 页。

[4] 韩愈：《韩昌黎文集》卷三《与孟尚书书》，马其昶校注，马茂元整理本，上海古籍出版社 1986 年版，第 215 页。

[5] 韩愈：《韩昌黎文集》卷三《与冯宿论文书》，马其昶校注，马茂元整理本，上海古籍出版社 1986 年版，第 197 页。

之也则宜。其所谓道，道其所道，非吾所谓道也；其所谓德，德其所德，非吾所谓德也。凡吾所谓道德云者，合仁与义言之也，天下之公言也；老子之所谓道德云者，去仁与义言之也，一人之私言也。[1]

道与德是形式，仁与义是实质，道是对仁与义的遵循，德是对仁义的认同。儒家以仁义为道，是君子之道，道家却抛弃仁义，是小人之道，只为了满足于一己私利。从渊源上说，仁义之说并不始于孟子，在开始出现时也不独立，而与道德相连，甚至低于道德，以老子的“失道而后德，失德而后仁，失仁而后义”和“大道废，有仁义”为典型。《庄子》中也有类似的表述：“道德不废，安取仁义”，“毁道德以为仁义，圣人之过也”[2]。“道德已明，而仁义次之”[3]。《礼记·曲礼》也说“道德仁义，非礼不成”。表明在先秦时期，仁义依赖于道德，还不能独立；仁义从道德下降而来，仁义还不能等于或高于道德。《孟子》书中频见仁义，却相对缺少道德。“道德仁义”的表达顺序，到韩愈时发生了根本的变化，变成了“仁义道德”，仁义虽然还与道德相连，但已经是以仁义为主了。仁义是实、道德是虚，仁义在前、道德在后也就理所当然。[4] 韩愈认为儒家的道德是天下公认的，体现了仁义，而道家的道德只是一家之私言，有害于仁义，经此对比，道家自然无法与儒家抗衡。韩愈还无情揭露道教方术的荒诞和虚妄：

今之说者，有神仙不死之道，不食粟，不衣帛，薄仁义以为不足为，是诚何道邪？圣人之于人，犹父母之于子，有其道而不以教之，不仁；其道虽有而未之知，不智。仁与智且不能，又乌足为圣

[1] 韩愈：《韩昌黎文集》卷一《原道》，马其昶校注，马茂元整理本，上海古籍出版社1986年版，第13—14页。

[2]《庄子》卷三《马蹄》，王先谦集解本，中华书局1978年版，第83页。

[3]《庄子》卷四《天道》，王先谦集解本，中华书局1978年版，第116页。

[4] 万光军：《孟子仁义思想研究》，山东大学出版社2009年版，第312页。

人乎？不然，则说神仙者妄矣！[1]

木石生怪变，狐狸骋妖患。莫能尽性命，安得更长延。人生处万类，知识最为贤。奈何不自信，反欲从物迁。往者不可悔，孤魂抱深冤，来者犹可诫，余言岂空文。[2]

神仙虽然有传说，知者尽知其妄矣。圣君贤相安可欺，乾死穷山竟何俟。呜呼余心诚岂弟，愿往教诲究终始。[3]

陈寅恪由此充分肯定韩愈的胆识和见识："一为老子乃唐皇室所攀认之祖宗，退之以臣民之资格，痛斥力诋，不稍讳避，其胆识已自超其侪辈矣。二为道教乃退之稍前或同时之君主宰相所特提倡者，蠹政伤俗，实是当时切要问题。"[4]

韩愈复兴儒学，尤以道统论最为引人注目并影响深远，而这与其反佛排佛关联密切。韩愈之前，士大夫排佛反佛并不鲜见，但多拘泥于反佛本身，韩愈比他们高明的是，在反佛的过程中，他不仅扩展出认识儒家经典的新视野，还通过借鉴佛教思想来宣扬儒家观念，破中有立，从而使排斥佛教与复兴儒学融为一体，[5] 旗帜鲜明地提出道统论，发前人之所未发，开启了儒学的新风。

"道统"一词，自朱熹使用以后才逐渐流行开来，但作为一种理念，并非没有渊源。儒家以先王之道为旗帜，好以道的传承者自居，自谓正统，排斥异端。孔子"祖述尧舜，宪章文武"[6]，多次歌颂尧、舜、禹、汤、文、武、周公，孟子继承孔子之道，进一步提出：

---

[1] 韩愈：《韩昌黎文集》卷二《进士策问》，马其昶校注，马茂元整理本，上海古籍出版社 1986 年版，第 108 页。

[2] 韩愈：《谢自然诗》，见《韩愈全集校注》，屈守元、常思春主编本，四川大学出版社 1996 年版，第 19 页。

[3] 韩愈：《谁氏子》，见《韩愈全集校注》，屈守元、常思春主编本，四川大学出版社 1996 年版，第 546 页。

[4] 陈寅恪：《金明馆丛稿初编》，生活·读书·新知三联书店 2001 年版，第 326 页。

[5] 文碧方：《韩愈与佛教》，载《海南大学学报》（人文社会科学版），2013 年第 4 期。

[6] 《礼记正义·中庸》，见《十三经注疏》，北京大学出版社 2000 年版，第 1703 页。

由尧、舜至于汤，五百有余岁，若禹、皋陶，则见而知之；若汤，则闻而知之。由汤至于文王，五百有余岁，若伊尹、莱朱，则见而知之；若文王，则闻而知之。由文王至于孔子，五百有余岁，若太公望、散宜生，则见而知之；若孔子，则闻而知之。由孔子而来至于今，百有余岁，去圣人之世，若此其未远也，近圣人之居，若此其甚也。然而无有乎尔，则亦无有乎尔。[1]

孟子列出由尧、舜、汤、文王到孔子相传的系列人物，每个周期大约都是五百年，并据此提出"五百年必有王者兴，其间必有名世者。由周而来，七百有余岁矣。以其数则过矣；以其时考之，则可矣。夫天未欲平治天下也，如欲平治天下，当今之世，舍我其谁也?"[2] 体现出强烈的传道意识与使命感。此后，扬雄、王通等也曾以传道自任，但都没有说得十分明确，直至韩愈，清晰地阐述了儒家道统的传承谱系：

斯吾所谓道也，非向所谓老与佛之道也。尧以是传之舜，舜以是传之禹，禹以是传之汤，汤以是传之文、武、周公，文、武、周公传之孔子，孔子传之孟轲，轲之死，不得其传焉。荀与扬也，择焉而不精，语焉而不详。由周公而上，上而为君，故其事行；由周公而下，下而为臣，故其说长。[3]

尧、舜、禹、汤、文、武、周公、孔子、孟子，在韩愈这里被连成一线，虽然孟轲死后，道统失传，但韩愈也表示"使其道由愈而粗传，虽灭死万万无恨!"[4] 说明他希望自己能够接续儒家中断的道统，并传承下去。

---

[1] 《孟子注疏》卷十四下《尽心下》，见《十三经注疏》，北京大学出版社 2000 年版，第 480—481 页。

[2] 《孟子注疏》卷四下《公孙丑下》，见《十三经注疏》，北京大学出版社 2000 年版，第 149 页。

[3] 韩愈：《韩昌黎文集》卷一《原道》，马其昶校注，马茂元整理本，上海古籍出版社 1986 年版，第 18 页。

[4] 韩愈：《韩昌黎文集》卷三《与孟尚书书》，马其昶校注，马茂元整理本，上海古籍出版社 1986 年版，第 215 页。

在韩愈所罗列的谱系中，孟子是十分关键的一环，因为两宋以前，谈及儒家的代表人物，一般都是以“周孔”或“孔颜”并称。贞观时期国子学祭祀增加二十二位儒者从祀孔庙，孟子不在其中；开元时期受封的也只限于孔门弟子，孟子仍然被遗忘。可见，自唐立国到代宗宝应之前，孟子仍处于不大为人所知的状态。到韩愈这里，孟子却一跃成为孔子的正宗传人，颇有点大音希声的味道，但由后来的发展情况看，我们不能不佩服韩愈的独具慧眼。[1]

此前若存若无的道统，在韩愈笔下突然变得明确和清晰，自然不能排除时代因素的影响，首当其冲者就是来自佛教法统的刺激。陈寅恪与钱穆都认为韩愈是受到禅宗的影响，[2] 今有学者则指出天台法统与韩愈道统说的关系比南宗禅更为密切。[3] 无论如何，韩愈因受到佛教法统的挑战和启发而提出儒家道统论，应当是可以成立的。针对佛教的典籍，韩愈声称儒家也有“《诗》《书》《易》《春秋》”；针对佛教的法度，韩愈认为儒家有“礼、乐、刑、政”；针对佛教的僧尼及其关系，韩愈提出儒家主张“其民士农工贾，其位君臣、父子、师友、宾主、昆弟、夫妇”；针对佛教徒的衣食住行，韩愈认为儒家倡导“其服麻丝；其居宫室；其食粟米果蔬鱼肉”；针对佛教的修行方法简易，韩愈说儒家“其为道易明，而其为教易行也”，与佛教“必弃而君臣，去而父子，禁而相生养之道，以求其所谓清静寂灭者”相比，儒家可为己为人，还可为天下国家谋福利。“以之为己，则顺而祥；以之为人，则爱而公；以之为心，则和而平；以之为天下国家，无所处而不当。是故生则得其情，死则尽其当；郊焉而天神假，庙焉而人鬼飨。”两相对比，佛教与儒家，高下立判。所以，韩愈呼吁“人其人，火其书，庐其居，明先王之道以道之，鳏寡孤

[1] 向世陵主编，高会霞、杨泽著：《宋代经学哲学研究·儒学复兴卷》，上海科学技术文献出版社2015年版，第183页。

[2] 陈寅恪：《金明馆丛稿初编》，生活·读书·新知三联书店2001年版，第320页；钱穆：《新亚遗铎》，台湾东大图书公司1989年版，第440页。

[3] 王征：《略论早期禅宗谱系的建构模式——兼谈其与韩愈道统说的关系》，见方立天主编：《宗教研究·2011》，宗教文化出版社2012年版，第165页。

独废疾者有养也”。[1]

如果说道统论是韩愈在理论层面对佛教展开的对抗，那么现实层面呢？如果没有僧侣道士的弘法唱玄，释老就不可能传播那么广泛；同样，儒家倘若缺乏“传道、受业、解惑”之师，儒学的复兴大业也必然不可能成功。事实上，当时的情况是“士大夫之族，曰师曰弟子云者，则群聚而笑之”，可见“师道之不传也久矣”，[2] 因此，韩愈呼吁通过师道的恢复，来支撑道统的传承。贞元十四年（798），韩愈在进士策问中提出：“古之学者必有师，所以道其业，成就其道德者也。由汉氏已来，师道日微，然犹时有授经传业者。及于今，则无闻矣。”[3] 贞元十八年，韩愈撰写《师说》，进一步阐发了师与道之间的关系：

> 古之学者必有师。师者，所以传道受业解惑也。人非生而知之者，孰能无惑？惑而不从师，其为惑也终不解矣。生乎吾前，其闻道也固先乎吾，吾从而师之；生乎吾后，其闻道也亦先乎吾，吾从而师之。吾师道也，夫庸知其年之先后生于吾乎？是故无贵无贱，无长无少，道之所存，师之所存也。[4]

韩愈强调“人非生而知之者，孰能无惑？惑而不从师，其为惑也终不解矣”，所以，师道的恢复是必不可少的。元和十四年（819），即使被贬至潮州，韩愈仍不忘强调“夫欲用德礼，未有不由学校师弟子者”。针对当地学废日久、里闾后生无所从学的情况，他推举秀才赵德，称其“颇通经，有文章，能知先王之道，论说且排异端而宗孔氏，可以为师矣”。[5]

[1] 韩愈：《韩昌黎文集》卷一《原道》，马其昶校注，马茂元整理本，上海古籍出版社1986年版，第18、19页。

[2] 韩愈：《韩昌黎文集》卷一《师说》，马其昶校注，马茂元整理本，上海古籍出版社1986年版，第43、42页。

[3] 韩愈：《韩昌黎文集》卷二《进士策问》，马其昶校注，马茂元整理本，上海古籍出版社1986年版，第108页。

[4] 韩愈：《韩昌黎文集》卷一《师说》，马其昶校注，马茂元整理本，上海古籍出版社1986年版，第42页。

[5] 韩愈：《韩昌黎文集》文外集上卷《潮州请置乡校牒》，马其昶校注，马茂元整理本，上海古籍出版社1986年版，第692页。

充分体现出韩愈一以贯之重视师道的精神。

此外，韩愈在倡道的同时，摒弃了自南北朝以来烦琐的章句之学，其引《大学》“古之欲明明德于天下者，先治其国。欲治其国者，先齐其家。欲齐其家者，先修其身。欲修其身者，先正其心。欲正其心者，先诚其意”[1]，来证明修身养性与家国天下完全可以达成一致，从而否定了佛道抛弃纲常伦理的做法。这种直指人伦、扫除章句的治学路径，无疑也是儒学新风的重要组成部分。

二、韩门弟子及后学对韩愈思想的发展

韩愈既提倡恢复师道，便积极地付诸实践，身体力行，不顾时人的非议，柳宗元曾记述：“孟子称‘人之患在好为人师’。由魏、晋氏以下，人益不事师。今之世，不闻有师，有辄哗笑之，以为狂人。独韩愈奋不顾流俗，犯笑侮，收召后学，作《师说》，因抗颜而为师。世果群怪聚骂，指目牵引，而增与为言辞。愈以是得狂名，居长安，炊不暇熟，又挈挈而东，如是者数矣。”[2] 另有同辈人李肇的《唐国史补》载：“韩愈引致后进，为求科第，多有投书请益者，时人谓之韩门弟子。愈后官高，不复为也。”[3] 这大约是最早的关于“韩门弟子”的记载。后来《新唐书》中也有类似的说法：“愈性明锐，不诡随。与人交，始终不少变。成就后进士，往往知名。经愈指授，皆称‘韩门弟子’，愈官显，稍谢遣”[4]。“时又有贾岛、刘乂，皆韩门弟子”[5]。有学者提出“韩门弟子”的内涵可分为三层：第一泛指韩愈所有指导过的学生后辈，第二指

[1] 韩愈：《韩昌黎文集》卷一《原道》，马其昶校注，马茂元整理本，上海古籍出版社1986年版，第17页。

[2] 柳宗元：《柳宗元集》卷三十四《答韦中立论师道书》，中华书局1979年版，第871页。

[3] 李肇：《唐国史补》卷下，古典文学出版社1957年版，第57页。

[4] 《新唐书》卷一百七十六《韩愈传》，中华书局1975年版，第5265页。

[5] 《新唐书》卷一百七十六《韩愈传附贾岛传》，中华书局1975年版，第5268页。

曾经韩愈专门个别指点教授过的青年学子，第三指曾经韩愈引荐成就的后辈求进之士，姓名可考者至少有 36 人。[1] 李翱曾说："自贞元末以至于兹，后进之士，其有志于古文者，莫不视公以为法。"[2] 可见，"韩门弟子"其实是一个十分宽泛的概念，因为《新唐书》中还另有"其徒""从游"的说法："至其徒李翱、李汉、皇甫湜从而效之，遽不及远甚。从愈游者，若孟郊、张籍，亦皆自名于时。"[3]《新唐书·韩愈传》中所附录的弟子仅收录了孟郊、张籍、皇甫湜、卢仝、贾岛、刘乂等六人。因此，本文中的"韩门弟子"更接近第二层含义。"韩门弟子"中真正对韩愈思想有所发展和推动者，主要有李翱、皇甫湜，尤以李翱最为突出。

李翱和韩愈的年龄相差无几，志趣相投，故相处如友，常与韩愈称兄道弟；但李翱从韩愈习古文，又是韩愈的侄婿，所以韩愈又视其为弟子，他们的关系是师友兼而有之。因此，在对待韩愈的态度上，李翱时有矛盾之语。如一方面，他对韩愈十分推崇，称："昌黎韩愈，得古文遗风，明于理乱根本之所由，……如此人不时出，观自古天下，亦有数百年无如其人者焉"[4]。"我友韩愈非兹世之文，古之文也，非兹世之人，古之人也。其词与其意适，则孟轲既没，亦不见有过于斯者"[5]。他将韩愈视为孟子之后独一无二的人物，似乎有点认可韩愈自封为道统传人的意思在内。但另一篇文中他又说："其能到古人者，则仁义之辞也，恶得以一艺而名之哉？仲尼孟轲殁千余年矣，吾不及见其人。"[6] 这样说

---

[1] 刘海峰：《中国古代社会研究》，厦门大学出版社 1998 年版，第 299—300 页。

[2] 李翱：《李文公集》卷十一《故正议大夫行尚书吏部侍郎上柱国赐紫金鱼袋赠礼部尚书韩公行状》，《四部丛刊初编》第 119 册，上海书店 1989 年版。

[3]《新唐书》卷一百七十六《韩愈传》，中华书局 1975 年版，第 5265 页。

[4] 李翱：《李文公集》卷八《荐所知于徐州张仆射书》，《四部丛刊初编》第 119 册，上海书店 1989 年版。

[5] 李翱：《李文公集》卷七《与陆傪书》，《四部丛刊初编》第 119 册，上海书店 1989 年版。

[6] 李翱：《李文公集》卷八《寄从弟正辞书》，《四部丛刊初编》第 119 册，上海书店 1989 年版。

起来，好像没有谁能入其法眼。其实，李翱也是自视甚高的，他曾自称“翱昔与韩吏部退之为文章盟主，同时伦辈，惟柳仪曹宗元、刘宾客梦得尔”[1]。将自己与韩愈并列，这说的虽是“文章盟主”，也未必不可引申到其他方面。

不过，无论如何，李翱毕竟还是深受韩愈的影响，他和韩愈一样，也大讲圣人之道：

> 前书所以不受足下之说，而复辟之者，将以明吾道也。吾之道非一家之道，是古圣人所由之道者也。吾之道塞，则君子之道消矣；吾之道明，则尧舜文武孔子之道未绝于世也。

他认为奉行圣人之道，应坚守仁义，反对随波逐流，与时浮沉：“足下再三教我，适时以行道，所谓时也者，乃仁义之时乎？将浮沉之时乎？时苟仁且义，则吾之道何所屈焉尔，如顺浮沉之时，则必乘波随流，望风高下焉。……故君子非仁与义，则无所为也。”[2] 他宣称自己“自十五已后，即有志于仁义”，可惜世风不古，仁义之风扫地：

> 近代已来，俗尚文字，为学者以抄集为科第之资，曷尝知不迁怒不贰过为兴学之根乎？入仕者以容和为贵富之路，曷尝以仁义博施之为本乎？由是经之旨，弃而不求，圣人之心，外而不讲，干辨者为良吏，适时者为通贤，仁义教育之风，于是乎扫地而尽矣。生人困穷，不亦宜乎？州郡之乱，又何怪焉？[3]

李翱认为仁义之道难以被普遍遵行，是因为其经常会受到欲望的冲击和干扰。“仁义之道，章章然如大道焉，人莫不知之，然皆不能行，何也？

---

[1] 刘禹锡：《刘梦得文集》卷二十三《唐故中书侍郎平章事韦公集序》，《四部丛刊初编》第118册，上海书店1989年版。

[2] 李翱：《李文公集》卷七《答侯高第二书》，《四部丛刊初编》第119册，上海书店1989年版。

[3] 李翱：《李文公集》卷八《与淮南节度使书》，《四部丛刊初编》第119册，上海书店1989年版。

见之有所未尽，而又有嗜欲以害之”[1]。正是从这个角度出发，李翱说：

人之所以为圣人者，性也；人之所以惑其性者，情也。喜怒哀惧爱恶欲七者，皆情之所为也。情既昏，性斯匿矣，非性之过也。[2]

问曰：“凡人之性，犹圣人之性欤？”曰：“桀纣之性，犹尧舜之性也。其所以不睹其性者，嗜欲好恶之所昏也，非性之罪也。”曰：“为不善者非性耶？”曰：“非也，乃情所为也。情有善有不善，而性无不善焉。”……问曰：“人之性犹圣人之性，嗜欲爱憎之心，何因而生也？”曰：“情者妄也，邪也。邪与妄则无所因矣。妄情灭息，本性清明，周流六虚，所以谓之能复其性也。”[3]

嗜欲好恶等感情会蒙蔽凡人的本性，所以他倡导祛除不善之情，恢复人人心中本有的圣人之性。否则，人作为天地万物之一种，倘若不修道德之性，必沦为禽兽虫鱼之同类。“以非深长之年，行甚难得之身，而不专专于大道，肆其心之所为，则其所以自异于禽兽虫鱼者亡几矣”[4]。

李翱认为儒家一脉相传的“道”就是“性命之道”，他强调《中庸》是传道之书：

昔者圣人以之传于颜子，颜子得之，拳拳不失，不远而复其心，三月不违仁。子曰：“回也，其庶乎屡空。”其所以未到于圣人者一息耳，非力不能也，短命而死故也。其余升堂者，盖皆传也，一气之所养，一雨之所膏，而得之者各有浅深，不必均也。……子思仲

[1] 李翱：《李文公集》卷三《平赋书并序》，《四部丛刊初编》第119册，上海书店1989年版。

[2] 李翱：《李文公集》卷二《复性书上》，《四部丛刊初编》第119册，上海书店1989年版。

[3] 李翱：《李文公集》卷二《复性书中》，《四部丛刊初编》第119册，上海书店1989年版。

[4] 李翱：《李文公集》卷二《复性书下》，《四部丛刊初编》第119册，上海书店1989年版。

尼之孙，得其祖之道，述《中庸》四十七篇，以传于孟轲。轲曰“我四十不动心”，轲之门人达者公孙丑、万章之徒，盖传之矣。遭秦灭书，《中庸》之不焚者，一篇存焉。于是此道废缺，其教授者，唯节行、文章、章句、威仪、击剑之术相师焉，性命之源，则吾弗能知其所传矣。[1]

可惜“性命之书虽存，学者莫能明，是故皆入于庄、列、老、释。不知者谓夫子之徒不足以穷性命之道，信之者皆是也”[2]。李翱从《礼记·中庸》中找到了儒家的性命之道，以之与佛教的心性论相抗衡。韩愈的性三品说将人性分为上、中、下，认为不可改变：“然则性之上下者，其终不可移乎？曰：上之性，就学而愈明；下之性，畏威而寡罪。是故上者可教，而下者可制也，其品则孔子谓不移也。”[3] 佛教宣称众生皆有佛性，韩愈反佛，却在人性论上落败，李翱的复性说正可弥补这一不足。不过，李翱复性的修炼方法，实是受到佛教的影响。[4] 但这并不妨碍李翱对佛教的排斥态度，他曾表示：“佛法害人，甚于杨墨。论心术虽不异于中土，考较迹实，有蠹于生灵，浸溺人情，莫此之甚。为人上者所宜抑焉。”[5] 但是，“惑之者溺于其教，而排之者不知其心，虽辩而当，不能使其徒无哗而劝来者，故使其术若彼其炽也”[6]。“排之者不知其心”，说明反佛还必须深入了解佛教本身，如此才可有针对性地反击，而不是流于皮相。李翱以儒家典籍《中庸》为依据，提出复性说，并吸收佛教的思维方法，论证了儒家的性命之道，丰富了“道”的内涵。

---

[1] 李翱：《李文公集》卷二《复性书上》，《四部丛刊初编》第 119 册，上海书店 1989 年版。

[2] 李翱：《李文公集》卷二《复性书上》，《四部丛刊初编》第 119 册，上海书店 1989 年版。

[3] 韩愈：《韩昌黎文集》卷一《原性》，马其昶校注，马茂元整理本，上海古籍出版社 1986 年版，第 22 页。

[4] 夏金华：《隋唐佛学研究》，上海社会科学院出版社 2013 年版，第 314—315 页。

[5] 李翱：《李文公集》卷十《再请停率修寺观钱状》，《四部丛刊初编》第 119 册，上海书店 1989 年版。

[6] 李翱：《李文公集》卷四《去佛斋并序》，《四部丛刊初编》第 119 册，上海书店 1989 年版。

皇甫湜与李翱相比，较少受到关注。其实《新唐书》中认可皇甫湜对韩愈的继承之功："大历、贞元间，美才辈出，擩哜道真，涵泳圣涯，于是韩愈倡之，柳宗元、李翱、皇甫湜等和之，排逐百家，法度森严，抵轹晋、魏，上轧汉、周，唐之文完然为一王法，此其极也。"[1] 这是说其文学地位，从儒学角度来讲，也大致可以成立。皇甫湜早年受前辈顾况激励，一直铭记于心，"湜以童子见君扬州孝感寺……以我为扬雄、孟轲，顾恨不及见。三十年于兹矣，知音之厚，曷尝忘诸?"[2] 可见皇甫湜也是以扬雄、孟子而自期，这得到了韦处厚的高度认可：

> 窃见前进士皇甫湜，年三十二，学穷古训，词秀人文，脱落章句，简斥枝叶。游百氏而旁览，折之以归正；囊六义以疾驰，讽之以合雅。苟坚其持操，不恐于嚣嚣之讪；修其践立，不诱于藉藉之誉。孟轲黜杨墨之心，扬雄尊孔颜之志，形乎既立，果于将然。至于用心合论，操毫注简，排百氏之杂说，判九流之纷荡，摘其舛驳，趋于夷途，征会理轴，遣训词波，无不蹈正超常，曲畅精旨。[3]

韩愈本人对皇甫湜十分看重，在因疾免吏部侍郎时，曾托付其道："死能令我躬所以不随世磨灭者惟子，以为嘱。"[4] 因此在韩愈去世后，皇甫湜为其撰神道碑，表彰其在唐代的历史地位："业孔子、孟轲，而侈其文。秀人伟生，多以之游，俗遂化服，炳炳烈烈，为唐之章。"[5] 又为其写墓志铭，评价更高：

> 先生七岁好学，言出成文。及冠，恣为书以传圣人之道，人始

[1]《新唐书》卷二百一《文艺上》，中华书局 1975 年版，第 5725—5726 页。

[2] 皇甫湜：《皇甫持正文集》卷二《顾况诗集序》，《四部丛刊初编》第 119 册，上海书店 1989 年版。

[3] 韦处厚：《上宰相荐皇甫湜书》，见《唐文粹》卷八十六，《四部丛刊初编》第 317 册，上海书店 1989 年版。

[4] 皇甫湜：《皇甫持正文集》卷六《韩文公神道碑》，《四部丛刊初编》第 119 册，上海书店 1989 年版。

[5] 皇甫湜：《皇甫持正文集》卷六《韩文公神道碑》，《四部丛刊初编》第 119 册，上海书店 1989 年版。

未信。既发不掩，声震业光，众方惊爆，而萃排之。乘危将颠，不懈益张，卒大信于天下。先生之作，无圆无方，至是归工。抉经之心，执圣之权，尚友作者，跋邪抵异，以扶孔氏，存皇之极。知与罪，非我计。茹古涵今，无有端涯，浑浑灏灏，不可窥校。及其酬放，豪曲快字，凌纸怪发，鲸铿春丽，惊耀天下。然而栗密窈眇，章妥句适，精能之至，入神出天。呜呼极矣，后人无以加之矣，姬氏已来，一人而已矣！[1]

褒奖其在道统传承上的贡献，是“姬氏以来，一人而已”，如此推崇，无以复加。不仅如此，皇甫湜还给韩愈抹上神秘的色彩：“天下之进士而后者望风戁畏，以为瑞人神士，朗出天外，不可梯接，非可奇卓，望门不敢造。”[2] 这些溢美之词，或许也可表明皇甫湜不负韩愈所托。

当然，韩愈“令我躬所以不随世磨灭”的期望，绝不仅限于皇甫湜对自己学术地位和功绩的宣扬，而应该还有学术上的衣钵传承。从目前传下来的皇甫湜六卷本文集来看，[3] 皇甫湜对韩愈的思想也有所发展。如关于人性论，皇甫湜也讲性三品说：“性之品有三，下愚中人上智是也。圣人言性之品亦有三，可上可下不移是也。”但与韩愈略有不同，他只讲孟子的性善论与荀子的性恶论，而没有关注扬雄的性善恶混。他认为“孟子曰人之性善，荀卿曰其善者伪也，是于圣人皆一偏之论也”。因为有生而恶者，也有生而善者，孟子与荀子都只看到了人性的不同面向，不够全面，由此皇甫湜提出“穷理尽性，唯圣人能之，宜乎微言绝而异端作，大义乖而一偏之说行”。[4] 不过他也指出孟子与荀子的人性论虽有偏颇，但出发点都是好的：

---

[1] 皇甫湜：《皇甫持正文集》卷六《韩文公墓铭》，《四部丛刊初编》第119册，上海书店1989年版。

[2] 皇甫湜：《皇甫持正文集》卷六《韩文公神道碑》，《四部丛刊初编》第119册，上海书店1989年版。

[3] 据刘新征的博士论文《皇甫湜研究》（华中科技大学2012年）可知其文有失传。

[4] 皇甫湜：《皇甫持正文集》卷二《孟荀言性论》，《四部丛刊初编》第119册，上海书店1989年版。

二子之说，原其始而要其终，其于辅教化，尊仁义，亦殊趍而一致，异派而同源也。何以明之？孟子以恻隐之心，人皆有之，是非之心，人皆有之。性之生善，由水之趍下，物诱于外，情动于中，然后恶之焉，是劝人汰心源，返天理者也。荀卿曰人之生，不知尊亲，长习于教，然后知焉。人之幼，不知礼让，长习于教，然后知焉。是劝人黜嗜欲，求良善也。一则举本以推末，一则自叶而流根，故曰二子之说殊趍而一致，异派而同源也。[1]

他认为孟子是劝人“汰心源，返天理”，荀子则是劝人“黜嗜欲，求良善也”，都是出于“辅教化，尊仁义”的目的，可谓异流而同源。不过，他还是更倾向于支持孟子的性善论，因为“孟子之心，以人之性皆如尧舜，未至者斯勉矣。荀卿之言，以人之性皆如桀跖，则不及者斯怠矣”[2]。皇甫湜对人性的讨论，已经上升到“天理”“穷理尽性”的高度，虽然他本人并没有就此展开深入的讨论，但已经超出了韩愈的讨论范围，而向前迈进了。关于伯夷和柳下惠的讨论，也体现了这一点。韩愈对伯夷、叔齐的评价是“穷天地亘万世而不顾者也。昭乎日月不足为明，崒乎泰山不足为高，巍乎天地不足为容也！”并说“微二子，乱臣贼子接迹于后世矣”。[3] 皇甫湜是将伯夷和柳下惠放在一起讨论，他说伯夷“不降其志，不辱其身，非其君不事，非其人不使，乃至饿死而不顾，是以孟子谓之清”。柳下惠正好与之相反，“辱其身，降其志，不羞污君，不辞小官，乃至三黜而不去，是以孟子谓之和”[4]。皇甫湜认为“清”与“和”各有所长、也互有所短：

[1] 皇甫湜：《皇甫持正文集》卷二《孟荀言性论》，《四部丛刊初编》第119册，上海书店1989年版。

[2] 皇甫湜：《皇甫持正文集》卷二《孟荀言性论》，《四部丛刊初编》第119册，上海书店1989年版。

[3] 韩愈：《韩昌黎文集》卷一《伯夷颂》，马其昶校注，马茂元整理本，上海古籍出版社1986年版，第65、66页。

[4] 皇甫湜：《皇甫持正文集》卷二《夷惠清和论》，《四部丛刊初编》第119册，上海书店1989年版。

彼伯夷者，揭标表于不灭，蹈臣子之所难行，信道之笃，执之如山，嫉恶之心，恶之如鬼。清风所激，有心必动，此其所长也。至于传之泛爱，易之随时，圣人之权，济物之义，岂止未暇，亦将有妨焉。若柳下惠，辱己以求利物，洁身以事无道，唯斯人是哀，唯吾道是存，薰莸虽同，河济不杂，此其所长也。至于无道则隐，乱邦不居，而饮盗泉，食人粟，垂傲物之迹，近宽身之仁，又君子所不由矣。则清和之用于与夺，功虽均，然清之流矫于前，而激于后，使万年乱臣贼子惧，贪夫恶人耻，且众人之所难为者也。和之迹，疑于往而敝于今，使夫偷苟之辈有容，贪利之徒得语，且众人之所易为者也。[1]

总之，皇甫湜的评价是“清与和，皆非通道，不可准则”。他认为士大夫最为可取的做法是“率性饬躬，立志希古，当以圣人为准的，中庸为慕尚，力苟不足，宁中止焉”。[2] 在此，皇甫湜充分体现出了对“中庸”之道的认可。

韩门后学至晚唐时有孙樵（约825—885）与皮日休（约834—883）。

孙樵曾两次宣称其“得为文真诀于来无择，来无择得之皇甫持正，皇甫持正得之韩吏部退之”[3]。“朴无所知晓，然尝得为文之道于来公无择，来公无择得之皇甫公持正，皇甫持正得之韩先生退之”[4]。这颇有点自认继承韩愈文统的味道。他表示：“储思必深，摛辞必高；道人之所不道，到人之所不到；趋怪走奇，中病归正；以之明道则显而微，以之扬名则久而传；前辈作者正如是。”[5] 可见他继承韩愈的是以文明道之

[1] 皇甫湜：《皇甫持正文集》卷二《夷惠清和论》，《四部丛刊初编》第119册，上海书店1989年版。

[2] 皇甫湜：《皇甫持正文集》卷二《夷惠清和论》，《四部丛刊初编》第119册，上海书店1989年版。

[3] 孙樵：《孙樵集》卷二《与王霖秀才书》，《四部丛刊初编》第128册，上海书店1989年版。

[4] 孙樵：《孙樵集》卷二《与友人论文书》，《四部丛刊初编》第128册，上海书店1989年版。

[5] 孙樵：《孙樵集》卷二《与王霖秀才书》，《四部丛刊初编》第128册，上海书店1989年版。

路，因此在儒学上成绩不大。或许值得一提的是，孙樵作为韩愈再传弟子，在韩愈大力推崇孟子思想后，进一步把孟子的思想应用于社会政治生活中，提出“换君心之非”的观念。[1] 他说：“樵尝为《日蚀书》，以为国家设谏官，期换君心之非，不以一咈其言而怠于谏，即继以死，非其职耶?”[2] “换君心之非”渊源于孟子的“格君心之非”：“孟子曰：人不足与适也，政不足间也，惟大人为能格君心之非。君仁莫不仁，君义莫不义，君正莫不正，一正君而国定矣。”[3] 到宋代，“格君心之非”成为一个重要观念，程朱甚至以之作为治道的根本。

皮日休与韩愈及其弟子之间并没有明确的师承渊源关系，他远追孔、孟，中尊王通，近崇韩愈，对儒家的理念推崇备至：“圣人之化，出于三皇，成于五帝，定于周孔。其质也，道德仁义；其文也，《诗》《书》《礼》《乐》。此万代王者未有易是，而能理者也。”[4] 对于韩愈，他上书请求将其列入太学配享的圣贤行列，他评价韩愈的儒学地位道：

> 仲尼之道，否于周、秦，而昏于汉、魏，息于晋、宋，而郁于陈、隋。遇于吾唐，万世之愤，一朝而释。……夫孟子、荀卿翼传孔道，以至于文中子。文中子之末，降及贞观、开元，其传者醨，其继者浅，或引刑名以为文，或援纵横以为理，或作词赋以为雅，文中之道，旷百祀而得室授者，惟昌黎文公焉。文公之文，蹴杨、墨于不毛之地，蹂释、老于无人之境，故得孔道巍然而自正。夫今之文，千百士之作，释其卷，观其词，无不裨造化，补时政，繄公之力也。……身行其道，口传其文，吾唐以来，一人而已。[5]

[1] 丁恩全：《孙樵研究》，华中科技大学 2009 年博士论文，第 91—92 页。

[2] 孙樵：《孙樵集》卷二《与李谏议行方书》，《四部丛刊初编》第 128 册，上海书店 1989 年版。

[3] 《孟子注疏》卷七上《离娄上》，见《十三经注疏》，北京大学出版社 2000 年版，第 244—245 页。

[4] 皮日休：《皮子文薮》卷三《原化》，萧涤非、郑庆笃整理本，上海古籍出版社 1981 年版，第 21 页。

[5] 皮日休：《皮子文薮》卷九《请韩文公配飨太学书》，萧涤非、郑庆笃整理本，上海古籍出版社 1981 年版，第 88 页。

这不仅继承了韩愈所列的道统系谱，而且明确承认了韩愈作为道统传人的身份。孟子受人重视，无疑得力于韩愈的首倡，韩愈地位的提高，则首先离不开皮日休的尊崇。清代李松寿就说："皮子起衰周后千余年，当韩子道未大光之时，独能高出李泰伯、司马君实诸公所见，而创其说，继李汉、皇甫持正诸人，而力致其尊崇。非知孟、韩之深，而具有知言知人之识者，能乎？……韩子之能超轶荀、扬，而上配孟子，虽经程、朱、欧、苏诸公表章论定，即谓其议，实自皮子开之。"[1] 当然，皮日休的道统系谱与韩愈略有不同，增加了荀子和王通二人。

皮日休不仅表彰韩愈在儒学史上的功绩，还继承和发扬了其儒学观念。韩愈写有《原道》《原性》《原毁》《原人》和《原鬼》五"原"，皮日休则撰《原化》《原宝》《原亲》《原己》《原弈》《原用》《原谤》《原刑》《原兵》《原祭》十"原"，并解释了"原"的含义："夫原者，何也？原其所自始也。穷大圣之始性，根古人之终义，其在十原乎？呜呼！谁能穷理尽性，通幽洞微，为吾补《三坟》之逸篇，修《五典》之堕策，重为圣人之一经者哉？"[2] 与韩愈相比，皮日休的十"原"都是讨论具有普遍性质的社会问题，而且也不同于韩愈的"明道"，他讲究的是"穷理尽性"。类似说法还有"文贵穷理，理贵原情"。不过，皮日休的"穷理尽性"，主要是针对现实问题中的"远非"和"近失"，"其余碑铭赞颂论议书序，皆上剥远非，下补近失，非空言也"。[3] 陆龟蒙极力称道皮氏对韩愈的继承之功：

> 孔圣铸颜事，垂之千载余。其间王道乖，化作荆榛墟。天必授贤哲，为时攻翦除。轲雄骨已朽，百氏徒趑趄。近者韩文公，首为

---

[1] 李松寿：《重刊宋本文薮序》，见《皮子文薮》附录二，萧涤非、郑庆笃整理本，上海古籍出版社 1981 年版，第 246—247 页。

[2] 皮日休：《皮日休文集》卷三《十原系述》，萧涤非、郑庆笃整理本，上海古籍出版社 1981 年版，第 21 页。

[3] 皮日休：《文薮序》，见《皮子文薮》卷首，萧涤非、郑庆笃整理本，上海古籍出版社 1981 年版，第 2 页。

闲辟锄。夫子又继起，阴霾终廓如。搜得万古遗，裁成十编书。[1]

陆龟蒙作为皮日休的好友，以上评价实属知己之言。

第二节　新儒学与史学

韩愈及其弟子、后学所倡导的儒学新风，毕竟还处于初级发展的阶段，在唐代的影响力也较为有限，因此要梳理其对史学的影响，难度较大，只能说在吸收他人研究的基础上，略作尝试，但愿有所推进。

一、道统论的史学含义[2]

关于道统论，准确地说，并不始于韩愈，因为韩愈的“原道”，仅仅建立了儒家传授的渊源脉络，并未正式提出“道统”二字。将韩愈作为道统论的发端，更大程度上是宋儒的追溯。尽管如此，我们还是遵循惯例，仍将道统论系于韩愈名下。学术界关于道统论的阐发，基本集中于哲学范畴的讨论，其实从史学思想的角度来看，也反映出韩愈对于中国历史和民族文化的总体认识。

(一) 道统论与韩愈的历史观

韩愈在《原道》中对人类早期社会的发展轨迹描述如下：

古之时，人之害多矣。有圣人者立，然后教之以相生养之道。为之君，为之师，驱其虫蛇禽兽而处之中土。寒，然后为之衣，饥，然后为之食；木处而颠，土处而病也，然后为之宫室。为之工，以赡其器用；为之贾，以通其有无；为之医药，以济其夭死；为之葬

[1] 陆龟蒙：《唐甫里先生文集》卷二《奉和因赠至一百四十言》，《四部丛刊初编》第129册，上海书店1989年版。

[2] 本节参考何晓涛：《韩愈的史学思想》，见牛润珍、吴海兰、何晓涛著：《中国史学思想通史·隋唐卷》，黄山书社2004年版，第450—467页。

埋祭祀，以长其恩爱；为之礼，以次其先后；为之乐，以宣其一郁；为之政，以率其怠倦；为之刑，以锄其强梗。相欺也，为之符玺、斗斛、权衡以信之；相夺也，为之城郭、甲兵以守之。害至而为之备，患生而为之防。[1]

这是将生产劳动、发明创造、礼乐刑政、制度器物等都归功于圣人。这种圣人史观自然不是韩愈个人的发明，而是诸子百家的共识。儒、墨、法等先秦的主要学派，对此都有详细的论述。墨子提出饮食、衣服、兵行、节葬、宫室等各种制度器物都是圣人的发明创造：

圣人为政一国，一国可倍也。大之为政天下，天下可倍也。其倍之，非外取地也，因其国家，去其无用，足以倍之。圣王为政，其发令兴事、使民用财也，无不加用而为者。是故用财不费，民德不劳，其兴利多矣。[2]

法家的韩非子也说：

上古之世，人民少而禽兽众，人民不胜禽兽虫蛇；有圣人作，构木为巢以避群害，而民悦之，使王天下，号曰有巢氏。民食果蓏蚌蛤，腥臊恶臭而伤害腹胃，民多疾病；有圣人作，钻燧取火，以化腥臊，而民说之，使王天下，号之曰燧人氏。[3]

对后世影响较大者，主要是儒家。如《礼记·礼运》云：

昔者先王未有宫室，冬则居营窟，夏则居橧巢。未有火化，食

[1] 韩愈：《韩昌黎文集》卷一《原道》，马其昶校注，马茂元整理本，上海古籍出版社1986年版，第15—16页。

[2] 墨翟：《墨子校注》卷六《节用上》，吴毓江校注、孙启治点校本，中华书局1993年版，第247页。

[3] 韩非：《韩非子集释》卷十九《五蠹》，陈奇猷校注本，上海人民出版社1974年版，第1040页。

草木之实，鸟兽之肉，饮其血，茹其毛；未有麻丝，衣其羽皮。后圣有作，然后修火之利，范金，合土，以为台榭、宫室、牖户。以炮以燔，以亨（烹）以炙，以为醴酪。治其麻丝，以为布帛，以养生送死，以事鬼神上帝，皆从其朔。[1]

《孟子·滕文公上》云：

当尧之时，天下犹未平，洪水横流，泛滥于天下，草木畅茂，禽兽繁殖，五谷不登，禽兽逼人。兽蹄鸟迹之道交于中国，尧独忧之，举舜而敷治焉。舜使益掌火，益烈山泽而焚之，禽兽逃匿。禹疏九河，瀹济、漯而注诸海，决汝、汉，排淮、泗而注之江，然后中国可得而食也……后稷教民稼穑，树艺五谷。五谷熟而民人育。人之有道也，饱食暖衣，逸居而无教，则近于禽兽。圣人有忧之，使契为司徒，教以人伦：父子有亲，君臣有义，夫妇有别，长幼有叙，朋友有信。[2]

韩愈对于古史的看法，显然是综合先儒而成，并没有更多的延伸和发展。西周春秋时宣扬王者受命于上帝，所谓“天命玄鸟，降而生商”[3]，“皇矣上帝，临下有赫，监视四方，求民之莫”[4]，圣人史观与之相比，当然是一种进步。但历经千年之后，韩愈仍然重申此种史观，似有原地踏步的嫌疑，但我们不难理解他的用意。他说“今其言曰：‘圣人不死，大盗不止；剖斗折衡，而民不争。’呜呼！其亦不思而已矣”。“圣人不死，大盗不止”，“剖斗折衡，而民不争”，都出自《庄子·胠箧》。庄子认为

[1]《礼记正义》卷二十一《礼运》，见《十三经注疏》，北京大学出版社2000年版，第779—781页。

[2]《孟子注疏》卷五《滕文公上》，见《十三经注疏》，北京大学出版社2000年版，第173—174页。

[3]《毛诗正义》卷二十《商颂·玄鸟》，见《十三经注疏》，北京大学出版社2000年版，第1700页。

[4]《毛诗正义》卷十六《大雅·皇矣》，见《十三经注疏》，北京大学出版社2000年版，第1195页。

没有圣人才会消除大盗，没有人为的规范与标准，民众才不会争论不休，天下才可能太平。这个观点与儒家针锋相对，韩愈正是为了驳斥它及其所代表的道教，坚定地站在儒家的立场，提出“如古之无圣人，人之类灭久矣。何也？无羽毛鳞介以居寒热也，无爪牙以争食也”。[1] 韩愈古无圣人则人类灭绝的看法，无疑是一种夸大，并非历史的事实。因为所谓的圣人群体，其实只是理想化的古代部落联盟的首领。洪荒时代的每一项文明进步，在后人的不断追怀中被赋予了浓厚的浪漫色彩，圣人也被不断地增添各种超凡的能力和品质，成为无与伦比的英雄。

韩愈对此理想化的圣人及其业绩深信不疑，而且认为其功泽被当世：

> 民之初生，固若禽兽夷狄然。圣人者立，然后知宫居而粒食，亲亲而尊尊，生者养而死者藏。是故道莫大乎仁义，教莫正乎礼乐刑政。施之于天下，万物得其宜；措之于其躬，体安而气平。尧以是传之舜，舜以是传之禹，禹以是传之汤，汤以是传之文武，文武以是传之周公、孔子；书之于册，中国之人世守之。……夫鸟俯而啄，仰而四顾；夫兽深居而简出：惧物之为己害也，犹且不脱焉。弱之肉，强之食，今吾与文畅安居而暇食，优游以生死，与禽兽异者，宁可不知其所自邪？[2]

世人能“安居而暇食，优游以生死，与禽兽异者”，都是拜圣人之所赐，可惜很多人意识不到。韩愈还指出后来的社会结构就是在这种“为之君、为之师”的劳动需要中产生。“君者，出令者也；臣者，行君之令而致之民者也；民者，出粟米麻丝，作器皿、通货财，以事其上者也。君不出令，则失其所以为君；臣不行君之令而致之民，民不出粟米麻丝，作器皿，通货财，以事其上，则诛”[3]。这在现实层面，固然有针对意义，

[1] 韩愈：《韩昌黎文集》卷一《原道》，马其昶校注，马茂元整理本，上海古籍出版社1986年版，第16页。

[2] 韩愈：《韩昌黎文集》卷四《送浮屠文畅师序》，马其昶校注，马茂元整理本，上海古籍出版社1986年版，第252—253页。

[3] 韩愈：《韩昌黎文集》卷一《原道》，马其昶校注，马茂元整理本，上海古籍出版社1986年版，第16页。

即安史之乱后藩镇独霸一方，自行其令，违反君臣大义，因此，韩愈此说确有维护大一统、反对藩镇割据的价值。但是他的本意主要是反对佛道的无父无君之论。他说三代之后，“周道衰，孔子没，火于秦，黄老于汉，佛于晋魏梁隋之间。其言道德仁义者，不入于杨，则入于墨；不入于老，则入于佛”。无论佛教与道家，都是毁弃君臣父子，禁生养之道，求清静寂灭，韩愈说：“呜呼！其亦幸而出于三代之后，不见黜于禹、汤、文、武、周公、孔子也；其亦不幸而不出于三代之前，不见正于禹、汤、文、武、周公、孔子也。”[1] 在此，韩愈大致将历史划分为三代之前与三代之后两个阶段。圣人创造的文明成果被禹、汤、文、武、周公、孔子传承下来，从而造就了夏、商、周三代的盛世；秦汉之后，道、佛等异端学说盛行，历史从此由盛而衰，进入另一个发展阶段。秦灭先王之法，焚书坑儒，天下大乱。汉兴近百年，黄老思想盛行，不知修明先王之道，后虽除挟书之律，鼓励民间献书，招揽学士，但儒家典籍“尚皆残缺，十亡二三。故学士多老死，新者不见全经，不能尽知先王之事，各以所见为守，分离乖隔，不合不公，二帝三王群圣人之道于是大坏。后之学者无所寻逐，以至于今泯泯也”[2]。这是韩愈对三代后学术和历史的总体评价。

韩愈对历史的认识后来被宋代程朱等学者继承，如程颐说：“先王以仁义得天下而教化之，后世以智力取天下而纠持之，古今之所以相绝者远矣。”[3] 朱熹认为夏、商、周“三代专以天理行，汉唐专以人欲行”，三代以上是王道盛世，三代以下是霸道衰世。“千五百年之间，正坐如此，所以只是架漏牵补，过了时日，其间虽或不无小康，而尧舜三王周公孔子所传之道，未尝一日得行于天地之间也”[4]。可见在他们眼中，

[1] 韩愈：《韩昌黎文集》卷一《原道》，马其昶校注，马茂元整理本，上海古籍出版社1986年版，第14、16页。

[2] 韩愈：《韩昌黎文集》卷三《与孟尚书书》，马其昶校注，马茂元整理本，上海古籍出版社1986年版，第214页。

[3] 《河南程氏粹言》卷一《论政篇》，见《二程集》下册，王孝鱼点校本，中华书局2004年版，第1217页。

[4] 朱熹：《朱熹集》卷三十六《答陈同甫》，郭齐、尹波点校，四川教育出版社1996年版，第1592页。

三代圣人治理之下的社会是历史上的黄金时代，三代之治是理想的社会政治状态，各项制度体现了贯穿整个宇宙人生至善之理的“道”，民众的道德品行也获得普遍的提升，“以之为己，则顺而祥；以之为人，则爱而公；以之为心，则和而平；以之为天下国家，无所处而不当”[1]。三代之后，礼崩乐坏，即使汉唐也是“专以人欲行”，原因就是执政者没有遵循圣人之道。这样，中国历史的演进历程，在韩愈及程朱等学者的眼中就是退化的模样。当然，中国历史上确实是乱世多，治世少，暴君迭出，圣王难现，韩愈及程朱希望由圣哲的君主推行仁政，泽被天下，恩加四海，他们对远古传说中圣人的真诚赞美，大约正是这种美好愿望的投影。

（二）道统论与韩愈的民族文化观

众所周知，韩愈能提出道统论，与其反佛的立场密不可分，而这正体现了一位纯正儒家学者的民族文化观。

佛教传入中国以后，一直遭遇非难和指责。东晋的戴逵、南朝的刘峻都曾对佛教的因果报应思想做过批判，晋宋之际的何承天与范缜讨论过形神问题，主张形灭神灭。隋唐以来，朝堂之上的反佛呼声更是从未停止，可以称得上“代有其人”。唐代士大夫反佛所持的理由可归纳为四种：佛教害政；佛法无助于国祚延绵；高祖沙汰僧徒，当取以为法；僧尼守戒不严，佛寺沦为贸易之场、逋逃之薮。[2] 韩愈当然也没有超出这个范围。他说：“佛法入中国，尔来六百年。齐民逃赋役，高士著幽禅。官吏不之制，纷纷听其然。耕桑日失隶，朝署时遗贤”[3]。“汉明帝时，始有佛法，明帝在位才十八年耳。其后乱亡相继，运祚不长。宋、齐、梁、陈、元魏已下，事佛渐谨，年代尤促。……事佛求福，乃更得祸”[4]。“假如释氏能与人为祸祟，非守道君子之所惧也，况万万无此理。且彼佛者果何人哉？其行事类君子邪？小人邪？若君子也，必不妄

[1] 韩愈：《韩昌黎文集》卷一《原道》，马其昶校注，马茂元整理本，上海古籍出版社1986年版，第18页。

[2] 汤用彤：《隋唐佛教史稿》，武汉大学出版社2008年版，第31—36页。

[3] 韩愈：《韩愈全集校注·诗·送灵师》，屈守元、常思春主编本，四川大学出版社1996年版，第149页。

[4] 韩愈：《韩昌黎文集》卷八《论佛骨表》，马其昶校注，马茂元整理本，上海古籍出版社1986年版，第613—614页。

加祸于守道之人；如小人也，其身已死，其鬼不灵。天地神祇，昭布森列，非可诬也，又肯令其鬼行胸臆、作威福于其间哉?”[1] 佛教无益于国计民生，也无助于国运的延长，更无因果报应的功能。

此外，韩愈还屡屡强调佛教属于夷狄之法：“夫佛本夷狄之人，与中国言语不通，衣服殊制，口不言先王之法言，身不服先王之法服，不知君臣之义，父子之情”[2]。“浮屠西来何施为？扰扰四海争奔驰”[3]。“吾非西方教，怜子狂且醇”[4]。“有人传愈近少信奉释氏，此传之者妄也。……何有去圣人之道，舍先王之法，而从夷狄之教以求福利也?”[5]“今也，举夷狄之法，而加之先王之教之上，几何其不胥而为夷也?”[6]这也没有超出前人的话语体系。两晋南北朝时期，“老子化胡说”“夷夏论”等道佛之争中，道教以“夏”即中国传统文化正统自居，以夷狄贬斥佛教，如南齐时道士顾欢写《夷夏论》，文中就巧妙地运用了佛教有别于儒家忠孝礼义等道德观念，判定佛教是夷狄之教，不可在中土传播，以此打击佛教，当然，这本是借用儒家的夷夏观念。但是韩愈对出自本土的道教也并不认可，因为“老子之所谓道德云者，去仁与义言之也”[7]。韩愈此时重提此夷夏之辨，可谓积极顺应并利用了安史之乱后“攘夷”意识高涨的形势。佛教既为夷狄之法，与儒家相比，自然处于劣势。

韩愈反佛的主张多继承前人，那么，可有独特之处？他曾表示：

---

[1] 韩愈：《韩昌黎文集》卷三《与孟尚书书》，马其昶校注，马茂元整理本，上海古籍出版社1986年版，第212页。

[2] 韩愈：《韩昌黎文集》卷八《论佛骨表》，马其昶校注，马茂元整理本，上海古籍出版社1986年版，第615—616页。

[3] 韩愈：《韩愈全集校注·诗·送僧澄观》，屈守元、常思春主编本，四川大学出版社1996年版，第92页。

[4] 韩愈：《韩愈全集校注·诗·送惠师》，屈守元、常思春主编本，四川大学出版社1996年版，第140页。

[5] 韩愈：《韩昌黎文集》卷三《与孟尚书书》，马其昶校注，马茂元整理本，上海古籍出版社1986年版，第212页。

[6] 韩愈：《韩昌黎文集》卷一《原道》，马其昶校注，马茂元整理本，上海古籍出版社1986年版，第17页。

[7] 韩愈：《韩昌黎文集》卷一《原道》，马其昶校注，马茂元整理本，上海古籍出版社1986年版，第14—15页。

今夫二氏行乎中土也，盖六百年有余矣。其植根固，其流波漫，非所以朝令而夕禁也。自文王没，武王、周公、成、康相与守之，礼乐皆在，及乎夫子，未久也。自夫子而及乎孟子，未久也；自孟子而及乎扬雄，亦未久也。然犹其勤若此，其困若此，而后能有所立，吾其可易而为之哉！[1]

佛道二教已在中土流传数百年，根深蒂固，儒家若想与之抗衡，需要自身足够强大。韩愈提炼出道统论，我们以为，正是这一点使得韩愈超越了前人。韩愈坚定地认为只有儒学中的仁义道德才是民族文化的核心，“夫所谓先王之教者，何也？博爱之谓仁，行而宜之之谓义，由是而之焉之谓道，足乎己，无待于外之谓德。……曰：斯道也，何道也？曰：斯吾所谓道也，非向所谓老与佛之道也”[2]。他强调儒学存在渊源甚早、连绵不绝的精神系谱，那就是道统：尧传舜，舜传禹，禹传汤，汤传文、武、周公，文、武、周公传孔子，孔子传孟轲。道统本身虽然永恒不变，但其需要合格的传承者，否则就会中断，因此道统在历史上才会时隐时现。孟子之后，道统“不得其传焉”，于是他试图承担这一重任。唐宪宗迎佛骨，造成举国上下一片狂热，“皆云：‘天子大圣，犹一心敬信；百姓何人，岂合更惜身命！’焚顶烧指，百十为群，解衣散钱，自朝至暮，转相仿效。惟恐后时，老少奔波，弃其业次”[3]。在此种情况下，韩愈毅然不顾生死，冒死进谏，主张将佛骨投诸水火，永绝根本。虽然韩愈为此差点丧命，后改为流放于潮州，“飓风鳄鱼，患祸不测。州南近界，涨海连天，毒雾瘴氛，日夕发作”[4]。在艰难困苦中，他仍然痴心不改，不仅在潮州当地积极兴儒重教，而且在有人妄传其改信佛教的情况下，

[1] 韩愈：《韩昌黎文集》卷二《重答张籍书》，马其昶校注，马茂元整理本，上海古籍出版社1986年版，第135页。

[2] 韩愈：《韩昌黎文集》卷一《原道》，马其昶校注，马茂元整理本，上海古籍出版社1986年版，第18页。

[3] 韩愈：《韩昌黎文集》卷八《论佛骨表》，马其昶校注，马茂元整理本，上海古籍出版社1986年版，第615页。

[4] 韩愈：《韩昌黎文集》卷八《潮州刺史谢上表》，马其昶校注，马茂元整理本，上海古籍出版社1986年版，第618页。

仍然坚定地表示“凡君子行已立身自有法度，圣贤事业，具在方册，可效可师，仰不愧天，俯不愧人，内不愧心，积善积恶，殃庆自各以其类至”[1]。

不仅如此，韩愈虽然排佛，但并不排斥与佛教徒的来往，有诗或文相赠的僧人至少达十五人：澄观、惠师、灵师、盈上人、僧约、文畅、无本、广宣、颖师、秀师、澹师、高闲、令纵、大颠、译经僧等。[2] 韩愈频交僧徒，目的是“方将敛之道，且欲冠其颠”[3]。《送浮屠文畅师序》中他对此作了详细的说明：

> 人固有儒名而墨行者，问其名则是，校其行则非，可以与之游乎？如有墨名而儒行者，问之名则非，校其行而是，可以与之游乎？扬子云称：“在门墙则挥之，在夷狄则进之。”吾取以为法焉。[4]

扬雄的原话为：“或问：‘人有倚孔子之墙，弦郑、卫之声，诵韩、庄之书，则引诸门乎？’曰：‘在夷貉则引之，倚门墙则麾之。惜乎衣未成而转为裳也。’”后世学者解读为：“‘在夷貉则引之’，嘉其处僻远而知慕中国之化；‘倚门墙则麾之’，恶其已近圣人之宇，而犹惑于邪僻之俗、异端之说，是亦不可教诲也已矣。”[5] 这是说如果弹奏郑、卫之声，朗诵韩、庄之书的人是未开化的民族，可以引导进入孔门学习；但如果本已知晓圣人之道，却偏偏鼓吹邪说，就要将之驱逐。韩愈与僧侣们的交往，正是秉承扬雄“在夷狄则进之”的原则，文畅法师则是其试图“进之”的对象。文畅喜游历天下，出行之前，必请于缙绅先生以歌咏其所志。贞元十九年（803），他前往东南前，柳宗元曾为之撰叙诗，韩愈不

---

[1] 韩愈：《韩昌黎文集》卷三《与孟尚书书》，马其昶校注，马茂元整理本，上海古籍出版社 1986 年版，第 212 页。

[2] 文碧方：《韩愈与佛教》，载《海南大学学报》（人文社会科学版），2013 年第 4 期。

[3] 韩愈：《韩愈全集校注·诗·送灵师》，屈守元、常思春主编本，四川大学出版社 1996 年版，第 150 页。

[4] 韩愈：《韩昌黎文集》卷四《送浮屠文畅师序》，马其昶校注，马茂元整理本，上海古籍出版社 1986 年版，第 251—252 页。

[5] 汪荣宝：《法言义疏》五《修身卷三》，李轨注，陈仲夫点校，中华书局 1987 年版，第 102—103 页。

满于柳宗元举佛教之说相赠，而未告之以圣人之道，因为文畅“如欲闻浮屠之说，当自就其师而问之，何故谒吾徒而来请也?”他认为文畅仰慕的是“吾君臣父子之懿，文物事为之盛”，“如吾徒者，宜当告之以二帝三王之道，日月星辰之行，天地之所以著，鬼神之所以幽，人物之所以蕃，江河之所以流而语之”。虽然这很可能只是韩愈的一厢情愿，但其诚心无可怀疑。韩愈觉得自己有责任告知文畅法师儒家道统和圣人功业，否则就是不仁不信：“知而不以告人者，不仁也；告而不以实者，不信也。”[1] 韩愈希望以儒家的精神来感化佛教徒，贾岛就是成功的一例。“（贾岛）初为浮屠，名无本。来东都，时洛阳令禁僧午后不得出，岛为诗自伤。愈怜之，因教其为文，遂去浮屠，举进士”[2]。当然，这毕竟是个案，良苦用心未必被人领情，韩愈自己也说：“仆自得圣人之道而诵之，排前二家有年矣。不知者以仆为好辩也，然从而化者亦有矣，闻而疑者又有倍焉。”[3] 连好友柳宗元都不予认同，“儒者韩退之与余善，尝病余嗜浮屠言，訾余与浮屠游。……浮屠诚有不可斥者，往往与《易》《论语》合，诚乐之，其于性情奭然，不与孔子异道。”[4] 无奈之下，韩愈只能与那些“在门墙者”决裂，如他对惠师说：“吾言子当去，子道非吾遵。江鱼不池活，野鸟难笼驯。吾非西方教，怜子狂且醇。吾嫉惰游者，怜子愚且谆。去矣各异趣，何为浪沾巾?”[5]

韩愈在佛教的强大冲击之下，以饱满的热情和坚定的信念，积极捍卫本民族文化，其道统观念的树立，也意味着中国文化主体的确立。若无此文化主体，则不但纷纭歧异的固有民族文化无所皈依，更谈不上对佛教等外来文化的吸收。因此，韩愈道统论在民族文化建设上的意义可谓不言而喻。在此，可以《新唐书》韩愈本传赞语作为本部分的结束：

---

[1] 韩愈：《韩昌黎文集》卷四《送浮屠文畅师序》，马其昶校注，马茂元整理本，上海古籍出版社 1986 年版，第 252、253 页。

[2] 《新唐书》卷一百七十六《韩愈传附贾岛》，中华书局 1975 年版，第 5268 页。

[3] 韩愈：《韩昌黎文集》卷二《答张籍书》，马其昶校注，马茂元整理本，上海古籍出版社 1986 年版，第 132 页。

[4] 柳宗元：《柳宗元集》卷二十五《送僧浩初序》，中华书局 1979 年版，第 673 页。

[5] 韩愈：《韩愈全集校注·诗·送惠师》，屈守元、常思春主编本，四川大学出版社 1996 年版，第 140 页。

> 自晋汔隋，老佛显行，圣道不断如带。诸儒倚天下正议，助为怪神。愈独喟然引圣，争四海之惑，虽蒙讪笑，跲而复奋，始若未之信，卒大显于时。昔孟轲拒杨、墨，去孔子才二百年。愈排二家，乃去千余岁，拨衰反正，功与齐而力倍之，所以过况、雄为不少矣。[1]

韩愈的拨乱反正之功，辉映后世，照耀千古。

二、儒学新风与史学的变化

儒学新风对史学带来的变化，在韩愈本人身上并不突出，到了弟子李翱、皇甫湜，才有了比较显著的表现。

韩愈于宪宗元和八年（813）任史官修撰，但早在贞元十一年（795）[2]，他就曾表示欲“求国家之遗事，考贤人哲士之终始，作唐之一经，垂之于无穷，诛奸谀于既死，发潜德之幽光”[3]。这虽然是韩愈在设想仕途不顺后退而求其次的愿望，但他确实素有此志，柳宗元可以为证：“昔与退之期为史，志甚壮。”[4] 韩愈也确实具备修史的素养，因为他“究穷于经传史记百家之说……凡自唐虞已来，编简所存，大之为河海，高之为山岳，明之为日月，幽之为鬼神，纤之为珠玑华实，变之为雷霆风雨，奇辞奥旨，靡不通达。”[5] 对前人著述立说的深入了解，是身为史官必不可少的素质。元和九年，元稹写信给时任比部郎中兼史馆修撰的韩愈，介绍了甄济、甄逢父子的事迹：甄济当年预料安禄山必会叛乱，拒不听令；其子甄逢严于律己，战乱中尚能救人之急，希望他们父子二人“名

[1] 《新唐书》卷一百七十六《韩愈传》，中华书局 1975 年版，第 5269 页。

[2] 阎琦：《试论韩愈的人生价值取向——从几篇韩愈少作谈起》，见《唐代文学研究识小集》，三秦出版社 2011 年版，第 283 页。

[3] 韩愈：《韩昌黎文集》卷三《答崔立之书》，马其昶校注，马茂元整理本，上海古籍出版社 1986 年版，第 168 页。

[4] 柳宗元：《柳宗元集》卷三十《与史官韩愈致段秀实太尉逸事书》，中华书局 1979 年版，第 812 页。

[5] 韩愈：《韩昌黎文集》卷二《上兵部李侍郎书》，马其昶校注，马茂元整理本，上海古籍出版社 1986 年版，第 143 页。

迹存诸史氏”。韩愈答复道：“校之史法，若济者，固当得附书。”甄逢不仅立身处世值得嘉奖，而且宣传先人事迹，“载之天下耳目，彻之天子，追爵其父第四品，赫然惊人”，因此，父子二人都可入史传。由此可见，韩愈对“史法”是十分了解的。韩愈还进一步提出：“《春秋》美君子乐道人之善。夫苟能乐道人之善，则天下皆去恶为善，善人得其所，其功实大。”[1] 这遵循的正是《春秋》褒善贬恶的宗旨。事实上，因为孔子的神圣地位，其倡导的惩恶扬善，早已成为中国传统史学理论中不可置疑的原则，韩愈并没有丝毫改变的想法。他表示：“愚以为凡史氏褒贬大法，《春秋》已备之矣。后之作者，在据事迹实录，则善恶自见”[2]。“《春秋》书王法，不诛其人身。《尔雅》注虫鱼，定非磊落人”[3]。他秉承的正是《春秋》笔法，与中唐以后兴起的新《春秋》学自然也是若合符契的。

但是鼓吹“书王法”“作唐一经”的韩愈，竟又有如下观点：“夫为史者不有人祸，则有天刑，岂可不畏惧而轻为之哉！唐有天下二百年矣，圣君贤相相踵，其余文武之士，立功名跨越前后者，不可胜数，岂一人卒能纪而传之邪?”[4] 韩愈在修史方面表现出前后矛盾的态度，实有不得已的苦衷。因为永贞时事，多涉及顺宗与宪宗之间的皇权斗争，甚至弑君之隐秘，韩愈于此时秉史笔，确实风险甚大，人祸天刑之说，是处于唐代史馆与政权核心密切结合、原始材料不俱可信的尴尬境地中的愤激之言。[5] 关于韩愈的史学品格，当时人不乏评价者，如白居易说其“性方道直，介然有守。不交势利，自致名望。可使执简，列为史官，记

[1] 韩愈：《韩昌黎文集》卷三《答元侍御书》，马其昶校注，马茂元整理本，上海古籍出版社 1986 年版，第 220 页。

[2] 韩愈：《韩昌黎文集》文外集上卷《答刘秀才论史书》，马其昶校注，马茂元整理本，上海古籍出版社 1986 年版，第 667 页。

[3] 韩愈：《韩愈全集校注·诗·读皇甫湜公安园池诗书其后》，屈守元、常思春主编本，四川大学出版社 1996 年版，第 750 页。

[4] 韩愈：《韩昌黎文集》文外集上卷《答刘秀才论史书》，马其昶校注，马茂元整理本，上海古籍出版社 1986 年版，第 667、668 页。

[5] 秦蓁：《韩愈修史——以〈答刘秀才论史书〉为中心》，载《史林》2003 年第 2 期。

事书法，必无所苟”[1]。王建说其“唯将直气折王侯……史笔应令谄骨羞”[2]。另外，韩愈弟子兼女婿李汉，史载其“为人刚，略类愈。愈爱重，以子妻之”。文宗时任史馆修撰，撰《宪宗实录》，“书宰相李吉甫事不假借，子德裕恶之”[3]。这也可以作为韩愈直笔撰史的旁证。

韩愈修撰的《顺宗实录》，“说禁中事颇切直，内官恶之，往往于上前言其不实，累朝有诏改修”[4]。当司马光为其《资治通鉴》撰写《考异》时，在皇家秘阁中有两种迥然不同的《顺宗实录》修订本可供利用。它们皆为五卷本，且都归在韩愈名下。其中一种被司马光称为“详本”，另一种为“略本”。通过与保存在《资治通鉴考异》中这两种文本的引文所作的比较，可以很明显地看出，附于韩愈文集的现存文本不是“详本”。也许两种文本都出自韩愈，“详本”可能是为史馆撰作的正式文本，另一种“简本”，即今存的文集本可能是一个私家文本。韩愈在其中删削了某些例行琐事，将材料组织得更加紧凑，以求更强有力地表达其教化主旨，他必然是抱着这样的宗旨来对待修史之责的。[5]因为韩愈重修《顺宗实录》，秉笔仍如当初发愿般豪勇，“削去常事，著其系于政者，比之旧录，十益六七。忠良奸佞，莫不备书”[6]。尤为难得的是，他坚持以意褒贬人主，志不少假，如对德宗多次直接批评：“德宗在位久，益自揽持机柄，亲治细事，失君人大体，宰相益不得行其事职”[7]。“德宗在位久，稍不假宰相权，而左右得因缘用事。外则裴延龄、李齐运、韦渠牟等以奸佞相次进用。延龄尤狡险，判度支，务刻剥聚敛以自为功，天

---

[1] 白居易：《白居易文集》卷第十八《韩愈比部郎中史馆修撰制》，谢思炜校注本，中华书局2011年版，第995页。

[2] 王建：《王司马集》卷六《寄上韩愈侍郎》，《景印文渊阁四库全书》第1078册，台湾商务印书馆1986年版，第615页。

[3] 《新唐书》卷七十八《淮阳王道玄附李汉传》，中华书局1975年版，第3519页。

[4] 《旧唐书》卷一百五十九《路随传》，中华书局1975年版，第4192页。

[5] （英）杜希德著：《唐代官修史籍考》，黄宝华译，上海古籍出版社2015年版，第131—133页。

[6] 韩愈：《韩昌黎文集》卷八《进顺宗皇帝实录表状》，马其昶校注，马茂元整理本，上海古籍出版社1986年版，第599页。

[7] 韩愈：《韩昌黎文集》文外集下卷《顺宗实录》卷四，马其昶校注，马茂元整理本，上海古籍出版社1986年版，第715页。

下皆怨怒”[1]。

此外，韩愈其他的碑志和史传，也多体现了惩恶扬善的旨趣。如《张中丞传后叙》中，韩愈对张巡、许远、南霁云等人誓死保卫睢阳、阻止安史叛军南下的英雄事迹进行了热情歌颂，对贺兰进明坐视睢阳沦陷、拥兵不救的可耻行为则给予了激烈抨击：“守一城，捍天下，以千百就尽之卒，战百万日滋之师，蔽遮江淮，沮遏其势，天下之不亡，其谁之功也！当是时，弃城而图存者，不可一二数；擅强兵坐而观者，相环也。”[2] 另如王仲舒的墓志铭中，韩愈记载了其不屈于权贵，屡遭谗言而被贬，但心怀国家与苍生，声称“得一道，有地六七郡，为之三年，贫可富，乱可治，身安功立，无愧于国家可也”。这绝非空言。元和初年，婺州大旱，人多饿死，户口亡十之七八，“公居五年，完富如初。按劾群吏，奏其赃罪，州部清整。加赐金紫。其在苏州，治称第一”。每至一地任职，“辄先求人利害废置所宜，闭阁草奏，又具为科条与人吏约，事备，一旦张下，民无不抃叫喜悦。或初若小烦，旬岁皆称其便”[3]。韩愈不仅给王仲舒撰写墓志铭，还另撰神道碑，特别补充记载其在元和十五年（820），除江西观察使，罢军队之息钱，禁绝佛教，三年后，“法大成，钱余于库，粟余廪，人享于田庐，讴谣于道途”。韩愈在文末哀辞中对其人作了高度的评价：“生人之治，本乎斯文。有事其末，而忘其源；切近昧陋，道由是堙。有志其本，而泥古陈；当用而迂，乖戾不伸。较是二者，其过也均。有美王公，志儒之本，达士之经。……以忠远名，有直有讽；辨遏坚悬，巨邪不用。……久淹于外，历守大藩；所至极思，必悉利病。萎枯以膏，燠暍以醒。……方乎所部，禁绝浮屠；风雨顺易，

[1] 韩愈：《韩昌黎文集》文外集下卷《顺宗实录》卷一，马其昶校注，马茂元整理本，上海古籍出版社 1986 年版，第 694 页。

[2] 韩愈：《韩昌黎文集》卷二《张中丞传后叙》，马其昶校注，马茂元整理本，上海古籍出版社 1986 年版，第 75 页。

[3] 韩愈：《韩昌黎文集》卷七《故江南西道观察使赠左散骑常侍太原王公墓志铭》，马其昶校注，马茂元整理本，上海古籍出版社 1986 年版，第 534、536 页。

粳稻盈畴；人得其所，乃恬乃讴。”[1] 对王仲舒的称许，体现了韩愈以儒为本、排斥佛教的一贯立场，如果我们说这是其儒学思想在史学上的反映，应该是没有太大问题的。

李翱也担任过史官，他表示：“臣等无能，谬得秉笔史馆，以记注为职。夫劝善惩恶，正言直笔，纪圣朝功德，述忠臣贤士事业，载奸臣佞人丑行，以传无穷者，史官之任也。”[2] 他对唐代国史极为不满，认为：“唐有天下，圣明继于周汉，而史官叙事，曾不如范晔、陈寿所为，况足拟望左丘明、司马迁、班固之文哉？”他引以为耻，当仁不让地撰写《唐书》，自称“词句足以称赞明盛，纪一代功臣贤士，行迹灼然可传于后，自以为能不灭者，不敢为让”。虽然史官才薄，言词鄙浅，不足以发明高祖太宗列圣的功德，但他试图师法孔子与韩愈，坚持褒贬人物、品评是非，“欲笔削国史，成不刊之书，用仲尼褒贬之心，取天下公是公非为本，群党之所谓为是者，仆未必以为是，群党之所谓为非者，仆未必以为非。使仆书成而传，则富贵而功德不著者，未必声名于后；贫贱而道德全者，未必不烜赫于无穷。韩退之所谓诛奸谀于既死，发潜德之幽光，是翱心也”。[3] 李翱声称师法韩愈，但已经突破了韩愈的撰史要求，集中体现为“用仲尼褒贬之心，取天下公是公非为本”。因为韩愈虽也说过“夫圣人乃万世之标准也”[4]，但他并未有意识地将这一标准明确地贯彻于史书编撰中。

当然，李翱重视“圣人之心”也并非其首创，柳冕早已提出史学“求圣人之道，在求圣人之心，求圣人之心，在书圣人之法。法者，凡例

[1] 韩愈：《韩昌黎文集》卷七《唐故江南西道观察使中大夫洪州刺史兼御史中丞上柱国赐紫金鱼袋赠左散骑常侍太原王公神道碑铭》，马其昶校注，马茂元整理本，上海古籍出版社 1986 年版，第 500、501—502 页。

[2] 李翱：《李文公集》卷十《百官行状奏》，《四部丛刊初编》第 119 册，上海书店 1989 年版。

[3] 李翱：《李文公集》卷六《答皇甫湜书》，《四部丛刊初编》第 119 册，上海书店 1989 年版。

[4] 韩愈：《韩昌黎文集》卷一《伯夷颂》，马其昶校注，马茂元整理本，上海古籍出版社 1986 年版。

褒贬是也”[1]。柳冕提出了“圣人之心”的概念，仅局限于“书圣人之法”，未有更为深入的论述，李翱吸收这一新的观念，作为自己思想的重要组成。他将求“圣人之心”的观念运用于史学，以孔子褒贬之心作为评判天下是非的标准，就可以不受现实中高低贵贱的等级观念与群党私心的影响，做出较为客观的判断，并能超越贵贱和私心的观念，树立永恒的道德价值，因此，凡是“功德著”“道德全”者，即使年幼贫贱之人，也能留名青史。李翱撰写的《高愍女碑》《杨烈妇传》，正可作为代表。

高愍女是平卢节度使李正己部将高彦昭的女儿，小名妹妹，年仅七岁。李正己和承德节度使李宝臣、魏博节度使田承嗣相互勾结，割据一方，抗拒朝廷。李正己在任命高彦昭镇守濮阳前，将其家眷作为人质，留在节度使驻地。建中二年（781），李正已死去，其子李纳隐瞒消息，擅自接管了平卢藩镇。后来才向德宗上表，请袭父位，遭到德宗反对，李纳便起兵造反，各藩镇与之遥相呼应。朝廷讨逆大军到达濮阳时，高彦昭率军归顺河南部统刘玄佐，李纳怒不可遏，下令杀掉高彦昭全家。高彦昭之妻子李氏怜妹妹年幼无辜，“请独免其死而以为婢于官，皆许之”。妹妹却表示：“生而受辱，不如死。母兄且不免，何独生为?”母兄受刑前，跪拜四方，妹妹也不以为然：“我家为忠，宗党诛夷，四方神祇尚何知?”仅向父亲所在之西方跪拜，然后从容赴死。第二年，朝廷命太常赐其谥号曰“愍”，以示褒奖。李翱说历史上曾出现四位女子：曹娥、王章之女、许穆夫人、缇萦，“或孝或智，或义或仁”，与她们相比，高妹妹最为年幼。小小年纪，就已如此深明大义，可谓符合“道德全”的标准，李翱强调其事迹具有极大的教化意义，“向遂推而布之于天下，其谁不从而化焉。虽有逆子必改行，虽有悍妻必易心。赏一女而天下劝，亦王化之大端也”。[2]

杨烈妇是项城县令李侃之妻杨氏。建中四年（783），淮宁节度使李

[1] 柳冕：《答孟判官论宇文生评史官书》，见《唐文粹》卷八十二，《四部丛刊初编》第319册，上海书店1989年版。

[2] 李翱：《李文公集》卷十二《高愍女碑》，《四部丛刊初编》第119册，上海书店1989年版。

希烈攻克汴州后，劫掠项城县，县令李侃不知所措。其妻杨氏临危不惧，指出“君县令，寇至当守，力不足，死焉职也”。守城护民乃职责所在，即使战死，也是为国尽忠。李侃忧虑无兵无财，杨氏则以为一旦城池不守，府库之钱粮皆为敌所有，百姓则成为叛军之士卒，无益于国家，主张散发府库钱粮，重赏百姓，使成为敢死之士，保卫城池。然后动员百姓守城：“县令，诚主也。虽然，岁满则罢去，非若吏人百姓。然吏人百姓，邑人也，坟墓存焉，宜相与致死以守其邑，忍失其身，而为贼之人耶？”并明确悬赏，“以瓦石中贼者，与之千钱，以刀矢兵刃之物中贼者，与之万钱”。奖励忠勇，鼓舞士气，终于组成了数百人的守城队伍。她还亲自组织后勤服务，鼓励丈夫带伤守城，认为“与其死于城上，不犹愈于家乎？”[1] 最终县城保卫战取得胜利。李翱高度称许了杨氏忠于国家、有勇有谋、巾帼不让须眉的精神：

> 妇人女子之德，奉父母舅姑，尽恭顺，和于娣姒，于卑幼有慈爱，而能不失其贞者，则贤矣。辨行列，明攻守，勇烈之道，此公卿大臣之所难。厥自兵兴，朝廷宠旌守御之臣，凭坚城深池之险，储蓄山积，货财自若，冠胄服甲，负弓矢而驰者，不知几人？其勇不能战，其智不能守，其忠不能死，弃其城而走者有矣，彼何人哉？若杨氏者，妇人也。孔子曰仁者必有勇，杨氏当之矣。[2]

可见杨氏虽是一介女流，也达到了“功德著”的标准。李翱对《高愍女碑》和《杨烈妇传》甚为自负，称“仆文采虽不足以希左丘明、司马子长，足下视仆叙高愍女、杨烈妇，岂尽出班孟坚、蔡伯喈之下耶？”[3] 其实，《杨烈妇传》文采斐然，在文学上也相当成功，但李翱是想让二人进入史书，名垂千古。“凡人之情，皆谓后来者不及于古之人。贤者古亦

---

[1] 李翱：《李文公集》卷十二《杨烈妇传》，《四部丛刊初编》第119册，上海书店1989年版。

[2] 李翱：《李文公集》卷十二《杨烈妇传》，《四部丛刊初编》第119册，上海书店1989年版。

[3] 李翱：《李文公集》卷六《答皇甫湜书》，《四部丛刊初编》第119册，上海书店1989年版。

稀，独后代耶？及其有之，与古人不殊也。若高愍女、杨烈妇者，虽古烈女，其何加焉？予惧其行事湮灭而不传，故皆叙之，将告于史官”[1]。

皇甫湜对“心”也尤为重视，他说：“凤羽而麟毛，鸟与兽也，经传以兴，比于圣人，岂非以其心，不以其形者邪？”[2]“王者受命于天，作主于人，必大一统，明所授，所以正天下之位，一天下之心，舜传之尧，禹传之舜，以德辉者也。”[3]反映到史学领域，关于编年纪传二体的得失，皇甫湜从“心”的角度提出如下看法：

> 湜以为合圣人之经者，以心不以迹，得良史之体者，在适不在同，编年纪传，系于时之所宜，才之所长者耳，何常之有？夫是非与圣人同辩，善恶得天下之中，不虚美，不隐恶，则为纪为传为编年，是皆良史矣。若论不足以析皇极，乱不足以杜无穷，虽为纪传编年，斯皆罪人。[4]

他认为无论采用哪一种体裁，史书要想符合《春秋》，最重要的是“以心不以迹”。“心”是指“是非与圣人同辩，善恶得天下之中”，“迹”在此处是指史书的编纂体例。皇甫湜对“迹”与“是非”还有进一步的讨论：

> 天下之是非系于人，不悬于迹。一于分，不定于所为。孰谓人？君子小人是也。孰谓分？君子小人之别是也。彼诚君子矣，为之无不是；彼诚小人矣，动而之非。故君子指人之过为嫉恶，誉人之善为乐贤，言己之光美，拟于尧禹，参于天地。为昌言，顺则为周公，变则为伊尹，其心定矣，其归一矣，虽万殊百化，一于君子而已。

---

[1] 李翱：《李文公集》卷十二《杨烈妇传》，《四部丛刊初编》第119册，上海书店1989年版。

[2] 皇甫湜：《皇甫持正文集》卷二《送简师序》，《四部丛刊初编》第119册，上海书店1989年版。

[3] 皇甫湜：《皇甫持正文集》卷二《东晋元魏帝正闰论》，《四部丛刊初编》第119册，上海书店1989年版。

[4] 皇甫湜：《皇甫持正文集》卷二《编年纪传论》，《四部丛刊初编》第119册，上海书店1989年版。

所谓左之右之，君子宜之，右之左之，君子有之。小人者不然，其过人为毁訾，其誉人为比周，言已之光美矜夸，变则为贼，顺则为伪，其心定矣，其归一矣，虽万殊百化，一于小人而已。所谓天下之恶，皆归焉。余故曰：天下是非系于人，不悬于迹；一于分，不定于所为。横天地，绝古今，人之所由者，二而已。[1]

是非固然要与圣人同辩，但如何来具体判断呢？皇甫湜将其做了简化，以君子小人来进行区分，君子“为之无不是”，“指人之过为嫉恶，誉人之善为乐贤”，拟尧舜，参天地，心定而不变；小人“动而之非”，“其过人为毁訾，其誉人为比周”，心伪而不定，“所谓天下之恶，皆归焉”。将君子小人的身份与道德差别予以固定化，这与其性三品说中上智和下愚不移的看法互为呼应。

皇甫湜还对“良史”的标准做了新的界定，只要“是非与圣人同辩”，善恶得天下之中，不虚美，不隐恶者，均可称之为良史。唐代中期以前，“良史”一向以“直书”和“实录”作为标准。无论是孔子称董狐为“古之良史”，还是班固认可司马迁的“良史之材”，皆是因为他们坚持秉笔直书，因此刘知幾总结说“良史以实录直书为贵”[2]。虽然皇甫湜保留了“良史”需不虚美、不隐恶的要求，但与是非、善恶应和圣人一致相比，直书显然是次要的，甚至不那么重要的。这一新的“良史”要求，与李翱“用仲尼褒贬之心，取天下公是公非为本，群党之所谓为是者，仆未必以为是，群党之所谓为非者，仆未必以为非”[3]也是吻合的。后来唐文宗时期的史官刘轲将东汉以来的史书一概否定，称“无闻良史”。他并未对何谓“良史”做出说明，但显然并非以“实录”“直书”

[1] 皇甫湜：《皇甫持正文集》卷一《明分》，《四部丛刊初编》第119册，上海书店1989年版。

[2] 刘知幾：《史通》卷十四《惑经》，浦起龙通释本，上海古籍出版社2009年版，第381页。

[3] 李翱：《李文公集》卷六《答皇甫湜书》，《四部丛刊初编》第119册，上海书店1989年版。

作为评判标准，否则要找出一部符合条件的“良史”并不困难。他曾发愿撰写《三传指要》，“冀始涉者，开卷有以见圣贤之心焉”[1]。说明其认为“良史”首要者在“见圣贤之心”，与刘知幾所说不同，而和李翱、皇甫湜一脉相承。

无论是韩愈的“圣人乃万世之标准”，李翱的“用仲尼褒贬之心，取天下公是公非为本”，皇甫湜的“是非与圣人同辩，善恶得天下之中”，抑或刘轲的“见圣贤之心”，本质上都是以孔子个人的是非观和价值观作为撰史的根本原则。如此一来，作史的目的，就主要集中于对历史人物的品评褒贬，史学的功能被大大地缩减了，史学对象也由探讨治乱兴衰、引以为鉴，转为注重伦理道德的内心自省，探寻帝王的心术修养，[2] 及“格君心之非”，对此后两宋的史学产生了深远的影响。晚唐的皮日休，虽无史学著述，但也表示“吾欲以明哲之性辨君臣之分兮，定文物之数。吾欲以正讦之道兮，进忠贤而退奸竖。吾欲以醇醲之化兮，反当今而为往古。吾欲以忖度之志兮，定觚圜而反规矩”[3]。他还站在反佛卫道的立场，批评魏收的《魏书》为释、老设志：“夫仲尼修《春秋》，君有僭王号者，皆削爵为子，况戎狄之道，不能少抑其说耶？……不能以言抑者，收也。亦圣徒之罪人矣。谓史必直欤？则《春秋》为贤者讳之，为尊者讳之，笔削与夺在手。则收之为是，媚于伪齐之君耶？不然，何不经之如是！”[4] 将魏收贬为“圣徒之罪人”，评价的标准正是因其未能做到“是非与圣人同辩”。

---

[1] 刘轲：《三传指要序》，见《唐文粹》卷九十五，《四部丛刊初编》第 319 册，上海书店 1989 年版。

[2] 谢保成：《隋唐五代史学》，商务印书馆 2007 年版，第 222 页。

[3] 皮日休：《皮子文薮》卷二《正俗》，萧涤非、郑庆笃整理本，上海古籍出版社 1981 年版，第 12 页。

[4] 皮日休：《皮子文薮》卷八《题后魏释老志》，萧涤非、郑庆笃整理本，上海古籍出版社 1981 年版，第 76—77 页。

主要参考文献

一、历代典籍

[1] 阮元校刻：《十三经注疏》，中华书局 2009 年版。
[2] 司马迁：《史记》，中华书局 1959 年版。
[3] 班固：《汉书》，中华书局 1962 年版。
[4] 范晔：《后汉书》，中华书局 1965 年版。
[5] 陈寿：《三国志》，中华书局 1982 年版。
[6] 房玄龄：《晋书》，中华书局 1974 年版。
[7] 沈约：《宋书》，中华书局 1974 年版。
[8] 萧子显：《南齐书》，中华书局 1972 年版。
[9] 姚思廉：《梁书》，中华书局 1973 年版。
[10] 姚思廉：《陈书》，中华书局 1972 年版。
[11] 李延寿：《南史》，中华书局 1975 年版。
[12] 李延寿：《北史》，中华书局 1974 年版。
[13] 魏收：《魏书》，中华书局 1974 年版。
[14] 李百药：《北齐书》，中华书局 1972 年版。
[15] 令狐德棻等：《周书》，中华书局 1971 年版。
[16] 魏徵等：《隋书》，中华书局 1973 年版。
[17] 刘昫：《旧唐书》，中华书局 1975 年版。
[18] 欧阳修：《新唐书》，中华书局 1975 年版。
[19] 司马光：《资治通鉴》，中华书局 1956 年版。
[20] 袁宏：《后汉纪》，中华书局 2002 年版。

[21] 常璩：《华阳国志》，刘琳校注本，巴蜀书社 1984 年版。
[22] 杨衒之：《洛阳伽蓝记》，范祥雍校注本，上海古籍出版社 1978 年版。
[23] 刘义庆：《世说新语》，上海古籍出版社 1982 年版。
[24] 颜之推：《颜氏家训》，王利器集解本，中华书局 1993 年版。
[25] 刘勰：《文心雕龙》，祖保泉解说本，安徽教育出版社 1993 年版。
[26] 刘知幾：《史通通释》，浦起龙通释本，上海古籍出版社 2009 年版。
[27] 章学诚：《文史通义》，叶瑛校注本，中华书局 1994 年版。
[28] 赵翼：《廿二史札记》，王树民校证本，中华书局 1984 年版。
[29] 王鸣盛：《十七史商榷》，商务印书馆 1959 年版。
[30] 钱大昕：《廿二史考异》，商务印书馆 1958 年版。
[31] 萧统：《文选》，李善注本，中华书局 1977 年版。
[32] 释慧皎：《高僧传》，汤用彤校注本，中华书局 1992 年版。
[33] 僧祐：《弘明集》，刘立夫、胡通译注本，中华书局 2013 年版。
[34] 道宣：《广弘明集》，上海古籍出版社 1991 年版。
[35] 王通：《中说》，张沛校注本，中华书局 2013 年版。
[36] 杜佑：《通典》，王文锦、王永兴等点校本，中华书局 1988 年版。
[37] 吴兢：《贞观政要》，上海古籍出版社 1978 年版。
[38] 王溥：《唐会要》，中华书局 1955 年版。
[39] 宋敏求：《唐大诏令集》，中华书局 2008 年版。
[40] 皮锡瑞：《经学历史》，周予同注释本，中华书局 2004 年版。
[41] 萧颖士：《萧茂挺文集》，《景印文渊阁四库全书》第 1072 册，台湾商务印书馆 1986 年版。
[42] 李昉等编：《文苑英华》，中华书局 1966 年版。
[43] 董诰等编：《全唐文》，中华书局 1983 年版。
[44] 陆淳：《春秋集传辨疑》，《丛书集成初编》第 3635 册，中华书局 1985 年版。
[45] 陆淳：《春秋微旨》，《丛书集成初编》第 3634 册，中华书局 1985 年版。

[46] 陆淳:《春秋啖赵集传纂例》,《丛书集成初编》第 3636—3638 册,中华书局 1985 年版。

[47] 孙樵:《孙樵集》,《四部丛刊初编》第 128 册,上海书店 1989 年版。

[48] 姚铉:《唐文粹》,《四部丛刊初编》第 317 册,上海书店 1989 年版。

[49] 韩愈:《韩昌黎文集》,马其昶校注,马茂元整理本,上海古籍出版社 1986 年版。

[50] 皇甫湜:《皇甫持正文集》,《四部丛刊初编》第 119 册,上海书店 1989 年版。

[51] 李华:《李遐叔文集》,《景印文渊阁四库全书》第 1072 册,台湾商务印书馆 1986 年版。

[52] 李翱:《李文公集》,《四部丛刊初编》第 119 册,上海书店 1989 年版。

[53] 皮日休:《皮子文薮》,萧涤非、郑庆笃整理本,上海古籍出版社 1981 年版。

二、今人著作

[1] 汤用彤:《魏晋玄学论稿》,人民出版社 1957 年版。

[2] 唐长孺:《魏晋南北朝史论丛》,生活·读书·新知三联书店 1955 年版。

[3] 唐长孺:《魏晋南北朝史论丛续编》,生活·读书·新知三联书店 1969 年版。

[4] 韩国磐:《隋唐五代史纲》,人民出版社 1979 年版。

[5] 韩国磐:《魏晋南北朝史纲》,人民出版社 1983 年版。

[6] 许冠三:《刘知幾的实录史学》,香港中文大学出版社 1983 年版。

[7] 周一良:《魏晋南北朝史札记》,中华书局 1985 年版。

[8] 尹达:《中国史学发展史》,中州古籍出版社 1985 年版。

[9] 雷家骥:《汉唐间历史思想与意识》,书目文献出版社 1987 年版。

[10] 任继愈主编:《中国哲学发展史·魏晋南北朝》,人民出版社 1988 年版。

[11] 田余庆：《东晋门阀政治》，北京大学出版社 1989 年版。

[12] 周一良：《魏晋南北朝史论集续编》，北京大学出版社 1991 年版。

[13] 唐长孺：《魏晋南北朝隋唐史三论》，武汉大学出版社 1992 年版。

[14] 白寿彝：《白寿彝史学论集》，北京师范大学出版社 1994 年版。

[15] 蒙文通：《经史抉原》，巴蜀书社 1995 年版。

[16] 章权才：《魏晋南北朝隋唐经学史》，广东人民出版社 1996 年版。

[17] 吴怀祺：《中国史学思想史》，安徽人民出版社 1996 年版。

[18] 汤用彤：《两汉魏晋南北朝佛教史》，北京大学出版社 1997 年版。

[19] 周一良：《魏晋南北朝史论集》，北京大学出版社 1997 年版。

[20] 马宗霍：《中国经学史》，商务印书馆 1998 年版。

[21] 许凌云：《中国儒学史・隋唐卷》，广东教育出版社 1998 年版。

[22] 瞿林东：《中国史学史纲》，北京出版社 1999 年版。

[23] 金毓黻：《中国史学史》，河北教育出版社 2000 年版。

[24] 王国维：《观堂集林》，河北教育出版社 2001 年版。

[25] 陈寅恪：《金明馆丛稿初编》，生活・读书・新知三联书店 2001 年版。

[26] 张国刚、乔治忠：《中国学术史》，东方出版中心 2002 年版。

[27] 姜广辉主编：《中国经学思想史》，中国社会科学出版社 2003 年版。

[28] 胡宝国：《汉唐间史学的发展》，商务印书馆 2003 年版。

[29] 查屏球：《唐学与唐诗：中晚唐诗风的一种文化考察》，商务印书馆 2005 年版。

[30] 郝润华：《六朝史籍与史学》，中华书局 2005 年版。

[31] 谢保成：《隋唐五代史学》，商务印书馆 2007 年版。

[32] 龚鹏程：《唐代思潮》，商务印书馆 2007 年版。

[33] 焦桂美：《南北朝经学史》，上海古籍出版社 2009 年版。

[34] 汪高鑫：《中国史学思想通论・经史关系论卷》，福建人民出版社 2011 年版。

[35] 陈启智：《中国儒学史・隋唐卷》，北京大学出版社 2011 年版。

[36] 赵伯雄：《春秋学史》，山东教育出版社 2014 年版。

[37] (英) 杜希德著：《唐代官修史籍考》，黄宝华译，上海古籍出版社 2015 年版。

后　记

经史关系是中国古代历史上重要而又极其复杂的问题。通过平日里的读书和思考，以及向先辈时贤学习，我们对于中国古代经史关系相关问题略有知晓，但自感底子不厚，思考不深，见识不广。汪高鑫教授对于中国古代经史关系素有研究，著有《中国史学思想通论·经史关系论卷》，构建起中国古代经史关系的学术框架。但他并没有就此止步，提出撰写多卷本《中国经史关系通史》的学术计划，并嘱托我们共同负责《中国经史关系通史·魏晋南北朝隋唐卷》的研究和书稿撰写。受此重托，既是汪高鑫教授对我们的信任，也是我们以问题为导向进一步学习和思考中国古代经史关系的良好契机。我们虽然有些忐忑，但还是乐意接受汪高鑫教授的重托。经过商议后，我们对本卷的撰写进行了分工，由李传印负责魏晋南北朝时期，吴海兰负责隋唐时期，绪论由李传印撰写。在研究和书稿撰写过程中，两人既有分工，又有合作，遇到问题，切磋讨论，既学习，又提高。

在《中国经史关系通史·魏晋南北朝隋唐卷》即将付梓之际，我们要感谢主编汪高鑫教授的周密部署和安排，以及在撰写文稿过程中所提出的宝贵意见。也要感谢福建人民出版社的大力支持，以及编辑编校的辛勤劳动。在问题研究和书稿撰写过程中，我们虽然很努力，由于学识局限，可能存在这样那样的疏漏或错误。同时，我们也学习、借鉴了先辈时贤已有的研究成果，或者在学习他们的论著中得到一些有益的启示，在此表示衷心的感谢！

李传印、吴海兰

2019 年 10 月